Die Art und Weise, wie man sich an die Zeit des Faschismus und Nationalsozialismus sowie an den Zweiten Weltkrieg erinnert, steht seit einiger Zeit auf der Agenda der Intellektuellen im In- und Ausland. Dies hat auch mit dem laufenden Generationswandel zu tun, der heute den Untergang lebensgeschichtlich geprägter Rückbezüge an diese Zeit nach sich zieht. Die Herausgeber des vorliegenden Bandes haben vierundzwanzig Beiträge aus Deutschland, Italien, Japan und den Vereinigten Staaten zusammengetragen, die sich mit folgenden Themenkreisen befassen:
– Nationale Erinnerungskulturen seit 1945 im Vergleich
– Die Abrechnung der Sieger
– Die Entzauberung der Herrscherfiguren
– Die Historiker und die Deutung der Vergangenheit
– Erinnerung an Diktatur und Krieg in Politik und Öffentlichkeit
– Medien der kollektiven Erinnerung
– Generationswechsel und Erinnerungskulturen

Die Herausgeber wollen mit diesem Band die wissenschaftliche Beschäftigung mit dem Thema »Erinnerungskulturen« über den Zaun nationaler Erinnerung heben und Anregungen für die künftige Diskussion entsprechender Fragen geben.

Die Viten der Herausgeber befinden sich am Ende des Buches.

Unsere Adresse im Internet: www.fischerverlage.de

Erinnerungskulturen
Deutschland, Italien und Japan
seit 1945

Mit Beiträgen von
Susanne Brandt, Petra Buchholz, Luigi Cajani,
Alessandro Campi, David Cohen, Sebastian Conrad,
Christoph Cornelißen, Filippo Focardi, Jeffrey Herf,
Ishida Yuji, Lutz Klinkhammer, Brunello Mantelli,
Mishima Ken'ichi, Hans Mommsen, Susanne Petersen,
Martin Sabrow, Wolfgang Schieder, Axel Schildt,
Wolfgang Schwentker, Franziska Seraphim,
Edgar Wolfrum, Hans Woller und Yagyû Kunichika

Herausgegeben von
Christoph Cornelißen, Lutz Klinkhammer
und Wolfgang Schwentker

Fischer Taschenbuch Verlag

Die Zeit des Nationalsozialismus
Eine Buchreihe
Herausgegeben von Walter H. Pehle

Gedruckt mit freundlicher Unterstützung durch
die Gerda Henkel Stiftung, Düsseldorf,
und den
Förderverein japanisch-deutscher
Kulturbeziehungen e. V. (JaDe), Köln

2. Auflage: April 2004

Originalausgabe
Veröffentlicht im Fischer Taschenbuch Verlag,
einem Unternehmen der S. Fischer Verlag GmbH,
Frankfurt am Main, September 2003

© 2003 Fischer Taschenbuch Verlag
in der S. Fischer Verlags GmbH, Frankfurt am Main
Alle Rechte vorbehalten
Satz: Fotosatz Otto Gutfreund GmbH, Darmstadt
Druck und Bindung: Druckerei C. H. Beck, Nördlingen
Printed in Germany
ISBN 3-596-15219-4

Inhalt

Christoph CORNELIßEN / Lutz KLINKHAMMER /
Wolfgang SCHWENTKER
Nationale Erinnerungskulturen seit 1945 im Vergleich 9

Wolfgang SCHIEDER
Kriegsregime des 20. Jahrhunderts
Deutschland, Italien und Japan im Vergleich 28

I. Die Abrechnung der Sieger

David COHEN
**Öffentliche Erinnerung und Kriegsverbrecherprozesse
in Asien und Europa** 51

Hans WOLLER
Der Rohstoff des kollektiven Gedächtnisses
Die Abrechnung mit dem Faschismus in Italien
und ihre erfahrungsgeschichtliche Dimension 67

Franziska SERAPHIM
**Kriegsverbrecherprozesse in Asien und
globale Erinnerungskulturen** 77

II. Die Entzauberung der Herrscherfiguren

Hans MOMMSEN✝
**Zum Erscheinungsbild Adolf Hitlers in der deutschen
Öffentlichkeit vor und nach dem 9. Mai 1945** 95

Alessandro CAMPI
Mussolini und die italienische Nachkriegsgesellschaft
Italien zwischen Erinnern und Vergessen 108

Wolfgang SCHWENTKER
Die Grenzen der Entzauberung
Zur Rolle des Tennô in Staat und Gesellschaft Japans nach 1945   123

III. Die Historiker und die Deutung der Vergangenheit

Christoph CORNELIßEN✝
Historikergenerationen in Westdeutschland seit 1945
Zum Verhältnis von persönlicher und wissenschaftlich
objektivierter Erinnerung an den Nationalsozialismus 139

Martin SABROW
Beherrschte Erinnerung und gebundene Wissenschaft
Überlegungen zur DDR-Geschichtsschreibung über die Zeit
von 1933 bis 1945 153

Sebastian CONRAD
Krisen der Moderne?
Faschismus und Zweiter Weltkrieg
in der japanischen Geschichtsschreibung 168

IV. Erinnerung an Diktatur und Krieg in Politik und Öffentlichkeit

Edgar WOLFRUM
Die Suche nach dem »Ende der Nachkriegszeit«
Krieg und NS-Diktatur in öffentlichen Geschichtsbildern
der »alten« Bundesrepublik Deutschland 183

Jeffrey HERF
»Hegelianische Momente«
Gewinner und Verlierer in der ostdeutschen Erinnerung
an Krieg, Diktatur und Holocaust 198

Filippo FOCARDI
**Gedenktage und politische Öffentlichkeit in Italien,
1945–1995** 210

Brunello MANTELLI
Revisionismus durch »Aussöhnung«
Politischer Wandel und die Krise der historischen Erinnerung
in Italien 222

ISHIDA Yuji
Das Massaker von Nanking und die japanische Öffentlichkeit 233

YAGYÛ Kunichika
Der Yasukuni-Schrein im Japan der Nachkriegszeit
Zu den Nachwirkungen des Staatsshintô 243

V. Medien der kollektiven Erinnerung

Susanne BRANDT
»Wenig Anschauung«?
Die Ausstrahlung des Films »Holocaust«
im westdeutschen Fernsehen (1978/79) 257

Luigi CAJANI
Italien und der Zweite Weltkrieg
in den Schulgeschichtsbüchern 269

Susanne PETERSEN
Geschichtspolitik in japanischen Schulbüchern 285

Petra BUCHHOLZ
Krieg und Kriegsverbrechen
in japanischen »Eigengeschichten« 299

VI. Generationswechsel und Erinnerungskulturen

Axel SCHILDT
Die Eltern auf der Anklagebank?
Zur Thematisierung der NS-Vergangenheit im Generationen-
konflikt der bundesrepublikanischen 1960er Jahre 317

Lutz KLINKHAMMER
Kriegserinnerung in Italien im Wechsel der Generationen
Ein Wandel der Perspektive? 333

MISHIMA Ken'ichi
Generationswechsel und Erinnerungskulturen in Japan 344

Danksagungen 359

Die Autorinnen und Autoren 360

Personenregister 365

Christoph Cornelißen, Lutz Klinkhammer und Wolfgang Schwentker
Nationale Erinnerungskulturen seit 1945 im Vergleich*

Die immense Schreckensbilanz des Zweiten Weltkrieges hat im Gedächtnis der Menschen und im öffentlichen Bewusstsein der Nationen bis heute tiefe Spuren hinterlassen. Hiervon zeugen unzählige Beispiele der individuellen und gesellschaftlichen »Erinnerung«, die seit einigen Jahren zum bevorzugten Gegenstand der kulturwissenschaftlichen Forschung geworden ist.[1] Versuche der persönlich-moralischen oder der rechtlichen »Bewältigung« der Schuld und die wissenschaftliche wie künstlerische Beschäftigung mit Krieg und Diktatur stehen neben politischen Auseinandersetzungen über den »richtigen« Umgang mit der Geschichte der Zeit vor 1945; häufig sind die verschiedenen Dimensionen der Thematisierung von »Erinnerung« miteinander verzahnt. Aus diesem Grund weisen die politischen Debatten seit 1945 in all den Staaten, die direkt oder auch indirekt am Zweiten Weltkrieg beteiligt waren, häufig einen ausgeprägten Rückbezug auf die Jahre von Faschismus und Krieg auf; naturgemäß waren sie oft mit moralischen Wertsetzungen und Schuldanklagen verbunden und haben auf diese Weise die »Erinnerung« an Diktaturen und Kriege in der Öffentlichkeit lebendig gehalten.

Ungeachtet der Fortführung bewaffneter Auseinandersetzungen in Süd- und Südosteuropa über die Zäsur des Jahres 1945 hinweg, bedeutete die bedingungslose Kapitulation des Deutschen Reiches am 8./9. Mai sowie die Kapitulation Japans am 14./15. August 1945 für die große Mehrzahl der Bevölkerungen in den Krieg führenden Staaten, dass für sie endgültig die Nachkriegszeit angebrochen war. Obwohl in Italien mit dem Sturz Mussolinis und mit der Kapitulation vom 8. September 1943 das monarchisch-faschistische Regime zusammenbrach, führte die sofortige Beset-

---

* Die Transkription japanischer Namen und Begriffe folgt dem Hepburn-System. Bei Eigennamen werden dem in Asien üblichen Brauch folgend zuerst der Familienname und dann der Vorname genannt. Eine Ausnahme bilden Titel japanischer Autoren in westlichen Sprachen; in diesen Fällen wird der Familienname nachgestellt.

zung des Landes durch deutsche Truppen dazu, dass auch hier erst mit der Separatkapitulation der deutschen Italienarmee am 2. Mai 1945 und der Selbstbefreiung wichtiger norditalienischer Städte am 25. April 1945 die sichtbarsten Ausdrucksformen der Fortdauer einer faschistischen Diktatur in Gestalt der »Italienischen Sozialrepublik« hinweggefegt wurden. Damit gelangte gleichzeitig ein fast zwei Jahre währender Bürgerkrieg an ein Ende, der mit dem Kampf gegen die deutschen Besatzer Hand in Hand gegangen war.[2]

In Deutschland, Italien und Japan als den Ländern, in denen es seit den 1920er Jahren zu einem Erstarken der faschistischen beziehungsweise extrem nationalistischen Bewegungen und in der Folge zu einer Etablierung repressiver Herrschaftssysteme gekommen war, stand das Gedenken an das Kriegsende Mitte der 1990er Jahre unter dem Eindruck der vorangegangenen politischen Veränderungen und Umwälzungen. Bereits ein nur oberflächlicher Blick auf die seitdem geführten Diskussionen über die »Erinnerungskulturen« in den drei genannten Ländern lässt ein durchaus ambivalentes und mehrdimensionales Bild zutage treten, das sich auf bemerkenswerte Weise vom Umgang mit der jüngsten Vergangenheit unmittelbar nach dem Ende des Krieges unterscheidet.[3] So fällt auf, dass die gegenwärtigen Debatten über so unvergleichliche Vorgänge wie den Genozid an den europäischen Juden oder die Atombombenabwürfe auf Hiroshima und Nagasaki von einer deutlichen Entnationalisierung der nationalen politischen Erinnerungskulturen gekennzeichnet sind. Der zunehmend universale Charakter der Erinnerung an den Holocaust und die damit einhergehende Institutionalisierung des Gedenkens in Form von Ausstellungen, Gedenkstätten und offiziellen Gedenktagen weisen ebenso auf eine universale Dimension der Erinnerung hin, wie umgekehrt der erstmalige Einsatz nuklearer Waffen im August 1945 das entscheidende Memento und den wichtigsten Bezugspunkt der internationalen Anti-Atom- und Friedensbewegung dargestellt hat. Auf der anderen Seite bleibt die Erinnerung an Diktatur und Krieg weiterhin fest in den Kontext nationaler Erinnerungsdiskurse eingebunden. Sie bewegt sich im Spannungsfeld der Antinomie von Tätern und Opfern, von Siegern und Besiegten und hat auf diese Weise in den Nationen identitätsbildend gewirkt.

In der frühen Nachkriegszeit, ungefähr bis zum Ende der 1950er Jahre, stand mehrheitlich nicht die Beschäftigung mit dem Schicksal der millionenfach ermordeten Juden Europas, der Toten und Überlebenden von

Hiroshima und Nagasaki oder auch das Gedenken an die Opfer der ehemaligen Kriegsgegner im Vordergrund der öffentlichen oder auch »nur« privaten Erinnerung. In dieser Zeit standen die »eigenen« Opfer im Zentrum der Rückbesinnung auf die unmittelbare Vergangenheit.[4] Allein die quantitativen Größenordnungen der Opferbilanz des Zweiten Weltkrieges legten den Zeitgenossen damals eine derartige Einschätzung nahe. Zwar mussten sich nicht nur Deutsche, Italiener und Japaner ab 1945 mit ihrer Vergangenheit in den Jahren des Zweiten Weltkrieges auseinander setzen. Aber in ihrem Fall sorgte die Politik der alliierten Siegermächte dafür, dass sie im Zuge der von außen gesteuerten Demokratisierung ihres politischen Systems direkt nach Kriegsende zur kritischen Beschäftigung mit der Vergangenheit der eigenen Nation unter den Diktaturen und im Krieg gezwungen wurden. In anderen Ländern hingegen bestand dieser Druck von außen nicht in gleichem Maße, was vielerorts zunächst einen alles andere überwölbenden antitotalitären Konsens, vielfach auch einfach Mythen über die Vergangenheit hat aufkommen lassen, die allzu selbstkritische Fragen an die eigene Rolle in den Hintergrund drängten. Erst die weltpolitischen Veränderungen der Jahre seit 1989/90 haben einer unvorbelasteten Diskussion aller einschlägigen Fragen, zumal denen nach dem Grad des Widerstandes beziehungsweise der Kollaboration, einen Weg geebnet, insbesondere in den Ländern, die im Zweiten Weltkrieg von fremden Truppen besetzt worden waren.

Die Beschäftigung mit der Vergangenheit des eigenen Landes im Zweiten Weltkrieg hat jedoch in Deutschland, Italien und Japan fast regelmäßig seit 1945 zu besonders heftigen Pendelausschlägen geführt, sowohl in politisch als auch in wissenschaftlich geführten Debatten. Die Erinnerung an die Zeit von Militarismus, Faschismus und Krieg war wegen der Kriegsverbrechen, die im Namen dieser Staaten begangen worden waren, im Zuge des demokratischen Neuaufbaus mit dem Odium der Schuld belastet. Dies gilt jedoch nur für Deutschland und Japan, wo die Siegerkoalition einen Prozess gegen die Hauptkriegsverbrecher (und diverse Nachfolgeprozesse) geführt hatte. In Italien hingegen wurde die Erinnerung an die aggressive Eroberungspolitik des Faschismus von der Selbstbefreiung im Zuge des antifaschistischen Kampfes und von der »Mitkriegführung« an der Seite der Alliierten absorbiert. Die Verbrechen des Faschismus konnten solange nicht erinnert werden, wie es galt, einen milden Friedensvertrag auszuhandeln.

Woran sich Individuen oder Gruppen in diesen Ländern im Einzelnen erinnerten und in welcher Absicht dies geschah, ist mittlerweile in zahlreichen Arbeiten untersucht worden. Die politischen Nachkriegskulturen der drei genannten Länder sind jedoch noch nicht zum Gegenstand vergleichender Untersuchungen gemacht worden.[5] Im Zentrum der Beiträge des vorliegenden Bandes steht daher die Frage danach, wie sich die staatlichen Institutionen, die politischen Eliten und die Bevölkerung in den drei Ländern Deutschland, Italien und Japan nach dem Ende des Zweiten Weltkrieges mit dieser Kriegsvergangenheit auseinander gesetzt haben. Unser Vorhaben zielt auf die systematische Erforschung nationaler Erinnerungskulturen im Vergleich ab, wobei das neue Forschungsfeld eine Reihe unterschiedlicher Faktoren erfasst. Es handelt sich um den Versuch, die politisch-gesellschaftlichen Rahmenbedingungen des Erinnerns seit 1945 in drei Nationen darzustellen. Der Begriff »Erinnerungskultur« schließt auch die Analyse konkurrierender Versuche zur Etablierung eines historischen Interpretations- beziehungsweise »Erinnerungs«-Monopols ein. Er umfasst mit Blick auf das Erinnern und Vergessen die Interessen sozialer und politischer Gruppen ebenso wie eine Reihe ausgewählter Genres der Erinnerungskulturen, darunter die historische Forschung und autobiographische Zeugnisse, die Medien und die Schulbücher, politische Diskurse und religiöse Rituale.[6]

Zum Begriff der »Erinnerungskulturen«

Mit dem Begriff »Erinnerungskultur« ist in den letzten Jahren im Deutschen ein Begriff als Alternative zur Verwendung der vergleichsweise pathetisch konnotierten Formulierung »Vergangenheitsbewältigung« aufgekommen. Die geradezu inflationäre Verwendung des Begriffs hat jedoch manchen Kritiker von einem »Erinnerungskult« oder, noch sarkastischer, von einer Art »Erinnerungsindustrie« sprechen lassen, wobei die inhaltlichen Unschärfen des neuen Paradigmas auf der Hand liegen. Obwohl im Grunde jegliche Form der Erinnerung nur durch Individuen getragen werden kann, ist zu Recht betont worden, dass Erinnerungsprozesse sich in einem Spannungsfeld zwischen subjektiver Erfahrung, wissenschaftlich objektivierter Geschichte und kultureller Kommemoration bewegen.[7] Der Einzelne erweist sich in der Regel eingebunden in unterschiedliche Gedächtnishorizonte, die von der Familie, der Generation, der Gesellschaft und der weiteren Kultur konstituiert werden. Namentlich der französische Soziologe Maurice Halbwachs hat die soziale Bedingtheit des Erinnerns postuliert, da der Einzelne in seiner Erinnerung auf Anhaltspunkte Bezug nehmen muss, die außerhalb seiner selbst liegen und die von der Gesellschaft festgelegt worden sind. Letztlich könne man ein individuelles und soziales Gedächtnis gar nicht unterscheiden, denn erst über die Affekte wachse unseren Erinnerungen eine Relevanz in der gegebenen kulturellen Welt zu. Es handelt sich mithin bei der Rede von einem kollektiven Gedächtnis um ein »politisches Gedächtnis«.[8]

Obwohl bereits früh vor einer »Anthropomorphisierung« (Marc Bloch) des kollektiven Gedächtnisses gewarnt worden ist, bleibt für den vorliegenden Band die Hypothese orientierend, wonach vergangene Ereignisse sich nicht ohne weiteres in Erinnerung verwandeln, sondern im Allgemeinen dazu geformt werden. Dieser Prozess erfolgt aufgrund eines kollektiven Bedürfnisses nach Sinnstiftung und wird vermittelt durch die Traditionen und Wahrnehmungsweisen, die den gesellschaftlichen Milieus erwachsen.[9] Mit diesem Ansatz sollen jedoch die Bevölkerungen der hier behandelten Staaten durchaus nicht als einheitliche »Erfahrungskohorten« verstanden werden. Es geht uns vielmehr darum, den Versuch zu machen, auf Typen divergierender Erfahrungen innerhalb ausgewählter Gesellschaften seit 1945 hinzuweisen und deren politische Vermittlung zu skizzieren.

In diesem Zusammenhang ist es geboten, auf zwei weitere Begriffe der neueren Erinnerungsdebatte zu verweisen, die als die beiden Grundformen des kollektiven Gedächtnisses definiert worden sind: das *kommunikative Gedächtnis* und das *kulturelle Gedächtnis*.[10] Der erste Terminus bezieht sich auf die Erinnerung an tatsächliche beziehungsweise mündlich tradierte Erfahrungen, die Einzelne oder Gruppen von Menschen gemacht haben. Im Fall des kommunikativen Gedächtnisses handelt es sich gleichsam um ein »Kurzzeitgedächtnis« der Gesellschaft, dem in der Regel maximal drei aufeinander folgende Generationen zuzurechnen sind, die zusammen eine »Erfahrungs-, Erinnerungs- und Erzählgemeinschaft« bilden können. Das kulturelle Gedächtnis hingegen ist ein epochenübergreifendes Konstrukt. Im Gegensatz zum kollektiven Gedächtnis, das die Stabilisierung einer sozialen Ordnung durch radikale inhaltliche Engführung, hohe symbolische Intensität und starke psychische Affektivität erreicht, stützt sich das kulturelle Gedächtnis auf externe Medien und Institutionen. Zu den Medien des kulturellen Gedächtnisses gehören Artefakte wie Texte, Bilder und Skulpturen, räumliche

Kompositionen wie Denkmäler, Architektur und Landschaften, zeitliche Ordnungen wie Feste, Brauchtum und Rituale. Entscheidend ist: Erinnertes verfestigt sich im kulturellen Gedächtnis zu objektivierter Kultur, die durch ein Erlernen angeeignet werden kann oder muss. Die angeführten Definitionen haben für die in diesem Band behandelte Thematik Folgen, weil sich seit den 1990er Jahren ein umfassender generationeller Umbruch vollzieht, über den die Erinnerung an die persönlich gemachten Erfahrungen im Zweiten Weltkrieg sich sukzessive zu einem kulturellen Gedächtnis wandelt.[11]

Deutschland, Italien und Japan: Probleme des Vergleichs und Stand der Forschung

Die augenfälligen Unterschiede der drei Regime, die mit ihrer revisionistischen Außen- und Militärpolitik für die Entfesselung und Ausweitung des Zweiten Weltkrieges hauptsächlich verantwortlich zeichneten, können nicht die vielen Gemeinsamkeiten verdecken, welche in der Ausübung der Gewaltherrschaft nach außen und innen vor 1945 zutage getreten sind.[12] In gleicher Deutlichkeit lassen sich bei der Entfaltung der politischen Erinnerungskulturen in den drei genannten Ländern Parallelen und Unterschiede ausmachen, die letztlich durch eine länderspezifisch begründete Erforschung nationaler »Erinnerungsorte«[13] nicht hinreichend erfasst werden können. Der öffentliche Diskurs und die wissenschaftliche Auseinandersetzung mit »Erinnerungen« vollzieht sich nicht in hermetisch abgeschlossenen nationalen Räumen; vielmehr wird die Beschäftigung mit der Vergangenheit des eigenen Landes durch die Rezeption der Erinnerungsleistungen anderer Kulturen mitbestimmt. Dies gilt insbesondere für Italien und Japan, wo das »deutsche Modell« der Vergangenheitsverarbeitung sehr viel breiter und intensiver diskutiert wird als umgekehrt.[14] Auch die deutsche Forschung über die Erinnerung an Diktatur und Krieg darf sich den Blick nach außen nicht verstellen.

Das Kriegsende brachte für alle drei Staaten einen Verlust ihrer angestrebten außenpolitischen Großmachtstellung mit sich.[15] Die Kapitulation Japans bedeutete fürs Erste das Ende einer expansionistischen Großmachtpolitik, mit der Japan seit den Siegen über China 1894/95 und Russland 1904/05 große Teile Asiens zu seinem Einflussgebiet gemacht hatte. Nach 1945 hatte es Japan de facto nur mit einer Siegermacht, den

USA, zu tun. Das Schicksal Italiens ist in dieser Hinsicht dem Japans vergleichbar gewesen, da sich auch dieser Staat in der Niederlage faktisch mit einer weitgehend angelsächsisch dominierten Siegerkoalition arrangieren musste. Obwohl Italien auf diesem Weg seine nationale Einheit erhalten konnte, ist in außenpolitischer Perspektive das Absinken Italiens auf die Rolle einer »mittleren Macht« bestimmend gewesen.[16] Das Deutsche Reich hingegen hatte seinen Versuch zur Gewinnung einer Hegemonialstellung in Europa mit dem Verlust von einem Viertel des alten Reichsgebiets zu bezahlen. Die Besetzung durch die vier Mächte mündete schließlich in die Teilung des Landes. Diese im Vergleich zu Italien und Japan gänzlich andere politische Ausgangskonstellation der Nachkriegsjahre, und die besondere geographische Lage am Schnittpunkt einer bipolaren Welt im Zeichen des Kalten Krieges haben die Beschäftigung mit der jüngsten Vergangenheit in besonderem Maße geprägt.

In der wissenschaftlich und öffentlich geführten Diskussion in Deutschland gibt es seit dem Ende des Zweiten Weltkrieges eine ausgedehnte Debatte zum Thema der lange Zeit so genannten Vergangenheitsbewältigung.[17] Immerhin ist bemerkenswert, dass ungeachtet der Tatsache, dass sich die Mehrheit der Deutschen nach 1945 als Opfer der Hitlerschen Politik, der eigenen Selbstverblendung, der russischen Kriegführung oder der alliierten Bombardements betrachtete, sich dennoch bald nach dem Kriegsende eine Auseinandersetzung mit der unmittelbaren Vergangenheit einstellte. Diese wies allerdings markante Blindstellen und zeitliche Sprünge auf, und sie tendierte außerdem meist dazu, wie Theodor Adorno schon früh kritisch bemerkte, das Vergangene nicht im Ernst zu verarbeiten, sondern einen »Schlussstrich« ziehen zu wollen, um das Vergangene aus der Erinnerung wegzuwischen.[18]

Wenn man vor diesem Hintergrund einzelne Phasen der »Erinnerungskulturen« seit 1945 unterscheiden will, so lassen sich für den deutschen Fall verschiedene Wendemarken ausmachen.[19] Der erste Zeitabschnitt bis zum Ende der fünfziger Jahre stand im Zeichen der Vergangenheitspolitik der Regierungszeit Konrad Adenauers. In diese Phase fällt auch die Entnazifizierung und die justizielle Abrechnung mit dem NS-System, zu der namentlich der Nürnberger Prozess, aber auch die verschiedenen Folgeverfahren gegen Unternehmer und Wirtschaftsmanager, Wehrmachtgeneräle und höhere SS-Führer, gegen Ärzte, Justizbeamte und Diplomaten zu zählen sind. Diese Prozesse sind jedoch kaum zu einem Bestandteil des allgemeinen Geschichtsbewusstseins der Deutschen geworden. Der Nürnberger Prozess gegen die »Hauptkriegsverbrecher« hatte sogar entgegen den Intentionen der Alliierten, hiermit einen politischen Lernprozess zu initiieren, auch den Effekt, dass daraufhin die Trennlinie zwischen Hitler und seiner kriminellen Führung einerseits und den in ihrer Gefolgschaftstreue missbrauchten Deutschen andererseits noch mehr betont wurde, als dies bereits im Vorfeld des Prozesses der Fall gewesen war. Darüber hinaus behinderte die Tatsache, dass viele ehemalige NS-Mitglieder aus den Funktionseliten ihre Karrieren in der Bundesrepublik unbehelligt fortsetzen konnten, die Beschäftigung mit der Vergangenheit im »Dritten Reich« in einem erheblichen Maße.[20]

Die juristische Aufarbeitung der Vergangenheit wurde dann auch erst nach einer Reihe von Skandalen mit dem Ulmer Einsatzgruppenprozess 1958 wieder aufgenommen, womit insgesamt eine zweite Welle von NS-Prozessen eingeleitet wurde, zu der namentlich der Auschwitz-Prozess zu zählen ist. In dieser zweiten Phase ist bei Teilen der Bevölkerung eine kritischere Einstellung gegenüber der eigenen nationalen Vergangenheit auszumachen; ältere Formen der »Vergangenheitsbewältigung« trafen nun erstmals auf Ablehnung und den Anspruch, die »dunklen Stellen« näher zu beleuchten. Wann der Beginn einer dritten Phase der »Erinnerungskultur« angesetzt werden kann, ist eine offene Frage. Manches spricht dafür, dass die Ausstrahlung der »Holocaust«-Spielfilmserie im deutschen Fernsehen im Jahr 1979 zum ersten Mal die Kenntnis über die Vernichtung der Juden im Nationalsozialismus in weiten Kreisen der Bevölkerung verbreitet hat. Es handelte sich aber wohl eher um den Beginn einer schleichenden Wende, die sich erst mittels der zunehmenden Bedeutung der Massenmedien für den öffentlichen Erinnerungsdiskurs und zuletzt auch über eine stärkere staatliche Inszenierung des Gedenkens durchsetzen konnte.

Die Zahl der einschlägigen Titel, die sich mit dem Thema der »Vergangenheitsbewältigung« aus wissenschaftlicher oder künstlerisch-literarischer Perspektive beschäftigt haben, geht in die Hunderte. In neueren Publikationen sind darüber hinaus Bilanz über die Diskussionen der vergangenen Jahrzehnte gezogen und Perspektiven für die weitere Forschung aufgezeigt worden.[21] Mittlerweile liegen auch die ersten Überblicksdarstellungen vor, in denen Grundzüge der »Vergangenheitsbewältigung« in Deutschland über die letzten fünf Jahrzehnte nachgezeichnet werden.[22] Die Frage nach dem politischen und intellektuellen Umgang mit der Hinterlassenschaft des Nationalsozialismus ist insbesondere nach dem Ende der Deutschen Demokratischen Republik zum Gegenstand einer breit geführten Diskussion gemacht worden, während in den Jahrzehnten zuvor beide deutsche Staaten lange Zeit versucht hatten, durch eine retrospektive »Reparatur der Geschichte« ihre jeweiligen politischen Ordnungen zu legitimieren.[23] Wichtige Studien in den vergangenen Jahren haben allerdings verdeutlicht, dass die Geschichte der Entstehung und des Wandels der deutschen »Erinnerungskultur«, wenn man vom engeren Feld der »politischen Säuberungen« der Nachkriegsjahre einmal absieht, wissenschaftlich bislang nur unzureichend erforscht worden ist.[24]

In Italien war die erinnerungspolitische Lage besonders komplex: zum einen bedingt durch den Bürgerkrieg zwischen Faschisten und Antifaschisten 1943–45; zum anderen hervorgerufen durch die Tatsache, dass das monarchische, zum Faschismus auf Distanz gegangene Italien als besiegter und mitkriegführender Verbündeter, der sich dank der Resistenza zum Teil selbst vom »Nazifaschismus« befreit hatte, alles tat, um einen Straffrieden – und damit die Erinnerung an die Verbrechen des monarcho-faschistischen Regimes vor 1943 – zu vermeiden. Während für das geteilte Deutschland das Auseinanderfallen der politischen Systeme zur Begründung einer staats-antifaschistischen Erinnerung in der Deutschen Demokratischen Republik und zur Ausgrenzung kommunistischer Erinnerung aus der Gesellschaft der Bundesrepublik führte, prallten im ungeteilten Italien gegenteilige Erinnerungen und politische Gegensätze weit ungebremster aufeinander. Drei sich teilweise überlappende Phasen der Kriegserinnerung, die jeweils zu einer anderen hegemonialen Erinnerungskultur geführt haben, sind für die Nachkriegszeit schematisch auszumachen: eine allgemeine Erinnerung an die Opfer von Krieg und Eroberungskrieg sowie »nazifaschistischer« Gewalt während der Jahre christdemokratischer Vorherrschaft, vor allem zwischen 1948 und 1963. Eine mit der sich abzeichnenden Wende zur Mitte-Links-Regierung nach 1961 einsetzende Phase der alleinigen Kommemoration des antifaschistischen Widerstands zwischen 1943 und 1945, die bis zur Verklärung der Resistenza der Partisanenformationen reichte. Und, drittens, die Götterdämmerung des antifaschistischen Paradigmas, ausgelöst durch die weltpolitischen Veränderungen seit 1989/91.

Seit dieser Zeit findet sich der zentrale Stellenwert, der dem militärischen Kampf italienischer Partisanengruppen gegen die nationalsozialistische Besatzungsherrschaft in Europa beigemessen worden war, kurz: die zentrale Interpretationsfigur des Befreiungskriegs, abgelöst durch eine zunehmende Aufmerksamkeit für die inneritalienischen Spaltungen, die Kosten des Bürgerkriegs, die Opfer der Gewalt, die diese inneritalienische Auseinandersetzung im Rahmen der deutschen Okkupation zur Folge gehabt hatte. Die klaren Freund-Feind-Schemata der früheren Jahrzehnte gerieten ins Wanken, die Partisanen wurden nicht mehr als Retter gesehen, die Faschisten sollten in den Augen vieler nicht mehr dämonisiert werden, in den Deutschen wurde eher der Gegner als der Feind gesehen. Die Erinnerung an die Eroberungslust des faschistischen Regimes vor 1943 scheint dagegen für die gegenwärtige Debatte um die politische Kultur der Republik keine Rolle zu spielen.

Auch in Japan bildet der Zweite Weltkrieg eine Art Folie für die nationale Identitätsbestimmung, aber sie steht dort, im Vergleich zu Deutschland oder Italien, unter ganz anderen Vorzeichen. Der gesamte Zeitraum zwischen 1945 und heute wird im japanischen Verständnis als »Nachkriegszeit« (*sengo*) bezeichnet. Der Bedeutungsgehalt des Begriffs ist hingegen vielschichtig. Er beschreibt vor allem den vermeintlich vollkommenen Bruch mit dem politischen System der Vorkriegs- und Kriegsjahre und betont die Zäsur des Jahres 1945, mit der unter amerikanischer Ägide Japans Aufstieg zur zweitgrößten Volkswirtschaft der Welt begann. Die »Nachkriegszeit« ist aus japanischer Sicht nach außen geprägt von einem grundsätzlich freundschaftlichen Verhältnis zu den USA und im Inneren vom Erstarken eines neuen Mittelstandes, der im Zeichen des ökonomischen Erfolges innergesellschaftliche Konflikte überwinden half und politische Divergenzen, auch mit Blick auf die Erinnerung an die Zeit von Imperialismus und Krieg, überspielen konnte.[25]

Erst in den vergangenen Jahren ist es in Japan zu einer offeneren Auseinandersetzung über die Frage der angemessenen Erinnerung an Militarismus, Imperialismus und Krieg gekommen. Dies hatte wesentlich mit den politischen Veränderungen seit 1989 zu tun. Der Tod des Shôwa Tennôs im Januar jenes Jahres führte in Japan zu einer Neubelebung der Diskussion über die japanische Kriegsschuld oder »Kriegsverantwortung« (*sensô sekinin*), wie man im Japanischen eher sagt. Über dieses Thema war nach 1945 heftig gestritten worden; dann wurde es aber im Lichte der politischen Restauration nach dem Ende der Besatzungszeit 1952 zunächst wieder aus dem Fokus des öffentlichen Interesses herausgedrängt. Aber schon in den frühen 1960er Jahren geriet das Thema der »Kriegsverantwortung« in Japan im Zusammenhang diverser Prozesse um die Zulassung kritischer Schulbücher wieder in die Schlagzeilen. Kennzeichen der japanischen Auseinandersetzung mit Kolonialismus, Krieg und Repression ist eine scharfe Polarisierung, die zwischen den Extremen einer aufklärerischen Systemkritik auf der politischen Linken und einem geradezu fundamentalistischen Nationalismus auf der Rechten oszilliert. Der Tod Hirohitos fiel 1989 mit dem Ende des Kalten Krieges in Europa zusammen, was Japan dazu zwang, sein Verhältnis zu den asiatischen Nachbarn auf dem Kontinent neu zu überdenken. Politische Ränkespiele zwischen den Parteien im Parlament und eine massive rechtskonservative Agitation in Ministerien und Öffentlichkeit verhinderten aber schließlich, dass Japan eine formelle Entschuldigung für Kriegsverbrechen und in der Frage der Entschädigung für die chinesischen und koreanischen »Trostfrauen für das Militär« (*jûgun ianfu*) aussprach.

Dem Thema der japanischen Verantwortung für den Krieg und für die Art der Kriegführung haben sich Kulturwissenschaftler vieler Disziplinen in Ost und West seit einigen Jahren verstärkt zugewandt.[26] In den vielen Untersuchungen zur »fehlenden Vergangenheitsbewältigung« stellte sich dabei heraus, dass die Erinnerung an Militärherrschaft und Krieg in Japan vom Bewusstsein, zugleich Täter und Opfer gewesen zu sein, geprägt ist.[27] Einerseits wird auf den japanischen »Faschismus von oben« und auf die japanische Expansionspolitik in Asien verwiesen, andererseits gedenkt man jedes Jahr am 6. und 9. August der Atombombenabwürfe auf Hiroshima und Nagasaki. Kennzeichen dieses ambivalenten Umgangs mit der Vergangenheit ist jedoch, dass ein Schuldbewusstsein für die militaristische Repressionspolitik im Innern wie nach außen heute in weiten Teilen der Bevölkerung immer noch fehlt.[28] Dabei hatte seit Mitte der 1980er Jahre das deutsche Beispiel des Umgangs mit der nationalsozialistischen Vergangenheit viel Aufmerksamkeit hervorgerufen, angeregt vor allem durch die Rede des ehemaligen Bundespräsidenten Richard von Weizsäcker zum 40. Jahrestag des Kriegsendes 1985. Konservative Wissenschaftler haben in ihr einen einzigen Selbstbetrug und ein Beispiel für eine typisch deutsche »Phobie« gesehen.[29] Kritische Historiker hingegen, die die Kriegsschuldfrage über Jahre hinweg offen thematisiert haben, hatten im Kultusministerium und vor den Gerichten einen schweren Stand. Derzeit, so scheint es, konzentriert sich der »Kampf um die Erinnerung« in Japan vor allem auf die Schulbücher und die umstrittenen Besuche von Regierungsvertretern am Yasukuni-Schrein, dem Ort für

Ehrenbezeugungen gegenüber den toten Soldaten Japans, zu denen auch einige der vom Tôkyôter Kriegsverbrechertribunal zum Tode verurteilten Generäle gehören.

Zur Systematik des vorliegenden Bandes

Ein wesentliches Anliegen der Herausgeber dieses Bandes ist, die wissenschaftliche Beschäftigung mit dem Thema der »Erinnerungskulturen« über die Grenzen eines nationalgeschichtlichen Reduktionismus hinauszuführen. Am Anfang steht deshalb ein historisch-vergleichender Rückblick auf die diktatorischen bzw. militaristischen Kriegsregime in Deutschland, Italien und Japan. Für die Frage nach der politischen Verantwortung dieser drei Staaten sind die nicht zu übersehenden Gemeinsamkeiten in den Herrschaftsformen und den politischen Feindbildern von erheblicher Bedeutung: Aus den Gemeinsamkeiten hinsichtlich der Herrschaftsstrukturen, des inneren Terrors und der militärischen Expansion ergaben sich nach dem Ende des Krieges gemeinsame politische Verantwortlichkeiten, die bislang in der Forschung nur im Kontext eines nationalgeschichtlichen oder auch nationalpolitischen Diskurses behandelt worden sind. Die historische Dimension der Schuld und die Erinnerungsleistungen beziehungsweise Verdrängungssyndrome einer Gesellschaft lassen sich jedoch erst im Vergleich zu anderen präziser bestimmen. In einem einführenden Beitrag werden deshalb in komparativer Perspektive die Problemkonstellationen skizziert, in die sich die deutsche, italienische und japanische Gesellschaft nach 1945 in ihrer jeweiligen Erinnerung an Diktatur und Krieg hineingestellt sahen.

Die weiteren Beiträge des Bandes sind in sechs Kapitel untergliedert: Sie behandeln das Thema der »Erinnerungskulturen« mit Blick auf einzelne oder mehrere Länder, entweder in Form von Überblicks-Aufsätzen oder als empirische Fallstudien auf der Basis neu erschlossener Quellen.

Das *erste Kapitel* ist mit dem Titel »Die Abrechnung der Sieger« überschrieben und geht der Frage nach dem Umgang mit Besiegten und Tätern unmittelbar nach Kriegsende auf den Grund. Der Begriff der »Abrechnung« ist hier in einem weit gefassten Sinne verwendet: Er umschließt sowohl die direkte und häufig gewalttätige »Bestrafung« der Verlierer als auch die »politische Säuberung« und die justitielle Ahndung von Gewalt und Terror. Im Vergleich der drei betreffenden Länder fällt auf, dass das Ausmaß gewalttätiger Abrechnung, zum Beispiel in Form von Lynchjustiz, unter den Bedingungen der Besatzung durch die Alliierten in Deutschland und Japan wesentlich geringer war als in Italien, das 1943 aus der »Hitler-Koalition« ausgeschert war und in der Folge einen Krieg im Innern durchlebte, der von der Resistenza an zwei Fronten geführt wurde: gegen die deutschen Besatzer und die faschistischen »Verräter« im eigenen Land.

Das *zweite Kapitel* des Bandes befasst sich mit der »Entzauberung der Herrscherfiguren«. Diesbezüglich steht außer Frage, dass man über das »Bild« der politischen Führer nach 1945 nur dann sinnvolle Aussagen machen kann, wenn man dieses mit Auffassungen über die Person und ihre öffentliche Wirkung vor 1945 kontrastiert. In Deutschland kam es in diesem Zusammenhang erst in den Monaten des Zusammenbruchs, genauer am 9. Mai 1945, zu einer »fundamentalen Kehrtwendung« bezüglich der Einschätzung Hitlers in der deutschen Bevölkerung. Gegenüber dem Umgang der Deutschen mit ihrem »Führer« hatte das Herrscherbild in Italien und Japan vielfältigere Facetten. Während die linksgerichteten Intellektuellen in Italien für Mussolini nur Spott und Hass übrig hatten, neigte die Masse der Bevölkerung eher dazu, den »Duce« in der Retrospektive zu »vermenschlichen« und die historische Diskussion über eine boulevardhafte Personalisierung faktisch zu entschärfen; demgegenüber ist bei den Rechten, namentlich im Lager der Neofaschisten, bis heute ein Gefühl der Bewunderung für den »Staatsmann« Mussolini lebendig geblieben. Der italienische König, dem Mussolini den Oberbefehl über die Streitkräfte entzogen hatte, trat als Herrscherfigur in der politischen wie öffentlichen Wahrnehmung deutlich hinter den charismatischen »Duce« zurück. Im Vergleich zu Hitler und Mussolini nimmt der japanische Kaiser eine Sonderstellung ein, nicht zuletzt deshalb, weil er das Kriegsende persönlich und politisch, wenngleich auch mit Einschränkungen hinsichtlich seiner gottähnlichen Stellung, überlebte. Nicht dem Tennô, sondern seinen Ratgebern, den Ministern und Generälen, wurde von der Mehrzahl der Japaner vor und nach 1945 die Schuld an der Niederlage gegeben; er war und blieb ein Garant der Kontinuität auch über die Zäsur des Jahres 1945 hinaus.

Der Rolle der Historiker – Gegenstand des *dritten Kapitels* im vorliegenden Band – ist wiederholt besondere Aufmerksamkeit zuteil geworden; denn ihnen kommt aufgrund ihres Amtes als »Wächter der Vergangenheit« eine vergleichsweise große Autorität zu. Die neuere Diskussion zur Entwicklung der Geschichtswissenschaft in Deutschland vor und nach 1945 hat insbesondere auf das anhaltende Spannungsverhältnis von lebensgeschichtlichen Erfahrungen im »Dritten Reich« und dem Anspruch einer objektiv-wissenschaftlichen Deutung nach 1945 verwiesen. Politisch und wissenschaftlich diskreditiert sind hingegen die dogmatisch konturierten »Meistererzählungen« der Historiker in der DDR. Die japanischen Historiker hingegen setzten sich nach dem Ende des Krieges viel früher und offener mit der jüngsten Vergangenheit auseinander als ihre westdeutschen Kollegen. Dies gilt nicht nur für die im Fach stark repräsentierten marxistischen Historiker in Japan, sondern auch für jene, die unter dem Einfluss Max Webers methodisch neue Wege hin zu einer kritischen Sozialgeschichtsschreibung suchten.

Das *vierte Kapitel* des vorliegenden Bandes befasst sich mit der »Erinnerung an Diktatur und Krieg in Politik und Öffentlichkeit«. In der Bundesrepublik hat sich die Erinnerung an Krieg und Diktatur in einem Spannungsverhältnis bewegt, das sich auf zwei antinomische Formeln bringen lässt: »Sieger und Besiegte« und »Täter und Opfer«. Demgegenüber war die Auseinandersetzung mit dem Nationalsozialismus in der Deutschen Demokratischen Republik von einer »narzisstischen Erinnerungskultur« geprägt, die die Kontinuität des kommunistischen Widerstandes über die Zäsur des Jahres 1945 hinweg betonte. Im Vergleich zu den beiden deutschen Teilstaaten kannte die Erinnerung an Diktatur und Krieg in Italien wiederum nicht nur »Sieger und Besiegte« oder »Opfer und Täter«; sie hatte auch ihre Helden: die Antifaschisten und die Aktivisten der Resistenza. Dabei war die Erinnerung an den antifaschistischen Widerstand keine nur rückwärts gewandte, sondern diente als moralische Legitimationsbasis für das politische System der italienischen Republik. Die neunziger Jahre führten mit Parteienkrise und Korruptionsskandalen zum Bruch des faschistischen Tabus: ein weiteres Beispiel dafür, dass in Italien Kriegsdeutung und aktuelle Politik aufs Engste miteinander verzahnt sind. Im Vergleich zu Deutschland und Italien spielte die Antinomie von »Siegern und Besiegten« in Japan keine Rolle; an der militärischen Niederlage, die als nationale Schmach empfunden wurde, gab es keine Zweifel, ein Widerstand im Innern, der sich gegen das System aufgelehnt hätte, existierte kaum. Im öffentlichen Erinnerungsdiskurs zeigt sich eine interessante Verteilung der »Zuständigkeiten«: Für Japan als Opfer fühlen sich vor allem die Regierung und andere staatliche Organe verantwortlich. Die Debatte über die Täter hingegen wird weitgehend von privaten Initiativen (Journalisten, Historikern und anderen) getragen. Dieser kritische Umgang mit der eigenen Kriegsvergangenheit steht, ähnlich wie in Italien, unter einem immer stärker werdenden revisionistischen Druck, und zwar als Folge einer konservativen Trendwende in Politik und Öffentlichkeit gegen Ende der 1990er Jahre.

Die Medien der Erinnerungskultur bilden den Gegenstand des *fünften Kapitels*. Insbesondere die Ausstrahlung der »Holocaust«-Serie führte zu einer Emotionalisierung, über die Täter und Opfer wieder ein Gesicht erhielten. Es lag an der Einsicht in die singuläre Dimension des Genozids an den Juden und an der Ausrichtung Westdeutschlands an einem westeuropäischen Erfahrungs- und Erinnerungshorizont, dass sich in der Bundesrepublik in jenen Jahren ein breiter Konsens hinsichtlich der Verurteilung des nationalsozialistischen Herrschaftssystems ausprägte. Dieser Konsens bezüglich der historischen Verantwortung für begangenes Unrecht ist in Japan viel weniger ausgeprägt, wie ein Blick auf die Debatte um die japanischen Schulbücher für das Fach Geschichte zeigt. Anders wiederum ist der italienische Fall gelagert, weil das dortige Schulsystem die Auswahl der Schulbücher Lehrern und Eltern einer Klasse überlässt. Auf einer ganz anderen Ebene, nämlich auf der sehr persönlichen und privaten der »Eigengeschichten«, kommt es in Japan hingegen zu einer offenen Auseinandersetzung mit dem Krieg. Viele ehemalige Kolonialbeamte oder Kriegsteilnehmer, die mittlerweile in den Ruhestand getreten sind, füllen heute ihren Lebensabend mit dem Abfassen der eigenen Erinnerungen aus.

Dies verweist auf ein besonderes Problem der »Erinnerungskulturen«, mit dem sich das *sechste Kapitel* des Bandes befasst: den Zusammenhang und Wechsel der Generationen. Es ist offensichtlich, dass die kulturelle und politische Präsentation von Erinnerung in erster Linie von ihren Trägern und Vermittlern abhängt, die jedoch einem dauernden Generationswandel unterliegen. Für Westdeutschland zeigt sich, dass die 1960er Jahre für das sich wandelnde Bewusstsein über die jüngste historische Vergangenheit eine besondere Bedeutung einnehmen. In Italien hingegen hat ein generationsspezifischer Wandel der Kriegserinnerung erst seit Ende des 20. Jahrhunderts eingesetzt. Bis dahin dominierten die Akteure der Resistenza und des Bürgerkrieges die politischen Debatten. Verdrängung und Revisionismus in Italien haben in den Erinnerungsdiskursen japanischer Politiker und Intellektueller durchaus eine Parallele. Die Aufmerksamkeit der Öffentlichkeit richtete sich vor allem auf die Rolle von

Militär und Großkonzernen; sie wurden für den Krieg verantwortlich gemacht. Darüber hinaus wiesen Intellektuelle auch auf die feudalen Residuen in der modernen japanischen Gesellschaft hin. Ganz andere Argumente kommen hingegen in der jüngsten Debatte um die Postmoderne und den Postkolonialismus zum Vorschein. Aus dieser Perspektive beschritt Japan vor 1945 keinen Sonderweg, sondern war Teil eines global operierenden, imperialistischen Systems.

Die vorliegende Sammlung von Beiträgen kann selbstverständlich nur einen Ausschnitt aus der großen Fülle aktueller Forschungen zum Themenkomplex der »Erinnerungskulturen« präsentieren. Wichtige Aspekte, die in diesem Zusammenhang vor allem aus komparativer Perspektive hätten Berücksichtigung finden können, mussten ausgespart bleiben, entweder aus Platzgründen oder weil in verschiedenen Bereichen die Forschung gerade erst begonnen hat. Gleichwohl beanspruchen die folgenden Beiträge in ihrer Gesamtheit, den Blick über den Zaun nationaler Erinnerungen zu lenken und Anregungen für die künftige Beschäftigung mit dem Thema der »Erinnerungskulturen« zu geben.

Anmerkungen

1 Vgl. zuletzt Jay Winter, Die Generation der Erinnerung. Reflexionen über den »Memory-Boom« in der zeithistorischen Forschung, in: Werkstatt Geschichte 30 (2001), S. 5–16.
2 Claudio Pavone, Una guerra civile. Saggio sulla moralità nella Resistenza, Turin 1991; Hans Woller, Die Abrechnung mit dem Faschismus in Italien 1943 bis 1948, München 1996.
3 Peter Reichel, Die Auseinandersetzung mit der NS-Diktatur von 1945 bis heute, München 2001; Ian Buruma, The Wages of Guilt. Memories of War in Germany and Japan, London 1994 (dt. München 1995); Irmela Hijiya-Kirschnereit, »Kriegsschuld, Nachkriegsschuld«. Vergangenheitsbewältigung in Japan, in: Helmut König/Michael Kohlstruck/Andreas Wöll (Hg.), Vergangenheitsbewältigung am Ende des 20. Jahrhunderts, Opladen 1998, S. 327–349; Yoshikuni Igarashi, Bodies of Memory. Narratives of War in Postwar Japanese Culture, 1945–1970, Princeton 2000; Gian Enrico Rusconi, Die italienische Resistenza auf dem Prüfstand, in: Vierteljahrshefte für Zeitgeschichte 42 (1994), S. 379–402; Carlo Moos, Die »guten« Italiener und die Zeitgeschichte. Zum Problem der Vergangenheitsbewältigung in Italien, in: HZ 259 (1994), S. 671–694; Enzo Collotti (Hg.), Fascismo e antifascismo. Rimozioni, revisioni, negazioni, Rom 2000; Leonardo Paggi (Hg.), Le memorie della Repubblica, Scandicci 1999; Mario Isnenghi (Hg.), I luoghi della memoria. Personaggi e date dell'Italia unita, Rom 1997.
4 Zu Deutschland siehe zuletzt Hartmut Berghoff, Zwischen Verdrängung und Aufarbeitung. Die bundesdeutsche Gesellschaft und ihre nationalsozialistische Ver-

gangenheit in den Fünfziger Jahren, in: Geschichte in Wissenschaft und Unterricht 49 (1998), S. 96–114, sowie Michael Jeismann, Auf Wiedersehen Gestern. Die deutsche Vergangenheit und die Politik von morgen, Stuttgart 2001. Weitere Ausblicke auf diese Zeit in anderen Ländern finden sich in Ulrich Herbert/Axel Schildt (Hg.), Kriegsende in Europa. Vom Beginn des deutschen Machtzerfalls bis zur Stabilisierung der Nachkriegsordnung 1944–1948, Essen 1998, sowie in Holger Afflerbach/Christoph Cornelißen (Hg.), Sieger und Besiegte. Ideelle und materielle Neuorientierungen seit 1945, Tübingen 1997.

5 Siehe neuerdings aber auch Jan-Werner Müller (Hg.), Memory & Power in Post-War Europe. Studies in the Presence of the Past, Cambridge 2002; Volkhardt Knigge/Norbert Frei, Verbrechen erinnern: Die Auseinandersetzung mit Holocaust und Völkermord, München 2002.

6 Zum Begriff »Erinnerungskultur« siehe Jan Assmann, Das kulturelle Gedächtnis. Schrift, Erneuerung und politische Identität in frühen Hochkulturen, München 1992; Pierre Nora, Zwischen Geschichte und Gedächtnis, Berlin 1990; Lucian Hölscher, Geschichte als »Erinnerungskultur«, in: Kristin Platt/Mihran Dahbag (Hg.), Generation und Gedächtnis. Erinnerungen und kollektive Identitäten, Opladen 1995, S. 146–168; Aleida Assmann, Erinnerungsräume. Formen und Wandlungen des kulturellen Gedächtnisses, München 1999; siehe jetzt auch: Christoph Cornelißen, Was heißt Erinnerungskultur? Begriff – Methoden – Perspektiven, in: Geschichte in Wissenschaft und Unterricht 54/2003 (im Druck).

7 Vgl. Aleida Assmann/Ute Frevert, Geschichtsvergessenheit – Geschichtsversessenheit. Vom Umgang mit deutschen Vergangenheiten seit 1945, Stuttgart 1999, S. 35–52, sowie Peter Reichel, Politik mit der Erinnerung. Gedächtnisorte im Streit um die nationalsozialistische Vergangenheit, München 1995, S. 331. Siehe aber vor allem auch die Bemerkungen von Andreas Langenohl, Erinnerung und Modernisierung. Die öffentliche Konstruktion politischer Kollektivität am Beispiel des Neuen Rußland, Göttingen 2000, S. 21–51. Zur neueren Debatte vgl. ebenfalls Hans Günter Hockerts, Zugänge zur Zeitgeschichte. Primärerfahrung, Erinnerungskultur, Geschichtswissenschaft, in: Aus Politik und Zeitgeschichte B 28/2001, S. 15–30.

8 Maurice Halbwachs, Das kollektive Gedächtnis. Frankfurt am Main 1985, bes. S. 35 und 71 f. Zur Debatte in Deutschland vgl. Lutz Niethammer, Kollektive Identität. Heimliche Quellen einer unheimlichen Konjunktur, Reinbek bei Hamburg 2000, bes. S. 314–366, sowie ders., Gedächtnis und Geschichte. Erinnernde Historie und die Macht des kollektiven Gedächtnisses, in: Werkstatt Geschichte 30 (2001), S. 32–37.

9 Peter Burke, Geschichte als soziales Gedächtnis, in: Assmann/Harth (Hg.), Mnemosyne, 1991, S. 289–304. Vgl. zuletzt Étienne François/Hagen Schulze, Einleitung, in: dies. (Hg.), Deutsche Erinnerungsorte, Bd. 1, München 2001, S. 9–24, hier S. 22.

10 Vgl. zusätzlich zu der in Anm. 8 u. 9 genannten Literatur Jan Assmann, Kollektives und kulturelles Gedächtnis. Zur Phänomenologie und Funktionalität von Gegen-Erinnerung, in: Ulrich Borsdorf/Heinrich Th. Grüttner (Hg.), Orte der Erinnerung. Denkmal, Gedenkstätte, Museum, Frankfurt am Main 1999, S. 13–32.

11 Jeismann, Auf Wiedersehen [wie Anm. 4], S. 9, 39; Edgar Wolfrum, Geschichte als Waffe. Vom Kaiserreich bis zur Wiedervereinigung, Göttingen 2001, S. 144.

12 Vgl. dazu u. a. Paul Brooker, The Faces of Fraternalism. Nazi Germany, Fascist Italy, and Imperial Japan, Oxford 1991, sowie Gerhard Krebs/Bernd Martin (Hg.),

Formierung und Fall der Achse Berlin-Tôkyô, München 1998. Siehe auch die älteren Arbeiten von Andreas Hillgruber, Die »Hitler-Koalition«. Eine Skizze zur Geschichte und Struktur des »weltpolitischen Dreiecks« Berlin-Rom-Tokio 1933–1945, in: ders., Die Zerstörung Europas. Beiträge zur Weltkriegsepoche 1914–1945, Frankfurt am Main 1980, S. 169–185; Jens Petersen, Hitler-Mussolini. Die Entstehung der Achse Berlin-Rom 1933–1936, Tübingen 1973.

13 Zu Deutschland siehe: Étienne François/Hagen Schulze (Hg.), Deutsche Erinnerungsorte, München 2001; zu Italien: Mario Isnenghi (Hg.), I luoghi della memoria, 3 Bde., Rom 1997/98.

14 Siehe dazu Volker Fuhrt, Von der Bundesrepublik lernen? Der Vergleich mit Deutschland in der japanischen Diskussion über Kriegsschuld und Vergangenheitsbewältigung, in: Japanstudien 8 (1996), S. 337–353; Gian Enrico Rusconi (Hg.), Germania: un passato che non passa. I crimini nazisti e l'identità tedesca, Turin 1987.

15 Andreas Hillgruber, Bilanz des Zweiten Weltkriegs, in: Wolfgang Michalka (Hg.), Der Zweite Weltkrieg. Analysen – Grundzüge – Forschungsbilanz, München 1989, S. 189–202.

16 Vgl. Hans Woller (Hg.), Italien und die Großmächte 1943–1949, München 1988.

17 Hierüber informiert umfassend Michael Ruck, Bibliographie zum Nationalsozialismus, Darmstadt 2000.

18 Theodor Adorno, Was bedeutet Aufarbeitung der Vergangenheit?, in: ders., Eingriffe. Neun kritische Modelle, Frankfurt am Main 1974, S. 125–146, hier S. 125. Zur Problematik der Erinnerung an die Toten des Krieges siehe zuletzt Michael Geyer, The Place of the Second World War in German Modern Memory and History, in: New German Critique 71 (1997), S. 5–40, hier S. 19 f.

19 Siehe dazu Assmann/Frevert, Geschichtsversessenheit [wie Anm. 7], S. 140–147, sowie zuletzt Manfred Hettling, Die Historisierung der Erinnerung. Westdeutsche Rezeption der nationalsozialistischen Vergangenheit, in: Tel Aviver Jahrbuch für deutsche Geschichte 29 (2000), S. 357–378, hier S. 366 ff.

20 Vgl. zu diesem Thema zuletzt Norbert Frei (Hg.), Karrieren im Zwielicht. Hitlers Eliten nach 1945, Frankfurt am Main 2001.

21 Afflerbach/Cornelißen (Hg.), Sieger und Besiegte [wie Anm. 4]; Herbert/Schildt (Hg.), Kriegsende in Europa [wie Anm. 4].

22 Peter Reichel, Die Auseinandersetzung mit der NS-Diktatur von 1945 bis heute, München 2001.

23 Jürgen Danyel (Hg.), Die geteilte Vergangenheit. Zum Umgang mit dem Nationalsozialismus und Widerstand in den beiden deutschen Staaten, Berlin 1995. Zur Entwicklung in Westdeutschland vgl. Werner Bergmann, Die Reaktionen auf den Holocaust in Westdeutschland von 1945–1989, in: Geschichte in Wissenschaft und Unterricht 43 (1992), S. 327–350.

24 Siehe dazu Jeffrey Herf, Divided Memory. The Nazi Past in the Two Germanies, Cambridge, Mass. 1997; Norbert Frei, Vergangenheitspolitik. Die Anfänge der Bundesrepublik und die NS-Vergangenheit, München 1996.

25 Siehe dazu Carol Gluck, Das Ende der »Nachkriegszeit«. Japan vor der Jahrtausendwende, in: Irmela Hijiya-Kirschnereit (Hg.), Überwindung der Moderne? Japan am Ende des 20. Jahrhunderts, Frankfurt am Main 1996, S. 75.

26 Siehe dazu jetzt die verschiedenen Beiträge zur »Erinnerungspolitik in Japan, 1945–2001«, hg. von Sebastian Conrad, in: Periplus. Jahrbuch für außereuropäische Geschichte 10 (2001). Nach Fertigstellung des Manuskriptes zu diesem Band

erschien: Volker Fuhrt, Erzwungene Reue. Vergangenheitsbewältigung und Kriegsschulddiskussion in Japan 1952–1998, Hamburg 2002.
27 Vgl. Wolfgang Schwentker, Täter oder Opfer? Die Erinnerung an den Zweiten Weltkrieg in Japan, 1945–95, in: Afflerbach/Cornelißen (Hg.), Sieger und Besiegte [wie Anm. 4], S. 141–163.
28 Awaya Kentarô (Hg.), Sensô sekinin – sengo sekinin. Nihon to Doitsu wa dô chigau ka (Kriegsverantwortung – Nachkriegsverantwortung. Wie unterscheiden sich Japan und Deutschland), Tôkyô 1994; Yoshida Yûtaka, Nihonjin no sensôkan. Sengoshi no naka no henyô (Das Kriegsbild bei den Japanern. Zu seinem Wandel in der Nachkriegsgeschichte), Tôkyô 1995.
29 Vgl. Nishio Kanji, Kotonaru higeki. Nihon to Doitsu (Unterschiedliche Tragödien. Japan und Deutschland), Tôkyô 1994, S. 77.

Wolfgang Schieder
Kriegsregime des 20. Jahrhunderts
Deutschland, Italien und Japan im Vergleich

In der Rückschau scheint es klar zu sein, dass der Zweite Weltkrieg am 1. September 1939 begann. Als wirklich globaler Krieg kann er aber erst seit dem 11. Dezember 1941 angesehen werden, dem Tag, an dem Hitler, vier Tage nach dem japanischen Angriff auf Pearl Harbor, den USA den Krieg erklärte. Während bis dahin in Europa und in Ostasien zwei getrennte Kriege geführt worden waren, wurden jetzt die beiden Kontinentalkriege zu einem einzigen Weltkrieg miteinander verknüpft. Das gilt im doppelten Sinne: Die neu in den Krieg eintretenden USA führten zum einen, und das sollte sich als entscheidend erweisen, den Krieg auf zwei Kontinenten. Sie verklammerten also eigentlich erst die beiden bis dahin getrennten Kriegsschauplätze zu einem einzigen Weltkrieg. Zum anderen – noch wichtiger – führten jetzt die drei Mächte, welche das nach dem Ersten Weltkrieg geschaffene Friedenssystem nicht akzeptiert und jeweils für sich mit militärischen Mitteln zu verändern gesucht hatten, in einem gemeinsamen Bündnis (nicht allerdings gemeinsam) Krieg.

Für die Zeitgenossen war es spätestens seit 1940 nur zu offensichtlich, dass diese Front der revisionistischen Mächte eine innere Logik hatte. Mit Deutschland, Italien und Japan standen die drei Diktaturstaaten in einer Reihe, die ideologisch seit dem 6. November 1937, dem Tag des italienischen Beitritts zum Antikominternpakt, und militärisch seit dem 27. September 1940 durch den Dreimächtepakt auf besondere Weise miteinander verbündet waren. Die Zeit der Halbheiten war seitdem vorbei: Der zwar unheiligen, aber wirkungsvollen Allianz von westlichen Demokratiestaaten und stalinistischer Sowjetdiktatur standen jetzt die scheinbar geschlosseneren, sowohl antidemokratischen wie antikommunistischen Staaten des »weltpolitischen Dreiecks« gegenüber, welche die bestehende Weltordnung verändern wollten.

Der Ausgang dieser weltgeschichtlichen Konfrontation ist bekannt. Nicht die vermeintlich jungen, sondern ihre scheinbar altersschwachen Gegner waren am Ende nach einem sechsjährigen Ringen die militärischen Sieger. Die in den Ländern des Dreimächtepaktes bis 1945 bestehenden Diktaturen verschwanden ein für alle Mal. Deutsche, Italiener und Japaner hatten sich im Zuge der Demokratisierung ihres politischen Systems jeweils mit einer katastrophalen Kriegsvergangenheit auseinander zu setzen. Diese Auseinandersetzung dauert im Grunde bis heute an, ein deutliches Zeichen dafür, dass die drei Völker mit dieser Geschichte ihre besonderen Schwierigkeiten haben. Sie wird sehr unterschiedlich geführt. Aber das kann nicht überraschen, war doch die Ausgangssituation nach Kriegsende in Deutschland, Italien und Japan sehr verschieden. Für die Deutschen konnte kein Zweifel daran bestehen, dass sie die eigentlichen Verlierer des Weltkrieges waren. Die Teilung des Landes und seine politische Einordnung in zwei einander feindliche ideologische Lager bewirkte jedoch, dass die Auseinandersetzung mit der Weltkriegsvergangenheit lange Zeit durch die Gegenwart des »Kalten Krieges« konditioniert wurde. Die Japaner sahen sich zu Unrecht als Besiegte an, und die Italiener konnten sich gar auf der Seite der Sieger fühlen. In einer Hinsicht ähnelte sich jedoch der in den drei Ländern geführte Geschichtsdiskurs: Überall versuchte man nach 1945, sich ganz auf die eigene Kriegsvergangenheit zu konzentrieren. Das kann kein Zufall sein, so unterschiedlich der reduktionistische Umgang mit der Vergangenheit auch jeweils sein mochte. Die weitgehende Ausblendung der historischen Gemeinsamkeiten in der imperialistischen Kriegsallianz diente ganz offensichtlich dazu, die historische Erinnerung für die eigene Nation erträglicher zu machen.

Für die Italiener war wichtig, »außerhalb des sengenden Strahls des Holocausts« zu bleiben,[1] obwohl sie oder gerade weil sie von allen europäischen Völkern weitaus am engsten mit dem nationalsozialistischen Deutschland kollaboriert hatten. Daher organisierten sie ihre nationale Identitätsfindung ganz über die Zeit der deutschen Besatzung von 1943 bis 1945, in der sie selbst noch Opfer geworden waren und in der sie in der Resistenza beträchtliche, vor allem auch moralische Energien entwickelt hatten.[2] Die Kriegsverbrechen in den Kolonien, vor allem in Abessinien, und die brutale Repressionspolitik auf dem Balkan trat dabei völlig in den Hintergrund.[3] Auch in Japan wollte man offiziell lieber nicht mehr an das imperialistische Kriegsbündnis mit dem Deutschland Hitlers und dem Italien Mussolinis erinnert werden. Auch hier wurde die Opferrolle im nationalen Gedächtnis betont. Hiroshima und Nagasaki überlagerten und verdeckten das genozidale Nanking-Massaker und die Menschenversuche in der Mandschurei.[4] In Deutschland schließlich suchte man sich unter dem Dach des »Totalitarismus« zu verstecken, um die unvergleichliche Verbrechensbilanz des Nationalsozialismus auszuhalten. Es fiel leichter, sich in Analogie zur Sowjetunion als das Opfer eines totalitären Diktators vorzustellen, als die strukturellen Gemeinsamkeiten und damit auch historischen Verantwortlichkeiten von Achsenbündnis und Antikominternpakt anzuerkennen.

Gleichwohl ist schwer zu verstehen, mit welchem Eifer sich die Historiker in allen drei Ländern in den Dienst singularisierender nationaler Geschichtsdeutungen nehmen ließen. Ich nenne nur Karl Dietrich Bracher für Deutschland, Renzo De Felice für Italien und Maruyama Masao für Japan.[5] In gewissem Sinn zeigte sich darin vielleicht ein letztes Mal die Trivialität jenes Historismus, dem jede Epoche »unmittelbar zu Gott« ist. Jedoch war damit auch eine bewusste »Geschichtspolitik« verbunden, welche den historischen Vergleich nicht aus methodischen, sondern aus politischen Gründen um jeden Preis zu vermeiden suchte. In Wahrheit kann die historische Dimension nationaler Verantwortung für Kriegsverbrechen und Verbrechen gegen die Menschlichkeit letzten Endes jedoch nur im Vergleich richtig eingeschätzt werden.

Wer zwischen den Diktaturstaaten in Deutschland, Italien und Japan einen historischen Regimevergleich anstrebt, darf sich zunächst einmal nicht dadurch beeindrucken lassen, dass sich führende Repräsentanten aller drei Regime immer wieder davon distanziert haben, mit einer oder beiden anderen Diktaturen der historischen Herkunft, der gesellschaftlichen Struktur oder dem politischen System nach irgendetwas zu tun zu haben. So gehörte es zum guten Ton der Führungsclique des »Dritten Reiches«, sich herablassend oder verächtlich über die italienischen Achsenfreunde zu äußern. Alle zum Teil bis in das 18. Jahrhundert zurückgehenden Stereotypen von den angeblich disziplinlosen, unzuverlässigen und desorganisierten Italienern wurden dabei mobilisiert. Umgekehrt setzte man sich unter den faschistischen Führungspersönlichkeiten gerne von den vermeintlich kulturlosen und täppischen Deutschen ab, womit man ebenfalls einem uralten antideutschen Stereotyp von den transalpinen »Barbaren« entsprach. In Japan schließlich setzte sich immer wieder die Auffassung durch, dass das hierarchische Ordnungsprinzip der japanischen Gesellschaft mit dem Kaisertum an der Spitze (das so genannte *kokutai*) nichts mit den in Europa entwickelten Totalitarismen zu tun

hätte. Wörtlich ist etwa in einem Reskript des Erziehungsministeriums von 1937 davon die Rede, dass es sich in Japan um eine »einzigartige national-politische Staatsform« handelte.[6]
Auch wenn es somit für die drei Regime geradezu konstitutiv war, die eigene historische Einzigartigkeit zu betonen, muss das die Historiker noch lange nicht veranlassen, dem ohne weiteres Glauben zu schenken. Den zahlreichen gegenseitigen Distanzierungen stehen sehr viel mehr Erklärungen der gegenseitigen Wertschätzung und Vorbildlichkeit gegenüber. Zumindest der italienische Faschismus und der Nationalsozialismus, in einem weiteren Sinne aber auch das japanische Diktatursystem, standen in einem gegenseitigen politisch-ideologischen Bezugssystem, wie wir dies sonst bei anderen Staaten zwischen 1919 und 1945 in dieser Dichte nicht kennen. Für Hitler war Mussolini bis 1933 das Vorbild seiner politischen Strategie.[7] Gegen den Widerstand seiner Unterführer setzte er in den 20er Jahren einen dezidiert profaschistischen Kurs durch. Die NS-Bewegung wurde in ideologischer, organisatorischer und soziologischer Hinsicht als faschistische Partei konzipiert. Und ungeachtet aller Enttäuschungen über die Schwäche des faschistischen Regimes hielt Hitler bis in seine letzten Tage hinein Mussolini für seinen wichtigsten Mentor und einzigen politischen Freund. Der Vorbildcharakter wechselte freilich nach 1933: Nach und nach wurde der Nationalsozialismus für die italienischen Faschisten immer nachahmenswerter. Die ideologische Überhöhung des lockeren Bündnisses von 1936 zur »Achse« eines neuen Europas und die Anpassung an die nationalsozialistische Apartheidspolitik gegenüber den Juden, welche in den faschistischen Rassengesetzen von 1938 ihren sichtbaren Ausdruck fand, waren dafür besonders bezeichnend. Schon am 1. April 1936 war etwa der italienische Polizeichef Arturo Bocchini bei Heinrich Himmler, um ein Abkommen zur Zusammenarbeit bei der Bekämpfung von Kommunisten, Freimaurern und Emigranten zu unterzeichnen. Ironischerweise machte er sich gegenüber Mussolini darüber lustig, dass Himmler zwar große Worte gebraucht habe, aber noch nicht einmal eine vernünftige Kartei der zu verfolgenden Regimegegner besäße.[8] Von großer Bedeutung war auch die enge Zusammenarbeit der Freizeitorganisationen »Dopolavoro« und »Kraft durch Freude« sowie der Sportorganisationen der beiden Regime.[9] Hitler und Mussolini gelang es seit 1936, die internationale olympische Bewegung in starkem Maße einzuschüchtern.
Was schließlich Japan betrifft, so gaben sich nach dem Putsch vom

26. Februar 1936 die Bewunderer des Nationalsozialismus in Berlin die Türklinke in die Hand.[10] Der Umsturzversuch junger Offiziere wurde zwar blutig unterdrückt, aber er veränderte radikal das politische Klima in Japan. Die Führung von Heer und Marine steuerte seitdem einen offenen Diktaturkurs. Sympathieerklärungen für den Nationalsozialismus und den Faschismus wurden jetzt nicht mehr nur geduldet, sondern gefördert. Besonders hervorzuheben sind in diesem Zusammenhang die Besuche des sozialistischen Abgeordneten Kamei Ende 1937 und des Führers der nationalistischen Tôhôkai-Bewegung Nakano im Februar 1938 in Berlin.[11] Beide wurden von Ribbentrop und Hitler empfangen, Nakano vorher in Rom schon von Mussolini und Ciano. Beide bekannten sich offen zum Nationalsozialismus. Kamei zog eine Parallele zwischen Deutschlands Anspruch auf Lebensraum und Japans Ausdehnungsbedürfnissen in China. Nakano trat für die »Vollendung des totalitären Verteidigungsstaates« nach deutschem Vorbild ein, allerdings ohne die Einführung einer Führerdiktatur.[12]

Damit stellt sich die Frage, inwieweit die Regime in den drei Diktaturstaaten ihrer politischen Struktur nach übereingestimmt haben. Dies ist natürlich nur schwer zu beantworten, aber es besteht kein Grund, von vornherein auf vergleichende Überlegungen zu verzichten, nur weil die drei Diktaturregime in ideologischer Hinsicht nicht genauso ausgerichtet waren.[13] Es ist offensichtlich, dass es ein politisches Modell gab, an dem sich der Diktaturaufbau in den drei Staaten orientierte, und das war das faschistische Regime in Italien.[14] Dies ist nicht in einem abstrakten Sinn gemeint, sondern ganz konkret in einem realtypischen. Es war Benito Mussolini, der zunächst mit seiner »Bewegung« und dann seit dem 3. Januar 1925 mit seinem »Regime« einen eigenständigen Diktaturtypus schuf. Die Basis für seinen politischen Aufstieg lieferte eine Massenbewegung, welche mit ihrem paramilitärischen Gewaltcharakter das bestehende politische System revolutionär infrage stellte. Mussolini kam jedoch nur an die Macht, weil er es verstand, die national-konservativen Machteliten für sich zu gewinnen und gestützt auf beide eine Art Vermittlungsdiktatur auszuüben. Der besondere Charakter der faschistischen Ursprungsdiktatur bestand also darin, dass der so genannte *stato totalitario* weder ein bloßer Einparteienstaat noch lediglich eine abgeleitete Königsherrschaft war. Er beruhte vielmehr auf der persönlichen Führerstellung Mussolinis als des »Duce del fascismo«, der sich auf der Basis polizeistaatlicher Repression sowohl auf den *Partito Nazionale Fascista*

(PNF) wie auf die formal durch den König garantierte militärische Gewalt der Armee stützte.

Die Machtergreifung Hitlers in Deutschland vollzog sich, und das war gewollt, ziemlich genau nach diesem Vorbild.[15] Im Unterschied zu Mussolini gelang es jedoch Hitler, nach dem Tod von Hindenburg seine nationalkonservativen Bündnispartner sukzessive auszubooten und vor allem die Wehrmacht seinem persönlichen Oberbefehl zu unterstellen. Das faschistische Regime Hitlers nahm dadurch spätestens seit 1938 einen totalitären Charakter an, den der italienische Faschismus so nie erreicht hat. Die totalitäre Dynamik des NS-Regimes entsprang jedoch nicht der Omnipotenz einer zentralistisch geführten Einheitspartei. Es war vielmehr für das »Dritte Reich« charakteristisch, dass sich nach der Ausschaltung der nationalkonservativen Bündnispartner der schon zuvor eingeleitete Prozess der relativen Verselbständigung faschistischer Apparate ungehemmt beschleunigen konnte. In einem eher polykratisch strukturierten Herrschaftsgefüge behielt Hitler zwar die Endentscheidung. Es spricht jedoch vieles dafür, dass er nur dann steuernd eingriff, wenn wirklich Kernbereiche seines ideologischen »Programms« betroffen waren, so etwa bei der Anordnung zur Ermordung der europäischen Juden.

Es ist keine Frage, dass das japanische Diktatursystem, das sich seit 1936 herausbildete, in wesentlichen Teilen nicht dem faschistischen Modell entsprach, und zwar weder dem ursprünglichen in Italien noch dem späterhin entwickelten in Deutschland. Es gab in Japan keinen alleinigen »Führer«, der zwischen den Massen und den traditionellen Eliten vermittelt hätte. Und es gab auch keine Massenpartei, die mit dem PNF oder der NSDAP verglichen werden könnte. Jedoch gab es seit 1933 bezeichnenderweise immer wieder neue Anläufe zur Gründung einer Einheitspartei.[16] Das beginnt mit der Gründung der »Liga zur Auflösung der politischen Parteien« durch den extrem achsenfreundlichen Außenminister Matsuoka. Von größerem Gewicht waren dann 1937/38 die Versuche des Ministerpräsidenten Konoe, in Japan eine »Neue Struktur« durchzusetzen. Sie scheiterten spätestens mit dem Schock, den im August 1939 das Bekanntwerden des deutsch-sowjetischen Nichtangriffspaktes in Japan auslöste. Ein zweiter Anlauf zur Gründung einer Einheitspartei wurde jedoch bezeichnenderweise nochmals von Konoe in der Zeit seines zweiten Kabinetts 1940/41 unternommen.[17] Einer der Wortführer war dieses Mal der ehemalige Botschafter in Rom, Toshio. Tatsächlich gelang es Konoe im August 1940, die Auflösung der Parteien durchzusetzen. Die von ihm gegründete »Vereinigung zur Unterstützung der Kaiserlichen Herrschaft« schaffte es jedoch nicht, eine neue Einheitspartei aufzubauen. Gleichwohl wies das japanische Diktatursystem einige Strukturmerkmale auf, die es zumindest als protofaschistisch erscheinen lassen. Spätestens mit dem Gesetz zur nationalen Mobilisierung vom Frühjahr 1938 wurde in Japan ein gesetzlicher Ausnahmezustand geschaffen,[18] der dem in Deutschland nach der Durchbringung des Ermächtigungsgesetzes von 1933 und dem in Italien nach dem 3. Januar 1925 gleichkam. Da sich jedoch keine faschismustypische Führerdiktatur herausbildete, sahen sich nicht nur der Premierminister, sondern auch der Beamtenapparat, die Heeresführung, die Marineführung, das halbwegs demokratisch gewählte Parlament und das aristokratisch dominierte Oberhaus dazu ermächtigt, den politischen Entscheidungsprozess zu bestimmen. Wenn es irgendwo eine polykratische Herrschaftsstruktur gegeben hat, dann in dem Diktatursystem Japans seit 1938. Wenn man so will, kann man hier sogar den »schwachen Diktator« entdecken, der Hitler nun wirklich nicht gewesen ist, nämlich den Tennô. Ihm fiel zwar aufgrund der Verfassung von 1889 Legislative, Exekutive und Judikative in einem zu, faktisch hatte er jedoch nach dem Ersten Weltkrieg einen großen Teil seiner Kompetenzen an Parlament und Regierung verloren. In seinen Entscheidungen wurde er wohl weitgehend durch den Geheimen Staatsrat bestimmt, in dem zunehmend hohe Militärs den Ton angaben.

In der Abstufung der Intensität faschistischer Herrschaft von Deutschland über Italien zu Japan ist auch schon eine Aussage über den Grad des Terrors enthalten, den die drei Diktaturregime im Innern ausgeübt haben. Im Prinzip waren alle drei auf Massenkonsens angelegt. Aber Mussolini verkündete schon kurz nach seiner Machtergreifung, dass das faschistische Herrschaftsprinzip noch eine andere Dimension habe: die der Gewalt.[19] Am wenigsten vertraute, darüber sollte man sich nicht täuschen, von den drei Regimen das nationalsozialistische dem Konsens der Bevölkerung, obwohl es mit diesem vorübergehend in hohem Maße rechnen konnte. Mit einer Serie noch vom Reichspräsidenten Hindenburg abgezeichneter Notverordnungen etablierten die Nationalsozialisten mit Hilfe der Nationalkonservativen noch vor dem Ermächtigungsgesetz innerhalb weniger Wochen einen Ausnahmestaat, in dem die terroristische Einschüchterung der Bürger zur Regel wurde. Für politisch Missliebige wurden sofort Konzentrationslager geschaffen. Eine willfährige Justiz verhängte in der Zeit des »Dritten Reiches« vor Sondergerichtshöfen nicht weniger als zwölftausend Todesurteile. Der Terror gipfelte in der Ausgrenzung der so genannten Gemeinschaftsfremden. Dazu gehörten Zwangssterilisationen, die so genannte Euthanasie von Behinderten, die Kriminalisierung der Zigeuner und vor allem die Verfolgung der deutschen Juden, die bis 1939 zunächst als Ausgrenzungspolitik angelegt war. Insgesamt ein Pandämonium des Terrors, angesichts dessen die versprochene »Volksgemeinschaft« ein Hohn war.

Im faschistischen Italien sprach der 1926 geschaffene *Tribunale speciale per la Difesa dello Stato* demgegenüber bei insgesamt 5319 politischen Angeklagten nur 29 Todesurteile aus.[20] Als gängige polizeiliche Präventivmaßnahme gegen antifaschistische Gegner des Regimes oder solche, die dafür gehalten wurden, wurde in großem Stil die Strafe des Confino angewandt, die Verbannung auf Inseln oder abgelegene Bergdörfer.[21] Und seit 1938 wurden die italienischen Juden Opfer einer Apartheidspolitik, durch die sie auf ähnliche Weise ausgegrenzt wurden, wie die deutschen Juden bis 1939. Das faschistische Regime scheute sich auch nicht, die ausländischen Juden in Lager wie das in Ferramonti di Tarsia zu sperren.[22] Das waren ohne Frage äußerst brutale Zwangsmaßnahmen, auch wenn sie an die nationalsozialistische Gewalttätigkeit nicht heranreichten.

In Japan schließlich wurden offenbar überhaupt erst 1941 politische Gerichtsverfahren eingeführt.[23] Bis dahin gab es zwar zahlreiche Verhaftungen aus politischen Gründen, insgesamt etwa 66 000. Die allermeisten der Verhafteten wurden jedoch nicht gerichtlich belangt. Sie brauchten offenbar nicht abgeurteilt zu werden, da sie geständig waren oder ihre politischen Ansichten widerriefen.[24] Diese Widerrufe wurden nicht erpresst, sie waren eher das Ergebnis eines indirekten Terrors, der für das japanische Diktatursystem überhaupt charakteristisch war: Abweichendes Verhalten wurde in der japanischen Gesellschaft durch zwangsweise Sozialisation sanktioniert. Im Vergleich zu dem im nationalsozialistischen Deutschland oder auch im faschistischen Italien üblichen Terror war das eine subtile Form der Gewaltanwendung, aber es war eben eine.

Etwas näher rücken die drei faschistischen Diktaturregime allerdings aneinander, wenn man nicht nur die innere Repression, sondern auch den Terror in den imperialistisch eroberten Gebieten berücksichtigt. Die nationalsozialistische Verbrechensbilanz bleibt auch hier ohne Frage unerreicht: Die Schreckensherrschaft im besetzten Polen und der Vernichtungskrieg in der Sowjetunion mit Massenerschießungen der Zivilbevölkerung, Umsiedlungen im gigantischen Ausmaß und eine sich immer mehr verschärfende Rücksichtslosigkeit bei der so genannten Partisanenbekämpfung in diesen Ländern, aber auch in Serbien, Griechenland und zuletzt in Italien, die mörderische Behandlung der sowjetischen Kriegsgefangenen und schließlich ganz besonders der millionenfache Judenmord übertreffen schon rein quantitativ alle Kriegsverbrechen der Italiener und Japaner. Dass der Genozid an den europäischen Juden auch seiner historischen Qualität nach einen einzigartigen Charakter hatte, bedarf keiner weiteren Begründung. Der nationalsozialistische Binnenterror ermöglichte einen ungehemmten Außenterror, wie er in Japan und Italien nicht möglich war.

Allerdings ist zu beachten, dass auch die Kriegführung des japanischen Diktaturregimes in China eindeutig genozide Dimensionen erreichte.[25] Die Heeresleitung errichtete 1932 ein so genanntes Forschungsbataillon für bakterielle Kriegführung, das in der Mandschurei in großem Stil Menschenversuche betrieb. Gegenüber der Sowjetunion wurden bakterielle, gegenüber China chemische Waffen eingesetzt. Ihren eindeutigen Tiefpunkt erreichten die japanischen Kriegsverbrechen im Dezember 1937 in dem so genannten Nanking-Massaker, bei dem nach neueren Forschungen wahrscheinlich insgesamt 200 000 Menschen auf grausamste Weise umgebracht wurden, Kriegsgefangene und Zivilisten.[26] Insgesamt wurden in Nordchina bei gigantischen Umsiedlungs- und Vernichtungsaktionen zwischen 1941 und 1945 möglicherweise über zwei Millionen Menschen ermordet. Das sind Dimensionen, welche das scheinbar milde Diktaturregime in Japan in einem ganz anderen Licht erscheinen lassen.

Das faschistische Italien schließlich muss auch davon, erst recht von der genozidalen Eroberungspolitik der Nationalsozialisten, deutlich abgesetzt werden. Aber das kann nicht heißen, dass das Regime Mussolinis keinen Außenterror entwickelt hätte. Das Gegenteil ist der Fall, auch wenn das von vielen italienischen Historikern bis heute nicht anerkannt wird. Mussolini war nicht in der Lage, das 1936 großmächtig ausgerufene »Impero fascista« dauerhaft militärisch zu befrieden.[27] Um die Rebellen in Libyen zu bekämpfen, wurde die Zivilbevölkerung in Konzentrationslagern dezimiert. Hier wie dann ebenfalls in Äthiopien wurde im Krieg, aber auch gegen die Zivilbevölkerung, Giftgas eingesetzt.[28] Ein Attentat gegen den italienischen Gouverneur in Äthiopien, Marschall Graziani, ließ Mussolini mit der Erschießung von 3000 Geiseln beantworten.[29] Gezielt wurden dabei und auch in anderen Fällen Angehörige der äthiopischen Elite ermordet. Das war ein durchaus mit dem deutschen Vorgehen in Polen vergleichbares Verfahren, bei dem beispielsweise der Lehrkörper der Universität Krakau fast vollständig umgebracht wurde. Nur wenig wissen wir schließlich bisher über die italienischen Besatzungsverbrechen in Albanien und vor allem in Jugoslawien.[30] Jedoch steht fest, dass sich die faschistische Herrschaft hier nur behaupten konnte, weil sie im großen Stil Konzentrationslager einrichtete. Auch wenn somit überdeutlich eine Abstufung der Kriegsverbrechen von Deutschen, Japanern und Italienern (in dieser Reihenfolge) festzustellen ist, kann insgesamt doch kein Zweifel daran bestehen, dass alle drei Regime den Terror nach außen exportierten.

Das wirft die Frage auf, ob dies eher ein Zufall war oder ob sich hier eine Gemeinsamkeit zeigt, die für die drei Regime konstitutiv war. Letzteres scheint der Fall zu sein, und zwar aus drei Gründen, die abschließend dargelegt werden sollen.

Zunächst einmal scheint wichtig zu sein, dass alle drei Regime in ideologischer Hinsicht und in ihrer politischen Praxis rassistisch geprägt waren. Auch hier steht das nationalsozialistische Deutschland selbstverständlich wieder an erster Stelle. Die sozialdarwinistische Staatsideologie, aufgrund derer die so genannte arische Rasse im »Lebenskampf der Völker« zur Herrschaft prädestiniert sei, während »minderwertige Rassen« wie Slawen oder Juden zum Aussterben verurteilt oder der Vernichtung preisgegeben werden sollten, war, das braucht nicht näher erläutert zu werden, zutiefst rassistisch begründet. Der Antisemitismus stellte innerhalb dieses rassistischen Denkens die radikalste Form dar, aber er war, und das macht den nationalsozialistischen Rassismus so gefährlich, in eine Art von rassistischer Allfeindschaft eingebettet. Die Rede von der »jüdisch-bolschewistischen Weltverschwörung«, gegen die man angeblich ankämpfen musste, machte dies besonders sinnfällig. Nicht dass alle Deutschen im »Dritten Reich« antisemitisch gewesen oder dazu gemacht worden wären, die Tatsache aber, dass sie in ihrem rassistischen Feinddenken zumindest antipolnisch oder antisowjetisch eingestellt waren, ließ ihnen auch antisemitisch geprägte Maßnahmen als plausibel erscheinen.

Auch in Japan findet man in den dreißiger Jahren ein ausgeprägtes rassistisches Überlegenheitsdenken. Die Japaner wurden als eine von den Göttern abstammende Yamato-Rasse bezeichnet, welche gegenüber anderen, zum Beispiel den Koreanern oder Chinesen, als höherwertig angesehen wurde.³¹ In etwas gemäßigterer Form trat dieses rassistische Überlegenheitsdenken im so genannten Nipponismus in Erscheinung.

Im Hinblick auf Italien ist immer wieder festgestellt worden, dass der Faschismus ursprünglich kaum antisemitisch geprägt war. Das führte jedoch dazu, dass man die Rassengesetze von 1938 nur schwer erklären konnte. Erst neuerdings wird die rassistische Dimension der faschistischen Ideologie stärker beachtet.³² Es zeigt sich, dass der Faschismus in seinem Kern zwar nicht antisemitisch, aber wohl in anderer Weise rassistisch geprägt war. Die Überlegenheit der »razza italiana« wurde einerseits gegenüber den Slawen und anderseits gegenüber den Afrikanern behauptet. Der eigentliche Anlass für die Rassengesetze von 1938 waren nicht zufällig die Afrikaner, die Juden wurden gewissermaßen dazu genommen – was sie freilich nicht weniger hart getroffen hat.³³ Um Äthiopien ruhig zu halten, mussten dort ständig über 100 000 italienische Soldaten bleiben. Da für diese Unterkünfte und Versorgungseinrichtungen fast völlig fehlten, mussten sie unmittelbar bei der Bevölkerung einquartiert werden. Die daraus sich ergebenden Kontakte ließen das Gespenst aller biologistisch denkenden Rassisten auch in Italien auftauchen: den »Mischling«. Das Ergebnis einer rassistischen Apartheidspolitik, die in Afrika zwar weitgehend wirkungslos blieb, welche die etwa 40 000 italienischen Juden dagegen umso härter traf.

Der italienische Faschismus ist freilich bei diesem Apartheidsrassismus stehen geblieben, einen genuinen Vernichtungsrassismus, wie ihn der Nationalsozialismus mit verheerenden Folgen praktiziert hat, gab es in Italien nicht. Gleichwohl scheint es evident zu sein, dass rassistisches Denken die Außenaggression aller drei Diktaturen in hohem Maße bestimmt hat. Die imperialistische Politik erhielt dadurch eine ideologische Legitimation, ohne die sich die kriegerische Massenmobilisierung der drei Staaten nicht oder nicht so leicht hätte bewerkstelligen lassen. Außerdem hatten die drei Regime so etwas wie einen gemeinsamen ideologischen Hauptfeind: den Bolschewismus. Wenn irgendetwas, dann hat der Antibolschewismus Deutsche, Japaner und Italiener miteinander verbunden. Nicht umsonst erfolgte die diplomatische Verständigung untereinander zunächst über den ideologisch hoch aufgeladenen Antikominternpakt vom 25. November 1936. Der Antibolschewismus wurde zwar jeweils etwas anders begründet: Die Nationalsozialisten verbanden ihn mit ihrem Rassenantisemitismus, in Italien wurde er mit der Verschwörungsangst vor der Freimaurerei zusammengezogen, und in Japan

schließlich verschmolz er mit dem antiwestlichen Denken. Jede Diktatur hatte insofern ihren besonders akzentuierten Antibolschewismus, aber daraus ergab sich in ideologischer Hinsicht doch ein kleinster gemeinsamer Nenner. Selbstverständlich war der Bolschewismus keine reale Gefahr, real aber war in allen drei Diktaturländern die Angst vor diesem.
Mindestens ebenso wichtig wie die ideologische Konvergenz war für die drei Diktaturregime ihre militaristische Grundstruktur. Nicht nur das japanische Militärregime, sondern auch das faschistische und das nationalsozialistische waren in ihrem Kern militaristische Diktaturen. Man kann sogar die These vertreten, dass die bewaffnete Macht für den Aufbau der beiden faschistischen Regime jeweils eine ebenso herausragende Bedeutung hatte wie die Partei. Nicht zufällig entwickelte Hitler 1933 die so genannte Zwei-Säulen-Theorie, wonach NSDAP und Wehrmacht die beiden »Säulen« des neuen Staates sein sollten. Noch in den beiden von Arnold Breker geschaffenen Skulpturen vor der neuen Reichskanzlei kommt diese Machtstrategie zum Ausdruck: Sie symbolisierten die Partei und die Wehrmacht. Nicht hohe Parteiführer, sondern hohe Offiziere und Generäle waren es auch, denen Hitler von der Besprechung am 3. Februar 1933 an bis zu der von Hoßbach nachträglich protokollierten Besprechung vom 5. November 1937 Einblick in seine eigentlichen imperialistischen Fernziele gab. Die Reichswehrführung spielte dabei nur zu gerne mit, da sich für sie, was die Revision des Versailler Vertrages betraf, zumindest eine »Teilidentität der Ziele« ergab.[34] Widerstandslos nahm man deshalb nach der so genannten Blomberg-Fritsch-Krise die stufenweise Gleichschaltung und schließlich die Unterstellung unter den persönlichen Oberbefehl Hitlers hin. Die Wehrmacht war von Anfang an ein tragender Teil des NS-Regimes, und sie blieb es erst recht, nachdem Hitler ihre Führung übernommen hatte. Der totalitär-faschistische Staat des »Dritten Reiches« war ein totalitär-faschistischer Militärstaat.
Auch Mussolini wusste von Anfang an, dass er die bewaffnete Macht im Staat zur Stabilisierung seines faschistischen Regimes brauchte. Ohne die wohlwollende Neutralität des Heeres wäre schon der Aufstieg des Faschismus und der so genannte Marsch auf Rom am 28. Oktober 1922 nicht möglich gewesen. Mit einer seiner ersten Amtshandlungen unterstellte Mussolini die faschistischen Milizen dem Staat und besetzte ihre wichtigsten Führungspositionen mit Heeresoffizieren. Die faschistische Miliz (MVSN) verlor dadurch ihren Charakter einer Parteiarmee, womit Mussolini seine Herrschaft dauerhaft bei der bewaffneten Macht absi-

cherte. Da der König Oberbefehlshaber des Heeres und der Marine blieb, konnte Mussolini diese allerdings nicht so vollständig in sein Regime einordnen wie Hitler. Beim Eintritt in den Krieg am 10. Juni 1940 gelang es ihm lediglich, dem König den Oberbefehl über die kämpfende Truppe abzuringen, was freilich wenig besagte, da er sich um operative und militärstrategische Planungen nur wenig kümmerte. Mussolini machte seit 1925 allerdings alle Anstrengungen, das faschistische Regime, in das er Armee und Marine nicht direkt integrieren konnte, systematisch zu militarisieren.[35] Nicht nur aus wirtschaftspolitischen Gründen ließ er die berüchtigten Erzeugungsschlachten von der »Schlacht für die Lira« über die »Getreideschlacht« bis zum Kampf für eine höhere Geburtenrate führen. Genauso wie in Deutschland unternahm das Regime in den dreißiger Jahren besondere Anstrengungen, die Jugend durch gezielte vormilitärische Ausbildung dem angestrebten Ideal der *nazione militare* näher zu bringen. 1934 wurde an allen Schulen und Universitäten der Unterricht in vormilitärischer Erziehung in einem *Corso di cultura militare* verpflichtend gemacht. Auch wenn die vom Faschismus betriebene Militarisierung der Gesellschaft, wie immer wieder betont wird, insgesamt weit weniger gelungen ist als im nationalsozialistischen Deutschland, so steht doch fest, dass der militärische Stil auch zum genuinen Habitus des italienischen Faschismus gehörte.

Dass die »Martialisierung des gesamten öffentlichen Lebens« für das japanische Diktaturregime besonders charakteristisch war, versteht sich von selbst.[36] Man kann deshalb sagen, dass die Militarisierung der Gesellschaft die drei Diktaturregime am meisten miteinander verband. Und diese Militarisierung wurde nicht um ihrer selbst willen betrieben. Sie hatte vielmehr in allen drei Diktaturen das klare Ziel, die Bevölkerung für den Krieg zu mobilisieren. Nicht nur die Vorbereitung auf den Krieg, sondern der Krieg selbst gehörte zum Alltag aller drei Regime. Als faschistische Regime waren sie in erster Linie Kriegsregime.

Bezeichnenderweise führte jede der drei Diktaturen in der Zeit vom Beginn der 30er Jahre bis zur Globalisierung des Krieges im Jahre 1941 zunächst jeweils für sich eine Serie von kleineren Kriegen. Dabei handelte es sich ausnahmslos um imperialistische Aggressionskriege, welche der inneren Mobilisierung dienten, dieser aber zugleich bedurften, um durchgeführt werden zu können. Die Militarisierung im Innern verband sich in diesen Kriegen mit der militärischen Aggressionspolitik nach außen.

Schon seit Beginn der faschistischen Herrschaft kämpften italienische Truppen in Nordafrika einen zermürbenden Kleinkrieg, um die Vorkriegskolonien Tripolis und Cyrenaika zu »befrieden«.[37] Seit 1929 handelte es sich hier um einen regelrechten Krieg, den Mussolini freilich verborgen halten musste, weil er 1928 den Kelloggpakt mit unterzeichnet hatte. Erst Anfang der dreißiger Jahre konnten die Aufstandsbewegungen unterdrückt werden, so dass 1934 die vereinigte Kolonie Libyen geschaffen werden konnte. Schon Ende desselben Jahres fasste Mussolini den Entschluss, den afrikanischen Kaiserstaat Abessinien militärisch zu überfallen und zur italienischen Kolonie zu machen. Die Vorbereitungen für diesen Überfall hielten eine entsprechend indoktrinierte Öffentlichkeit im faschistischen Italien bis zum Herbst 1935 in Atem. Der Abessinienkrieg erwies sich dann als alles andere als ein Spaziergang. Er zog sich vom Oktober 1935 bis zum Mai 1936 hin. Mussolini musste am Ende über 400 000 Mann, die Hälfte des italienischen Heeres, sowie außerdem noch 90 000 Mann an Kolonialtruppen aufbieten, um den unerwartet hartnäckigen Widerstand des Negus zu brechen. Das kostete die Italiener am Ende das Nationaleinkommen eines Jahres. Das Land stieß damit an den Rand seiner militärischen Leistungsfähigkeit. Gleichwohl stand Mussolini 1936 als *Fondatore dell'Impero* auf dem Gipfel seiner Popularität. Das einzige, was er nachträglich bedauert haben soll, war die in seinen Augen zu geringe Zahl von nur 5000 italienischen Gefallenen. Höhere Verlustzahlen hätten dem kriegerischen Appeal des faschistischen Regimes in seinen Augen besser angestanden.[38]

Schon vor dem Ende des Abessinienkrieges sprach Mussolini von einem baldigen neuen Krieg, ohne sich indessen schon genau festzulegen. Unverhofft erhielt er dann aber im Juli 1936 Gelegenheit, nach dem Generalsputsch in Spanien militärisch einzugreifen. In rascher Steigerung erreichten die italienischen Interventionstruppen bald über 70 000 Mann. Die Verluste waren absolut gesehen geringer als im Abessinienkrieg, in prozentualer Hinsicht jedoch erheblich höher. Ein großer Teil davon kam überdies in einer einzigen Schlacht, der von Guadalajara ums Leben, der ersten großen, nicht zu verheimlichenden militärischen Niederlage des Faschismus. In einem Regime, das auf die Perpetuierung gewaltsamer Expansion ausgerichtet war, wog das schwer. Mussolini musste sich deshalb bis zum Ende des Bürgerkrieges in Spanien engagieren, um eine militärische Rehabilitierung zu erreichen.

Nur eine Woche nach dem Ende des spanischen Bürgerkrieges überfiel am 7. April 1939 ein italienischer Flottenverband das kleine Albanien. In wenigen Tagen konnte hier ein militärischer Sieg errungen und das Land dem *Impero fascista* eingegliedert werden. Die militärische Dauerbesetzung Albaniens brachte dem faschistischen Italien nun jedoch erhebliche militärische Folgekosten ein. Als Hitler 1939 mit seinen Kriegen begann, waren die militärischen Ressourcen Italiens dann auch weitgehend erschöpft. Mussolini musste die völkerrechtlich fragwürdige Formel von der *Nonbelligeranza* erfinden, um außerhalb des Konfliktes zu bleiben, ohne mit Deutschland zu brechen.

Auch für das japanische Diktaturregime war eine allmähliche Einfädelung in den Krieg charakteristisch. Als Ausgangspunkt dieser Kriegspolitik kann der so genannte mandschurische Zwischenfall vom September 1931 gelten, der durch die japanische Heeresführung gegen den Willen der zu dieser Zeit noch parlamentarisch orientierten Regierung ausgelöst wurde.[39] Das Ergebnis dieses Angriffskrieges war die Errichtung des japanischen Satellitenstaates Manshûkoku. Fast nach demselben Muster wurde auch der so genannte Shanghai-Zwischenfall vom August 1937 ausgelöst, durch den Japan den Krieg gegen China eröffnete. Der schnelle Sieg, den die Militärführung auch dieses Mal erhoffte, stellte sich jedoch nicht ein. Vier Monate lang musste die japanische Armee um Shanghai kämpfen, ehe die chinesische Garnison im November 1937 kapitulierte. Die japanische Regierung, auch der Generalstab, wollten daraufhin eigentlich den Krieg begrenzen. Der Oberkommandierende in China (Matsui Iwane) setzte den Krieg jedoch auf eigene Rechnung fort und überfiel im Dezember 1937 Nanking, wo es anschließend zu den genannten Kriegsverbrechen kam. In einem verschlungenen Entscheidungsprozess, wie er für das japanische Diktatursystem typisch war, akzeptierten Regierung und Heeresführung die eigenmächtig getroffenen Entscheidungen, mit der Folge, dass sich der Krieg in China noch über acht Jahre hinziehen sollte.

Hitler schließlich war bei seiner Machtergreifung noch weit davon entfernt, einen Krieg führen zu können. In einem Stakkato von aggressiven politischen Schritten demonstrierte er jedoch schon in den ersten Jahren seiner Herrschaft, dass sein Regime künftig auf Krieg hin angelegt sein sollte. Der Rückzug von der Abrüstungskonferenz, der Austritt aus dem Völkerbund, die Ankündigung der allgemeinen Wehrpflicht, der Aufbau eines Heeres von 36 Divisionen und die Besetzung des entmilitarisierten Rheinlandes erfolgten Schlag auf Schlag. Hitlers erste Kriege gegen Polen, Holland und Belgien, Frankreich, gegen Jugoslawien und Griechenland, sowie gegen Dänemark und Norwegen, das heißt die so genannten Blitzkriege, entsprachen schließlich durchaus den Kriegen Mussolinis und den von den Japanern inszenierten militärischen »Zwischenfällen«. Hitler setzte die innere Militarisierung der deutschen Gesellschaft durch diese scheinbar begrenzten Kriege in die Praxis um und versuchte so, die Deutschen auf ähnliche Weise an den Krieg zu gewöhnen wie Mussolini die Italiener und die Militärs die Japaner.

Für den Zusammenhang von innerer Mobilisierung und äußerer Aggression ist es bezeichnend, dass in Deutschland, in Japan und in Italien nach den ersten imperialistischen Erfolgen bei der Bevölkerung jeweils die größte Zustimmung zu der Diktatur hergestellt wurde: In Japan 1931/32 nach dem Mandschurei-Zwischenfall, in Italien 1936 nach dem Abessinienkrieg und in Deutschland 1939 nach dem Polenkrieg. Das bedeutete freilich nicht, dass das Kalkül der Diktatoren aufgegangen wäre, die Bevölkerung auch in einem globalen Krieg hinter sich zu haben. Die aggressionsorientierte Massenmobilisierung war nur mit schnellen militärischen Siegen zu erreichen, nicht mit Niederlagen, wie sie seit Stalingrad und El Alamein die Regel waren.

Ob der Zusammenhang von innerer Militarisierung und imperialistischer Expansion in den drei Diktaturstaaten einem rationalen politischen Kalkül entsprang, ist in der Forschung jeweils umstritten. Es lohnt sich deshalb, das Problem der Systemrationalität im Vergleich zu diskutieren.

Nach der unter rein politikgeschichtlich argumentierenden Historikern herrschenden Lehre hatte Hitler ein imperialistisches Programm, das er Stück um Stück umsetzte. Hitlers außenpolitische Aktionen mochten nach dieser Interpretation noch so widersprüchlich und sprunghaft sein, sie seien doch immer Ergebnisse eines rationalen Kalküls gewesen.[40]

Dass Hitler im Juni 1941 entgegen seinem »Programm« die Sowjetunion angriff, ohne den Rücken im Westen freizuhaben, war mit diesem Interpretationsansatz jedoch letzten Endes nicht zu erklären. Sehr viel einleuchtender war demgegenüber Martin Broszats These, dass Hitlers Vorhaben, im Osten »Lebensraum« für die »germanische Rasse« zu erobern, eine »Metapher und utopische Umschreibung« eines »kontinuierlichen Strebens nach immer mehr machtpolitischer Handlungsfreiheit« war.[41]

Letzten Endes könnte man mit Schumpeter von einem Prinzip »objektloser Expansion« sprechen, von einem Expansionsdrang ohne räumliche und zeitliche Begrenzung. Das soll nicht heißen, dass Hitler eine absolut utopische Politik betrieben hätte. In räumlich und zeitlich überschaubaren Entscheidungszusammenhängen war er zumindest bis 1941 durchaus zu rational begründetem Kalkül und flexiblem Handeln fähig. Es war der Widerspruch zwischen diesen beiden Handlungsebenen, der die nationalsozialistische Außenpolitik einerseits so kalkulierbar und andererseits so aggressiv machte.[42]

Mutatis mutandis gilt das auch für die imperialistische Politik Mussolinis. Das als *mare nostrum* definierte Mittelmeer war ja von Anfang an keineswegs der Zielpunkt von Mussolinis imperialen Vorstellungen. Schon der Überfall auf Abessinien zeigte dies deutlich. Aus einer Reihe von geheimen Reden, die Mussolini zwischen 1938 und 1940 gehalten hat, kann man sogar entnehmen, dass er ein imperialistisches Parallelprogramm zu dem Hitlers entwickelt hat. Auch bei ihm finden sich utopische Fernziele in einem unaufgelösten Spannungsverhältnis mit konkreten Bündnisüberlegungen. Am deutlichsten wird das an einer geheimen Rede erkennbar, die Mussolini am 4. Februar 1939 vor dem *Gran Consiglio del Fascismo* gehalten hat.[43] Er stellt Italien darin als »Gefangenen am Mittelmeer« hin: »Die Riegel dieses Gefängnisses sind Korsika, Tunesien, Malta und Zypern. Seine Wächter sind Gibraltar und Suez.« In einer Art von Stufenplan setzte er der italienischen Politik zunächst das durchaus realistische Ziel, diesen »Gefängnisriegel aufzubrechen«. In einer zweiten Stufe erhielt sein imperialistisches Programm dann aber völlig utopische Dimensionen: »Vormarsch zum Ozean. Zu welchem Ozean? Zum Indischen Ozean durch den Sudan, der Libyen mit Abessinien verbindet; oder zum Atlantischen Ozean durch Französisch-Nordafrika? Im ersten wie im zweiten Fall« – und nun wird es wieder konkret – »stoßen wir auf englisch-französischen Widerstand. Es wäre sinnlos, die Lösung dieses Problems ohne Rückendeckung auf dem Kontinent anzupacken.« Als Fazit dieses atemberaubenden Szenarios erklärte Mussolini dann am Ende seiner Rede, dass die »Politik der Achse Rom-Berlin« deshalb »einer grundlegenden historischen Notwendigkeit« entspräche. Das war sicherlich nicht ganz so mythisch gedacht wie Hitlers »Lebensraum im Osten«, jedoch deutete das wahlweise am Indischen und am Atlantischen Ozean angepeilte Ziel einer faschistischen Expansion deren im Grunde ebenfalls objektlosen Charakter an. Nicht ganz zu Unrecht hat man diese Rede deshalb als »eine Art von ›Mein Kampf‹« bezeichnet.[44]

Für Japan schließlich war charakteristisch, dass immer wieder von einer

»Neuen Ordnung Großostasiens« gesprochen wurde, dass der Weg zur Schaffung einer solchen japanischen Hegemonie jedoch offen blieb.[45] Richtete die Marineführung innerhalb des polykratisch strukturierten Diktatursystems ihre Blicke mehr nach Süden, sah die Heeresführung nach Westen. Für die einen waren die europäischen Westmächte und die USA, für die anderen die Sowjetunion der Hauptgegner. Dieser grundlegende Widerspruch konnte nie aufgelöst werden. Umso deutlicher müssen die geheimen Pläne der Regierung Konoe vom Juni 1940 als utopisch bezeichnet werden, in denen die Ausdehnung der »großostasiatischen Wohlstandssphäre« unter japanischer Führung bis nach Australien und Indien hin gedacht wurde. Auch hier entfaltete sich also jener im Grunde objektlose Expansionismus, der auch für die faschistische und besonders für die nationalsozialistische Imperialpolitik bezeichnend war. Wie immer man das Zustandekommen des »weltpolitischen Dreiecks« zwischen Deutschland, Italien und Japan deshalb erklären will, scheint mir eines sicher zu sein: Es fanden sich darin die drei Regime zusammen, deren expansionistische Dynamik systembedingt war. Ungeachtet aller Unterschiede waren die drei Diktaturen außenpolitisch auf eine Unterdrückungspolitik angelegt, die jeweils ihrer inneren Verfassung entsprach.

Anmerkungen

1 So Renzo De Felice, in: Corriere della Sera, 8. 1. 1988.
2 Vgl. dazu Wolfgang Schieder, Faschismus als Vergangenheit. Streit der Historiker in Italien und Deutschland, in: Walter H. Pehle (Hg.), Der historische Ort des Nationalsozialismus. Annäherungen, Frankfurt am Main 1990, S. 135–154.
3 Vgl. aber heute Costantino Di Sante (Hg.), I campi di concentramento in Italia. Dall' internamento alla deportazione (1940–1945), Mailand 2001; sowie vor allem Filippo Focardi, La questione della punizione dei criminali di guerra in Italia dopo la fine del secondo conflitto mondiale, in: Quellen und Forschungen aus italienischen Archiven und Bibliotheken 80 (2000), S. 543–624.
4 Vgl. dazu ausführlich Sebastian Conrad, Auf der Suche nach der verlorenen Nation. Geschichtsschreibung in Westdeutschland und Japan, 1945–1960, Göttingen 1999.
5 Vgl. Renzo De Felice, Intervista sul fascismo, a cura di M. A. Ledeen, Rom/Bari 1975; Karl Dietrich Bracher, Zeitgeschichtliche Kontroversen. Um Faschismus, Totalitarismus, Demokratie, München 1976; Masao Maruyama, Thought and Behavior in Modern Japanese Politics, London 1963.
6 Zit. nach Bernd Martin, Zur Tauglichkeit eines übergreifenden Faschismus-Begriffs. Ein Vergleich zwischen Japan, Italien und Deutschland, in: Vierteljahrshefte für Zeitgeschichte 29 (1981), S. 53.

7 Vgl. dazu Wolfgang Schieder, Das italienische Experiment. Der Faschismus als Vorbild in der Krise der Weimarer Republik, in: Historische Zeitschrift 262 (1996), S. 73–125.
8 Vgl. dazu den Bericht des italienischen Polizeichefs Arturo Bocchini vom 4.4.1936 über seine Gespräche mit Himmler in Berlin, abgedruckt bei Renzo De Felice, Storia degli ebrei italiani sotto il fascismo, Turin ³1977, S. 649–659.
9 Vgl. dazu Daniela Giovanna Liebscher, Organisierte Freizeit als Sozialpolitik. Die faschistische Opera Nazionale Dopolavoro und die NS-Gemeinschaft Kraft durch Freude 1925–1939, in: Jens Petersen/Wolfgang Schieder (Hg.), Faschismus und Gesellschaft in Italien. Staat – Wirtschaft – Kultur, Köln 1998, S. 67–90; Harald Oelrich, Die deutsch-italienischen Sportbeziehungen von 1918–1945. Ein Beitrag zur Standortbestimmung des Sports im Spektrum der Außenpolitik, Diss. Phil., Münster 1999.
10 Vgl. William M. Fletcher, The Search of a New Order. Intellectuals and Fascism in Prewar Japan, Chapel Hill 1982. Ferner auch Carl Boyd, Hitler's Japanese Confidant. General Oshima Hiroshi and Magic Intelligence 1941–1945, Kansas 1992.
11 Vgl. Gerhard Krebs, Japans Deutschlandpolitik 1935–1941. Eine Studie zur Vorgeschichte des Pazifischen Krieges, Bd. 1, Hamburg 1984, S. 204–210.
12 Zit. nach Krebs, Deutschlandpolitik [wie Anm. 11], Bd. 1, S. 216.
13 So aber Martin, Tauglichkeit [wie Anm. 6], S. 48–73. Vgl. dagegen Paul Broker, The Faces of Fraternalism. Nazi Germany, Fascist Italy, and Imperial Japan, Oxford 1991.
14 Vgl. dazu und zum Folgenden Wolfgang Schieder, Faschismus, in: Richard van Dülmen (Hg.), Das Fischer Lexikon Geschichte, Frankfurt am Main 1990, S. 177–195.
15 Vgl. Wolfgang Schieder, Das Deutschland Hitlers und das Italien Mussolinis. Zum Problem faschistischer Regimebildung, in: Gerhard Schulz (Hg.), Die große Krise der dreißiger Jahre. Vom Niedergang der Weltwirtschaft zum Zweiten Weltkrieg, Göttingen 1985, S. 44–71.
16 Krebs, Deutschlandpolitik [wie Anm. 11], Bd. 1, S. 189–204.
17 Ebd., S. 548–575; vgl. auch Michael Libal, Japans Weg in den Krieg. Die Außenpolitik der Kabinette Konoe 1940/41, Düsseldorf 1971, S. 97–101.
18 Krebs, Deutschlandpolitik [wie Anm. 11], Bd. 1, S. 198.
19 Benito Mussolini, Forza e consenso, in: ders., Opera Omnia, Bd. XIX, Florenz 1956, S. 195 f. (Artikel Mussolinis aus seiner Zeitschrift »Gerarchia« vom März 1923).
20 Adriano Dal Pont/Simonetta Carolini, L'Italia dissidente e antifascista. Le ordinanze, le sentenze istruttorie e le sentenze in Camera di consiglio emesse dal Tribunale speciale fascista contro gli imputati di antifascismo dall'anno 1927 al 1943, 3 Bde., Mailand 1980.
21 Adriano Dal Pont/Simonetta Carolini, L'Italia al confino. Le ordinanze di assegnazione al confino emesse dalle commissioni provinciali dal novembre 1926 al luglio 1943, 4 Bde., Mailand 1983.
22 Vgl. dazu Carlo Spartaco Capogreco, I campi di internamento fascisti per gli ebrei 1940–1943, in: Storia Contemporanea 22 (1991), S. 663–682; ders., Ferramonti. La vita e gli uomini del più grande campo d'internamento fascista (1940–1945), Florenz 1987; Klaus Voigt, Zuflucht auf Widerruf. Exil in Italien, 2 Bde., Stuttgart 1989/93.
23 Hinweise dazu bei Bernd Martin, Japans Weg in den Krieg. Bemerkungen über

Forschungsstand und Literatur zur japanischen Zeitgeschichte, in: Militärgeschichtliche Mitteilungen 23 (1978), S. 183–209.

24 Vgl. dazu grundlegend Richard H. Mitchell, Thought Control in Prewar Japan, Ithaca 1976. Ferner: Kazuko Tsurumi, Social Change and the Individual. Japan Before and After Defeat in World War II, Princeton 1970.

25 Vgl. dazu und zum Folgenden Yuji Ishida, Der »totale Krieg« und die Verbrechen des japanischen Militärs 1931–1945, in: Zeitschrift für Geschichtswissenschaft 47 (1999), S. 430–444; Fumitaka Kurozawa, Das System von 1940 und das Problem der politischen Führung in Japan, in: ebd., S. 130–152.

26 Hinweise auf neuere japanische Forschungen zum Nanking-Massaker bei Ishida, Der »totale Krieg« [wie Anm. 25], S. 440–43. Populärwissenschaftlich, aber öffentlichkeitswirksam: Iris Chang, The Rape of Nanking. The Forgotten Holocaust of World War II, New York 1997.

27 Vgl. Enzo Santarelli u. a., Omar Al-Mukhtar e la riconquista fascista della Libia, Mailand 1981.

28 Vgl. dazu vor allem Angelo Del Boca, I gas di Mussolini, Rom 1996.

29 Vgl. Angelo Del Boca, Gli Italiani in Africa Orientale, 4 Bde., Rom/Bari 1976–1984.

30 Vgl. Massimo Pacetti (Hg.), L'imperialismo italiano e la Jugoslavia. Atti del Convegno Ancona (14–16 ottobre 1977), Urbino 1981; Enzo Collotti, Sulla politica di repressione italiana nei Balcani, in: Leonardo Paggi (Hg.), La memoria del nazismo nell'Europa di oggi, Florenz 1997, S. 181–208; Teodoro Sala, Guerra e amministrazione in Jugoslavia 1941–1943: un'ipotesi coloniale, in: L'Italia in guerra 1940–43, Brescia 1990/91.

31 Vgl. dazu Martin, Tauglichkeit [wie Anm. 6], S. 61; sowie George M. Wilson/Kita Ikki, Okawa Shumei and the Yuzonsha, in: Papers on Japan, Bd. 2, Cambridge, Mass. 1963, S. 139–181.

32 Vgl. Michele Sarfatti, Mussolini contro gli ebrei. Cronaca dell'elaborazione delle leggi del 1938, Turin 1994; La menzogna della razza. Documenti e immagini del razzismo e dell'antisemitismo fascista, Bologna 1994; Liliana Picciotto Fargion, Il libro della memoria. Gli ebrei deportati dall'Italia (1943–1945), Mailand 1991; Enzo Collotti, Die Historiker und die Rassengesetze in Italien, in: Christof Dipper/Rainer Hudemann/Jens Petersen (Hg.), Faschismus und Faschismen im Vergleich. Wolfgang Schieder zum 60. Geburtstag, Köln 1998, S. 59–77.

33 Vgl. dazu neuerdings Gabriele Schneider, Mussolini in Afrika. Die faschistische Rassenpolitik in den italienischen Kolonien 1936–1941, Köln 2000.

34 Manfred Messerschmidt, Die Wehrmacht im NS-Staat. Zeit der Indoktrination, Hamburg 1969, S. 17.

35 Vgl. dazu Wolfgang Schieder, Das faschistische Italien, in: Norbert Frei/Hermann Kling (Hg.), Der nationalsozialistische Krieg, Frankfurt am Main/New York 1990, S. 48–61.

36 Martin, Tauglichkeit [wie Anm. 6], S. 63. Vgl. auch ders., Aggressionspolitik als Mobilisierungsfaktor. Der wirtschaftliche und militärische Imperialismus Japans 1931–1941, in: Friedrich Forstmeier/Hans Erich Volkmann (Hg.), Wirtschaft und Rüstung am Vorabend des Zweiten Weltkrieges, Düsseldorf 1975, S. 222–244.

37 Vgl. dazu Angelo Del Boca, Gli italiani in Libia. Dal fascismo a Gheddafi, Rom/Bari 1988.

38 Luigi Federzoni, Italia di ieri per la storia di domani, Mailand 1967, S. 278; Franco Maugeri, Mussolini mi ha detto: confessioni di Mussolini durante il confino a

Ponza e alla Maddalena, Rom 1944, S. 41 f. Vgl. dazu auch Denis Mack Smith, Mussolini's Rome Empire, London/New York 1976, S. 309 f.
39 Vgl. dazu und zum Folgenden George M. Wilson (Hg.), Crisis Politics in Prewar Japan. Institutional and Ideological Problems of the 1930s, Tôkyô 1970.
40 Exemplarisch dafür Klaus Hildebrand, Deutsche Außenpolitik 1933–1945. Kalkül oder Dogma?, Stuttgart ³1976; Andreas Hillgruber, Deutsche Großmacht- und Weltpolitik im 19. und 20. Jahrhundert, Düsseldorf 1977.
41 Martin Broszat, Soziale Motivation und Führer-Bindung des Nationalsozialismus, in: Vierteljahrshefte für Zeitgeschichte 18 (1970), S. 407.
42 Vgl. den Versuch, die beiden Ebenen von Hitlers politischem Handeln an einem konkreten Beispiel herauszuarbeiten: Wolfgang Schieder, Spanischer Bürgerkrieg und Vierjahresplan. Zur Struktur nationalsozialistischer Außenpolitik, in: Ulrich Engelhardt/Volker Sellin/Horst Stuke (Hg.), Soziale Bewegung und politische Verfassung. Beiträge zur Geschichte der modernen Welt, Stuttgart 1976, S. 832–856.
43 Zit. nach der englischen Übersetzung von MacGregor Knox, La guerra di Mussolini 1939–1941, Rom 1984, S. 40. Knox hat den Text in den von den Amerikanern beschlagnahmten italienischen Akten in den National Archives in Washington aufgefunden.
44 Knox, La guerra [wie Anm. 43], S. 39.
45 Zit. nach Bernd Martin, Japans Weltmachtstreben 1939–1941, in: Oswald Hauser (Hg.), Weltpolitik II 1939–1945, Göttingen 1976, S. 119.

I. Die Abrechnung der Sieger

David Cohen
Öffentliche Erinnerung und Kriegsverbrecherprozesse in Asien und Europa

Selektivität, Variabilität und Auslöschung der Erinnerung

Die bisherigen Debatten über die Erinnerung an den Zweiten Weltkrieg haben sich zumeist auf die Kriegsverbrechen selbst konzentriert, wohingegen sie die Kriegsverbrecherprozesse, die als das wichtigste Medium zur Bekanntmachung dieser Verbrechen fungierten, eher ignoriert haben. Unter »Bekanntmachung« ist ein Vorgang zu begreifen, über den sie im kollektiven Bewusstsein der nationalen und internationalen Öffentlichkeit verankert wurden, das heißt die Begründung eines öffentlichen Bewusstseins im Gegensatz zur Erinnerung jener Gruppen von Individuen, die noch eine direkte Erinnerung an die juristischen Verfahren hatten.[1] Soweit Kriegsverbrecherprozesse überhaupt diskutiert worden sind, handelt es sich in aller Regel um den Nürnberger Prozess und den Kriegsverbrecherprozess in Tôkyô (genau genommen wurde über Nürnberg sowohl in Europa als auch in Amerika debattiert, über Tôkyô in Japan).

Diese Konzentration erweist sich in zweifacher Hinsicht als zu eng. So ist erstens die Selektivität der öffentlichen Erinnerung zu berücksichtigen. Obwohl es allgemein üblich ist, Japan eine Art kultureller Amnesie zuzuschreiben, wird hier die These aufgestellt, dass dies weit weniger für die Kriegsverbrecherprozesse gilt als für die Kriegsverbrechen selbst.[2] Das bedeutet: Obwohl in Japan wiederholt die Tendenz an den Tag gelegt worden ist, den japanischen Überfall auf China und Südostasien sowie die dortigen Übergriffe und Kriegsverbrechen zu »vergessen« oder deren Ausmaß herunterzuspielen, erinnert man sich an den Tôkyôter Prozess und die amerikanischen Yokohama-Prozesse sehr gut. Es scheint zweitens paradox zu sein, dass die Erinnerung an die Kriegsverbrecherprozesse wach geblieben ist, wohingegen viele der damit verfolgten Verbrechen vergessen worden sind. Aber dieses Paradox ist nur ein Beispiel unter vielen anderen für ein Phänomen, das man als die Selektivität der öffentlichen Erinnerung bezeichnen kann. Dieser Begriff verdeutlicht, dass die öffentliche Erinnerung nicht aus dem Nichts entsteht, sondern in Übereinstimmung mit den politischen und ideologischen Strömungen innerhalb eines sich wandelnden Kontextes konstruiert wird. In Deutschland ist die Lage eine andere: Hier scheinen die Kriegsverbrechen in der Erinnerung zu haften, wohingegen tausende Prozesse der Alliierten, mit denen sie verfolgt wurden, vergessen worden sind. Dieser Unterschied zwischen Japan und Deutschland verweist auf die Variabilität der öffentlichen Erinnerung. Diese Variabilität kann innerhalb einzelner Länder und Gruppen oder auch zwischen ihnen auftreten.

Neben der Selektivität und Variabilität ist ein drittes Merkmal zu nennen: Wenn ein Aspekt der historischen Erfahrung in der öffentlichen Erinnerung hervorgehoben, bewahrt oder institutionalisiert wird, kann dieser Vorgang dazu beitragen, die Erinnerung an andere Ereignisse zu überschatten oder gar auszulöschen. Das impliziert die Möglichkeit für eine absichtsvolle Rekonstruktion der Erinnerung für bestimmte politische Zwecke in der Gegenwart. So haben die Alliierten in der direkten Nachkriegszeit den größten Wert auf eine möglichst breite Publizität der Kriegsverbrecherprozesse gelegt. Diese wurden als eines der wichtigsten Mittel zur Information und zur Aufklärung der Zeitgenossen, aber auch späterer Generationen über die kriminelle Natur der deutschen und japanischen Diktaturen betrachtet. Gleichzeitig bot sich hier ein Forum zur Legitimation der eigenen Kriegsziele. Nur rund zwei bis drei Jahre später aber, als sich neue politische Konstellationen ergeben hatten, zeigten sich viele Regierungen dazu bereit, die deutschen und japanischen Verbrechen zu vergessen. Die Erinnerungen begannen zu verblassen, oder – genau genommen – man ließ sie absichtlich verblassen. Die Kriegsverbrecherprozesse wurden nun als eine Belastung betrachtet, als eine eher unangenehme Erinnerung an das, was die Öffentlichkeit jetzt besser vergessen sollte, nachdem Deutschland und Japan ihre neuen Plätze innerhalb der regionalen Sicherheitspakte des Kalten Krieges eingenommen hatten.[3]

Die Prozesse gegen japanische Kriegsverbrecher

Obwohl einige Kriegsverbrecherprozesse in Japan fest in der Erinnerung verankert sind, sind andere bald vergessen worden. Im Vordergrund der öffentlichen Erinnerung stehen der so genannte Tôkyôter Prozess, das heißt der Prozess gegen die japanischen Hauptkriegsverbrecher vor dem Alliierten Militärtribunal des Fernen Ostens (IMTFE),[4] und die amerikanischen Prozesse gegen weniger bedeutende japanische Kriegsverbrecher in Yokohama. Während diese zum Gegenstand einer breiten wissenschaftlichen und populären Literatur gemacht worden sind, ist den britischen, australischen, holländischen, französischen, philippinischen und chinesischen Prozessen viel weniger Beachtung zuteil geworden.[5] Im Hinblick darauf scheinen die komplizierten japanisch-amerikanischen Beziehungen wie ein kulturelles Prisma gewirkt zu haben, das die öffentliche Erinnerung an die Prozesse gewissermaßen gefiltert hat. Auch wenn der amerikanische Anteil am IMTFE ein beträchtlicher war, stammten die Richter aus elf Ländern, und der eigentliche Motor der Verhandlungen war der australische Oberrichter Sir William Webb. Darüber hinaus sind auf nationaler Ebene unterschiedlichste Prozesse gegen japanische Angeklagte geführt worden, deren Größenordnung und Bedeutung den amerikanischen Verfahren in nichts nachstanden. Die Amerikaner führten insgesamt 474 Prozesse gegen japanische Kriegsverbrecher, die Chinesen 650, die Holländer mehr als 300, die Australier 296 und die Briten 304.

Auch wenn die japanische Erinnerung an diese Prozesse selektiv ausgefallen ist, muss man gerechterweise sagen, dass immerhin in Japan mehr davon bekannt ist als irgendwo sonst. In Europa und Amerika gibt es allenfalls eine vage Erinnerung an das IMTFE, das als noch problematischer eingestuft worden ist als der Nürnberger Prozess. Über die Vielzahl der weiteren Verfahren gegen Japaner ist – außer in Australien – fast nichts mehr bekannt.[6] In Japan gestaltet sich die Erinnerung an die Kriegsverbrecherprozesse in klarer Abhängigkeit von der Frage, ob die Erinnerung an die Verbrechen der kaiserlichen japanischen Armee und der Regierung, der sie diente, aktiviert oder auch unterdrückt werden soll. Die nationale Politik wirkt hier deutlich restriktiv, indem sie den öffentlichen und wissenschaftlichen Zugang zu den Akten beschränkt.[7]

Entscheidend aber ist: Das IMTFE und die amerikanischen Yokohama-Prozesse werden auch heute noch in Japan als »ungerechte« Verfahren eingestuft. Obwohl die jüngere japanische Forschung den Versuch unternommen hat, diesbezüglich ein ausgewogeneres Bild zu zeichnen, gelten die Prozesse in vielen Kreisen weiterhin als eine krasse Form der »Siegerjustiz«. Die Kriegsverbrecher, die zum Tode verurteilt wurden, werden sogar öffentlich im Yasukuni-Schrein geehrt. Als 1986 eine internationale Konferenz zur Erinnerung an den 40. Jahrestag des IMTFE abgehalten wurde, waren deren Teilnehmer so ausgewählt worden, dass ein vorhersehbares Ergebnis herauskam: »Siegerjustiz«. Die Konferenz wurde außerdem von der Premiere eines Dokumentarfilms über den Prozess begleitet. Der Film unter dem Titel »Tôkyô Saiban« stellt jedoch alles andere als eine ausgewogene und kritische Analyse des IMTFE und der Ereignisse dar, mit denen er sich beschäftigte. Der Film ist vielmehr ein perfektes Beispiel dafür, wie Prozesse (oder deren Darstellung) die Kriegsverbrechen, die sie zum Gegenstand haben, überschatten können.[8] Die japanischen Verbrechen wurden in den Hintergrund geschoben und von der Erinnerung an die japanische Gesellschaft und ihre Führer überschattet, die als unschuldige Opfer eines amerikanischen nuklearen Überfalls und amerikanischer Rache gezeichnet werden, die in der Maske der Gerechtigkeit aufgetreten sei.

Der Nürnberger Prozess als Modell

Vor diesem Hintergrund ist es hilfreich, die deutsche und japanische Reaktion auf die internationalen Militärtribunale miteinander zu vergleichen. Es trifft wahrscheinlich zu, dass viele deutsche Juristen, und möglicherweise auch große Teile der Öffentlichkeit, den Nürnberger Prozess auch heute noch als einen Fall von »Siegerjustiz« betrachten. Es gibt allerdings wichtige Unterschiede. Denn der Nürnberger Prozess und die zwölf amerikanischen Folgeprozesse in Nürnberg wurden zum Gegenstand einer umfassenden juristischen Literatur in den 1950er Jahren. Die Autoren kamen mehrheitlich zu dem Schluss, dass das Militärtribunal rückwirkend urteilte und dass es letztlich einen Fall von »politischer Justiz« darstelle. Für die meisten deutschen Wissenschaftler ist die Frage der »Siegerjustiz« jedoch klar zu trennen von der Frage, wie gerecht die Prozesse waren und ob die Angeklagten schuldig oder unschuldig waren. Ein bekannter deutscher Experte für internationales Recht hat in diesem Sinne kürzlich gesagt, dass die Rechtsprechung in Nürnberg politisch war, aber dass die Prozesse äußerst fair geführt worden seien und diejenigen, die dort verurteilt wurden, keine Märtyrer, sondern wegen unendlich schrecklicher Verbrechen eindeutig schuldig waren. Die Frage, die hier diskutiert wird, ist eine des juristischen Prinzips, aber nicht eine der Selbstrechtfertigung oder der historischen Aufrichtigkeit.

In den Augen vieler japanischer Wissenschaftler bedeutet »Siegerjustiz« dagegen, dass die Amerikaner unschuldige Männer anklagten, um ihren Rachedurst zu befriedigen. Die Angeklagten seien in offensichtlich unfairen Verhandlungen verurteilt worden. Noch weiter gehend: Der Prozess gebe ein Beispiel für »Siegerjustiz« ab, weil die wirklichen Kriegsverbrecher, die Amerikaner, die die Atombomben auf Hiroshima und Nagasaki abwarfen, gar nicht angeklagt worden seien. In diesem Sinne ehrt der Yasukuni-Schrein auch die »unschuldigen« Männer, die in Tôkyô verurteilt wurden. Ein Denkmal, das das Martyrium beispielsweise von Göring, Keitel, Ribbentrop und Frank ehrte, ist in Deutschland unvorstellbar.

Diese kurze Betrachtung der Kriegsverbrecherprozesse von Nürnberg, Tôkyô und weiteren Fällen hat die Variabilität und Selektivität der Erinnerung aufgezeigt. Sie hat weiterhin das Moment des Auslöschens und des Überschattens von Erinnerungen zum Vorschein gebracht. Eines der wichtigsten Ziele der Organisatoren des Nürnberger Prozesses ist es ja gewesen, ein dauerndes und unwiderrufliches Zeugnis der Verbrechen des Naziregimes bereitzustellen. Man wollte eine andauernde internationale Erinnerung an dieses Ereignis begründen. Wenn man nur die Absicht verfolgt hätte, die Schuld von 23 Angeklagten zu bestimmen, hätte der Prozess kürzer und viel weniger umfangreich ausfallen können. Stattdessen wurde gegenüber der internationalen Gemeinschaft und für die Nachwelt ein umfassender Versuch unternommen, die Verbrechen des Hitler-Regimes zu beweisen, indem man auf die Dokumente des NS-Regimes zurückgriff.

Aus diesem Grund hat der amerikanische Hauptankläger, Richter Robert Jackson, explizit festgehalten, dass es sein Ziel gewesen sei, die Anklage nicht allein durch den Bericht von Zeugen, sondern durch den Rückgriff auf die schriftlichen Zeugnisse der Nationalsozialisten selbst abzustützen, um so jeden Zweifel an der Wahrheit der Anklagen abzustreifen. Diese Dokumente haben dann für viele Jahrzehnte die Basis der historischen Forschung abgegeben. Der Nürnberger Prozess stellt einen beeindruckenden Erfolg dar, insofern es gelungen ist, die Erinnerung an die

Verbrechen, die dort bestraft wurden, und an die Rolle der Angeklagten und ihrer Kommandos, die die Verbrechen begangen hatten, in der öffentlichen Erinnerung festzuschreiben. Wie erfolgreich der Prozess war, hat sich zuletzt in den Diskussionen über die internationalen Gerichtsverfahren gegen Kriegsverbrecher im Fall Ruandas und des früheren Jugoslawien gezeigt. Nürnberg wird überall als wichtigster Präzedenzfall zitiert, wohingegen sich kaum ein Hinweis auf das IMTFE finden lässt. Der Nürnberger Prozess ist auf diese Weise zum Synonym für alle Prozesse gegen Kriegsverbrecher des Zweiten Weltkrieges geworden. Es hat die Erinnerung nicht nur an Tôkyô, sondern auch an tausende weiterer Prozesse überschattet.

Der Wandel der Erinnerung

Der Nürnberger Prozess blieb nicht der Einzige, der explizit das Ziel der Konstruktion und Bewahrung von Erinnerung verfolgte. Führende Befürworter der Verfahren gegen Kriegsverbrecher waren sich früh des in Gang gekommenen »Vergessens« bewusst. In diesem Sinne berichtete Sir William Webb schon im April 1947 über die enttäuschende Aufnahme des Tôkyôter Prozesses in der australischen Öffentlichkeit. In einem Brief an das Außenministerium schrieb er in diesem Sinne: »In Australien scheint es kaum ein Interesse an dem Prozess zu geben, obwohl die australischen Dokumente eine Reihe schrecklicher Vorgänge zutage gefördert haben. Ich glaube, die Welt vergisst allmählich, dass es einen Krieg gegeben hat. Sie denkt jetzt zu intensiv an den nächsten und wie man ihn vermeiden kann. Das kann zu einer Neugruppierung der Mächte führen.«[9] Der Schlüsselbegriff lautete »Neugruppierung der Mächte«. Webb meinte durchaus nicht, dass die Welt dabei war, den Zweiten Weltkrieg tatsächlich zu »vergessen«. Aus seiner Sicht kam darin vielmehr zum Ausdruck, dass die öffentliche Erinnerung an diese Ereignisse im Hinblick auf ihre politische Deutung und ihre Implikationen für die Zukunft einen Wandel durchlief.

Auch in Europa zeigten sich die Richter angesichts des Problems der Erinnerung beunruhigt, und sie waren sich ihrer Rolle in der Konstruktion der Erinnerung für die Zukunft sehr wohl bewusst. Wie ein Gerichtshof bemerkte, konnten selbst die schlimmsten Kriegsverbrechen »rasch vergessen werden«. Aber, so hieß es im Urteil, »auch an dieser Stelle soll nochmals für die kommenden Generationen festgehalten werden, dass Millionen Menschen [...] versklavt worden sind und mit unmenschlicher Brutalität von einer Nation behandelt worden sind, deren einzige Entschuldigung wirtschaftliche Not lautete und der Nazi-Glaube daran, dass ein Staat über der Menschheit stehe.«[10] Diese hohen Ansprüche, die allerdings durch die Erkenntnis gemildert waren, dass Erinnerung »zäh« ist, erwiesen sich in einer Hinsicht als zu optimistisch. Nur wenig ist heute noch von dem Prozess der Vereinigten Staaten gegen die Vertreter des SS-Wirtschaftsverwaltungshauptamtes – einem der zwölf wichtigsten Nürnberger Nachfolgeprozesse – bekannt, aber das gilt umso mehr für die tausendfachen amerikanischen und europäischen Prozesse, die noch vollständiger aus der öffentlichen Erinnerung verschwunden sind. Der Optimismus der Richter ging gleichwohl nicht vollständig fehl. Denn auch wenn der spezifische Fall, wie so viele andere, heute in Vergessenheit geraten ist, so trugen die Prozesse dennoch insgesamt zur Fixierung der öffentlichen Erinnerung an eines der mächtigsten Symbole des 20. Jahrhunderts bei: Auschwitz, der Holocaust, die Vernichtung der europäischen Juden und anderer Missliebiger durch die Nationalsozialisten. Der Holocaust ist, wie auch Hiroshima, derart zu einem Ereignis mit eigener symbolischer Ausstrahlung geworden, das unabhängig von der Erinnerung an den übergeordneten Kontext sinnbehaftet ist.

Neuere Publikationen wie »Factories of Death« von Sheldon Harris haben die Aufmerksamkeit auf verbrecherische medizinische Experimente gerichtet, darunter viele, in denen die biologische Kriegführung getestet wurde, für die die japanische Einheit 731 in China verantwortlich zeichnete. Es ist weithin bekannt (und in Japan auch oft bemerkt worden), dass diese Verbrechen im Tôkyôter Hauptverfahren nicht verfolgt worden sind, weil die Vereinigten Staaten die Ergebnisse dieser Experimente für eigene Zwecke nutzen wollten.[11] Es ist aber allgemein unbekannt, dass medizinische Experimente auch an vielen anderen Orten von japanischen Ärzten unternommen worden sind. Die Kenntnis hierüber beruht auf den Fällen, die von amerikanischen, britischen und australischen Anklägern vor Gericht gebracht worden sind. Die medizinischen Experimente der Universität Kyûshû – genau genommen sollte man von medizinischer Folter sprechen, weil Vivisektion und andere Operationen ohne Narkose vorgenommen wurden – kamen in dem Tôkyôter Prozess zum Vorschein und sind auch in Yokohama unter Anklage gestellt worden. Wie vielen aber ist der Iwanami-Prozess bekannt, bei dem es um bakterielle Experimente an Kriegsgefangenen ging und bei dem die Täter von der US-Marine auf einer entfernten pazifischen Insel unter Anklage gestellt worden sind? Das bildete keineswegs einen Einzelfall. Die Prozesse gegen Nakamoto, Kobayashi, Hare, Wakabayashi und Asano sind nur fünf weitere Beispiele für Anklagen, in denen medizinische Experimente an schutzlosen Menschen zur Sprache kamen, wie meine derzeitigen Arbeiten bislang zeigen.[12] Die zukünftige Forschung wird zweifelsfrei weitere Fälle an das Licht der Öffentlichkeit bringen.

Die Ärzte handelten allem Anschein nach alle aus eigenem Antrieb, vielleicht auch angestoßen von der Möglichkeit zu unkontrollierter Machtausübung und der totalen »Entmenschlichung« der Personen, deren medizinische Obhut ihnen eigentlich oblag. Warum die japanischen Ärzte sich an vielen weit voneinander entfernt liegenden Orten unter der Herrschaft der kaiserlichen Armee unabhängig voneinander dazu entschieden, Kriegsgefangene als menschliche Versuchskaninchen zu benutzen, ohne dass es hierfür ein staatliches Programm, wie die deutschen KZ-Experimente oder die japanische Einheit 731, gegeben hat, wirft eine bislang unbeantwortete Frage auf.

Sexualstraftaten als Kriegsverbrechen

Inwiefern aber sind, um hier ein weiteres Thema anzusprechen, Fälle von systematischer Vergewaltigung und sexueller Versklavung als Kriegsverbrechen gewertet worden? Als das internationale Tribunal für das frühere Jugoslawien zur Behandlung von Kriegsverbrechen, Genozid und Verbrechen gegen die Menschlichkeit eingesetzt wurde, ist ein beträchtlicher Aufwand in der internationalen Gemeinschaft betrieben worden, um systematische Vergewaltigungen durch die Serben und andere Gruppen unter Anklage zu stellen.[13] Viele Aufsätze sind diesem Tribunal gewidmet worden, das vermeintlich den ersten Versuch darstellte, Vergewaltigungen als Kriegsverbrechen unter Anklage zu stellen. Feministische Rechtsexpertinnen haben wiederholt die Mängel des internationalen Rechts hervorgehoben, da Vergewaltigungen bislang nie als Kriegsverbrechen behandelt worden seien. Tatsächlich tritt hier aber das Moment der Vergänglichkeit der Erinnerung zum Vorschein, ja noch mehr: das vollständige Versagen, die Lehren der Vergangenheit selbst in den Berufen wahrzunehmen, in denen das Studium der Entscheidungen in der Vergangenheit als Richtlinie für zukünftige Urteile zugrunde gelegt wird. Denn tatsächlich waren schon weit früher japanische Kriegsverbrecher wegen Vergewaltigungen unter Anklage gestellt und auch verurteilt worden.

Meine eigenen Studien behandeln britische, chinesische, amerikanische, australische, holländische und philippinische Prozesse, in denen Fälle von Vergewaltigung erfolgreich als Kriegsverbrechen unter Anklage gestellt worden sind. Diese zählten auch zu den Kategorien von Kriegsverbrechen, die auf den Fragebögen australischer Untersuchungsbeamter angeführt wurden. Unter den nationalen Kriegsverbrecherprozessen zählen vielleicht diejenigen gegen Japaner wegen systematischer Vergewaltigungen von Zehntausenden philippinischer Frauen zum Zeitpunkt des amerikanischen Vormarsches zu den interessantesten. Abgesehen von den philippinischen und amerikanischen Prozessen ist von besonderer Bedeutung, dass General Yamashita, der japanische Oberbefehlshaber auf den Philippinen, wegen Vergewaltigungen zur Verantwortung gezogen wurde, weil hier die Doktrin der Befehlsverantwortlichkeit zugrunde gelegt wurde. Yamashita wurde verurteilt, weil er die ihm unterstellten Truppen nicht an der Ausübung von Massenvergewaltigungen gehindert hatte. Dieses Urteil wurde zu einem wichtigen Präzedenzfall. Die Anklageseite brachte massive Beweise zur Absicherung der Anklage vor. Dies war aber nicht der einzige Fall. Auch in dem chinesischen Prozess gegen den japanischen Generalgouverneur von Hongkong, Isogai, bildete die Befehlsverantwortlichkeit für Vergewaltigungen, die von japanischen Soldaten an chinesischen Bewohnerinnen von Hongkong verübt worden waren, einen von fünf Anklagepunkten. Im Gegensatz zur Anklage gegen Yamashita wurde Isogai in diesem Punkt freigesprochen, da es keine Beweise dafür gab, dass er Kenntnis von den Vergewaltigungen gehabt hatte, als die Truppen unter seinem Oberbefehl standen. Noch bedeutsamer aber war, dass das IMTFE die Massenvergewaltigungen in Nanking und Manila in seine Liste der Anklagepunkte gegen verantwortliche japanische Politiker aufnahm, darunter gegen Außenminister Hirota Kôki.

Obwohl sich in verschiedenen Prozessen Vergewaltigungen und andere Sexualdelikte als Kriegsverbrechen in nur verschleierter Form behandelt finden, zeigten sich australische und amerikanische Ankläger weniger empfindlich. So wurde im Prozess gegen Yamashita umfängliches photographisches Material von zu Tode gequälten Opfern und auch von

Überlebenden der Vergewaltigungen und sexuellen Verstümmelungen vorgelegt. Der Gerichtshof nahm außerdem drei Tage hinter verschlossenen Türen Zeugnisse über Massenvergewaltigungen in Manila und anderen Orten zur Kenntnis. In dem australischen Prozess gegen Yaki Yoshio lautete die Hauptanklage Vergewaltigung einer chinesischen Frau aus Rabaul.[14] Es handelte sich um einen der ersten australischen Prozesse vom Dezember 1945. Es gab kein unterstützendes Beweismaterial. Das Opfer behauptete, vergewaltigt worden zu sein, während der Angeklagte dem entgegenstellte, dass die Frau eingewilligt habe. Yaki wurde trotzdem zum Tode verurteilt und gehängt. Im Nachhinein wurde festgestellt, dass bei der Verfolgung von Vergewaltigungen als Kriegsverbrechen kein unterstützendes Beweismaterial notwendig sei.

In den letzten Jahren ist den Qualen der so genannten Trostfrauen und den Massenvergewaltigungen von Nanking (allerdings weitaus weniger im Hinblick auf solche in ganz China) erhebliche Beachtung zuteil geworden. Dass aber erzwungene Prostitution und Vergewaltigungen als Kriegsverbrechen verfolgt worden sind, scheint aus unserem Bewusstsein verschwunden zu sein. Gleichermaßen hat sich unsere Erinnerung an Vergewaltigung und sexuelle Versklavung in Europa im Gegensatz zu Asien als extrem variabel erwiesen. Systematische Vergewaltigungen und sexuelle Sklaverei sind meines Wissens in Europa kaum als Kriegsverbrechen unter Anklage gestellt worden. Während sich eine umfangreiche wissenschaftliche Literatur mit dem Schicksal von hunderttausenden koreanischen, chinesischen und südostasiatischen Frauen beschäftigt, die zur Prostitution für die japanische Armee gezwungen worden sind, ist ähnlichen Vorgängen in Europa kaum Beachtung geschenkt worden. In diesem Zusammenhang ist hier nur an die Bordelle der Wehrmacht und in den Konzentrationslagern zu erinnern. Nicht nur in Japan erwies sich die Erinnerung daran als variabel und selektiv.

Das Überschatten und Auslöschen der Erinnerung

Das Massaker von Nanking, das sich auf Gräueltaten während der japanischen Eroberung von Nanking 1937/38 bezieht, ist in Europa weitaus weniger bekannt als in Amerika und Asien. Zum Zeitpunkt des Massakers hingegen berichtete die internationale Presse wegen der Präsenz ausländischer Diplomaten und Journalisten ausführlich über die Vorgänge.

Viele westliche Regierungen legten gegenüber der japanischen Regierung damals und auch noch späterhin Proteste ein. Kaum eine andere Frage des japanischen Vordringens auf dem asiatischen Kontinent ist so kontrovers wie der Charakter und das Ausmaß des Massakers von Nanking. Obwohl die japanische Regierung mittlerweile die Vorgänge bis zu einem bestimmten Maß als Verbrechen anerkannt hat, sind die Fragen danach, wie viel Opfer starben, ob als Zivilisten, als Militärs oder als Kriegsgefangene, aber auch die Art ihres Todes, sehr umstritten geblieben. Die Kontroverse findet innerhalb Japans, zwischen Japan und China und zwischen japanischen und westlichen Forschern statt.

Das Buch »The Rape of Nanking« von Iris Chang hat das Massaker in Amerika erneut in den Mittelpunkt der öffentlichen Diskussion gerückt. Der Untertitel des Buches ist interessant: »Der vergessene Holocaust des Zweiten Weltkriegs«. Aber was heißt hier »vergessen«? Viele Studenten haben womöglich erst durch das Buch Changs von dem Massaker erfahren. Im Gegensatz aber zu den Nazi-Konzentrationslagern wurde schon während der Eroberung von Nanking intensiv darüber berichtet. Außerdem ist über das Massaker in breiten Kreisen chinesischer und japanischer Forscher diskutiert worden. Darüber hinaus finden sich Erwähnungen und Diskussionen in allen englischsprachigen Standarddarstellungen des Zweiten Weltkrieges. Im Gegensatz zu Nanking gab es viele weitere Gräueltaten des Krieges in Ostasien, die tatsächlich in Vergessenheit geraten sind. Wie viele, außer einer kleinen Gruppe von Experten, erinnern sich an die Sandakan-Ranau-Todesmärsche, die nur sechs von 2500 australischen und anderen Kriegsgefangenen überlebt haben? Wer erinnert sich an die Prozesse gegen die Hauptkriegsverbrecher, in denen General Baba Masao und andere, die verantwortlich waren, unter Anklage gestellt wurden? Wer weiß von dem Massaker an der gesamten Bevölkerung einer Ozeaninsel durch die japanische Garnison noch nach der Kapitulation oder ähnlichen Gräueltaten auf den Andaman Inseln? Nanking ist nie in gleichem Ausmaß »vergessen« worden. Iris Chang konnte sich nur den Unwissenden in Amerika gegenüber als diejenige in Szene setzen, die das »unbekannte« Ereignis ans Licht gebracht habe. Tatsächlich aber führen Bücher wie das von Chang nur dazu, dass bestimmten Ereignissen ein derart herausgehobener Status verliehen wird, dass sie – langfristig – die Umstände, von denen sie nur einen Teil abbilden, aus der Erinnerung auslöschen. Die Herauslösung aus dem Kontext erlaubt es, einzelne Ereignisse mit einem besonderen symbolischen Gehalt aufzuladen. Sie erhalten derart eine unabhängige Bedeutung bei der Konstruktion der Erinnerung, die primär Zwecksetzungen der Gegenwart zu erfüllen hat. Im Fall des Nanking-Massakers aber führt eine solche Interpretation in die Irre. Nanking war eben nicht, wie der Untertitel von Changs Buch suggeriert, einmalig, eine Art »Betriebsunfall«. Tatsächlich starben mehr als 20 Millionen Chinesen während der japanischen Besatzung Chinas. Es gab Hunderte von Massakern, allerdings keines in der Größenordnung von Nanking, wo die Opfer in die Hunderttausende gingen.

Japanische Diplomaten in Amerika und an anderen Orten haben die Zahlen der Opfer, die Iris Chang genannt hat, in Frage gestellt. Dieser Streit über Zahlen ist aber nicht nur geschmacklos und irrelevant, sondern er führt dazu, dass die wirklich wichtigen Fragen in den Hintergrund gedrängt werden. Es scheint so, als ob die japanische Kriegsschuld nur an der Frage hänge, wie viele Tote in Nanking zu beklagen waren. Aber entscheidend ist nicht, ob es Einhundert-, Zweihundert- oder Dreihunderttausend waren. Es gilt vielmehr, auf die systematische Natur des Terrors, der Entmenschlichung und der Verbrechen als Teil der japanischen Besatzungspolitik in China und anderen Orten hinzuweisen. Die japanischen Rekruten für China wurden dadurch »abgehärtet«, dass man sie das Bajonett an chinesischen Kriegsgefangenen anwenden ließ. Die Opfer der Einheit 731 (mehr als 10 000) wurden von den Ärzten und Wissenschaftlern als »Holzstämme« bezeichnet.

Als im Sommer 1942 die japanische Armee eine Offensive in Gang brachte, stand diese unter dem Signum einer dreifachen »Alles-und-Jeder«-Politik: »Töte alle, brenne alles nieder, zerstöre alles«. Dieses Programm, das gegen die Zivilbevölkerung gerichtet war, führte zu ungezählten Toten und machte mehr als 50 Millionen Chinesen heimatlos. Japanische Einheiten sorgten außerdem routinemäßig dafür, dass die gesamte Einwohnerschaft von Dörfern massakriert wurde, sobald der Verdacht aufgekommen war, dass die Guerilla oder die chinesische Armee Informationen oder Unterstützung von dort erhalten hatte. Zahlreiche weitere Beispiele dieser Art für eine systematische, staatlich organisierte Unmenschlichkeit ließen sich ergänzen.

Der Prozess gegen General Yamashita

Yamashita Tomoyuki ist in Südostasien als der »Tiger von Malaysia« bekannt, weil er numerisch überlegenen britischen Kräften in Malaysia und Singapur 1942 eine überwältigende militärische Niederlage beibrachte. In Amerika und auf den Philippinen wiederum ist er andererseits bekannt, weil er noch spät im Krieg die Philippinen gegen die amerikanische Invasion verteidigte. Er wurde im Oktober 1944 auf die Philippinen gesandt, zehn Tage vor dem Eintreffen der Amerikaner, und so zum Kommandeur von 250000 Soldaten, die über das gesamte philippinische Archipel verteilt waren. Da er keine Zeit für eine Inspektion der Truppen oder die Möglichkeit hatte, viele seiner Untergebenen zu treffen, teilte er den Oberbefehl in drei autonome Gruppen auf. Er selbst blieb in Manila bis Dezember 1944 und verlagerte dann sein Hauptquartier in ein entfernt gelegenes, bergiges Gebiet 125 Meilen nördlich. Er beließ eine Flottengarnison in Manila mit dem Auftrag, die Ordnung aufrechtzuerhalten und sich vor dem amerikanischen Vorstoß zurückzuziehen. Seine Strategie war, eine große Schlacht zu vermeiden, weil er wusste, dass diese in einer Niederlage enden musste. Die Kämpfe auf den Philippinen sollten in die Länge gezogen und Zeit für die japanischen Hauptinseln gewonnen werden.

Die Flottengarnison in Manila unterstand nicht direkt seinem Befehl. Die Flottenoffiziere beschlossen sogar, sich Yamashita-Befehlen zu widersetzen, um Manila bis auf den letzten Mann zu verteidigen. Das führte zur Zerstörung Manilas, die zehntausende Opfer kostete und begleitet war von Massenvergewaltigungen, Folter und Verstümmelungen. Auch an anderen Orten auf den Philippinen haben die autonom handelnden japanischen Truppen die Unterstützung der Guerilla mit massivem Gegenterror beantwortet. Man schätzt heute, dass rund 150000 Einwohner der Philippinen bei diesen Kämpfen ums Leben kamen. Yamashita erfuhr erst im Januar 1945 davon, dass die Marineeinheiten die Stadt Manila nicht verlassen hatten. Als er den Befehl zum sofortigen Abzug gab, widersetzten sich die Truppen weiterhin. Als Yamashita trotzdem nach dem Krieg aufgrund seines Oberbefehls wegen der Kriegsverbrechen angeklagt wurde, verteidigte er sich damit, dass die amerikanische Invasion die Kommunikationsstrukturen zerstört habe und er somit kein effektives Kommando mehr habe ausüben können. Er habe von den Gräueltaten erst nach dem Krieg gehört, und diese Handlungen ständen in klarem Gegensatz zu seinen vorangegangenen Befehlen, die Zivilbevölkerung zu schonen. Obwohl die Anklage massive Beweise für die tatsächliche Ausübung des Massakers und für Vergewaltigungen vorlegen konnte, gelang es ihr nicht, mit einem einzigen Beweisstück Yamashitas Verteidigung zu widerlegen. Er wurde trotzdem zum Tode verurteilt, und das Urteil wurde von General MacArthur bestätigt, dessen ungeschickte Eingriffe die Gerichtsverhandlungen von Anfang an begleitet hatten. Bemerkenswert sind aber außerdem die Nachgeschichte des Prozesses, seine Rezeption und seine Nutzanwendungen.

Die öffentliche Aufmerksamkeit zum Zeitpunkt des Prozesses war aus mehreren Gründen groß. So war dies der einzige Fall, in dem der Oberste Gerichtshof der Vereinigten Staaten seine Ablehnung der Habeas-Corpus-Petition eines verurteilten japanischen beziehungsweise deutschen Kriegsverbrechers rechtfertigte.[15] Das sorgte dafür, dass der Prozess in Asien und Europa weithin zur Kenntnis genommen wurde. Zehn Jahre später nahm das Interesse ersichtlich ab. In der Zeit des Vietnamkrieges aber fand der Fall Yamashita erneut eine große Beachtung, insbesondere nachdem Telford Taylor, der amerikanische Hauptankläger bei den zwölf Nürnberger Folgeprozessen, das Argument aufgebracht hatte, das nun auch der strikte Standard der Verantwortlichkeit auf die amerikanischen Kommandeure in Vietnam Anwendung finden sollte, wie er im Prozess gegen Yamashita benutzt worden war.[16] Das rief ein deutliches Missfallen bei den amerikanischen Militärs hervor, deren Anwälte jetzt viele Aufsätze publizierten, um den Yamashita-Prozess in eine ganz andere Tradition einzuordnen. Er galt nun als ein Verfahren, in dem der Anklage eine viel größere Beweislast auferlegt worden war (Nachweis tatsächlicher Kenntnis oder bewusste kriminelle Inkaufnahme), als dies tatsächlich der Fall gewesen war. Diese Neuinterpretation des Falles durch die gleiche militärische Organisation, die Yamashita verurteilt hatte, diente offensichtlich aktuellen politischen Interessen.

Was wirklich in dem Prozess gegen Yamashita geschehen war, blieb ausgeblendet, als er zum politischen Kampfinstrument in den Auseinandersetzungen um Vietnam wurde. Seitdem aber internationale Menschenrechtsanwälte sich der Sache angenommen haben, um striktere Kriterien für die Bewertung des Handelns militärischer Organisationen durchzusetzen, ist die Rekonstruktion des Prozesses gegen Yamashita ein Stück weitergedrungen. In einigen modernen internationalen Rechtshandbüchern wird der Fall Yamashita mittlerweile sogar zustimmend zitiert als Beispiel dafür, dass das Kriterium der Fahrlässigkeit gegen Militärbefehlshaber zur Anwendung kommen kann, im Gegensatz zu der Erfordernis tatsächlicher Kenntnis, wie sie in Nürnberg und in allen anderen Prozessen gegen Hauptverantwortliche in Deutschland den Urteilen zugrunde gelegt worden ist. Paradoxerweise ist so der Prozess gegen Yamashita, der einer der offensichtlich ungerechtesten und juristisch unsaubersten Verfahren einer westlichen Macht gewesen ist und der sogar als Beispiel für »Siegerjustiz« herhalten kann, mittlerweile von internationalen Menschenrechtsanwälten für ihre Zwecke appropriiert worden, also ausgerechnet von den Gruppen, die eigentlich seine schärfsten Kritiker sein müssten. Dies war aber nur dadurch möglich, dass das Verfahren in der Rückschau systematisch aus den Umständen, unter denen es stattgefunden hatte, herausgelöst worden ist. Die Mehrheitsentscheidung des amerikanischen Obersten Gerichtshofes wird isoliert zitiert, wohingegen die Minderheit, die das Gericht anklagte, einen Justizmord zu begehen, ignoriert wird. Die Erinnerung an den Yamashita-Prozess wird nur noch deswegen rekonstruiert, um bestimmten zeitgenössischen ideologischen Positionen zu dienen. Umso schockierter zeigen sich viele amerikanische Rechtsgelehrte, wenn sie von den konkreten Umständen erfahren. Wie bereits anfangs festgestellt: Die Konstruktion der öffentlichen Erinnerung funktioniert variabel, selektiv und auslöschend.

Anmerkungen

1 Hier wird der Begriff der »öffentlichen Erinnerung« (public memory) statt der des kollektiven Gedächtnisses gebraucht, weil derart auf einen öffentlichen Raum verwiesen wird, in dem verschiedene Erinnerungen miteinander interagieren.
2 Im Hinblick auf die allgemeine Behauptung, dass die japanische Erinnerung an die Kriegsverbrecherprozesse präsenter war als die an die Kriegsverbrechen selbst, sind zwei Einschränkungen notwendig. So gibt es in Japan heute eine breitere öffentliche Debatte über Kriegsverbrechen als im Westen oftmals wahrgenommen wird, obwohl sich die japanischen Regierungen vielmals auf geradezu skandalöse Weise eine Zurückhaltung bei der Verfolgung japanischer Kriegsverbrechen auferlegt haben. Der Tod des Kaisers Hirohito hat aber mittlerweile die Kriegserinnerungen vieler Veteranen an die Öffentlichkeit gebracht. Zum anderen ist auf die so genannte Schulbuchkontroverse zu verweisen. Diese bezieht sich z. B. auf die Frage, ob das Massaker von Nanking erwähnt werden soll und wie es sprachlich zu bezeichnen ist: als ein »Massaker«, ein »bedauerlicher Zwischenfall« oder als eine Art Ereignis, das jedem Krieg zu Eigen ist und dessen Größenordnung weit-

hin übertrieben worden sei. Den Kriegsverbrechen der berüchtigten Einheit 731 ist außerdem eine Ausstellung gewidmet worden. Siehe dazu Hal Gold, Unit 731: Testimony, Tôkyô 1996.
3 Das hat im Einzelnen erhebliche Schwierigkeiten heraufbeschworen. So gerieten die Briten 1948 in die Klemme, als sie die Prozesse gegen Kriegsverbrecher im Fernen Osten absetzen wollten, dann aber durch öffentliche Proteste in China und Hongkong dazu gezwungen wurden, das Amt zur Verfolgung von Kriegsverbrechen in Hongkong neu zu besetzen, um die Japaner anzuklagen, die sich der Ausübung systematischer Folter in Shanghai schuldig gemacht hatten. Siehe dazu Public Records Office, London, WO 236/1116–7.
4 International Military Tribunal for the Far East.
5 In rund 2000 Prozessen sind insgesamt 6000 Japaner wegen Kriegsverbrechen verurteilt worden.
6 Insgesamt 296 Prozesse wurden geführt. Diese sind von Historikern und Juristen kaum zur Kenntnis genommen worden.
7 In Japan ist selbst dem Direktor der japanischen Filmkriegsberichterstattung der Besatzungstruppe in China und Südostasien verboten worden, seine eigenen Filme anzuschauen. In Frankreich sind die Akten der französischen Kriegsverbrecherprozesse für 100 Jahre geschlossen worden und in China auf alle Ewigkeit.
8 Ein neuer japanischer Film unter dem Titel »Pride« hat außerdem zuletzt den Versuch unternommen, General Tôjô, den Hauptverteidiger vor dem IMTFE, als einen großen und unschuldigen Kriegshelden darzustellen, der ein Opfer alliierter Rache geworden sei.
9 Australian National Archives, Brief Webbs an Burton vom 8.4. 1947, A 1838/1/1550/2.
10 U. S. vs Pole, Case Number 5, Trials of the War Criminals (US Government Printing Office 1950), S. 973.
11 Vgl. Sheldon H. Harris, Factories of Death, London 1994.
12 U. S. vs Iwanami, U. S. National Archives, RG 153, Boxes 1362–63. Das Verfahren gegen Nakamoto ist zu finden in: Australian National Archives A 471/181655, Parts 1–8.
13 Vgl. Cherif M. Bassiouni/Marcia MacCormick (Hg.), Sexual Violence. An Invisible Weapon of War in the Former Yugoslavia, Chicago 1996. Das Buch basiert auf dem offiziellen Schlussbericht der Expertenkommission des UN-Sicherheitsrates zu diesem Thema.
14 Australian National Archives, Dezember 1945, A 471/1/80747.
15 In re Yamashita, 327 U. S. 5.
16 Vgl. Telford Taylor, Nuremberg and Vietnam. An American Tragedy, New York 1974.

Hans Woller
Der Rohstoff des kollektiven Gedächtnisses
Die Abrechnung mit dem Faschismus in Italien
und ihre erfahrungsgeschichtliche Dimension

Wenn wir zu beschreiben versuchen, wie man in Italien nach 1943 mit belasteten Faschisten und Kollaborateuren umgegangen ist, verwenden wir immer dieselben Begriffe; wir sprechen von Abrechnung, Säuberung, *Epurazione* oder Entfaschisierung – sagen aber nicht, was wir genau damit meinen. Umso sicherer sind wir, dass der Vorgang selbst gescheitert, ja eigentlich gar nicht erst begonnen worden ist.[1] Italien, so heißt es immer wieder, habe sich auf bequeme Weise vom Faschismus getrennt und in puncto Vergangenheitsbewältigung und Gewissenserforschung nichts getan.

Warum sind wir dessen so sicher? Woher nehmen wir die Maßstäbe, die uns berechtigen, von bequem oder schmerzhaft, von Erfolg oder Scheitern zu sprechen, also Einschätzungen zu treffen, die doch in hohem Maße standortgebunden sind? Über solche Fragen wird man lange diskutieren können und doch keine Einigung erzielen. Um wenigstens etwas Klarheit für eine solche Diskussion zu schaffen, sollen drei Formen des Umgangs mit der personellen Hinterlassenschaft des Faschismus unterschieden werden.

Die erste Form ist die *Abrechnung*, die »wilde« Säuberung; sie ist Reaktion, meist spontan, und speist sich aus allem, was das untergegangene Regime angerichtet und an Schandtaten begangen hat. Welches Vergeltungs- oder Rachemotiv jeweils den Ausschlag gab, ist kaum zu bestimmen; unsicher sind wir sogar bei der Zahl der Opfer. Nach Schätzungen, die mittlerweile allgemein akzeptiert werden, dürften es etwa 12 000 Faschisten gewesen sein, die zwischen 1943 und 1946 mehr oder weniger umstandslos hingerichtet worden sind.[2] Darunter waren viele »kleine Fische« und gänzlich Unschuldige; in der Regel traf es aber doch vor allem die Leistungsträger des faschistischen Regimes – und zwar in einem solchen Maße, dass allein schon aus diesem Grunde eine Restauration des Faschismus kaum mehr chancenreich gewesen wäre. Ihrem Wesen nach

kann eine Abrechnung weder scheitern noch erfolgreich sein; es gibt ja keine Quote, die nicht unterschritten werden darf oder die überboten werden muss, um Erfolg oder Misserfolg konstatieren zu können.
Ähnliche Probleme der Bemessung stellen sich bei der zweiten Form des Umgangs, nämlich bei der *politischen Säuberung*, deren Hauptzweck es ist, diejenigen aus ihren Stellungen in Staat und Gesellschaft zu entfernen, die aufgrund ihrer Vergangenheit keine Gewähr für die Zukunft bieten – ein nicht gerade bescheidenes Ziel, wenn man sich vergegenwärtigt, wie tief und wie lange sich Italien auf den Faschismus eingelassen hat, und wenn man sich klar macht, dass die Entscheidung darüber, wer gehen musste oder bleiben durfte, nur in den seltensten Fällen auf der Hand lag; meistens war sie höchst umstritten. Es können hier nicht alle Einzelheiten dieses äußerst vielgestaltigen Prozesses der politischen Säuberung erwähnt werden; die Forschung ist auch noch längst nicht so weit, dass man sagen könnte, wo die Schwerpunkte der Entlassungen lagen, ob hier die reine Willkür regierte oder ob und in welchem Maße Recht und Gesetz Beachtung fanden. Klar ist aber: Es gab Zehntausende dieser, den deutschen Spruchkammern vergleichbaren Säuberungskommissionen[3], die man freilich nicht über einen Kamm scheren sollte: Es gab die Überprüfungsausschüsse der Militärregierung, die *Epurazione*-Kammern der Befreiungskomitees und die Kommissionen des Staates. Keines dieser Organe der politischen Säuberung hat sich seine Aufgabe so leicht gemacht, dass man sie als Mitläuferfabriken bezeichnen sollte. Besonders unnachsichtig ging die Militärregierung vor: In der Provinz Matera wurden 27 der 32 Bürgermeister aus der faschistischen Zeit entlassen, in der Provinz Potenza 70 von 91, in Reggio Calabria 70 von 89, in Catanzaro 100 von 154,[4] und in Rom verloren bereits in den ersten vier Wochen nach der Befreiung im Juni 1944 3700 Faschisten ihren Arbeitsplatz; 200 wurden verhaftet. Die Zahl der Verhaftungen war nur deshalb so klein, so schrieb die Militärregierung, weil fast überall die Spitzen der Verwaltung, aber auch viele subalterne Beamte ihr Heil in der Flucht nach Norden gesucht hatten.[5]
So wie in Rom und den genannten Provinzen Süditaliens war es fast überall; in Norditalien griffen die Säuberungskommissionen vielfach noch sehr viel härter durch. In manchen Fabriken mussten fast alle Führungskräfte sowie das technische und Verwaltungspersonal ihre Posten räumen. Auch bei FIAT in Turin verloren allein im Frühjahr 1945 Hunderte ihre beruflichen Stellungen, wie ein kommunistischer Funktionär be-

tonte: »Die Gesäuberten kommen vor allem aus der Leitungsebene. Die Zahl der Gesäuberten und Entlassenen beläuft sich auf 734 Personen, davon sind 22 Direktoren der Ia-Kategorie, 21 der IIa-Kategorie und 33 der IIIa-Kategorie.«[6] Überall sei die Tendenz zu beobachten, hieß es in einem internen Bericht der Kommunistischen Partei, »nicht nur die Faschisten loszuwerden, sondern auch diejenigen, die – obschon man ihnen wegen ihrer politischen Vergangenheit nichts vorwerfen kann – eine arbeiterfeindliche Haltung an den Tag gelegt hatten«.[7] Einen Ausdruck von Bequemlichkeit wird man in diesen mitunter sogar fanatischen und überzogenen Säuberungsbemühungen nicht erkennen können.

Bliebe die dritte Form, die *justizielle Ahndung* von faschistischen Verbrechen. Hier waren die Ermessensspielräume geringer als bei der Säuberung, die ja letztlich immer politischen Zielen folgt; hier ging es darum, Straftatbestände zu klären, Täter zu ermitteln und zur Verantwortung zu ziehen – auch keine leichte Aufgabe, denn viele Verbrechen lagen lange zurück, waren nach faschistischem Recht verjährt oder hatten vor 1943 überhaupt nicht als strafbare Handlungen gegolten. Die italienische Justiz ließ sich von diesen Schwierigkeiten nicht entmutigen, und sie zögerte auch nicht, bewusst gegen die abendländische Rechtstradition des »nullum crimen, nulla poena sine lege« zu verstoßen und rückwirkende Sondergesetze zu schaffen, wenn das herkömmliche Strafrecht überfordert war. Bei der Ahndung selbst brachte die Justiz die traditionellen Organe zum Einsatz, also die Schwurgerichte und die Militärgerichte; sie schuf sich aber auch spezielle Instrumente – insbesondere die *Alta Corte di Giustizia* zur Aburteilung der Regimeprominenz[8] und die außerordentlichen Schwurgerichte, die 1945/46 die Hauptlast der juristischen Ahndung von Faschismus und Kollaboration trugen.

Die Sonderschwurgerichte nahmen bereits im Mai 1945 ihre Arbeit auf; von da ab standen Monat für Monat Hunderte von Kollaborateuren vor ihren Schranken. In Venetien gab es bis Ende Juni etwa 150 Verfahren, in der Lombardei 135.[9] Selbst mitten im Sommer lief die neue Ahndungsmaschinerie weiter. Im Juli 1945 kamen allein in Mailand über 270 Fälle zur Verhandlung, und für den August berichtete die Militärregierung von 134 abgeschlossenen Fällen aus der Lombardei und 136 Fällen aus Piemont.[10] Vieles spricht dafür, dass in diesen ersten, noch ganz unter dem Eindruck des brutalen Bürgerkrieges stehenden Verfahren vor allem die Parteiprominenz und besonders verhasste Kollaborateure gepackt wurden; in Mailand etwa standen im Frühjahr und Sommer drei Minister vor

Gericht; außerdem ein Staatssekretär und der fanatische Hetzer Ermanno Amicucci, der zuletzt den *Corriere della Sera* geleitet hatte.[11]

Das gleiche Bild bot sich in vielen anderen Städten Norditaliens. Auch dort klagten die Sonderschwurgerichte zuerst die Präfekten, Quästoren, die örtlichen Parteichefs und vor allem die Schergen der *Pubblica Sicurezza* an und gaben kein Pardon. Sie schöpften das volle Strafmaß aus, das ihnen das Militärstrafrecht bot, und schreckten auch vor zahlreichen Todesurteilen nicht zurück. Nie zuvor in der italienischen Geschichte dürften in einem Zeitraum von wenigen Monaten so viele Todesurteile ergangen sein wie im Sommer und Frühherbst 1945: Im Juni waren es in Venetien 30, in der Lombardei 13.[12] Im August kamen 9 Kapitalstrafen in Piemont und 14 in der Lombardei hinzu.[13] In Reggio Emilia verhängte das dortige Sonderschwurgericht allein am 24. Juli 24 Todesurteile,[14] und in Lodi ergingen an einem Septembertag 18.[15] Dass die neuen Gerichte anfangs keine Gnade kannten, belegen auch Angaben aus Genua, Rovigo, Udine, Como und anderen Städten.

1947 stellten die außerordentlichen Schwurgerichte ihre Tätigkeit ein. Viel ist über sie nicht bekannt, sogar ihre Zahl liegt noch im Dunkeln. Nur so viel ist sicher: Die außerordentlichen Schwurgerichte haben zwischen 1945 und 1947 wohl mehr als 20 000, vielleicht sogar 30 000[16] Verfahren gegen belastete Faschisten und Kollaborateure angestrengt und dabei durchaus harte Strafen verhängt: an die 1000 Todesurteile[17] und mehrere Tausend langjährige Haftstrafen.

In keinem Land Europas – Frankreich vielleicht ausgenommen – gingen die Gerichte so rasch und so massiv gegen belastete Faschisten vor. Nirgendwo sonst mussten sich schon 1945 so viele Repräsentanten des untergegangenen Regimes für ihre Schandtaten verantworten wie in Italien. Anderswo hat die Justiz selbst viel weniger getan, die zuvor wieder und wieder missachtete Idee des Rechts zu rehabilitieren und zu befestigen. Diese Zwischenbilanz bezieht sich nur auf die Jahre 1943 bis 1946 – auf die Jahre also, in denen der Konsens der Antifaschisten in den Befreiungskomitees hielt. Als dieser nach der militärischen Überwindung des Faschismus zerbrach und dann auch die All-Parteien-Regierungen eines Ferruccio Parri und eines Alcide De Gasperi scheiterten, versackte auch der Wille zur Abrechnung mit dem Faschismus. Es war schließlich sogar der KP-Chef Palmiro Togliatti, der ein Amnestiegesetz auf den Weg brachte, das dem Missbrauch Tür und Tor öffnete und entsprechend weidlich ausgenutzt wurde.[18] Parallel dazu setzte ein skrupelloser Wettlauf um die Gunst der kleinen und mittleren Faschisten ein, an dem sich die Kommunisten ebenso beteiligten wie die *Democrazia Cristiana* und die Sozialisten. Die Folgen davon kann man sich leicht ausmalen: Die Revisionsinstanzen hatten 1947/48 leichtes Spiel, und letztlich wurden fast alle Sanktionen abgeschwächt oder ganz aufgehoben, die zuvor verhängt worden waren. Die FIAT-Bosse kehrten wieder zurück, die Universitätsprofessoren wurden wieder in ihre alten Rechte eingesetzt, und selbst die Todeskandidaten in den Gefängnissen durften sich Hoffnungen machen, nicht nur mit dem Leben, sondern sogar glimpflich davonzukommen.[19]

Fast könnte man sagen, dass sich die anfängliche Abrechnungs-, Säuberungs- und Ahndungswut binnen zweier, dreier Jahre in eine Rehabilitierungswut verwandelte, von der solche und solche gleichermaßen profitierten. Das hat auch dazu geführt, dass dem Versuch, eine juristische und politische Antwort auf die Verbrechen des Faschismus zu finden, ein kompletter Misserfolg attestiert wurde, dass man von einer »ausgebliebenen Säuberung« zu sprechen begann.

Mit solchen Pauschalurteilen ist es freilich so eine Sache; zu vieles wird dabei nämlich leichtfertig unterschlagen: die etwa 12 000 bis 15 000 Faschisten, die in den »wilden« Säuberungen ihr Leben ließen, die zahllosen Haftstrafen, die vor der Amnestie ja schließlich auch abgesessen werden mussten, und auch die jahrelangen Berufsverbote, die im öffentlichen Dienst ebenso verhängt wurden wie in der freien Wirtschaft. Am wichtigsten dürfte aber das sein, was auch für das Thema Erinnerungskultur und kollektives Gedächtnis besondere Relevanz hat: Das Pauschalurteil der ausgebliebenen Säuberung ignoriert die erfahrungsgeschichtliche Dimension der *Epurazione* – oder anders formuliert: den entscheidenden Anteil, den sie bei der Stabilisierung der individuellen Erinnerung und dann bei der Formierung des kollektiven Gedächtnisses über den Faschismus hatte.

Das sind große Worte, und klar ist auch, dass keine Gesellschaft so homogen ist, dass sie mit nur *einer* Kollektiverinnerung auskäme. In Gesellschaften, die einen Bürgerkrieg hinter sich haben, dürften die Erinnerungen besonders stark differieren; zumal die Schnittmenge zwischen den Gedächtnissen der Verlierer und der Sieger wird hier sehr klein ausfallen. Bei den Verlierern, so scheint es, hat die *Epurazione* das genaue Gegenteil dessen bewirkt, was deren Protagonisten beabsichtigt hatten – eine Verhärtung alter Ansichten und Haltungen. Die *Epurazione* liegt hier wie ein unüberwindliches Hindernis auf dem Weg zur Erkenntnis des verbrecherischen Charakters des Faschismus; nicht dessen Schandtaten sind erkannt und in der Erinnerung verankert worden, sondern die Exzesse und Ungerechtigkeiten der »wilden« Säuberungen – bis heute übrigens, wie die unerträglichen Publikationen von neofaschistischer Seite zeigen.[20]

Verzerrte Wahrnehmungen, einseitige und verfälschte Erinnerungen gab es auch bei den Siegern im engeren Sinne, also bei den Aktivisten der *Resistenza*, die bald selbst glaubten, dass nicht die Alliierten, sondern sie es gewesen waren, die den Faschismus zu Fall gebracht hatten – nur hatte das ganz andere Konsequenzen. Während sich die Faschisten in die Sackgasse eines larmoyanten Opferkultes verrannten und damit selbst isolierten, vermochte die *Resistenza* eines ihrer großen Anliegen zu realisieren: die Verurteilung und Ächtung des Faschismus im kollektiven Gedächtnis Italiens nach 1945.

Das ist ein überaus erstaunlicher Vorgang, wenn man bedenkt, dass sich das faschistische Regime in den dreißiger Jahren auf einen breiten volksgemeinschaftlichen Konsens stützen konnte und es noch 1943 kaum ernst zu nehmenden Widerstand gab.[21] Der Weg vom allgemeinen Konsens zur allgemeinen Ächtung hatte gewiss viele Etappen. Er ist aber nicht denkbar ohne die positiven Lerneffekte, die im Zuge der politischen Säuberung erzielt wurden. Der großen Mehrheit der italienischen Gesellschaft wurden hier erstmals die Augen geöffnet. Sie erfuhr von der Korruption der Bonzen, der Schäbigkeit der Denunzianten, von der feigen Geschmeidigkeit der Mitläufer und nicht zuletzt von zahllosen Verbrechen, die hinter der Fassade inszenierter nationaler Größe begangen worden waren.

Diese Erkenntnisse deckten sich mit den Verdikten der *Resistenza*, die nur so allgemeine Beglaubigung finden konnten. Sie bildeten die wichtigste Voraussetzung der kollektiven Ächtung des Faschismus und so auch den Rohstoff des kollektiven Gedächtnisses, das mit jedem Spruch einer Säuberungskommission und mit jedem Urteil eines Schwurgerichts präformiert und angesichts der Masse der Verfahren schließlich stabilisiert worden ist.

Beweisen lässt sich diese These nur schwer; ein Beispiel kann aber ihre Plausibilität unterstreichen: In der Provinz Rovigo standen zwischen Juni 1945 und März 1947 in rund 340 Verfahren nahezu 470 Faschisten vor Gericht. Vieles deutet darauf hin, dass neben der örtlichen politischen

Prominenz und den höheren Chargen der faschistischen Milizen und schwarzen Brigaden vor allem kleine Denunzianten, Spione und einfache Soldaten und Milizionäre zur Verantwortung gezogen wurden, die an »Auskämm«-Aktionen, Folterungen von Partisanen und Plünderungen von Dörfern beteiligt gewesen waren. In den meist öffentlichen Verhandlungen wurden Tausende von Zeugen gehört, die Zeitungen berichteten ständig über die einzelnen Fälle. Säuberung war hier Stadt- und Landgespräch.[22]

Die Arbeit der Säuberungskommissionen in Rovigo war nicht so spektakulär. Ihr Radius beschränkte sich ja auch nur auf bestimmte Segmente der Gesellschaft – auf die Schulen, die öffentliche Verwaltung und die wichtigen privaten Betriebe. Wie viele solcher Kommissionen es davon in der Provinz Rovigo gab, ist noch nicht ermittelt; einige hundert können es leicht gewesen sein, die Zehntausende überprüften und auch dabei zahlreiche Zeugen und Ermittler aufboten, um hinter die Kulissen leuchten zu können. Rovigo, so wird man ohne Übertreibung sagen können, stand zwei Jahre im Zeichen einer umfassend angelegten Säuberung, die nur die wenigsten unberührt gelassen hat.

Dieser beispiellose Prozess einer Gesellschaft gegen sich selbst soll erfahrungs- und wirkungsgeschichtlich folgenlos gewesen sein? Hunderttausende waren in ganz Italien über Jahre daran beteiligt – als Richter und Schöffen, Staatsanwälte und Verteidiger, Zeugen und Beobachter. Und sie gewannen dabei erstmals eine Vorstellung vom Ausmaß der faschistischen Verbrechen und von der Hohlheit und Hybris des dahingegangenen Regimes – aus erster Hand, anschaulich, direkt. Diese Geschichtslektion steht am Anfang des gesellschaftlichen Wissens über den Faschismus und der kollektiven Erinnerung an ihn. Sie geriet nicht mehr in Vergessenheit, obwohl es natürlich Anfechtungen gab, und sie verlor sich auch dann nicht, als 1947/48 die Rehabilitierungswellen immer höher schwappten. Hier wurden ja nur Individuen rehabilitiert, nicht der Faschismus, weshalb dadurch auch der normative Grundkonsens nicht tangiert war. Vielleicht ist sogar das Gegenteil der Fall, dass nämlich die Empörung über besonders belastete Amnestiegewinnler auch die Erinnerung an deren Taten wach hielt und damit natürliche Vergessensresistenzen weckte.

Dass die Geschichtslektion wirklich saß, zeigte sich immer wieder – so 1946, als Italien zwischen Monarchie und Republik zu wählen hatte und nicht zuletzt deshalb gegen die Monarchie stimmte, weil König Vittorio

Emanuele III. die Verantwortung für den Faschismus angelastet wurde, so 1948, als Italien sich eine neue Verfassung gab, die eine klare Absage an den Faschismus enthielt, und so in den Wahlen nach 1948, in denen das neofaschistische *Movimento Sociale Italiano* (MSI) nur gelegentlich über fünf Prozent der Stimmen erhielt; als es 1960 den Anschein hatte, dass die *Democrazia Cristiana* sich mit dem MSI arrangieren und diesem die Tür zur Regierungsbeteiligung geöffnet würde, ging halb Italien auf die Straße.[23]

Einschränkend muss allerdings hinzugefügt werden, dass in den Faschismusperzeptionen, die im Prozess der politischen Säuberung wurzelten, nicht die ganze Realität des faschistischen Regimes zu finden war. In den Faschismusbildern der ersten Stunde wurden vor allem die letzten Zuckungen des Agoniefaschismus vor Ort aufbewahrt.

Viele andere Seiten des Faschismus blieben dagegen unterbelichtet oder fehlten ganz; sie kamen vor den Sonderschwurgerichten und Säuberungskommissionen nicht zur Sprache, und sie wurden auch in den Jahrzehnten danach nicht angemessen thematisiert. Zu nennen wären hier vor allem die abscheulichen Verbrechen des Faschismus bei der Rückeroberung Libyens und bei der Unterwerfung Abessiniens sowie die Untaten in Albanien, Griechenland und Jugoslawien. Mussolinis Regime zeigte hier sein widerwärtigstes Gesicht.[24]

Den Säuberungs- und Ahndungsinstanzen der ersten Stunde wird man kaum einen Vorwurf daraus machen können, dass sie ihren Blick nicht auf diese Verbrechen außerhalb Italiens gerichtet haben. Sie waren lokal, regional und sektoral tätig und hatten schon dabei alle Hände voll zu tun. Grenzüberschreitende Recherchen waren ihnen ebenso unmöglich wie den deutschen Spruchkammern, in deren Geschichte es die gleichen Leerstellen gibt. Zu tadeln wären eher schon die Regierungen der Westmächte, die von Belgrad und Athen mit genauen Informationen über italienische Kriegsverbrechen versorgt und mit Anträgen auf Auslieferung der Täter überschüttet wurden – aber aus Rücksicht auf den potentiellen Partner schwiegen.[25] Zu kritisieren ist natürlich aber vor allem die italienische Regierung, die sich solchen Forderungen gegenüber ganz taub stellte und durch nichts dazu zu bewegen war, die Kriegsverbrechen im Ausland aufzuklären und die Täter zur Verantwortung zu ziehen. Die *Democrazia Cristiana*-Regierungen wollten Ruhe im Land, das sich wegen der Dauerkonfrontation von bürgerlichem und kommunistischem Lager in ständiger Alarmbereitschaft befand.

Noch heute, so steht zu befürchten, weist das Bild, das der überwiegende Teil der italienischen Gesellschaft vom Faschismus hat, die alten weißen Flecken und Tabubezirke wie in der unmittelbaren Nachkriegszeit auf; was damals nicht in das öffentliche Bewusstsein gehoben wurde, ist später nie mehr wirklich in das kollektive Gedächtnis eingegangen, das deshalb auch ein unvollständigeres und tendenziell milderes Bild vom Faschismus aufbewahrt, als es der Wirklichkeit entspricht; die zaghaften Aufklärungsversuche der Historiker haben daran nichts Wesentliches zu ändern vermocht. Es fehlte der nationale Wille zur umfassenden Aufklärung, und es fehlte der internationale Druck dazu, ohne den etwa auch im Falle Deutschlands vieles liegen geblieben wäre. Italien wurde mit seiner Vergangenheit allein gelassen, die Deutschen nicht.

Anmerkungen

1 Vgl. Hans Woller, L'epurazione in Italia, in: ders. (Hg.), La Nascita di due Repubbliche. Italia e Germania dal 1943 al 1955, Mailand 1993, S. 65–72, vor allem S. 71, Anm. 2.
2 Vgl. Hans Woller, Die Abrechnung mit dem Faschismus in Italien 1943 bis 1948, München 1996, S. 264–281.
3 Vgl. Klaus-Dietmar Henke, Die Trennung vom Nationalsozialismus. Selbstzerstörung, politische Säuberung, »Entnazifizierung«, Strafverfolgung, in: ders./Hans Woller (Hg.), Politische Säuberung in Europa. Die Abrechnung mit Faschismus und Kollaboration nach dem Zweiten Weltkrieg, München 1991, S. 21–83.
4 Vgl. Headquarter (HQ), Allied Military Government (AMG), Monatsbericht für November 1943, in: National Archives (NA), Washington, D. C., Record Group (RG) 331, Adjutant, box 28, 10000/101/501.
5 Vgl. Woller, Abrechnung [wie Anm. 2], S. 145–162, bes. S. 149.
6 So Battista Santhià am 29. Juni 1945 im Vorstand der kommunistischen Partei, Protokoll, in: Istituto Gramsci, Bestand PCI 1943–1946, Verbali della Direzione 1944–1946.
7 Rapporto politico-organizzativo, 25. 4.–30. 6. 1945, in: Ebd., Bestand Lombardia, Milano 1945.
8 Vgl. Relazione sul lavoro giudiziario compiuto, 22. 10. 1945, in: Archivio Centrale dello Stato, Presidenza del Consiglio dei Ministri, Gabinetto 1944–1947, 1/710124, sottofasc. 11. 16, und Woller, Abrechnung [wie Anm. 2], S. 184–190, 232–239 und 327–329.
9 Vgl. HQ, AMG, Venezia Region, Monatsbericht für Juni 1945, 16. 7. 1945, in: NA, RG 331, Civil Affairs, box 6; HQ, AMG, Lombardia Region, Monatsbericht für Juni 1945, in: Ebd.
10 Vgl. HQ, Allied Commission, Monatsbericht für August 1945, 1. 11. 1945, in: NA, RG 331, Adjutant, box 28, 10000/101/503, und Lamberto Mercuri, L'epurazione in Italia 1943–1948, Cuneo 1988, S. 157.

11 Vgl. Romano Canosa, Le sanzioni contro il fascismo. Processi ed epurazione a Milano negli anni 1945–47, Mailand 1978, S. 18–23 und 39.
12 Vgl. HQ, AMG, Venezia Region, Monatsbericht für Juni 1945, 16.7. 1945, in: NA, RG 331, Civil Affairs, box 6; HQ, AMG, Lombardia Region, Monatsbericht für Juni 1945, in: Ebd.
13 Vgl. HQ, AC, Lombardia Region, Monatsbericht für August 1945, 1.11. 1945, in: NA, RG 331, Adjutant, box 28, 10000/101/503.
14 Vgl. Alexander Kirk an Secretary of State, 8.8. 1945, in: NA, RG 84, 1945: 800, box 140.
15 Vgl. Alexander Kirk an Secretary of State, 25.9. 1945, in: NA, RG 59, 865 00/9–2545.
16 Vgl. Woller, Abrechnung [wie Anm. 2], S. 302, und die Protokolle der Consulta Nazionale. Commissioni riunite affari politici e amministrativi, Giustizia, 7.11. 1945, in: Camera dei Deputati, Biblioteca.
17 Vgl. Woller, Abrechnung [wie Anm. 2], S. 304 f.
18 Vgl. Decreto Presidenziale, 22.6. 1946, Nr. 4: Amnistia e indulto per reati comuni, politici e militari, in: Gazzetta Ufficiale della Repubblica Italiana, Edizione straordinaria, Nr. 137, 23.6. 1946, und Mario Bracci, Come nacque l'amnistia, in: Il ponte 1947, Nr. 11–12.
19 Vgl. Woller, Abrechnung [wie Anm. 2], S. 305; Piero Bairati, Valletta, Turin 1983, S. 148.
20 Vgl. Giorgio Pisanò, I giorni della strage, Mailand 1975; ders./Paolo Pisanò, Il triangolo della morte. La politica della strage in Emilia durante e dopo la guerra civile, Mailand 1992.
21 Vgl. Renzo De Felice, Mussolini il duce, Bd. 1: Gli anni del consenso 1929–1936; Bd. 2: Lo stato totalitario 1936–1940, Turin 1974 und 1981; ders., Mussolini l'alleato, Teil 1: L'Italia in guerra 1940–1943, Bd. 1: Dalla guerra »breve« alla guerra lunga, Bd. 2: Crisi e agonia del regime, Turin 1990.
22 Vgl. Gianni Sparapan (Hg.), Fascisti e collaborazionisti nel Polesine durante l'occupazione tedesca. I processi della Corte d'Assise Straordinaria di Rovigo, Venedig 1991; vgl. zu anderen Städten Dino Mengozzi, L'epurazione nella città del »Duce« (1943–1948), Rom 1983, und Canosa, Le sanzioni contro il fascismo [wie Anm. 11].
23 Vgl. Paul Ginsborg, Storia d'Italia dal dopoguerra a oggi. Società e politica 1943–1988, Turin 1989, S. 346 ff.
24 Vgl. Hans Woller, Rom, 28. Oktober 1922. Die faschistische Herausforderung, München 1999, S. 197–200.
25 Vgl. die Protokolle der Sitzungen des Advisory Council for Italy von 1944 bis 1947, in: NA, RG 331, box 11, 10000/132/477, und NA, RG 331, box 23, und Brunello Mantelli, Die Italiener auf dem Balkan 1941–1943, in: Christof Dipper/Lutz Klinkhammer/Alexander Nützenadel (Hg.), Europäische Sozialgeschichte. Festschrift für Wolfgang Schieder, Berlin 2000, S. 61 und 71.

Franziska Seraphim
Kriegsverbrecherprozesse in Asien und globale Erinnerungskulturen

Seit dem Nürnberger Prozess (1945–1946) bilden Kriegsverbrecherprozesse und andere gerichtliche Verfahren zur Ahndung von staatskriminellen Vergehen einen wichtigen Teil der kollektiven Trauer- und Erinnerungsarbeit, die immer mehr inmitten einer globalen öffentlichen Kultur stattfindet. Der Nürnberger Prozess ist trotz aller Kritik positiv in die Nachkriegsgeschichte eingegangen, und zwar als Beginn einer langen Auseinandersetzung mit der Frage der Verantwortlichkeit für die Verbrechen des Naziregimes. Die vielen nachfolgenden Gerichtsverfahren, die in Ost- und Westdeutschland wie in mehreren andern europäischen Ländern bis heute durchgeführt worden sind, haben zu dieser positiven Bewertung entscheidend beigetragen.

Im Gegensatz zu Nürnberg gelangte das Kriegsverbrecherverfahren des »Internationalen Militärtribunals des Fernen Ostens« (IMTFE) in Tôkyô zu viel weniger internationaler Prominenz, obwohl es in größerem Umfang stattfand. Der Prozess in Tôkyô (1946–1948) dauerte dreimal so lange wie das Nürnberger Verfahren. Beteiligt waren in Tôkyô elf (statt vier) Nationen, und verurteilt wurden 23 Hauptangeklagte, davon sieben zum Tode. Daneben fanden in vielen Ländern Ost- und Südostasiens (inklusive Australiens und des Südpazifiks) zwischen 1946 und 1951 insgesamt 2244 regionale Kriegsverbrecherprozesse der Klasse B/C statt, die außerhalb Japans noch weniger nachhaltige Beachtung fanden. Nach Einschätzung John Dowers schufen diese regionalen Verfahren »keinen Präzedenzfall, erregten keine große Aufmerksamkeit und gingen in keiner nachhaltigen Weise in die populäre Erinnerung außerhalb Japans ein.«[1] Neben den kontroversen Umständen, die diese Verfahren begleiteten, ist das Fehlen jeglicher weiterer Gerichtsverfahren in Japan wie in Asien nach der Auflösung des IMTFEs ein wichtiger Grund dafür, dass die asiatischen Kriegsverbrecherprozesse vergleichsweise in Vergessenheit geraten sind. Wie kam es, dass Tôkyô einen Schlussstrich unter die gerichtliche Ahndung von Kriegsverbrechen setzte, während Nürnberg den Auftakt zu vielen weiteren Gerichtsverfahren bildete? Wie erklärt sich die gegensätzliche Wirkung dieser Prozesse auf nationale sowie globale Erinnerungskulturen?

Dass dies keinesfalls rein akademische Fragen sind, zeigt die Veranstaltung eines außerordentlichen Kriegsverbrechertribunals im Dezember 2000 in Tôkyô, das sich explizit zum Ziel setzte, seinerzeit vom IMTFE nicht verfolgte Kriegsverbrechen ans Tageslicht zu bringen und die japanische Regierung dazu zu bewegen, vor einer internationalen Öffentlichkeit über Japans lange offizielle Verantwortungsverweigerung Rechenschaft abzulegen. Das *Women's International War Crimes Tribunal 2000 for the Trial of Japanese Military Sexual Slavery* (von nun an internationales Frauentribunal 2000 genannt) deckte durch Zeugenanhörungen neue Details über das japanische System von sexueller Versklavung während des Zweiten Weltkrieges auf, verurteilte dieses System als Verbrechen gegen die Menschheit, empfahl angebrachte Bestrafungen und trug damit zu einer internationalen Bewegung bei, Frauenvergewaltigung und Prostitution zu Kriegszwecken allgemein als kriminell zu erklären. Das internationale Frauentribunal 2000 wurde von einer Bürgerorganisation in Japan initiiert (*Violence Against Women in War Network*), die Mitte der 90er Jahre aus der aktuellen internationalen Bewegung zur Anerkennung von Frauenvergewaltigung als Kriegsverbrechen entstanden war. Es verfuhr nach allen Regeln und Verfahrensbestimmungen eines internationalen Gerichts, wie das der Alliierten in Nürnberg und Tôkyô, entscheidenderweise aber ohne juristische Rechte zur Bestrafung von hier angeklagten Kriegsverbrechern. Vier international anerkannte Richter unter dem Vorsitz von Gabrielle Kirk-McDonald, der Präsidentin des internationalen Verbrechertribunals für das ehemalige Yugoslawien, sowie führende Rechtsanwälte und Rechtswissenschaftler verliehen diesem Tribunal öffentliche Legitimität. Obwohl die japanische Regierung aufgrund dieses Verfahrens nicht offiziell zu Wiedergutmachungszahlungen gezwungen werden konnte, erfüllte das Tribunal doch die Aufgabe, die Problematik des IMTFEs nach einem halben Jahrhundert wieder aufzunehmen und Asien aktiv an einer im internationalen Recht verankerten globalen Erinnerungskultur zu beteiligen.

Globale Erinnerungskulturen

Anstatt das internationale Frauentribunal 2000 dem vergangenen IMTFE der Alliierten wie das Yin und Yang von Kriegsverbrecherprozessen in Asien gegenüberzustellen, skizziert dieser Beitrag die Entwicklung von Erinnerungskulturen über die etwa fünfzig Jahre hinweg, die die beiden Prozesse voneinander trennen. Es geht dabei weniger um juristische Details als um verschiedene Auswertungen, die im vergangenen halben Jahrhundert politisch instrumentalisiert wurden. Im Zentrum stehen hierbei Japans Beziehungen zu Asien, die in der internationalen Situation der ersten Nachkriegsjahre, als das IMTFE tagte, nur sehr mangelhaft zur Sprache kamen, seit Anfang der 90er Jahre dagegen umso dringlicher diskutiert wurden und gerade in Bezug auf die gerichtliche Ahndung von Staatsverbrechen in globale Erinnerungskulturen eingingen. Sofern man überhaupt von globalen Erinnerungskulturen sprechen kann, sind in diesem Zusammenhang damit internationale Konzeptionen von Recht, sozialer Gerechtigkeit und Moral im Aufarbeiten von historischen Hinterlassenschaften gemeint, die nationale Grenzen überschreiten und von verschiedenen politischen Interessen gezeichnet sind. Kriegsverbrecherprozesse als ein wichtiges Forum der öffentlichen Wahrheitsfindung, Rechtsprechung und Niederlegung von rechtlichen und sozialen Normen waren immer machtpolitischem Kalkül unterworfen und sind vielleicht gerade deshalb so tief im internationalen öffentlichen Diskurs verankert. Eine Reihe neuer Publikationen zur Jahrtausendwende scheint das nur zu bestätigen. Elazar Barkan analysierte den »neuen globalen Trend zur Wiedergutmachung historischen Unrechts« als eine Neukonzipierung der Beziehungen zwischen Gewinnern und Verlierern im internationalen Machtspiel, die nationale und ethnische Identitäten entscheidend beeinflussten.[2] Nach Barkan dominierten in den 90er Jahren moralische und humanitäre Fragen das öffentliche Leben, wie es zuvor nicht der Fall war. Nationen zeigten eine neue Bereitschaft, Schuld für vergangene Straftaten einzugestehen und politische Verantwortung für sie zu übernehmen. Gary Bass dagegen sah weniger Moral als vielmehr harte Politik in den großen internationalen Kriegsverbrecherprozessen des zwanzigsten (und sogar neunzehnten) Jahrhunderts im Spiel. Er problematisierte den politischen Gebrauch von Recht, der niemals faire Resultate garantiere, aber zumindest purer Vergeltung vorzuziehen sei.[3]

Für diese Diskussion besonders relevant ist das Argument von Mark

Osiel, dass die juristische Bewältigung von schweren Staatsverbrechen kollektives Erinnern positiv beeinflussen könne, wenn die Schauqualitäten von öffentlichen Kriminalverfahren bewusst ausgenützt anstatt den rechtlichen Gesichtspunkten untergeordnet würden. Zu lange, so argumentierte Osiel, seien die »Erzählformen« oder die »Poetik« von Staatsverbrechensprozessen verachtet und die rein juristischen Aspekte, wie die Etablierung von neuen Rechtsnormen, hervorgehoben worden. Dagegen stellte Osiel fest, dass das »Drama« im Gerichtssaal nicht im Gegensatz zum Recht stehen müsse, sondern seine eigene, vielleicht sogar wichtigere Rolle spiele: Ein öffentliches Kriminalverfahren sei vielleicht am erfolgreichsten, wenn es die Bevölkerung – national und global – dazu bewege, nicht nur konkreten Verbrechen ins Gesicht zu sehen, sondern darüber hinaus ihre eigenen Werte und Identitäten als Kollektiv kritisch zu hinterfragen. Für Osiel war das rhetorische Spiel zwischen Anklägern und Angeklagten im Gerichtssaal ein wichtiger Teil der Erinnerungsarbeit, während er das Erstellen von neuen Gesetzen zur zukünftigen Verhinderung von Staatsverbrechen als zweitrangig ansah. »Kriminalverfahren, wie kaum andere politische Ereignisse, bringen Menschen oft dazu, ihre Grundeinstellungen und darin eingebundenen Verpflichtungen neu zu durchdenken [...]. Sie offenbaren transformative Möglichkeiten im Leben Einzelner und von Gesellschaften, eine Chance, der sich die Prozessführenden wohl bewusst sind. Ankläger wie Richter zielen deshalb in solchen Fällen rechtmäßig darauf hin, die kollektive Erinnerung an schreckliche Geschehnisse in einer Weise zu beeinflussen, die als öffentliches Spektakel erfolgreich und zugleich gesetzesgemäß ist.«[4]
Die Kriegsverbrechergerichte der Alliierten in Asien waren weit entfernt von Osiels Idealfall, doch lohnt es sich, diese »Gelegenheit für eine Sinnesänderung« näher zu beleuchten. Sie bestand nach Osiel in den kommunikativen Qualitäten eines öffentlichen Kriminalverfahrens, das beide Seiten, Ankläger wie Angeklagte, als aktiv Beteiligte einschloss. Die beiden »Schauverfahren« (*showcase trials*), der lange Hauptkriegsverbrecherprozess in Tôkyô und der kurze gegen General Yamashita Tomoyuki in den Philippinen, haben sich negativ auf Japans Erinnerungskultur ausgewirkt, nicht weil sie Schaufälle darstellten, wie oft argumentiert wird, sondern weil die kommunikativen Möglichkeiten dieser öffentlichen Schauspiele von Seiten der Alliierten wie von Japan falsch genutzt wurden. Ohne Zweifel befanden sich die alliierten Ankläger in einer Machtposition, die sie ruchlos als »Siegerrecht« ausnutzten und dafür kritisiert

wurden. Eng damit verbunden war die eurozentrische Sichtweise der Alliierten, die dem Tribunal unterlag und wichtige Besonderheiten der japanischen Befehlskette sowie entscheidende Punkte des Krieges in Asien und im Pazifik ausblendete. Dies wurde einerseits von der japanischen Seite kritisiert, andererseits aber in den folgenden Jahrzehnten stillschweigend fortgeführt, da es einige Japan schwer belastende Fakten des Krieges bequem überging, besonders Japans Kolonialherrschaft in Korea, Taiwan sowie in Teilen Chinas und Südostasiens. Stattdessen verbargen sich japanische Kritiker hinter den politischen, juristischen und administrativen Mängeln des Tribunals und verwarfen die Prozesse *in toto*.

Kriegsverbrecherprozesse in Asien als rhetorische Szene

Das Frauentribunal über japanische Kriegsverbrechen in Asien, das im Dezember 2000 stattfand, war zweifelsohne Produkt einer aktuellen Debatte, die sich durch ihre globale Reichweite, eine feministische Perspektive und eine Sensibilität für die Überlappungspunkte von verschiedenen Identitäten auszeichnet. Dagegen stießen zur Zeit des IMTFE politisch und philosophisch sehr verschiedene öffentliche Kulturen aufeinander, die damals von beiden Seiten als ein Aufeinanderprallen von zwei gegensätzlichen Weltanschauungen gesehen wurden: faschistisch gegen demokratisch, orientalisch gegen westlich, traditionell gegen modern. In Wirklichkeit gingen die Meinungen unter den Alliierten wie unter Japanern so weit auseinander, dass von einheitlichen Weltanschauungen schwerlich die Rede sein konnte. Doch gereichten die Kriegsverbrecherprozesse im Nachkriegsasien dazu, die Unvereinbarkeit der Positionen von Richtern und Gerichteten zu untermalen und die Möglichkeiten eines konstruktiven Dialogs zwischen den beiden Parteien sowie innerhalb Japans stark einzuschränken.

Als besonders problematisch erwies sich die Frage der Verantwortlichkeit für den Krieg. Den Alliierten ging es um Japans politische und moralische Schuld für die Inszenierung eines Angriffskriegs, den Japanern um die Verantwortlichkeit für ihre Niederlage in einem militärischen Konflikt. Die Alliierten stellten einzelne Kriegsführer vor Gericht, um nichtsdestoweniger ein kollektives Schuldbewusstsein unter den Japanern herzustellen. Der japanischen Bevölkerung wiederum gestatteten diese Verfahren einerseits die Genugtuung, einige wenige für die Kriegskatastrophe verantwortlich machen zu können, und verstärkten andererseits ihre eigene (kollektive) Opfermentalität den Alliierten gegenüber.[5] Darüber hinaus erkannten die alliierten Ankläger nicht an, dass Verantwortlichkeit für Entscheidungen und Befehlsausführung in Japan während des Krieges wesentlich unklarer strukturiert war als in Deutschland. Der Sozialwissenschaftler Maruyama Masao analysierte 1946 das japanische »System der Unverantwortlichkeit« als Teil der faschistischen Ideologie in Japan, die um die Figur des Kaisers kreiste, und fand seine Theorie im Benehmen der japanischen Hauptangeklagten vor dem Tôkyôter Gericht nur bestätigt.[6] Umso widersprüchlicher musste es wirken, dass die Alliierten Kaiser Hirohito als Oberbefehlshaber und damit Hauptverantwortlichen nicht vor Gericht brachten. Ohne den Kaiser war die japanische Befehlsstruktur während des Krieges nicht zu verstehen. Die Alliierten verfolgten mit der Entscheidung, Hirohito nicht anzuklagen, inzwischen wohl bekannte politische Motive, aber auch auf japanischer Seite gab es keinen ernsten Versuch, den Kaiser zur Verantwortung zu ziehen, trotz vieler Stimmen, die Hirohitos Abdankung forderten.

Die Frage der individuellen Verantwortlichkeit kam besonders problematisch in den regionalen Kriegsverbrecherverfahren der Klasse B/C in Asien zum Ausdruck. Der Tôkyôter Prozess beschäftigte sich mit Aspekten der Kriegsplanung und Verbrechen gegen den Frieden und richtete sich gegen Japans politische und militärische Führer. In den regionalen Verfahren dagegen ging es um Kriegsführung, nämlich um konventionelle Vergehen und Verbrechen gegen die Menschheit, die von Militärs und Zivilisten verschiedenen Ranges begangen wurden, zum Beispiel Mord an Zivilisten, Vergewaltigung, Brandstiftung und Misshandlung von Kriegsgefangenen. Bis 1951 wurden in Asien 5700 Japaner, Koreaner und Taiwanesen als Befehlsgeber (Klasse B) oder Mitläufer (Klasse C) angeklagt, 4405 verurteilt und 920 Todesurteile vollstreckt. Die alliierten Ankläger ließen in diesen Verfahren das Argument der Verteidigung, dass Befehlshörigkeit im japanischen Heer bedingungslos gefordert war, nicht gelten. Die Hast und Oberflächlichkeit, mit der die meisten dieser Prozesse vonstatten gingen, trugen zu großen Ungleichheiten in der Verurteilung dieser »kleineren« Kriegsverbrecher bei. 701 von den 920 hingerichteten Kriegsverbrechern hinterließen persönliche Schriften in Form von Briefen, Tagebucheinträgen, Essays und Gedichten, die 1954 unter dem Titel »Seiki no isho« (»Das letzte Testament des Jahrhunderts«) veröffentlicht wurden und viel Sympathie unter der japanischen Bevölkerung auslösten. Tsurumi Kazuko analysierte diese Schriften unter Sozialisationsaspekten in den 1960er Jahren und fand, dass das Tribunal keinen wirklichen Wandel im Denken dieser Verurteilten bewirkte. Die meisten beteuerten ihre Unschuld, oft im Namen des Kaisers, verstanden aber ihren bevorstehenden Tod als patriotischen Beitrag zum Wiederaufbau ihres Landes.[7]

Die Widersprüche in der Auswahl der Angeklagten übertrugen sich auch auf die Auswahl der Verbrechen selbst, die in Tôkyô und Asien zur Sprache kamen. Ganz klar deckten diese Verfahren längst nicht so viel konkretes Wissen über die Realitäten des Krieges in Asien und im Pazifik auf wie die Nürnberger Prozesse über den Krieg in Europa. Man könnte sogar sagen, dass Japans größte, weil am systematischsten ausgeführten Kriegsverbrechen aus verschiedenen politischen Gründen weder von den westlichen Alliierten noch von China und schon gar nicht von Japan geahndet wurden. In den Verfahren der Klasse B/C ging es zum Beispiel nicht um koreanische Sexsklavinnen (oft euphemistisch »Trostfrauen« genannt), die systematisch in japanische Kriegsbordelle in Asien verschleppt worden waren, obwohl manche dieser Frauen vor Gericht aussagten. Es ging auch nicht um chinesische, koreanische, mandschurische oder russische Männer, Frauen und Kinder, die in Japans Forschungsanstalten für bakteriologische Kriegsführung in der Mandschurei (bekannt als Unit 731) und anderswo als »Versuchskaninchen« zu leiden hatten und gestorben waren. Das wissenschaftliche Material aus Japans bakteriologischer Forschung war für die Amerikaner politisch zu kostbar; anstatt es vor Gericht zu bringen, kauften sie es japanischen Kriegsverbrechern ab und ließen diese laufen.[8] Aber auch China, Maoisten wie Kuomintang, brachte die Verbrechen der Unit 731 in den von China geführten Prozessen nicht vor Gericht, obwohl es sich der Verbrechen selbst nur zu bewusst war. Auch dies scheint politische Gründe gehabt zu haben. Die komplizierten Beziehungen zwischen den sich bekämpfenden Machthabern in China selbst sowie mit der Sowjetunion und den USA inmitten des sich verschärfenden Kalten Krieges spielten dabei eine große Rolle. Erst im Dezember 1950, vierzehn Monate nach der kommunistischen Revolution in China und während des Koreakrieges, rief Mao Tse-Tung (mit der Unterstützung der Sowjetunion und der Mongolei) dazu auf, Kaiser Hirohito und führende Forscher wie Ishii Shirô wegen bakteriologischer Kriegsführung vor Gericht zu bringen. Zu der Zeit aber wurden solche Anklagen in Japan wie in den Vereinigten Staaten als kommunistische Propaganda abgestempelt und weitgehend ignoriert. Die Schauqualität oder »Poetik« der Kriegsverbrecherverfahren in Asien war zu widersprüchlich und zu offensichtlich von verschiedenen politischen Zielen gelenkt, als dass sie ein positives kollektives Verantwortungsbewusstsein in Japan hätte fördern können. Die Verfahren ließen sich einerseits als Machtdemonstration der Sieger lesen, andererseits als Foren für die Aushandlung verschiedener politischer Interessen unter den Siegermächten (unter Ausschluss Japans) inmitten eines sich zuspitzenden internationalen Klimas. Der Verzicht auf eine Anklage Hirohitos zur Vereinfachung der amerikanischen Besatzungsadministration, der stillschweigende »Kauf« japanischer Forschungsmaterialien über bakteriologische Waffen im beginnenden Wettrüsten der Supermächte, die Zensur jeglicher Diskussion der Atombombenabwürfe und anderer alliierter Kriegsverbrechen und die großen Differenzen zwischen den elf Richtern in Tôkyô machten es für die Japaner sozusagen legitim, die Urteile ihrerseits politisch auszuwerten. Denn in Japan selbst wurden zu der Zeit der Prozesse unterschiedliche Interpretationen der Kriegserfahrung gezielt zur Formulierung von politischen Interessen im demokratischen Neuaufbau Japans eingesetzt.

Zu Beginn des Tôkyôter Prozesses im Jahre 1946 wurden genügend Stimmen in Japan laut, die das Tribunal als willkommenes Forum begrüßten, durch das Japan seine rechtliche Definition von internationalen Beziehungen der neuen Nachkriegsrealität angleichen und dadurch in eine neue internationale Gesellschaft aufgenommen werden könne. Yokota Kisaburô, Professor für internationales Recht an der Universität Tôkyô, sah in dem neuen Statut, Kriegsplanung und -initiierung für kriminell zu erklären, nicht nur einen revolutionären Wandel im internationalen Recht, sondern auch in der internationalen Gesellschaft.[9] Die gerichtliche Festsetzung von Verantwortung für den Krieg war durchaus ein Teil der weitgefassten öffentlichen Debatte unter Akademikern, Journalisten sowie Mitgliedern sozial und politisch diverser Organisationen über Kriegsverantwortung (*sensô sekinin*), doch meist ohne die Kriegsverbrechen selbst in den Vordergrund zu stellen. Im Gegensatz zum Tribunal ging es in dieser Debatte nicht um den Krieg selbst, sondern um den Wiederaufbau Japans als Demokratie und um Annahme respektive Ablehnung der Prinzipien, die die alliierten Besatzungsmächte einforderten. Doch mit dem Urteilsspruch in Tôkyô im November 1948 verstummte diese Debatte weitgehend. Typischer wurde der Eindruck, hier zitiert aus einem Leserbrief kurz nach Verkündung des Urteils, dass juristische Verfahren sicherlich nicht zu besseren internationalen Beziehungen führten.

»Ich hoffe, dass so ein Prozess [wie der Tôkyôter] nie wieder und in keinem Land der Welt abgehalten wird. Deshalb müssen Gleichheit der Völker, Handelsfreiheit und Einreisefreiheit etabliert werden. Ich bin der Meinung, dass ohne diese drei Prinzipien Angriffskriege wieder vorkommen werden.« (Kimura Gorô, Arzt, 45 Jahre alt, *Yomiuri shinbun*, 13. 11. 1948)[10]

Demnach kam es also darauf an, internationale Beziehungen durch gemeinsame Abkommen neu und auf gleicher Basis zu regeln. Ein Vorgang, in dem eine Nation über die andere richtete und diese bestrafte, konnte die notwendige Gleichheit nicht schaffen. Kriegsverbrecherprozesse waren deshalb keine Lösung. Analog dazu ging es in japanischen Diskussionen über den demokratischen Neuaufbau um die Schaffung eines politischen und sozialen Systems, in dem die zentrale Macht des Staates durch die faire Vertretung verschiedener Interessen kontrolliert wurde. Individuelle Schuldzuweisung und Übernahme von Verantwortung für Handlungen während des Krieges waren innerhalb von einzelnen Gruppen und Organisationen möglich, nicht aber auf nationaler Ebene. Insgesamt gab es in Japan nach dem Krieg keinen Umsturz der politischen Elite; die Links-Liberalen und Kommunisten, die wenigstens teilweise Widerstand gegen das Kriegsregime geleistet hatten und im Herbst 1945 zu großer Prominenz gelangten, kamen infolge von MacArthurs Politik nie an die Macht und wurden mit Beginn des Koreakrieges sogar wieder verfolgt. Regierungspolitisch erfolgreich waren dagegen erfahrene, konservative Pragmatiker wie Yoshida Shigeru, die Japans demokratischen Aufbau als ein strukturelles Problem angingen, anstatt die moralischen Wertvorstellungen des Volkes ändern zu wollen. Dabei wurden sie von den Amerikanern unterstützt. Japanische Kriegsverbrecherprozesse hatten hier schwerlich einen Platz (bezeichnenderweise war es allein die Kommunistische Partei, die dazu aufrief), denn sie hätten die Legitimation der Regierungspolitiker selbst untergraben.

Kriegsverbrecher und politischer Konflikt in Japan

Mit der Unterzeichnung des Friedensvertrags von San Francisco im September 1951 akzeptierte Japan offiziell die Urteile des Internationalen Militärtribunals in Tôkyô wie in andern Teilen Asiens. Kurz danach, mit Ende der Besatzungszeit, wurden fast alle inhaftierten Hauptkriegsverbrecher entlassen, während Hunderte von »kleineren« Kriegsverbrechern der Klasse B/C weiterhin in Gefängnissen überall in Asien verstreut einsaßen. Das politisch-juristische Problem der Prozesse verwandelte sich nun in ein humanitäres und sozial-politisches Problem der verurteilten Kriegsverbrecher. Die Frage der hingerichteten Kriegsverbrecher wurde zum Beispiel ein zentraler Punkt in der Neukonzipierung der Hinterbliebenenvereinigung (*Nihon izokukai*) in den Jahren 1951–53, als diese sich von einer sozialen Wohlfahrtsvereinigung zu einer nationalistisch orientierten politischen Interessengruppe mit Repräsentanten auf höchster Ebene wandelte. Im Frühjahr 1952 änderten die führenden Mitglieder die Vereinssatzung dahingehend, dass von nun an sogar die Familien von hingerichteten Kriegsverbrechern in diese Organisation eintreten konnten, und bestimmten, dass »die Seelen hingerichteter Kriegsverbrecher, Studenten und heroischer Mitbürger in den Yasukuni Schrein oder lokalen Schreinen zur Verteidigung des Vaterlandes eingeschlossen würden.«[11] Kriegsverbrecher wurden damit nahtlos in die Reihe der Kriegstoten eingeordnet und uniform als nationale Helden ohne Rücksichtnahme auf individuelle Taten gefeiert.

Tatsächlich erwies sich das Problem der Kriegsverbrecher als besonders brisant im Zusammenhang mit der Repatriierungsfrage, die Mitte der 50er Jahre durch die Bemühungen von privaten Organisationen erfolgreich wieder aufgenommen wurde. Japan unterhielt wegen der Selektivität des Friedensvertrags von San Francisco keine diplomatischen Beziehungen zu China, Korea, der Sowjetunion und mehreren Ländern Südostasiens. Geleitet von völlig anderen politischen Zielen als der Hinterbliebenenverein nahm eine Interessengruppe der sozialistischen Opposition, die Japanisch-Chinesische Freundschaftsorganisation (*Nihon chûgoku yûkô kyôkai*), die Kriegsverbrecherfrage auf. Sie arbeitete mit chinesischen Staatsagenturen an der Entlassung Hunderter von Verurteilter und bemühte sich danach um die Reintegration der Rückkehrer in die japanische Gesellschaft, indem sie die Regierung zu finanzieller und praktischer Unterstützung aufrief. Die Freundschaftsorganisation hatte sich seit ihrer Gründung im Jahre 1950 für die öffentliche Anerkennung und Sühne der japanischen Kriegsverbrechen gegen Chinesen eingesetzt, und zwar im Namen einer positiven Definition der Beziehungen zur neugegründeten Volksrepublik China. Nun pries sie die heimgekehrten Verurteilten als Menschen, die im Gegensatz zu den meisten Japanern (und vor allem der japanischen Regierung) ihre Verbrechen anerkannt und durch ihre Haft und Umerziehung in China gesühnt hatten.

Der Vietnamkrieg und die Studentenkrawalle der späten 60er Jahre rückten das ethische Problem des Richtens und Gerichtet-Werdens wieder in den Vordergrund. Zur selben Zeit, als der amerikanische Historiker Richard Minear seine vernichtende Kritik am Tôkyôter Prozess als Protest gegen den Vietnamkrieg schrieb, arbeitete der renommierte Bühnenschriftsteller Kinoshita Junji an einem selbstkritischen und tief gehenden Stück mit dem Titel *Kami to hito to no aida* (»Zwischen Gott und Mensch«).[12] Kinoshita spielte in diesem Werk einerseits den Tôkyôter Prozess, andererseits ein fiktives Klasse B/C-Kriegsverbrecherverfahren im Südpazifik nach und zeigte dabei nicht nur die Widersprüchlichkeit der Anklage und der Urteilssprechung von Seiten der Alliierten, sondern gleichzeitig die Möglichkeit, ja den Aufruf zu persönlicher Schulderkenntnis und Sühne unter den Japanern selbst. Zu einer Zeit, als nicht nur die moralische Hochnäsigkeit besonders der Amerikaner offensichtlich geworden war, sondern auch die Beteiligung der japanischen Regierung im Vietnamkrieg erneut Fragen des Widerstandes und der Mitschuld aufwarf, reklamierte Kinoshita die alliierten Kriegsverbrecherprozesse für Japan oder für den Japaner als Einzelperson und versuchte damit die Klasse B/C-Verbrecher von ihrem passiven Opferstatus zu befreien.

Kriegsverbrecherprozesse in asiatischen Händen

Anfang der 1980er Jahre kam es zu Neubewertungen der Kriegsverbrecherprozesse, die sich unter anderem in einem viereinhalbstündigen Dokumentarfilm zum Tôkyôter Gericht und einem internationalen Symposium im Mai 1983 in Tôkyô spiegelten. Es setzte damit eine neue Phase in den Bemühungen ein, die Kriegsverbrecherverfahren der Alliierten für Japan und Asien zurückzugewinnen und damit einen positiven Beitrag zu einer globalen Erinnerungskultur zu stiften, die Rechtsverfahren als fundamental akzeptiert. Das Symposium wurde zu einem Meilenstein nicht nur deshalb, weil es den Eurozentrismus des Militärtribunals von verschiedenen Seiten beleuchtete, sondern weil es Wege anbot, diesen positiv zu überwinden, und zwar in einer Weise, die politisch umsetzbar war, indem Asien und Japans Beziehungen zu Asien ins Zentrum eines internationalen Diskurses rückten. Die Sichtweise der alliierten Siegermächte nach dem Krieg und der japanischen Regierung seither, die sich jahrzehntelang in erster Linie an den Interessen der Vereinigten Staaten orientierte, hatte Japans historische Beziehungen zu Asien, insbesondere zu Korea und China, im Kontext der komplizierten Nachkriegsgeschichte dieser asiatischen Länder weitgehend ausgeblendet. Den offensichtlichen Versäumnissen der Prozesse wurden nun die ebenso zutage tretenden Verfehlungen in der Nachkriegspolitik Japans entgegengesetzt, allen voraus die Missachtung von Japans Kolonialismus in Asien und dessen humanitäre und politische Konsequenzen.

Drei bis zu der Zeit kaum beachtete Probleme aus Japans Kriegführung und Kolonialherrschaft in Asien traten nun ins öffentliche Bewusstsein und fanden ihren Weg vor Japans Gerichte: koreanische und taiwanesische Klasse B/C-Kriegsverbrecher, die zumeist zwangsweise in das japanische Militär eingezogen und dort oft als Gefängniswärter in Kriegsgefangenenlagern eingesetzt worden waren; chinesische Kriegsgefangene und andere Inhaftierte, die Opfer von Japans bakteriologischen Versuchen in der Mandschurei und anderswo geworden waren; und so genannte Sexsklavinnen aus Korea, China, den Philippinen und anderen südostasiatischen Ländern. Die Liste der Opfer war viel länger, jedoch stachen die Fälle heraus, in denen die Vielschichtigkeit der Kriegserfahrungen in Asien, insbesondere die Verwischung von Nationalitäten und anderer Identitäten, deutlich werden. Frauen als zuvor wenig beachtete Kriegsopfer rückten dabei in den Vordergrund, gerade weil sexuelle Misshandlung als Kriegswaffe weder orts- noch zeitgebunden war, wie der Krieg in Bosnien vor der Weltöffentlichkeit demonstriert hat, und so in den kontemporären Diskurs von Globalisierung und Zeitkompression hineinpasste. Besonders in den 1990er Jahren bildeten sich eine Menge transnational wirkender Bürgerrechtsgruppen, die die japanische Regierung auf Wiedergutmachung durch öffentliche Entschuldigungen und Entschädigungsgelder für die Überlebenden solcher Kriegsverbrechen verklagten. Das Desinteresse der japanischen Regierung an eigenen Kriegsverbrecherprozessen stand jedoch weiterhin in krassem Gegensatz zu der international zunehmenden Überzeugung, dass derartige rechtliche Verfahren richtig und wichtig sind.

Das internationale Frauentribunal 2000 in Tôkyô setzte sich explizit zum Ziel, die Fehler des IMTFE in Tôkyô aufzuarbeiten und das (japanische und asiatische) »Tabu« gegen Strafverfolgungen von Kriegsverbrechern zu brechen.[13] Zentral dabei war Kaiser Hirohito, der seinerzeit vom IMTFE nicht vor Gericht gebracht worden war und durch die Umgehung seiner Schuld als höchster Verantwortungsträger wiederum das Verantwortungsbewusstsein des Volkes entlastete, denn »wenn selbst (der Kaiser) unschuldig war, wie konnte man seine Untertanen bestrafen?« Es ging in diesem Tribunal offensichtlich nicht nur um Kriegsverbrechen, sondern gerade auch um das, was Ralph Giordano im deutschen Kontext die »zweite Schuld« genannt hat, nämlich Japans offizielle Verantwortungsverweigerung in den Jahrzehnten seit Ende des Krieges. Vorausgesetzt war, dass Individuen jeder Nationalität das Recht besitzen, einen Prozess gegen einen Staat anzustrengen, das heißt, dass Staaten internationale Verantwortung tragen, und dass Verbrechen, die über »soziale Normen des Denkbaren« hinausgehen, nicht verjähren. Das Frauentribunal kombinierte individuelle Schuld mit Staatsverantwortlichkeit, indem es Hirohito als Kriegsverbrecher verurteilte und von der japanischen Regierung verlangte, die Würde der früheren Sexsklavinnen durch offizielle Entschuldigungen und finanzielle Wiedergutmachung wiederherzustellen. Dieses Urteil, gefällt von international anerkannten, doch für dieses Tribunal ehrenamtlich engagierten Richtern, stützte sich vorwiegend auf Aussagen und Beweismaterial von Zeugen, die die »Menschen des Asiatisch-Pazifischen Raums« und damit einen Teil einer »globalen Bürgergesellschaft« repräsentierten, und richtete sich in erster Linie an die Weltöffentlichkeit.[14] Hirohito war längst tot, und die japanische Regierung konnte rechtlich von einem inoffiziellen Gericht zu nichts gezwungen werden; umso zentraler gestaltete sich der »poetische« Wert dieses Prozesses als Erinnerungsarbeit in einem explizit globalen Rahmen in Mark Osiels Sinn. Ziel dieses Schauprozesses im wahrsten Sinne des Wortes war zweifelsohne, die Stimmen besonders der weiblichen Opfer japanischer Aggressionspolitik in Asien öffentlich zu Gehör zu bringen, bevor die letzten der alten Damen starben, und dieses als Gelegenheit für eine (internationale) Sinnesänderung wahrzunehmen und damit einen Gesetzesentwurf in Den Haag einzubringen, der Frauenvergewaltigung als Kriegsverbrechen international strafbar machte.

Wie erfolgreich das internationale Frauentribunal 2000 in Tôkyô letztendlich war, ist noch nicht zu sagen. In Japan erregte das Verfahren mehr Aufmerksamkeit bei rechtsradikalen Gruppen als bei den Massenmedien, und in den Vereinigten Staaten blieb die Diskussion darüber nur auf die akademischen Kreise beschränkt, weil die Öffentlichkeit mit der sich hinziehenden Präsidentschaftswahl im Herbst 2000 beschäftigt war. Ein wichtigerer Faktor als die Bewertung dieses Tribunals war allerdings die Struktur des »Prozesses« selbst, die den »poetischen« Effekt stark einschränkte. Obwohl die Organisatoren das Verfahren explizit als ein »Tribunal des Volkes« konzipiert hatten, basierend auf der »moralischen Ermächtigung der Menschen Asiens« (statt der rechtlichen Macht von Nationalstaaten), waren die Ankläger sauber nach Nationalitäten gemäß des heutigen politischen *status quo* aufgeteilt, d. h. Nord- und Südkorea, die Volksrepublik China und Taiwan sowie verschiedene südostasiatische Länder unterhielten jeweils ihre eigenen Teams von Rechtsanwälten und Richtern wie in den Vereinten Nationen. Und obwohl es nicht nur um Kriegsgeschehnisse an sich ging, sondern gerade auch um das Schweigen in den Jahrzehnten danach, das den früheren Sexsklavinnen »Gerechtigkeit und menschliche Würde verweigert« hatte, kam die Verantwortung der Nationalstaaten, deren Bürger diese Frauen seit Ende des Krieges waren, überhaupt nicht zur Sprache. Nur der japanische Staat saß auf der »Anklagebank«, nicht aber die koreanischen und chinesischen Regierungen, die jahrzehntelang zu diesem internationalen Schweigen entscheidend beigetragen und ihrerseits den Opfern japanischer Kriegsführung und Kolonialherrschaft jede Hilfe verweigert hatten. Ein internationales Tribunal, das sich an die Weltöffentlichkeit wendet mit dem Ziel, auf globale Erinnerungskulturen positiv einzuwirken, muss anerkennen, dass nicht nur der Opferstatus, sondern auch die Übernahme von Verantwortung nationale Grenzen überschreiten muss. Dies war umso wichtiger, als die historische Zeitspanne, die hier vorlag, verschiedene internationale politische Systeme einschloss, vom Zweiten Weltkrieg über den Kalten Krieg bis zu einer sich noch entwickelnden multipolaren politischen Weltordnung.

Fazit

Die Kriegsverbrecherprozesse des IMTFE in Tôkyô von 1946 bis 1948 und das internationale Frauentribunal 2000 waren Produkte ihrer Zeit, indem sie die internationalen politischen Beziehungen sowie globale Erinnerungskulturen in verschiedenen Kontexten reflektierten. Nürnberg überschattete Tôkyô kurz nach Ende des Zweiten Weltkrieges in bezeichnender Weise, gerade weil die großen Unterschiede in der politischen Situation Nachkriegsasiens und -europas nicht genügend erfasst wurden. Das Frauentribunal 2000 dagegen ergänzte eine ganze Reihe von nationalen und internationalen Gerichtsverfahren zur Ahndung von historischen (und kontemporären) Kriegsverbrechen in Europa, Afrika, Südamerika und anderswo. Mitte des 20. Jahrhunderts galten internationale Kriegsverbrecherprozesse wenn nicht als neu, dann doch als eine Stufe in der Entwicklung des internationalen Rechts, auf der neue Präzedenzfälle geschaffen wurden. Ende desselben Jahrhunderts wurden solche Verfahren in einer Weise als fester Bestandteil einer globalen Erinnerungskultur aufgefasst, dass sie sogar ohne die rechtliche Vollmacht von Nationalstaaten durchgeführt werden konnten. Für Spezialisten des internationalen Rechts war dies wenig interessant, für bewusste Teilnehmer an global sich vernetzenden öffentlichen Kulturen umso mehr.

Anmerkungen

1 John W. Dower, Embracing Defeat. Japan in the Wake of World War II, New York 1999, S. 443 f.
2 Elazar Barkan, The Guilt of Nations. Restitution and Negotiating Historical Injustices, New York 2000.
3 Gary Jonathan Bass, Stay the Hand of Vengeance. The Politics of War Crimes Tribunals, Princeton 2000.
4 Mark Oriel, Mass Atrocity, Collective Memory, and the law, New Brunswick 1997.
5 Carol Gluck, The Idea of Showa, in: Dies./Stephen R. Graubart (Hg.), Showa: The Japan of Hirohito, New York 1992, S. 1–26, hier S. 12.
6 Masao Maruyama, Thought and Behaviour Patterns of Japan's Wartime Leaders, in: ders., Thought and Behaviour in Modern Japanese Politics, hg. von Ivan Morris, London 1963 (orig. 1949), S. 84–134.
7 Kazuko Tsurumi, The War Tribunal. The Voice of the Dead, in: dies., Social Change and the Individual. Japan Before and after Defeat in World War II, Princeton 1970, S. 138–179.
8 Sheldon H. Harris, Factories of Death. Japanese Biological Warfare, 1932–45, and the American Cover-Up. London/New York 1994.

9 Yokota Kisaburô, Sensô hanzai to kokusaihô no kakumei (Die Kriegsverbrechen und die Revolution des internationalen Rechts), in: Chûô kôron (Januar 1946), S. 31–40.
10 Zit. von Tsurumi Shunsuke, in: Chihiro Hosoya u. a. (Hg.), The Tokyo War Crimes Trial. An International Symposium, Tôkyô 1986, S. 137.
11 Tanaka Nobumasa/Tanaka Hiroshi/Hata Nagami, Izoku to sengo (Die Hinterbliebenen und die Nachkriegszeit), Tôkyô 1995, S. 56.
12 Richard Minear, Victor's Justice. The Tôkyô War Crimes Trial, Princeton 1971; vgl. Kasahara Chizu, Sensô hanzai to sensô sekinin (Kriegsverbrechen und Kriegsverantwortung), in: Nihon to chûgoku (Japan und China), 11, November 1956, S. 2.
13 Yayori Matsui, Women's International War Crimes Tribunal on Japan's Military Sexual Slavery. Its Aims and Results, Vortrag gehalten am 3. Februar 2001 an der University of California at Los Angeles.
14 Summary of Findings (12. Dezember 2000), Women's International War Crimes Tribunal 2000 for the Trial of Japanese Military Sexual Slavery. http//home.att.ne.jp/star/tribunal.

II. Die Entzauberung der Herrscherfiguren

Hans Mommsen
Zum Erscheinungsbild Adolf Hitlers in der deutschen Öffentlichkeit vor und nach dem 9. Mai 1945

Die Frage, wie Adolf Hitler nach dem Untergang des »Dritten Reiches« in der deutschen Öffentlichkeit eingeschätzt wurde, ist solange blind, wie die Nachkriegsreaktion nicht mit dem Erscheinungsbild des Parteiführers und Diktators seit den Anfängen der NSDAP und dessen Verhältnis zur Realität in Beziehung gesetzt wird. Schon für die Zeitgenossen, desgleichen für die Anhänger der nationalsozialistischen Bewegung, erschien Adolf Hitler als Schöpfer und Verkörperung des Nationalsozialismus. Daher konnte sich frühzeitig auch der Begriff »Hitlerbewegung« in der deutschen Öffentlichkeit festsetzen. Ebenso haben manche Historiker, so auch Hans Buchheim, geurteilt, dass der Nationalsozialismus eigentlich »Hitlerismus« genannt werden müsse, da die Propaganda der Partei sich im Wesentlichen auf die Ausbreitung der Ideengänge Hitlers und den Ausbau des Führerkults beschränkte.[1] Dies ist jedoch – zum Mindesten für die Anfänge – eine verengte Sicht.

Zwar ist es unbestritten, dass Hitler und seine engen Münchner Gefolgsleute die DAP Anton Drexlers und die frühe NSDAP, insbesondere nach dessen 1921 inszenierter Machtergreifung, grundlegend umgewandelt und ihr ihre spezifische Form aufgeprägt haben. Das gilt einerseits für die Durchsetzung des Führerkults, der zunächst von der Münchner Parteiclique forciert wurde, andererseits für die Eliminierung jeglicher innerparteilicher Willensbildung und die Konzentration der Parteiarbeit auf beständige Wahlwerbung, damit Umformung der NSDAP in eine spezifisch faschistische Partei.[2]

Bis zum Beginn der 30er Jahre war Hitler, obwohl unbestrittener Parteiführer mit unbegrenzten Vollmachten, jedoch keineswegs die einzige herausragende Führerfigur mit starkem populärem Rückhalt. Erst in den Krisenjahren 1931 und 1932 trat er in der Öffentlichkeit als die zentrale und unersetzliche Schlüsselfigur der NS-Bewegung auf, und seine Kandidatur bei den Reichspräsidentenwahlen vom April 1932 trug maßgeblich

dazu bei. Gleichzeitig forcierte Joseph Goebbels als Reichswahlkampfleiter den auf Hitlers Person ausgerichteten Führerkult.[3]
Die rauschhaften Wahlerfolge seit den Reichstagswahlen vom September 1930 verstärkten die Bindung der Mitglieder und Anhänger der NSDAP an die Person Hitlers, der es zugleich vermocht hatte, zahlreiche Anhänger in bürgerlichen Kreisen zu gewinnen, denen die Partei selbst zu proletarisch erschien, um sich mit ihr zu identifizieren. Demgegenüber wurde Hitler gerade von bürgerlichen Honoratioren kritiklos bejubelt und verehrt, und man erwartete von ihm, nach der Ausschaltung der »marxistischen Parteien«, den Parteicharakter der NSDAP abzustreifen und die Hoffnungen der konservativen Rechten auf die Schaffung eines reinen autoritären Regimes zu erfüllen.
Hitlers persönliche Ausstrahlungskraft ist allenthalben bezeugt. Die ihm nachgesagte Fähigkeit, komplizierte politische Sachverhalte in vereinfachter Form auszudrücken, rief selbst die Bewunderung von Fachwissenschaftlern hervor. Mit sicherem Gespür für die Einstellung seines jeweiligen Publikums verstand er es, herrschenden Ressentiments und Sehnsüchten Ausdruck zu verleihen, ohne konkrete programmatische Bindungen einzugehen. Indem er in seiner Person die antagonistischen Momente der NS-Weltanschauung miteinander versöhnte, fungierte Hitler als unersetzliche Integrationsfigur der NS-Bewegung.
In den 20er Jahren hatte es innerhalb der Führungskader der NSDAP zahlreiche Persönlichkeiten gegeben, die bei aller Hochachtung und Bewunderung, die sie gegenüber Hitler empfanden, gleichwohl nicht das Augenmaß für seine persönlichen und politischen Schwächen verloren und sich eine innere Distanz zu ihm bewahrt hatten. Dies gelang freilich immer seltener, weil der von seinen engeren Anhängern erzeugte byzantinistische Personenkult um sich griff, so dass fast die gesamten Führungskader davon erfasst und deren Fähigkeit zu kritischer Analyse der eigenen Politik ausgelöscht wurden. Von den Persönlichkeiten, die ein eigenes Profil besaßen, waren die meisten zum Zeitpunkt der Machtergreifung ausgeschieden oder hatten sich aus der aktiven Politik zurückgezogen, abgesehen von den frühen Kritikern wie Otto Strasser, mit dem es 1930 zum Bruch gekommen war.
Dessen älterer Bruder, Gregor Strasser, war sich der Unentbehrlichkeit Hitlers als Galionsfigur der Bewegung bewusst und zeigte sich von der Wirkungskraft der programmatischen Tiraden beeindruckt, aber er spürte die innere Haltlosigkeit des Parteiführers und hielt ihn im Letzten nicht

für seriös. Gegenüber Otto Wagener äußerte er 1929, es müsse verhindert werden, dass Hitler unter den Einfluss schädlicher Berater gelange. Damit war eine Saite angeschlagen, die später immer wieder erklingen wird – die Vorstellung vom gutwilligen, aber realitätsabgewandten Hitler, der durch verantwortungslose Berater auf die falsche Bahn gezogen werden könnte.[4]

In ähnlichem Sinne äußerte Franz Pfeffer von Salomon, dass Hitler, wenn er einmal »größere Macht« habe, in grenzenlose Ziele abschweifen werde: »Hat er dann Mitarbeiter um sich, die ihn nicht kennen, dann sind sie so verblüfft von der unerhörten Tiefe und andererseits der plausiblen Einfachheit seiner Darlegungen, dass sie ungeprüft und unbeirrt ausführen, was sie aus seinen Worten als seine Meinung entnehmen«. Es müsse darum gehen, dass »wir alle mit den Füßen auf dem Boden bleiben«, dann könne »nichts passieren«, meinte Pfeffer, der bald wegen Meinungsverschiedenheiten von der Führung der SA zurücktrat: »Den guten Hitler müssen wir eben festhalten, damit er uns nicht davonfliegt ...«[5] Im inneren Kreis hatte es so an Warnungen nicht gefehlt, dass Hitler willige Vollstrecker seiner abstrusen Umwälzungsideen finden werde.

Hitlers chamäleonartige Anpassungsfähigkeit an die Erwartungshaltung seiner jeweiligen Umgebung und nicht zuletzt seiner ausländischen Besucher erzeugte jedoch den Eindruck, als sei er im Grunde guten Willens und dass alles getan werden müsse, um ihn von den radikalen Einflüssen seiner Umgebung zu trennen. Das galt namentlich für auswärtige Beobachter, bei denen Hitlers eher zurückhaltend joviales Auftreten im persönlichen Gespräch den Eindruck hervorrief, dass er von Natur gemäßigt dächte und die eigentliche Gefahr von den »Radikalinskis« in seiner Bewegung ausgehe, wie der britische Premierminister Neville Chamberlain meinte. Insoweit war die Geschichte des Nationalsozialismus, wie Karl Dietrich Bracher immer wieder hervorgehoben hat, eine Geschichte der Unterschätzung Hitlers, genauer der destruktiven Kräfte, die von ihm ausgingen.[6]

In der Tat war Hitler im Zeichen wachsenden äußeren Erfolges immer weniger geneigt, sich mit Auffassungen konfrontieren zu lassen, die von den eigenen abwichen. Der engere Kreis um den Diktator war vielmehr von extremer Hörigkeit und Speichelleckerei geprägt, wie Gregor Strasser befürchtet hatte. Es gab nur ganz wenige, die den Mut hatten, Hitler kritische Ratschläge zu geben oder abweichende Meinungen zu äußern – zu ihnen gehörte der Reichswirtschaftsminister Hjalmar Schacht. Persönlichkeiten in der engeren Führungsgruppe des Regimes, die sich die innere Unabhängigkeit bewahrten und nicht dem Nimbus der Unfehlbarkeit des Führers verfielen, gab es nur ganz selten. Es kam hinzu, dass Hitlers persönliche Ausstrahlung selbst diejenigen Besucher in ihren Bann zog, die sich vorgenommen hatten, Missstände im Regime und insbesondere im Hinblick auf die Kriegsführung vorzutragen.

Die psychologische Auswirkung der nur in der Loyalität gegenüber Hitler aufgehobenen Ämterrivalität der Unterführer musste den von der Propaganda geweckten Eindruck, dass in der Hand des Diktators alle Stränge der inneren und äußeren Politik zusammenliefen, nachdrücklich verstärken. Tatsächlich neigte Hitler dazu, das politische Routinegeschäft zu vernachlässigen und sich nur auf wenige Bereiche der Politik zu konzentrieren, die er für entscheidend hielt und die mit seinem persönlichen Prestige zu tun hatten. Im Übrigen aber zog er sich aus den laufenden Geschäften weitgehend zurück und regierte nur durch gelegentliche Interventionen, die großenteils auf unsachgemäße Unterrichtung durch selbst ernannte Berater zurückgingen, so die wiederholten Interventionen gegen angebliche Fehlurteile der Justiz.

Die Befürchtungen Gregor Strassers, Hitler könnte unter den Einfluss der »falschen« Berater gelangen – 1930 hatte er dabei in erster Linie Göring und Himmler im Auge –, erfüllten sich auf der ganzen Linie. Der Widerwille des Diktators, dem Kabinett vorzusitzen, in dem er notgedrungen eine kollegiale Willensbildung akzeptieren musste, bewirkte, dass das Reichskabinett immer weniger und schließlich gar nicht mehr zusammentrat. So fielen die unerlässlichen Koordinationsaufgaben dem Reichsminister und Chef der Reichskanzlei, Wilhelm Lammers, zu, der sich freilich nach 1941 zunehmend vom Chef der Parteikanzlei, Martin Bormann, zurückgedrängt sah. Der sich verfestigende Führerstaat sicherte dem Diktator eine institutionell nicht hinreichend eingebundene Form der Willensbildung, indem rivalisierende Kanzleien und Machthaber den Ton angaben und die Stimmen der zuständigen Reichsressorts immer weniger zur Geltung gelangten.

Dieses auf Hitlers persönliche Vorlieben und politische Mentalität zugeschnittene System ermöglichte ihm, sich von Routineentscheidungen fern zu halten und insoweit den untergeordneten Behörden einen weiten Ermessensspielraum zu belassen und als lästig empfundene Optionen zu umgehen oder doch aufzuschieben. Folgerichtig beklagte Goebbels im Kriege, dass es im Grunde keine koordinierte innere Politik mehr gäbe.

Hitler vermied es, sich in Fragen, die nicht seine persönlichen Prärogativen betrafen, festzulegen, und er bevorzugte es, auftauchende Konflikte ganz im Sinne seiner sozial-darwinistischen Grundeinstellung eskalieren zu lassen. Das später von der Theorie der totalitären Diktatur gezeichnete Bild, wonach der Diktator die politische Willensbildung bis in die letzten Verzweigungen seiner Kontrolle unterwarf und damit eine Totalsteuerung des Systems von oben bestand, entsprach zwar der von Goebbels forcierten Propaganda von der angeblich monolithischen Willensbildung, nicht aber der politischen Praxis.

Hitlers Scheu, jegliche institutionellen Bindungen einzugehen – so kam der vielfach zugesagte Reichsgesetzgebungssenat ebenso wenig zustande wie die von Wilhelm Frick vorgeschlagene Reichsverfassungsreform, die an die Stelle der fiktiven Legalitätsgrundlage des Ermächtigungsgesetzes treten sollte –, verstärkte den durch die Propaganda geschürten Eindruck der Allgegenwärtigkeit des Führers. Der Führerkult, den Goebbels ursprünglich zu Wahlwerbezwecken ausgebaut hatte, wurde spätestens seit 1935 zur zentralen weltanschaulichen Säule des Regimes, dergegenüber alle anderen Propagandainhalte zurücktraten, auch die nach 1933 forcierten Bemühungen, eine völkisch geprägte nationalsozialistische Kultur, etwa durch die Pflege des Thingspiels, zu inthronisieren.

Der Glaube an die Unfehlbarkeit des Führers sollte schließlich zur entscheidenden sozialpsychologischen Klammer des Regimes werden, seitdem dieses mit kaum kaschierten militärischen Rückschlägen konfrontiert war. Die Goebbelsche Propaganda verstand mit großem Geschick, die in der zweiten Hälfte des Krieges vollzogene Flucht Hitlers aus der Öffentlichkeit ebenso zu verdecken wie seine zunehmende Scheu, öffentlich zu sprechen. Auf Goebbels ging die Übertragung des Friedrich des Großen-Mythos auf den in seiner Bunkerwelt zunehmend von der Realität abgekapselten Staatsführer zurück, der sich nicht mehr traute, sich in den durch die alliierte Luftoffensive zerstörten deutschen Großstädten zu zeigen. Der Rückbezug auf die Haltung Friedrichs während des Siebenjährigen Krieges sollte von Hitler verinnerlicht werden bis hin zu der Parallelisierung des Todes von Franklin D. Roosevelt mit dem Dahinscheiden der Zarin Elisabeth. In gewissem Sinne löste sich der Hitlerkult seit 1942 von der persönlichen Erscheinung des Diktators ab.

Die Verabsolutierung des Führerkultes in der deutschen Öffentlichkeit hing nicht zuletzt damit zusammen, dass es Hitler zunehmend gelang, sowohl den traditionellen Staatsapparat und vor allem die Regierung als auch die Institutionen des Staatspräsidenten und der Armee als relativ autonome Handlungsträger zurückzudrängen. Für die Wehrmacht galt das insbesondere für die Zeit nach dem gescheiterten Umsturzversuch des 20. Juli 1944, der die bis dahin formell beibehaltene Selbständigkeit der Wehrmacht gegenüber der NSDAP und der SS mit einem Schlage beseitigte. Das hatte weit reichende psychologische Folgen. Anders als in Italien, wo neben dem Duce die Armee und das Königshaus als Repräsentanten der Nation fungieren konnten und wo mit dem wieder belebten Faschistischen Großrat eine Art institutionelles Gegengewicht gegen Mussolini ins Spiel gebracht werden konnte, gab es im späten »Dritten Reich« keine Institution mehr, die beanspruchen konnte, im Namen der Nation zu handeln. Es bestand daher für den Widerstand keine Möglichkeit, an von Hitler nicht direkt abhängige Institutionen anzuknüpfen.

Die Idealisierung der Person Hitlers fand in der weit verbreiteten Tendenz einen Niederschlag, unter der Formel »Wenn das der Führer wüsste« Schwächen und Fehlentscheidungen nicht dem Diktator selbst, sondern seinen Unterführern anzulasten. Hitler leistete dieser Tendenz immer wieder Vorschub, indem er Rückschläge auf Verrat oder wissentliche Falschunterrichtung durch seine Untergebenen zurückführte. Sein ins Extreme gesteigertes Misstrauen gegen seine Umgebung schlug sich unter anderem in der Anweisung nieder, jedes Wort der Führerlagebesprechungen stenographisch aufzeichnen zu lassen, um die Verantwortung für militärische Fehlschläge aufdecken zu können. Aber die Attitüde, Hitler von Fehlschritten auszunehmen und falsche Berater dafür verantwortlich zu machen, war ein untrennbarer Bestandteil des Führerkults und reichte in die »Kampfzeit« zurück. Die Vorstellung, dass Missstände nur deshalb hätten auftreten können, weil Hitler nicht hinreichend informiert oder sogar getäuscht worden sei, war weit verbreitet.

Diese Einstellung schlug sich in der Haltung vieler »Volksgenossen« nieder, die zwar das Regime als Ganzes ebenso wie die Korruption der NS-Machthaber kritisierten und sich insbesondere gegen die führenden Repräsentanten der Partei wandten, darunter Himmler, Göring und Bormann, die sie für die Verbrechen gegen die Juden verantwortlich machten, aber Hitler von diesen Vorwürfen ausnahmen. Das Klischee von dem gutwilligen Hitler und den böswilligen und unfähigen Satrapen blieb bis zum Zusammenbruch im Mai 1945 weithin erhalten. Es spiegelt sich in den Vernehmungen deutscher Kriegsgefangener durch die US-Armee.[7]

Die große Mehrheit wandte sich gegen die Verbrechen des Regimes, hielt aber an der Hochschätzung Adolf Hitlers weiterhin fest.
Ähnliches lässt sich aus den überlieferten Stimmungsberichten ablesen. Obwohl seit dem Angriff auf die Sowjetunion ein kontinuierliches Absacken der Sympathien für das NS-System in der Bevölkerung zu konstatieren ist, ging die Popularität Hitlers wesentlich langsamer zurück und erreichte nach dem gescheiterten Attentat des 20. Juli sogar einen vorübergehenden Anstieg, und zwar selbst in traditionell dem Nationalsozialismus distanziert gegenüberstehenden Regionen wie dem Berliner Norden.[8] Die Mehrheit der Deutschen war geneigt, den Propagandaaussagen Glauben zu schenken, dass die militärische Krise, die mit dem Zusammenbruch der Heeresgruppe Mitte im Juli 1944 unübersehbar wurde, auf das Versagen, ja auf den bewussten Dolchstoß der Generalität zurückzuführen sei. Trotz der sich verschlechternden militärischen Lage blieb das Prestige Hitlers erstaunlich unangetastet, und so kam es erst seit Ende 1944 zu signifikanten Einbrüchen in den bis dahin unangefochtenen Hitler-Kult.[9]
Das hier hervortretende gespaltene Verhältnis der Bevölkerung zum NS-Regime und zur Person Hitlers beruht nicht zuletzt darauf, dass es Letzterem gelungen war, alle Substrate nationaler Identifikation zu besetzen, womit sich derjenige, der an Hitler Kritik übte oder ihn ablehnte, außerhalb der »Volksgemeinschaft« gestellt sah. Das Bedürfnis, die eigene nationale Identität nicht preiszugeben, führte dazu, Hitler von der Verantwortung für die Verbrechen und Misserfolge des Regimes freizusprechen. Die Intensität der hierdurch vermittelten Hitler-Bindung war so ausgeprägt, dass die Verschwörer des 20. Juli 1944 bei der Bekanntgabe der Übernahme der vollziehenden Gewalt durch die Armee zu der Fiktion Zuflucht nahmen, dass im Zusammenhang mit Hitlers Tod ein Aufstand »frontferner Parteiführer« stattgefunden habe und nun die Wehrmacht die vollziehende Gewalt übernehmen müsse.[10]
Dies erklärt die relative Stabilität der Bindung an den Führer, die auch bei den deutschen Kriegsgefangenen in alliierter Hand deutlich wurde. Noch Hitlers Neujahrsaufruf brachte ein Wiederaufflackern der Hoffnung, dass der militärische Zusammenbruch sich doch abwenden lassen würde. Der Führer, so berichtete der SD, sei »für Millionen der letzte Halt und die letzte Hoffnung«. Allerdings konstatiert Ian Kershaw für Bayern eine Schwächung des Hitlermythos, und er spricht davon, dass Hitlers späte Proklamationen weithin wirkungslos verhallt seien und Hitler in »das

Abseits einer fast nur noch mythischen Existenz« gelangt sei.[11] Trotzdem habe der Hitlerkult den »inneren Rückzug von Teilen der Bevölkerung aus dem Dritten Reich« deutlich abgebremst.[12]

Dies brach nun freilich mit Hitlers Selbstmord zusammen. Trotz der Stilisierung durch das Kabinett Dönitz, dass Hitler bei der Verteidigung Berlins gefallen sei, war der Mythos am Ende. Bezeichnend war die Reaktion des Personals im Führerhauptquartier, das unmittelbar nach dem Eintreffen der Nachricht von Hitlers Selbstmord spontan eine Tanzvergnügung veranstaltete. Das Gefühl, von der schweren Last der erzwungenen Loyalität selbst zu dem körperlich zusammengefallenen Diktator befreit zu sein, äußerte sich in derartigen Reaktionen.[13] Was in der Atmosphäre des Führerbunkers vor sich ging, wiederholte sich im Reich. Der Führerkult brach über Nacht zusammen. Das Gefühl, von Hitler getäuscht und verraten worden zu sein, trat an die Stelle der zuvor geübten Loyalität. Die Reaktion war nur zu berechtigt, wenn man bedenkt, dass Hitler in seinem politischen Testament der deutschen Nation zum Vorwurf machte, gegenüber den »stärkeren Ostvölkern« versagt zu haben und ihr Untergang die notwendige Konsequenz der Geschichte sei.[14]

Nach dem 9. Mai 1945 kam es in Deutschland zu einer fundamentalen Kehrtwendung der Einschätzung Hitlers. Aus einem tief verletzten Nationalgefühl heraus, dem Bewusstsein, von einem verbrecherischen Regime sinnlos ausgebeutet worden zu sein, richteten sich nun alle Schuldvorwürfe gegen Hitler selbst, dessen verbrecherische Handlungen nun offen zutage traten. War er zuvor von den Schuldvorwürfen ausgenommen worden, galt er fortan als der eigentlich Schuldige an dem Zusammenbruch der deutschen Nation und den Konsequenzen des verlorenen Krieges. In der Bevölkerung überwog die Neigung, alle Schuld und Verantwortung Hitler zuzuschieben, wie Saul Padover, der erste Vernehmungen der U. S. Army im besiegten Deutschland durchführte, frühzeitig feststellte.[15]

Zwar blieben Reste einer positiven Einschätzung Hitlers auch nach dem Zusammenbruch erhalten. Im Spätherbst 1945 ergab eine Befragung durch die US-Streitkräfte, dass bei Angehörigen der jüngeren Generation eine gewisse Bereitschaft bestand, Hitler zu verteidigen und seine Verbrechen falschen Beratern zuzuschreiben, während die Älteren Hitler persönlich verurteilten.[16] Das korrespondiert mit der Enttäuschungserfahrung, die nach dem Zusammenbruch und der Konfrontation mit den

Verbrechen des Regimes durch die Nürnberger Prozesse eintrat. Andererseits verfestigte sich bei einem allerdings rückläufigen Prozentsatz der Bevölkerung eine trotz allem positive Einschätzung Hitlers als »Staatsmann«, wobei die angebliche Beseitigung der Arbeitslosigkeit, der Bau der Reichsautobahnen sowie die Herstellung innerer Ordnung im Vordergrund standen.[17]

Schärfste Ablehnung und Entschuldigungen Hitlers standen daher einander gegenüber. Diesen Einschätzungen lag jedoch in der Regel das durch den Führer-Mythos erzeugte Bild des allgegenwärtigen und alle Politikbereiche effektiv kontrollierenden Diktators zugrunde. Tendenziell schmolz die Geschichte Deutschlands seit 1933 auf die Biographie des allmächtigen Diktators zusammen. Bezeichnenderweise interessierte sich fast niemand für die Ursprünge und die Entwicklung der NSDAP, die als bloßes Werkzeug in der Hand Hitlers betrachtet wurde. Diese Vorstellung wurde durch die seit der Mitte der 30er Jahre aufblühende Theorie der totalitären Diktatur nachhaltig unterstützt.

In der veröffentlichten Meinung bestand ein weitgehender Konsens darüber, Hitler die Gesamtverantwortung für die Politik des Regimes einschließlich der militärischen Niederlage zuzuschreiben. Dazu passte das Bestreben der Angeklagten, das in den alliierten Kriegsverbrecherprozessen deutlich geworden war, sich als bloße Befehlsempfänger hinzustellen und Hitler die ausschließliche Verantwortung für die Kriegspolitik und die Verbrechen des Regimes zuzuschieben. Ähnlich galt das für die übrigen NS-Prozesse, und die deutsche Justiz unterstützte diese Tendenz zur Eskamotierung der Verantwortung nach oben. Das Bild des machiavellistischen Diktators, der stets alle Zügel der Herrschaft in seiner Hand hielt, seine wahren Absichten erst schrittweise zu erkennen gab und die Nation als Ganze ebenso wie die Funktionseliten täuschte und irreführte, entsprang dem apologetischen Bedürfnis von Hitlers Bündnispartnern und Parteigängern.

Dem entsprach das dämonisierte Hitler-Bild, das in der ersten herausragenden Biographie durch Allan Bullock gezeichnet wurde. Er bezeichnete Hitler als »völlig prinzipienlosen Opportunisten«, der eine erhebliche Konsequenz und erstaunliche Willenskraft in der Verfolgung seiner »Ziele« an den Tag gelegt hätte, und wies der NS-Weltanschauung einschließlich der Rassenlehre gegenüber dem nackten Machtstreben Hitlers überwiegend taktische Funktionen zu.[18] Zwar nannte er »Hitlers Laufbahn eine reductio in absurdum der mächtigsten politischen Tradition in Deutschland seit der Reichseinheit«, damit von Nationalismus, Militarismus und autoritärer Gesinnung.[19] Aber er erblickte in ihm »nicht weniger ein deutsches als ein europäisches Phänomen«. Damit modifizierte Bullock die zeitgenössisch verbreitete Tendenz, eine Linie der deutschen Geschichte von Friedrich dem Großen über Bismarck und Wilhelm II. zu Hitler zu ziehen.

Bullock folgte damit der sich weithin durchsetzenden Theorie der totalitären Diktatur und verschaffte damit der »hitlerzentrischen Deutung« des Nationalsozialismus starken Rückhalt. Sie trat am ausgeprägtesten in Golo Manns »Deutsche Geschichte des 20. Jahrhunderts« hervor, in der dieser das Dritte Reich als »das Abenteuer eines einzelnen Bösewichts, der Deutschland und durch Deutschland einem guten Teil der Welt seinen Willen aufzwang«, hinzustellen suchte.[20] Weit differenzierter war die Deutung der Rolle Hitlers in Friedrich Meineckes Schrift »Die deutsche Katastrophe« aus dem Jahre 1946. Darin mahnte er zwar eine kritische Überprüfung der deutschen Nationalgeschichte seit den Tagen Otto von Bismarcks an, betonte aber doch nachdrücklich das Moment der Diskontinuität, das mit dem Einbruch des Nationalsozialismus und Hitlers in die deutsche Geschichte verbunden gewesen sei.[21]

Diese ausgeprägt personalistische Sicht der Geschichte des »Dritten Reiches« war durch die Wirkung der frühen Nachkriegsprozesse, desgleichen durch die Unzugänglichkeit der in alliierter Hand befindlichen amtlichen Akten begünstigt. Schon Martin Broszat hatte sich vehement gegen die damit verbundene Tendenz gewandt, Hitler zu dämonisieren und als ausschließliches »Agens der Geschichte« hinzustellen.[22] Die bahnbrechende Untersuchung von Ian Kershaw über den »Hitler-Mythos« ging auf seine Anregung zurück. Er versprach sich mit guten Gründen von der systematischen Analyse des Führermythos und dessen Wirksamkeit eine Auflösung der Verengungen, die das Zusammenwirken der Lehre des totalitären Diktators mit einer überwiegend ideengeschichtlichen Betrachtungsweise hervorrief.

In der Tat ist erst durch diesen systematischen Zugriff, der die Spannung zwischen biographischer Realität und propagandistischer Fiktion aufdeckte, der Weg zu einer kritischen Erforschung der Stellung Hitlers im NS-Herrschaftssystem ermöglicht und der Blick auf die sozioökonomischen und strukturellen Ursachen der NS-Diktatur geöffnet worden. Ganz im Gegensatz zu der in den 50er Jahren dominierenden »hitleristischen« Tendenz forderte Broszat bemerkenswert früh, den Diktator und dessen

Handeln als Produkt der politischen und ideologischen Triebkräfte der deutschen Gesellschaft und ihrer Verwerfungen zu erklären.[23]

Die Verkrustungen, die durch die hitlerzentrische Deutung in der Forschung eingetreten waren, machten sich auch in der Beurteilung konkreter Vorgänge bemerkbar. Ein klassisches Beispiel dafür ist die Kontroverse über die Ursachen des Reichstagsbrandes, die sich über viele Jahre hinzog. Die emotionale Aufladung des Konflikts lag darin, dass der Nachweis der Alleintäterschaft van der Lubbes als Exkulpierung des NS-Regimes verstanden wurde, weil diese mit dem Bild der omnipotenten Diktatur und der manipulativen Planung durch Hitler, wie es sich unter dem Einfluss der Theorie des Totalitarismus verfestigt hatte, nicht vereinbar war.[24] Prompt wurde der Verdacht erhoben, es ginge um eine Beschönigung der NS-Verbrechen und eine »Verharmlosung« des Nationalsozialismus.[25] Ähnliche Konstellationen ergaben sich in der inzwischen nicht mehr strittigen Frage, ob es einen förmlichen Befehl Hitlers für die Ingangsetzung der Shoah gegeben hat.[26]

Tatsächlich hat sich die Hitler-Forschung im engeren Sinne seit dem Erscheinen des Buches von Alan Bullock und den daran anknüpfenden Versuchen von Ernst Deuerlein, Hans Bernd Gisevius, Walter Görlitz sowie anderer zunächst auf der Stelle bewegt. Erst mit dem Buch von Joachim C. Fest ist in der biographisch ausgerichteten Literatur ein Durchbruch zu einem differenzierteren Bild gelungen.[27] Dazwischen lagen einerseits die Epoche machenden Arbeiten von Karl Dietrich Bracher, Gerhard Schulz und Wolfgang Sauer, die einen ersten strukturierenden Zugriff auf den Machtergreifungsprozess brachten, andererseits die zur funktionalistischen Schule zu rechnenden Studien zur inneren Verfassung des Regimes, die nun auch durch den Zugang zu den zurückgegebenen amtlichen Akten geprägt waren und ein weit pluralistischeres Bild der Willensbildung im Regime zeichneten, als dies aufgrund der zuvor im Vordergrund stehenden Memoirenliteratur sowie der punktuellen Nürnberger Dokumente möglich war.[28]

Im Zusammenhang mit dem sich hiermit abzeichnenden Paradigmenwechsel muss auch die damals ausgelöste Debatte über die Rolle Hitlers gesehen werden. Die von mir 1967 vorgetragene Auffassung, dass Hitler in bestimmter Hinsicht ein »schwacher Diktator« gewesen sei, rief in der Fachwelt stürmische Entrüstung hervor und wird bis heute regelmäßig zurückgewiesen.[29] Damit war nicht behauptet worden, dass der Diktator sich nicht die Endentscheidung im Regime vorbehielt, wohl aber dass er sich in vieler Hinsicht notorisch entscheidungsscheu zeigte und nicht fähig war, sich mit kompetenten und auch ihm gegenüber kritikfähigen Beratern zu umgeben. Diese Diskussion führte zu einem Ende der geschichtlich angelegten Überrationalisierung der Person und der Politik Hitlers und trat der Tendenz in der Forschung entgegen, Hitler stets und überall als Endursache der einzelnen politischen Schritte des Regimes hinzustellen, auch wenn die Quellen dies nicht bestätigten. Es ging darum, die eigentümliche Spannung zwischen dem Individuum Hitler und dessen Anhängern und Sympathisanten aufzudecken und damit auch die historisch-politische Verantwortung für die verbrecherische Politik des Regimes auf breitere Schultern zu legen. Inzwischen ist vieles der Kontroverse zwischen Funktionalisten und Intentionalisten durch die Forschung eingeholt und nicht mehr aktuell. Indem die Forschung von Hitler als »Unperson« ausgeht und seine persönliche Mediokrität nicht leugnet, hat sie einem differenzierten Hitlerbild den Weg geebnet, das gleich weit entfernt ist von negativer Heroisierung wie der Unterschätzung seiner sowohl integrativen wie motorischen Funktion des NS-Herrschaftssystems.[30]

Anmerkungen

1 Vgl. Hans Buchheim, Totalitäre Herrschaft. Wesen und Merkmale, München 1962, S. 38 und S. 40f.
2 Siehe Hans Mommsen, Die NSDAP. Typus und Profil einer faschistischen Partei, in: ders., Von Weimar nach Auschwitz. Zur Geschichte Deutschlands in der Weltkriegsepoche, Stuttgart 1999, S. 201–223.
3 Vgl. Gerhard Paul, Aufstand der Bilder. Die NS-Propaganda vor 1933, Bonn 1990, S. 70ff.
4 Siehe Henry A. Turner (Hg.), Hitler aus nächster Nähe. Aufzeichnungen eines Vertrauten 1929–1932, Frankfurt am Main 1978, S. 157f. und S. 251.
5 Ebd., S. 72f.
6 Siehe Karl Dietrich Bracher, Kontroversen um Faschismus, Totalitarismus, Demokratie, München 1976, S. 14ff. und S. 62ff.
7 Vgl. M. I. Gurfein/Morris Janowitz, Trends in Wehrmacht Morale, in: Public Opinion Quarterly (1946), S. 81ff.
8 Siehe Marlis Steinert, Hitlers Krieg und die Deutschen. Stimmung und Haltung der deutschen Bevölkerung im Zweiten Weltkrieg, Düsseldorf 1970, S. 476.
9 Siehe Ian Kershaw, Der Hitler-Mythos. Führerkult und Volksmeinung, Stuttgart 1980, S. 268ff. und passim.
10 Spiegelbild einer Verschwörung. Die Kaltenbrunner-Berichte an Bormann und Hitler über das Attentat vom 20. Juli 1944, hg. vom Archiv Peter, Stuttgart 1961, S. 68.

11 Kershaw, Hitler-Mythos [wie Anm. 9], S. 191.
12 Vgl. Kershaw, Hitler-Mythos [wie Anm. 9], S. 14f. sowie Stuttgart 1999, S. 243 und S. 268f.
13 Hughes R. Trevor-Roper, The Last Days of Hitler, London 1983, S. 217.
14 Hitlers politisches Testament, abgedr. bei Percy Ernst Schramm, Die Niederlage 1945. Aus dem Kriegstagebuch des OKW, München 1962, S. 41.
15 Saul K. Padover, Lügendetektor. Vernehmungen im besiegten Deutschland 1944/45, Frankfurt am Main 1999, S. 93.
16 Siehe Kershaw, Hitler-Mythos [wie Anm. 9], S. 323.
17 Ebd., S. 323 ff.
18 Alan Bullock, Hitler. Eine Studie über Tyrannei, Düsseldorf 1961, S. 803 f.
19 Ebd., S. 805.
20 Golo Mann, Deutsche Geschichte des 20. Jahrhunderts, Frankfurt am Main 1958, S. 322.
21 Friedrich Meinecke, Die deutsche Katastrophe. Betrachtungen und Erinnerungen, Wiesbaden 1946, S. 89 f., 139 f.
22 Martin Broszat, Probleme der Hitler-Forschung, in: ders., Nach Hitler. Der schwierige Umgang mit unserer Geschichte, München 1988, S. 57 und 63 f.
23 Siehe Martin Broszats epochemachenden Aufsatz über: Soziale Motivation und Führer-Bindung des Nationalsozialismus, in: ebd., S. 11–33.
24 Siehe Uwe Backes u. a., Reichstagsbrand. Aufklärung einer historischen Legende, München 1986.
25 So etwa Karl Dietrich Bracher, Zeitgeschichtliche Kontroversen, München 1976.
26 Siehe Christopher Browning, Jenseits von »Intentionalismus« und »Funktionalismus«: Die Entscheidung zur »Endlösung«, in: ders., Der Weg zur »Endlösung«. Entscheidungen und Täter, Bonn 1998, S. 103 f.
27 Joachim C. Fest, Hitler. Eine Biographie, Frankfurt am Main 1973. Vgl. die Literaturübersicht bei Gerhard Schreiber, Hitler. Interpretationen 1923–1983, Darmstadt 1984, S. 2 ff. sowie den Überblick bei John Lukacs, Hitler. Geschichte und Geschichtsschreibung, München 1997.
28 Karl Dietrich Bracher/Wolfgang Sauer/Gerhard Schulz, Die nationalsozialistische Machtergreifung. Studien zur Errichtung des totalitären Herrschaftssystems in Deutschland 1933/34, Frankfurt am Main 1962.
29 Hans Mommsen, Beamtentum im Dritten Reich, Stuttgart 1966, S. 98. Vgl. ders., Hitlers Stellung im NS-Herrschaftssystem, in: ders., Von Weimar nach Auschwitz, S. 225 ff.
30 Repräsentativ ist in dieser Hinsicht Ian Kershaws umfassende Biographie in 2 Bänden: Hitler. 1889–1936 sowie Hitler. 1936–1945, Stuttgart 1998/2000.

Alessandro Campi
Mussolini und die italienische Nachkriegsgesellschaft
Italien zwischen Erinnern und Vergessen

Mehr als fünfzig Jahre sind seit dem Ende des Faschismus vergangen, ohne dass das Interesse der Italiener an Mussolini nachgelassen hätte. Im republikanischen Italien hat sich um die Figur des Diktators wie um sein öffentliches und Privatleben sogar eine regelrechte, von Verlagsindustrie und Massenmedien nachhaltig geförderte Volkslegende gebildet. In der kollektiven Erinnerung hat sich *post mortem* gleichsam ein nachsichtig-mythisierendes, sentimentales und fast nostalgisch unterlegtes, intimes und zuweilen an Fetischismus grenzendes Duce-Bild abgelagert, das völlig immun blieb gegen die langfristig von der akademischen Geschichtsforschung erreichten Ergebnisse wie auch gegen die moralisch-politische Ächtung des Diktators seitens der politischen Kultur des Antifaschismus.

Was aber zieht die Italiener in den Erzählungen über Mussolini und seine Gefolgschaft so sehr an? Worauf beruht diese Art nachträglichen, wesentlich von der *chronique scandaleuse* bestimmten Erfolges des Duce? Wie hat sich – allgemeiner formuliert – die politische Kultur des republikanischen Italien zum Begründer des Faschismus gestellt? Auf welche Weise haben die kollektive Erinnerung und die Vorstellungswelt der Italiener die Figur jenes Mannes interpretiert und ausgeleuchtet, der für ungefähr zwanzig Jahre die Geschicke des Landes lenkte?

Mit Sicherheit kann ausgeschlossen werden, dass sich hinter dem heutigen Interesse an Mussolini ein unbewusstes ideologisches Nostalgiebedürfnis verbirgt, denn politisch sind bislang die Italiener gegen jede Form autoritärer und diktatorischer Versuchung gefeit geblieben. Ebenso wenig befriedigt die Erklärung, die den nachträglichen Erfolg des Duce der unterschwelligen, perversen Faszination zuschreibt, welche die von Politik und Geschichte Geächteten zuweilen ausüben. Tatsächlich fehlt Mussolini das teuflische, nihilistische Profil oder die besondere tragische, messianische Aura der anderen Diktatoren des 20. Jahrhunderts: Schwerlich also lässt er sich als Ikone der Rebellion oder als Symbol des Bösen begreifen.

Andere Erklärungsansätze scheinen plausibler und historisch fundierter zu sein. Zunächst muss man sich einige persönliche Charakterzüge, einige biographische Besonderheiten vergegenwärtigen; werden sie historisch-kulturell angemessen beurteilt, erklären sie viel von der Popularität, die Mussolini vor und nach seinem Tod für lange Zeit genossen hat. Gemeint ist insbesondere das kräftige demokratisch-populistische Wurzelgeflecht, das der kulturellen Formung und Persönlichkeit Mussolinis zugrunde lag; es hat ihm während seines gesamten politischen Lebens fast immer ermöglicht, den Bestrebungen und Erwartungen der verschiedenen Segmente der italienischen Gesellschaft und insbesondere der breiten Volksschichten zu entsprechen, so dass er auch nach seinem Tod gleichsam als autoritäre Variante des *homo democraticus* erscheinen konnte. Das Bild Mussolinis als »Mann des Volkes«, der diesem in Geschmack und Gewohnheiten, in mentaler Haltung und Lebensstil nahe steht, hat sich nicht zufällig tiefer als andere in die historische Erinnerung Italiens eingegraben und mehr als andere seinen politischen Erfolg und seine Popularität vor und nach seinem Tod begünstigt. Die Italiener haben Mussolini in den Momenten, in denen der öffentliche Kult um ihn einen Höhepunkt erreichte, und mehr noch nach seinem Tode als einen der ihren betrachtet, als einen, in dessen Biographie (Arbeiterkind, Emigrant in der Schweiz, Frontkämpfer im Ersten Weltkrieg, Familienvater...) man sich wiedererkennen und dessen Gefühle, Stimmungslagen und Verhaltensweisen man teilen konnte; was nicht heißt, dass man zwangsläufig auch dessen Ideologie übernahm.

Unterschätzt werden darf auch nicht der bestimmende Einfluss und die langfristig wirkende Suggestionskraft des legendär-mythischen Bildes vom Duce, worin er fast schon die Gestalt einer Romanfigur, eines nationalpopulären Helden annimmt. Dieses Bild ist in Wirklichkeit bereits vor der faschistischen Machtübernahme entstanden, dann vom Regime massiv propagiert und, was am wichtigsten ist, mit großer Umsicht von Mussolini selbst künstlich gefördert worden; diese (selbst geschaffene) Legende, welcher der Diktator gleichsam das Siegel der Unzerstörbarkeit aufgedrückt hat, hat sich in den breiten Volksschichten allen negativen Gegenbildern gegenüber als stärker erwiesen. Die schönzeichnend-hagiographischen Darstellungen des faschistischen Führers – Tischlersohn, Rebell gegen soziale Ungerechtigkeit, Kämpfer für die nationale Sache, feuriger Liebhaber, Vater des Vaterlandes, unermüdlicher Arbeiter, uneigennütziger Politiker, romantischer Prolet, der sich hochgearbeitet hat – stammen zu einem großen Teil aus den 20er und 30er Jahren und haben sich in einem solchen Maße in die Tiefenschichten der Erinnerung der Italiener eingegraben, dass sie noch heute kaum ausrottbar sind und – vor allem – sogar der kritischen Prüfung der Geschichtsforschung widerstehen. Abgesehen von den zahllosen publizistischen Arbeiten sind sie vor allem über Biographien verbreitet worden: Sie stellen einen regelrechten literarischen Zweig dar, der sich zu jeder Zeit als Verlagsschlager erwiesen hat.[1] Im Verlauf von Jahrzehnten sind Hunderte von Mussolini-Profilen journalistisch-populären Zuschnitts veröffentlicht worden, denen zumeist ein apologetischer oder fiktiv neutraler Ansatzpunkt zugrunde lag; auf jeden Fall waren sie reich an oftmals unüberprüfbaren Anekdoten und Zeugnissen, die sich auf Mussolinis Kindheit, auf seine revolutionäre Militanz, auf seine ideologischen Prägungen, auf sein leidenschaftliches Liebesleben und auf seine familiären Bindungen bezogen. Mussolini selbst hat, wie gesagt, mit seiner nachhaltigen Produktion autobiographischer Texte zahlreiche Gemeinplätze und Stereotypen geschaffen, die seinen Kult im Volke während der Diktatur gefördert haben und noch heute die Erinnerung an ihn begleiten. *Il mio diario di guerra* (1923), *My Autobiography* (1928), *Vita di Arnaldo* (1932), *Parlo con Bruno (1932)* wurden damals hundert- und tausendfach gedruckt und verbreitet: Diese wertvollen Bausteine, mit deren Hilfe das Mussolini-Monument errichtet wurde, haben die Biographen oftmals nur unkritisch glossiert und weiterverbreitet.

Die verqueren Pfade, über die in Italien eine historisch unglaubwürdige, einseitige Erinnerung an den Duce Wurzeln gefasst hat, erklären sich aber auch noch aus einem spezifischeren, gewichtigeren Grund: Gemeint ist nicht nur der eingangs konstatierte, einem bestimmten journalistischen Topos und einer bestimmten Volkskultur eigene Ansatz zur Banalisierung, Nachsicht und Sensationshascherei, sondern auch die vernichtende Polemik des Antifaschismus ebenso wie die mythisierende Nostalgie der Neofaschisten.

Dieser Grund hängt im Wesentlichen mit der Art und Weise zusammen, mit der die italienische Gesellschaft aus den Tiefenschichten ihres Unterbewusstseins auf das vom Fall des Faschismus und der Hinrichtung des Duce ausgelöste Trauma reagiert hat. Nach 1945 hat wohl die Mehrheit der Italiener gegenüber dem Faschismus im Allgemeinen und Mussolini im Besonderen einen entschiedenen Akt der Verdrängung, der Verzerrung und des Vergessens vollzogen, dessen verstecktes Ziel darin bestand, das schlechte Gewissen eines Volkes zu beruhigen, das in seiner Mehrheit Mussolini mit Überzeugung gefolgt war.[2] Die öffentliche Erinnerungskultur Mussolinis ruhte im republikanischen Italien also auf einer komplexen Gefühlslage, in der Heuchelei und Ambiguität, Verschweigen und Vergessen miteinander verflochten sind. Seinen vielleicht dramatischsten Ausdruck hat diese Gefühlslage in der durch Bild- und andere Quellen reichhaltigst dokumentierten Ausstellung und Schändung der Leiche Mussolinis auf dem Mailänder Piazzale Loreto gefunden. Welche Bedeutung hatte dieser Vorfall wirklich? Man hat ihn auf verschiedene Weise interpretiert: als blutige Katharsis nach all dem Kriegsleid und dem zwanzigjährigen Verlust der Freiheit; als rituelles Reinigungsbad, das den Übergang von der Diktatur zur Demokratie markiert; als ungerechtfertigten unmenschlichen Hassausbruch; als verständliche menschenfressende Orgie, welche der für jeden Bürgerkrieg typischen grausamen Logik entspricht; als einfachen nachträglichen Rache- und Gerechtigkeitsakt, waren doch einige Monate vorher auf demselben Platz fünfzehn politische Gefangene von den Faschisten hingerichtet worden; schließlich als Endabrechnung der Italiener mit Mussolini.

Für Edda Mussolini hingegen stellte Piazzale Loreto paradoxerweise einen extremen »Liebesbeweis« zugunsten des Duce dar: Man hasst nur das, was man geliebt hat.[3] Tatsächlich kann man sich kaum des Eindrucks erwehren, dass die dort versammelte Menschenmenge emotional und symbolisch dieselbe gewesen sei, die an den Massenveranstaltungen des Regimes teilgenommen und während der faschistischen Herrschaft dem Duce gehuldigt hatte; dass es sich bei jenem Vorfall also nicht um einen Akt nachträglicher Volksjustiz, sondern um einen klaren Versuch gehandelt habe, sich selbst freizusprechen, die gesamte Verantwortung für den Krieg, alle Übeltaten und Irrtümer des Regimes auf den toten Mussolini zu schieben, oder mittels einer extrem blutigen Idolatrie jene Illusionen zu verschleiern, die die Italiener zweifellos gehegt und genährt hatten und von denen sie so offensichtlich enttäuscht worden waren.

Nach Kriegsende gab es für das italienische Volk unter den gegebenen Umständen nur *eine* Möglichkeit, aus Weggefährten des Faschismus zu dessen Opfer zu werden: über die Schaffung einer entsprechenden Erinnerungskultur. Sie präsentierte Mussolini einerseits als Abenteurer und Usurpator, der sich die Gutgläubigkeit der gesamten Nation zunutze gemacht habe, oder in karikaturhafter, grotesker Pose. Andererseits erschien er als banale Figur von ideologisch inkonsistenter, bescheidener Statur, oder man beschränkte sich auf anekdotenhafte Darstellungen intim-persönlicher Natur.

Damnatio memoriae

Eine Haltung der moralischen Anklage und Abscheu, der kompromisslosen Verurteilung nahm hingegen der Antifaschismus ein, der im Nachkriegsitalien allerdings eine Minderheit darstellte; zwar besaß er ein unbestreitbar moralisches Gewicht, war aber nur beschränkt fähig, auf die kollektiven Gefühle einzuwirken. In kultureller Hinsicht hat der italienische Antifaschismus immer schon gewisse Schwierigkeiten gehabt, sich mit Mussolini auseinander zu setzen und dessen besondere Charakterzüge aus einem historisch-politischen Blickwinkel zu begreifen. So hat man sich lange Zeit darauf beschränkt, ihn als skrupellosen Abenteurer zu beschreiben, als zynischen, kulturlosen Politiker, als gewissenlosen Opportunisten. Zweifellos gründen diese Schwierigkeiten großenteils in den harten Notwendigkeiten des politischen Kampfes: Vor allem in den 30er Jahren blieb der gegen Mussolini gerichteten Literatur, die vorrangig aus der Feder exilierter Regimegegner stammte, nichts anderes als die moralische Ächtung, der Rückgriff auf die persönliche Invektive gegen die als ethisch verachtenswert, intellektuell inkonsistent beschriebene Figur, hinter der jegliche historische Beurteilung zurücktrat.

Entscheidend ist, dass die Literatur über Mussolini diese entmystifizierenden Bestrebungen in der unmittelbaren Nachkriegszeit weitergeführt hat. Anstatt nach den komplexen historisch-politischen Gründen zu fragen, die Mussolinis politischen Aufstieg begünstigt hatten, drückte die antifaschistische Kultur weiterhin nur ihre Verachtung für ihn aus oder gab moralistisch-vernichtende Urteile ab, d. h. zeigte ihn als blutrünstigen Diktator, als Hexenmeister und Komödianten, als machtbesessenen, megalomanen Individualisten, als Verführer, als ungebildeten Demagogen, als Marionette kapitalistischer und reaktionärer Drahtzieher.

Für dieses vernichtende Bild, das sich eher auf die Schwächen und psychologischen Brüche dieses Mannes bezieht als auf die Komplexität seiner politisch-ideologischen Laufbahn, ließen sich zahllose Beispiele finden. Benedetto Croce beispielsweise schreibt in seinem 1948 veröffentlichten Tagebuch über Mussolini: »Der Mann war in Wirklichkeit von beschränkter Intelligenz, gepaart mit einem radikalen Mangel an moralischer Sensibilität, ein Ignorant von jener substantiellen Unwissenheit, die im Nichtverstehen und Nichterkennen der elementaren Verhältnisse des menschlichen und gesellschaftlichen Lebens besteht, unfähig zu Selbstkritik und Gewissensskrupel, überaus eitel, ohne Geschmack beim Reden wie beim Handeln, immer wechselnd zwischen bäuerischer Grobheit und Arroganz.«[4] Ähnliche Töne mit ähnlichen Argumenten« schlägt der Historiker Fabio Cusin in seiner *Antistoria d'Italia* von 1947 an. Mussolini erscheint hier nicht so sehr als politischer Führer, als Verfechter einer Ideologie und eines diktatorischen Politikmodells, mit denen er den Konsens der Massen herbeizuführen vermochte, sondern – nach einem für weite Teile der antifaschistischen Literatur typischen Topos – als ein ideenloser Abenteurer, dessen einziges Talent darin bestanden habe, die typischen Mängel des italienischen Volkes auszuleben und zu sublimieren. Das historische Verständnis der Person ergibt sich hier ganz aus dem zugrunde liegenden psychologischen Ansatz: »[...] ethisch-politische Bindungen kann er nicht begreifen [...]. Geistig ist er unaufrichtig und psychologisch ambivalent [...], grundsätzlich ohne Moral«.[5]

Seinen markantesten, aber auch – wie zu zeigen sein wird – politisch und kulturell zweideutigsten Ausdruck hat das antimythische, profanierte Mussolini-Bild im Nachkriegsitalien jedoch in den Arbeiten des Schriftstellers Carlo Emilio Gadda gefunden. Man denke insbesondere an sein überaus berühmtes, erfolgreiches Buch »Eros und Priapus« (Vom leidenschaftlichen Feuer zur Asche), an dem er seit 1945/1946 geschrieben hat und das 1967 zum ersten Mal veröffentlicht wurde: Es handelt sich um eine der heftigsten, kämpferischsten Schriften, die in Italien jemals gegen Mussolini erschienen sind, um einen regelrechten ikonoklastischen Gefühlsausbruch, der umso interessanter ist angesichts der Tatsache, dass Gadda zunächst zu den Millionen aufrichtiger Faschismus-Anhänger aus dem italienischen Bürgertum gehörte. Nach Kriegsende präsentierte der lombardische Schriftsteller die faschistische Herrschaft als eine Zeit, in der das kollektive und individuelle Bewusstsein der Italiener in eine lang anhaltende Lethargie gefallen sei; das italienische Volk sei von einer kriminellen Bande unter der Führung eines blutrünstigen, an Tiberius und Nero erinnernden Erotomanen erpresst und sowohl moralisch als auch physisch vergewaltigt worden. Die Mussolini direkt gewidmeten Seiten bieten ein regelrechtes Konzentrat an Schmähungen und Beleidigungen, Beschimpfungen und beißendem Spott. Gadda beschreibt Mussolini als chronischen Syphilitiker von gräuelhaft-abstoßendem Äußeren, ganz ohne intellektuellen Scharfsinn, als einen Gewaltmenschen und Narziss, als eine vom »autoerotischen Wahn« besessene, ganz ihrem Sexualtrieb gehorchende Person. Er zeichnet damit ein psychisches und körperliches Porträt, in dem moralische Entrüstung, ästhetischer Abscheu und der Blick auf das Groteske den Pinsel führen, das aber – schaut man genauer hin – bei aller Unerbittlichkeit auch selbstentlastend-tröstende Züge trägt, das zu viele karikaturhafte Elemente enthält, um wirklich aufrichtig zu sein. Tatsächlich erkennt man hier unschwer die Symptome von Unbehagen und Heuchelei, die sich im republikanischen Italien nicht nur bei Gadda zeigten, sondern im gesamten italienischen Volk, das vielleicht zu unbekümmert, d. h. ohne angemessene kollektive Gewissensprüfung, von der Idolatrie zum Ikonoklasmus, von der Huldigung zum Ruf nach dem Galgen übergegangen ist.

Ein Roman ohne Ende

Volksempfinden und Massenkultur gingen häufiger den Weg der Banalisierung, der nostalgischen Rückerinnerung und Ausleuchtung des Intimbereichs, der Verharmlosung. In der unmittelbaren Nachkriegszeit und für ungefähr zwanzig Jahre verbreitete sich in der Volkskultur und in der kollektiven Vorstellungswelt des mühsam zur Demokratie zurückgekehrten Landes in schnell wachsendem Maße ein romanhaftes und nachsichtiges, fetischistisches und politisch geschöntes Duce-Bild, das den Italienern einerseits ermöglichte, eine politisch nicht mehr haltbare Vergangenheit hinter sich zu lassen, andererseits aber die Gelegenheit bot, sich nachhaltig zu verändern und doch eine gewisse Kontinuität der Gewohnheiten, Geisteshaltungen und gesellschaftlichen Verhältnisse zu wahren. Dieses Bild wurde kontinuierlich erneuert von einer überreichen, vielfältigen, heute immer noch wirksamen Literaturproduktion (Briefeditionen, apokryphe Testamente, Presseumfragen, Memoirialliteratur, Biographien und Autobiographien, Tagebücher); es setzt sich vorrangig aus Familienporträts und historischen Gemeinplätzen zusammen und ist oftmals von regelrechten Fälschungen durchsetzt.
Welche Wege aber wurden eingeschlagen bei der Konstruktion dessen, was Renzo De Felice einmal »Benitos Roman« genannt hat«?[6] Selbst-

verständlich ist es nicht möglich, auf wenigen Seiten einen genauen, differenzierten Überblick über die Publikationen und Autoren zu bieten, die vor allem in den 50er und 60er Jahren an der Entwicklung dieses Romans mitgewirkt haben: Man müsste sich einlassen auf eine unermessliche Zahl journalistischer Texte, die Namen hunderter Broschürenschreiber, Reporter, Memoirenjäger und gewiefter Kommentatoren berücksichtigen, in das Klima eines Landes eintauchen, das hin- und hergerissen ist zwischen der Pflicht des Erinnerns und der Versuchung des Verschweigens, das sich mehr um das Vergessen (um den Preis von Verzerrungen und Aussparungen) als um das Verstehen bemüht.

Zur Verdeutlichung, mit welchen Schwierigkeiten die politische Kultur des republikanischen Italien zu kämpfen hat, mag es nützlich sein, sich auf einen in vielfältiger Hinsicht emblematischen Fall zu beschränken, nämlich auf den Journalisten Indro Montanelli, der insbesondere hinsichtlich des Urteils über Mussolini in der postfaschistischen Zeit mehr als jeder andere zeitgenössische italienische Kommentator oder Historiker Einfluss auf die italienische öffentliche Meinung ausgeübt hat. Ihm insbesondere verdankt die unmittelbare Nachkriegszeit die Konstruktion eines memoirenhaften, christliche Nachsicht übenden, unpolitischen Mussolini-Bildes, das von der historisch-ideologischen Realität des Regimes fast völlig absieht; ein politisch-kulturell konturloser Mussolini ersteht hier, in dem sich bestimmte nationale Eigenschaften niedergeschlagen haben sollen und der es angeblich verstanden habe, die (zahlreichen) Mängel und (wenigen) Vorzüge der Italiener auf sublime Weise zu interpretieren: kurz, ein Mann, dem man nach Kriegsende eher nachsichtig und mitleidsvoll begegnen müsse, als ihm mit ideologischem Hass und moralischer Intransigenz nachzustellen.

Montanelli, 1909 in Fucecchio bei Florenz geboren, war in seiner Jugendzeit ein glühender Faschist von antibürgerlich-revolutionärer Tendenz. Zunächst Kriegsfreiwilliger in Äthiopien, wurde er nach seiner Rückkehr in die Heimat zum Regimekritiker, wobei er sich vor allem gegen bürokratische Sklerose und überzogene Rhetorik wandte. Allerdings schloss sich Montanelli nicht dem militanten Antifaschismus an, sondern vertrat eine Art skeptischen, politisch agnostischen und moralisierenden Konservativismus. Als Kriegskorrespondent bereits berühmt, war er seit dem Sturz des Faschismus und praktisch bis zu seinem Tod im Juli 2001 intensiv als Publizist und populärwissenschaftlicher Geschichtsschreiber tätig, wobei dem Rückblick auf die faschistische Herrschaft ein herausragender Platz zukam. Im vorliegenden Rahmen interessieren selbstverständlich vor allem seine Schriften aus der unmittelbaren Nachkriegszeit; sie wirkten – wie angedeutet – entscheidend an der Konstruktion eines zwiespältig-einseitigen Mussolini-Bildes mit, das einen tief greifenden Einfluss auf jenen – mehrheitlichen – Teil der öffentlichen Meinung Italiens ausgeübt hat, der den Werten der *Resistenza* seit je fern stand und immer darauf bedacht war, die eigene faschistische Vergangenheit herunterzuspielen oder gar zu vergessen, ohne öffentlich Buße ablegen zu müssen.

Wer ist dieser Mussolini, den Montanelli mit intellektueller Unvoreingenommenheit in Büchern und zahlreichen Artikeln für weit verbreitete Tageszeitungen und Periodika vorgestellt hat? Ein Kleinbürger, der sich an der unmöglichen Aufgabe abmühte, ein strukturell unregierbares Land voller – zu Melodramatik und Rhetorik neigender – Individualisten zu regieren; ein Mann von mittelmäßiger Kultur, den mächtige soziale Ressentiments umgetrieben hätten; dessen größte Schuld nicht im Aufbau eines Polizeistaates bestanden habe, sondern in der Errichtung eines karnevalesken, durch wehende Helmbüsche und Standarten charakterisierten politischen Regimes und in der Umwandlung der Italiener in ein Volk von Unteroffizieren und Ministerialbeamten. Ein Sonntagsrevolutionär, der so sehr mit den Liebesaffären und den Klatschgeschichten der Parteibonzen befasst gewesen sei, dass er nicht die Rolle des erbarmungslosen Diktators auszufüllen vermochte, die er sich selber zugedacht hatte. So müsse man sich fragen, warum die Italiener den Duce, der zu Lebzeiten »an Schrecklichem doch nur Grimassen geschnitten« habe, nach Kriegsende hätten hassen sollen?[7] Im Grunde sei Mussolinis Cäsarismus bloß eine notwendige Folge der Massendemokratie gewesen (wie auch der Rassismus nur eines der perversen Ergebnisse des allgemeinen Wahlrechts). Die Diktatur schließlich sei im Vergleich zu anderen letztendlich außerordentlich milde gewesen. Zweifellos schlugen der Afrikafeldzug, der Imperialismus, der Krieg an deutscher Seite für das Regime negativ zu Buche, doch nach Montanelli gehorchte diese politische Linie paradoxerweise den Maßgaben einer verqueren politischen Pädagogik: Das afrikanische Abenteuer, ein typisch italienischer Krieg »mit wenigen Toten und vielen Orden«,[8] habe dazu gedient, die Italiener von der »dannunzianischen Krankheit des schönen Todes, vom Drang nach Afrika und vom navigare necesse est« zu heilen;[9] der Eintritt in den Zweiten Weltkrieg schließlich sei von Mussolini in der bestimmten Absicht beschlossen worden, daraus als Verlierer hervorzugehen, denn »Italiens Größe zeigt sich nicht, wenn es siegt; Italiens Größe zeigt sich, wenn es verliert.«[10] Was heißen soll, dass Mussolini eine Art homöopathischer Politik betrieben hat, die es dem Land ermöglichte, nach einer kurzen Leidenszeit wirklich den Weg von Demokratie und Freiheit zu gehen.

Diese mit »menschlicher Redlichkeit« geschriebene Darstellung präsentiert das Haupt des Faschismus somit in seiner ganzen Lächerlichkeit, als eine zwischen dem Komischen und dem Pathetischen schwankende Figur, als genaues Spiegelbild eines der Rhetorik, dem Herdentrieb erlegenen Volkes; dessen Schuld habe nicht darin bestanden, dass es an den Faschismus glaubte, sondern einen Mann wie Mussolini ernst nahm, ohne zu begreifen, was für ein schrecklicher Bluff den martialischen Posen des Duce zugrunde gelegen habe. An dieses Volk kann der Diktator am Ende seines apokryphen Testamentes folgende Worte richten, die wie eine Selbstverteidigung und Absolution für sich und die Italiener klingen: »Vergesst nicht, Italiener, dass ich, Benito, unter den Hunderttausenden von Mussolinis, aus denen momentan die Führungsklassen in der ganzen Welt bestehen, der beste gewesen bin.«[11]

Hinter diesen Worten scheinen deutlich die eigentlichen Ziele durch, die Montanelli in jenem Klima der Nachkriegszeit und des Wiederaufbaus verfolgte: Er wollte den Gegensatz von Faschismus und Antifaschismus als gefährlich und historisch überholt aufweisen; verhindern, dass auf die Diktatur einer einzigen Partei die der Parteien des antifaschistischen Blockes folgte; im Geist des aufkommenden Kalten Krieges den Kommunismus als den neuen politischen Feind kennzeichnen; und vermeiden, dass die Italiener für ihre Zustimmung zum Regime auf die Anklagebank gerieten. Nicht zufällig hat Montanelli dreißig Jahre vor den Thesen Renzo De Felices als erster von der so genannten Grauzone gesprochen, in der sich in der Nachkriegszeit all jene Italiener befunden hätten, die auch nach ihrer politischen Ablehnung des Faschismus keineswegs die politisch-moralischen Positionen des Antifaschismus übernommen hatten. Diesen Italienern, die weder Faschisten noch Antifaschisten waren, hat Montanelli eine Stimme verliehen und Argumente an die Hand gegeben. Sie verharrten dem toten Mussolini gegenüber weder in intransigenter Ablehnung und Verurteilung noch in anachronistischer Devotion, sondern zollten dem Menschen einen gewissen Respekt, ergingen sich in Nostalgie für die vergangenen Zeiten und trugen an einem relativ schlechten Gewissen; all dies verband sich dank der unerbittlichen

Mechanismen der Massenkultur mit einem leisen Behagen am Schauerlichen und dem perversen Wunsch, am Treiben der Mächtigen mit dem Blick durchs Schlüsselloch teilzuhaben. So war es auch nicht schwer, dass aus dem Duce der Italiener, der an einem der schicksalsschwersten Momente der italienischen Geschichte entscheidenden Anteil hatte, der tragische und populäre, komische und sentimentale Held eines Fortsetzungsromans wurde, dessen Schlusskapitel noch nicht abzusehen ist.

Faschisten nach Mussolini: die Hüter des Mythos

Als Beispiel für das komplexe Zusammenspiel von Opferhaltung, Verdrängung und (mehr oder weniger gewollter) Verzerrung, welche die politische Kultur Italiens nach dem Zweiten Weltkrieg gekennzeichnet hat, stehen die Regime-Nostalgiker, die politisch-ideologischen Erben des historischen Faschismus. Der italienische Neofaschismus stellt auf europäischer Ebene ein einmaliges Phänomen dar, mit dessen systematischer Untersuchung die Historiker erst in jüngster Zeit begonnen haben.[12] Nach Kriegsende fanden sich die Faschisten, die den Zusammenbruch der Republik von Salò überlebt hatten, zu einem großen Teil unter der Fahne des *Movimento Sociale Italiano* (MSI) zusammen. Gegründet im Dezember 1946, hielt sich die Partei über alle Höhen und Tiefen hinweg fast fünfzig Jahre lang, wobei sie auf der nationalen politischen Bühne eine zwar nebensächliche, aber nicht ganz zu unterschätzende Rolle spielte. Langfristig zog sie ihre Kraft gerade daraus, dass sie die Faschismusnostalgie und das Gedenken an Mussolini zu ihrem identitätsstiftenden, ihre historisch-ideelle Existenz begründenden Kernpunkt erhob.

In vielfältiger Hinsicht stellte der Neofaschismus in der Geschichte des republikanischen Italiens eine regelrechte Subkultur dar, eine auf sich selbst bezogene Welt, die den demokratischen Spielregeln existenziell und psychologisch fern stand; er besaß einen eigenen politischen Kodex und einen eigenständigen symbolisch-liturgischen Apparat, verfügte ferner über ein dichtes Netz von Vereinen, Zeitschriften, Verlagshäusern und Zirkeln, so dass er über Jahrzehnte hinweg die eigene Identität weiterzutragen vermochte.[13] Die Neofaschisten beherrschte das starke Gefühl, ausgeschlossen zu sein aus einer nationalen Gemeinschaft, innerhalb derer sie nicht wie Feinde, sondern – schlimmer – wie *Fremde* lebten, wie Emigranten im Vaterland.[14] Hinsichtlich der faschistischen Diktatur gelang es ihnen nicht, über die – zwischen Selbstmitleid und Opferhaltung, Apologie und Sentimentalitäten schwankende – Erinnerungskultur hinauszugehen und bis zur eigentlichen historischen Forschungsarbeit vorzustoßen.[15] So kam es bereits in der unmittelbaren Nachkriegszeit zu einer Flut von Memoiren, Denkschriften, Biographien, Quellensammlungen, Zeugnissen und sogar von literarischen Werken. Sie waren alle sehr nützlich für das Verständnis der Gefühlslage und der Ressentiments, die einen kleinen Teil Italiens bewegten, nämlich den von der Geschichte besiegten; für die Deutung des faschistischen Regimes besaßen sie hingegen ein geringes Gewicht. Insbesondere haben sich die Neofaschisten über fünfzig Jahre lang zu den sakralen Hütern des Andenkens an Mussolini erhoben und zu unkritischen Verwesern eines Mythos, den der verlorene Krieg politisch unbrauchbar gemacht, aber gerade in der breiten Volkskultur nicht völlig zerstört hatte.

Die neofaschistischen Parteigänger haben sich darauf beschränkt, die Flamme des Mussolini-Kults durch figürliche Darstellungen des Duce, durch hagiographisch-sentimentales Gedenken an seine unglückliche politische Laufbahn und sein dramatisches persönliches Lebensgeschick sowie durch Huldigungsrituale an seinem Geburtsort und, ab 1957, an seinem Grab fortwährend zu speisen. Zu diesem Zweck zogen sie das doppelte Register des Mitleids und der Schwärmerei, wobei sie den Duce einerseits in einem intim-persönlichen, leidenschaftlichen, rhetorischen und ideologisch zurückhaltenden Gewand (Mann des Volkes, guter Familienvater, unermüdlicher Arbeiter, Autodidakt, betrogener und verlassener Mann), andererseits in einer patriotisch-idealisierenden Pose (Verteidiger der italienischen Größe, Ventil für die deutsche Raserei, Modernisierer einer nur marginal vom Fortschritt erfassten Gesellschaft, Opfer ideologischen Hasses) präsentierten. Fast fünfzig Jahre lang schwankte das Duce-Bild der Neofaschisten zwischen melodramatischen und tragischen Farben; in ihren Augen hätten alle Italiener Mussolinis Humanität und politische Größe früher oder später erkannt, wenn nämlich der vom Bürgerkrieg geschürte Hass erst einmal nachgelassen hätte und die zivilen Strukturen der Nation wieder hergestellt wären. Mittels der Rhetorik der »nationalen Versöhnung« hoffte der italienische Neofaschismus tatsächlich, dass Italien – auch das offizielle – früher oder später den historischen Wert des vom Duce verfolgten politischen Planes, d. h. die Konstruktion eines »großen Italiens« anerkennen würde; das tragische Scheitern dieses Projektes war für die Nostalgiker unabhängig

vom Willen und den Fähigkeiten des Duce Ergebnis eines regelrechten Verrats, diesem authentischen Syndrom der italienischen Politik: Verrat der Parteibonzen oder der Monarchie für die einen, der Kriegsmarine, des Bürgertums oder der Industriellen für die anderen.
Gianfranco Finis kühne Äußerung von 1994 über Mussolini als den »größten Staatsmann des Jahrhunderts« stellt – genau betrachtet – den extremsten Ausdruck eines Ressentiments dar, das in den Kreisen des italienischen Neofaschismus für lange Zeit schwelte und diesem die Erarbeitung eines auch nur in Ansätzen ausgeglichenen (und damit selbstkritischen) Urteils über den Duce und den Faschismus verwehrte. Die 1995 erfolgte Gründung der *Alleanza nazionale*, die vom früheren MSI Mitglieder und Strukturen übernommen hat und deren politisches Projekt darin besteht, von der nostalgischen Rückwendung zum faschistischen Regime loszukommen, hätte eine günstige Gelegenheit dafür geboten, die politische Kultur des italienischen Neofaschismus aus den eigenen Reihen kritisch zu durchleuchten. Bis heute ist allerdings nichts Derartiges geschehen. Aus Gründen politischer Opportunität haben die offiziellen Hüter des Mussolini-Mythos im republikanischen Italien – nunmehr in die Sphäre politischer Respektabilität eingetreten – vorgezogen, den Mantel des Schweigens über ihre Geschichte und ihre früheren Passionen zu breiten. Vom Duce, der in der Öffentlichkeit politisch nichts mehr einbringt, sprechen die Post-Faschisten nicht mehr. Aber wohl kaum werden sie – zumindest privatim – darauf verzichten, die romanhafte Lebensgeschichte ihres früheren Helden leidenschaftlich zu verschlingen. Das Mussolini-Feuilleton verspricht noch viele Fortsetzungen, und gewiss wird es an Lesern nicht mangeln.

Fazit

In der Zeit nach dem Zweiten Weltkrieg schwankte die öffentliche Mussolini-Erinnerung in Italien zwischen Mythos, Antimythos und Banalisierung. Eine nostalgische Minderheit hat versucht, den Duce-Kult aufrechtzuerhalten. Eine zweite, antifaschistisch ausgerichtete Minderheit hat ein profaniertes, vernichtendes Bild weitergetragen. Die Mehrheit hingegen hat sich in Nachsicht geübt, wobei sie sich vorrangig auf Mussolinis familiäre Bindungen, auf seine Liebesaffären und auf die geheimnisvollen Vorgänge um seinen Tod konzentrierte; diese Erinnerungskultur ist von der Memorialliteratur und der journalistischen Sensationshascherei nachhaltig gefördert worden. Obgleich verschieden, tun sich diese Deutungen gleichermaßen schwer, mit der notwendigen Distanz schonungslos an die eigene Geschichte heranzugehen. Durch das lange Schwanken zwischen den Extremen von Banalisierung und Dämonisierung, von Hagiographie und moralischer Verdammung haben die politische Kultur Italiens in ihren verschiedenen Ausprägungen und die historische Erinnerung des Volkes letztlich nur stereotype Bilder, Simplifizierungen, (negative oder positive) Vorurteile und Gemeinplätze über den Diktator angehäuft. Für die öffentliche Diskussion und das kollektive Fühlen wurde es dadurch schwierig, das genaue historische Profil des Begründers des Faschismus und die wirklichen Beziehungen zwischen Mussolini und der historisch-kulturellen Tradition Italiens zu erfassen; ferner kamen auch die ideologischen Wurzeln, die gesellschaftlichen Ursachen und die historische Grundsubstanz eines komplexen, differenzierten Phänomens, wie es der Faschismus dargestellt hat, kaum in den Blick.

Der Historiker Renzo De Felice, der mit seinem Werk mehr als jeder andere versucht hat, den Duce endgültig der Geschichte zu überantworten und dem Wechselspiel von Mythisierung, Verachtung und mediatischer Banalisierung zu entziehen – schrieb 1995: »Mit dem Problem Mussolini sollten sich im heutigen Italien allein die Geschichtsspezialisten beschäftigen.«[16] In Wirklichkeit darf das »Problem Mussolini« gerade wegen der eigentümlichen Wendung, die es im Verlauf von fünfzig Jahren erfahren hat, aber auch in Anbetracht der neueren Entwicklungen nicht auf die Historiographie beschränkt bleiben, sondern sollte die politische Kultur Italiens in ihrer Gesamtheit interessieren. Es reicht nicht, dass unter Geschichtsspezialisten und in den Hörsälen objektiv und mit der notwendigen historischen Distanz diskutiert wird. Vielmehr ist es notwendig, dass bestimmte historiographische Erkenntnisse über den Duce und eine kritische, auf der historischen Ebene angesiedelte Auseinandersetzung mit Mussolini, die frei ist von Leidenschaften und sentimentalen Anwandlungen, in das Geschichtsbewusstsein der Italiener eingehen. Nur so kann sich die öffentliche Erinnerungskultur von den vielfältigen, widersprüchlichen Mussolini-Bildern befreien, die sich im Verlauf von Jahrzehnten sedimentiert, übereinander gelegt und herauskristallisiert haben und die häufig die kollektive Identität der Italiener, ihr Verhältnis zur eigenen Vergangenheit, negativ beeinflusst haben.

Anmerkungen

1 Für die faschistische Epoche ist diese reiche Biographieproduktion untersucht worden von Luisa Passerini, Mussolini immaginario. Storia di una biografia 1915–1939, Roma/Bari 1991.
2 Zum »Mechanismus der Opferhaltung in der kollektiven Erinnerung Italiens« hinsichtlich des Faschismus vgl. Lutz Klinkhammer, Stragi naziste in Italia. La guerra contro i civili (1943–1944), Roma 1997, insbesondere S. 25 ff.
3 Vgl. »il Venerdì«, 31. August 2001, S. 62.
4 Benedetto Croce, Quando l'Italia era tagliata in due, Bari 1948, S. 38.
5 Fabio Cusin, Antistoria d'Italia (1947), Milano 2001, S. 177 f.
6 Renzo De Felice, Rosso e Nero, hg. von Pasquale Chessa, Milano 1995, S. 135 ff.
7 Indro Montanelli, Il buonuomo Mussolini, Milano 1947, S. 98. Das Buch hat die Form eines apokryphen Testaments, das der Duce vor seinem Tode geschrieben und einem Priester überlassen habe und schließlich in die Hände des Journalisten gelangt sei.
8 Indro Montanelli, Qui non riposano, Milano 2001, S. 105. Hier handelt es sich um drei apokryphe Testamente, die ein alter Pfarrer aufbewahrt und dem Journalisten übergeben habe. Die Erstausgabe erschien 1945 in der Schweiz mit dem Titel: Drei Kreuze. Eine italienische Tragödie.
9 Montanelli, Il buonuomo Mussolini [wie Anm. 7], S. 71.
10 Ebd., S. 23.
11 Ebd., S. 105.
12 Vgl. Piero Ignazi, Il polo escluso. Profilo del Movimento sociale italiano, Bologna 1989.
13 Über den Neofaschismus als politische Subkultur im republikanischen Italien vgl. Alessandro Campi, La destra che non c'è, in: Franco Crespi/Ambrogio Santambrogio (Hg.), La cultura politica nell'Italia che cambia, Roma 2001, S. 211–239.
14 Über das Gefühl des Ausgeschlossenseins aus der nationalen Gemeinschaft vgl. Marco Tarchi, Esuli in patria. I fascisti nell'Italia repubblicana, Parma 1995.
15 Über die Unfähigkeit des Neofaschismus, eine historisch-kritische Reflexion über die eigene Vergangenheit anzustellen, vgl. Francesco Germinario, L'altra memoria. L'estrema destra, Salò e la Resistenza, Torino 1999, insbesondere S. 7–31.
16 De Felice, Rosso e Nero [wie Anm. 6], S. 135.

Wolfgang Schwentker
Die Grenzen der Entzauberung
Zur Rolle des Tennô in Staat
und Gesellschaft Japans nach 1945

Der japanische Kaiser lässt sich nur sehr bedingt mit Hitler und Mussolini vergleichen. Dies hat im Wesentlichen mit der Person Hirohitos, mit der Dauer seiner Amtszeit und mit seiner Funktion in zwei unterschiedlichen politischen Systemen vor und nach 1945 zu tun. Hirohito war kein Diktator im eigentlichen Sinne des Wortes. Er galt als scheu und unbeholfen, zeigte wenig politische Eigeninitiative und besaß kein persönliches Charisma; allenfalls war er ausgestattet mit dem Ansehen, das ihm das Amt selbst verlieh. »Er hat regiert, aber nicht geherrscht«, wie Yoshida Shigeru einmal treffend über ihn geschrieben hat.[1] Der frühere japanische Ministerpräsident hob mit dieser Einschätzung nicht nur auf die beschränkten Möglichkeiten ab, die in der Person des Tennô selbst lagen, sondern verwies auch auf die begrenzte Rolle, die Hirohito als konstitutioneller Monarch nach der Verfassung von 1889 im politischen System bis zum Kriegsende spielte. Als solcher war er nie »Führer« einer politischen Bewegung, der die Massen in seinen Bann zog oder eine politische Gefolgschaft um sich scharen konnte. Seine öffentlichen Auftritte hatten Seltenheitswert. Er residierte abgeschirmt in seinem Palast im Zentrum Tôkyôs. Den politischen Entscheidungen, die seine Berater am Hof vorbereitet hatten, gab er erst im Nachhinein seinen Segen; er stieß sie nicht an oder diktierte sie gar. Seine herausgehobene Position als gottähnlicher Führer von Volk und Nation basierte auf einem Mythos, nach dem das japanische Kaiserhaus von der Sonnengöttin Amaterasu abstammte und seitdem das Land in ungebrochener Herrschaftsfolge regiere. In dieser »Tradition« stand Hirohito bis Ende 1945 für die Einheit von Politik und (Shintô-)Religion.

Die Tatsache, dass man ihn nach Kriegsende für die Entscheidungen und Verwerfungen der Kriegsjahre, die er formal mitzuverantworten hatte, nicht belangte, hat dazu geführt, dass Hirohito sein Amt in veränderter Form auch nach 1945 weiter ausüben konnte. Vor dem Kriegsverbrechertribunal in Tôkyô musste er sich nicht rechtfertigen: So wie er vor 1945 häufig ein Spielball divergierender Interessen des militärischen, politischen und wirtschaftlichen Establishments war, so diente er nach 1945 den amerikanischen Besatzungsbehörden als Instrument zur politischen Stabilisierung vor dem Hintergrund des staatlichen Zusammenbruchs in Japan und des sich verschärfenden Kalten Kriegs in Asien. Die »Großen« seiner Zeit, Verbündete und Kriegsgegner gleichermaßen, hat Hirohito alle um Jahrzehnte überlebt. Nach Maßgabe der demokratischen Verfassung von 1947 war er das »Symbol« (*shôchô*) der Einheit von Staat, Volk und Nation. In diesem Sinne stand er für Kontinuität auch über die Zäsur des Jahres 1945 hinaus. Die Debatte über seine persönliche Verantwortung für den Krieg war somit über mehr als vier Jahrzehnte hinweg ein Stück lebendiger Erinnerung.

Mit dem Tode Hirohitos am 7. Januar 1989 ging in Japan die Showa-Zeit zu Ende, die schon vom Namen her aufs Engste mit der Person des Tennô verbunden war. Sein Ableben war für die Medien und Meinungsforschungsinstitute Anlass, die politisch-soziale Mentalität der Nation an einer Epochenschwelle einzufangen.[2] Dabei wurde auch nach der Rolle Hirohitos in den Jahren vor und nach 1945 gefragt. Nur etwa ein Viertel der Befragten war im Januar 1989 davon überzeugt, dass Hirohito für die politischen Entscheidungen zwischen 1931 und 1945 die politische Verantwortung hätte übernehmen müssen; 69 % waren vielmehr der Auffassung, dass der Tennô für den Krieg keine Schuld trage, beziehungsweise verhielten sich indifferent.

Die Verklärung des Tennô in den Tagen der Trauer mag den Blick darauf verstellen, dass bereits in den Jahren unmittelbar nach dem Krieg eine heftige Auseinandersetzung über die politische Verantwortung Hirohitos entbrannt war. Erst nach dem Ende der Besatzungszeit kam es dann im Zeichen einer konservativ-restaurativen Wende zu bedeutsamen Veränderungen bezüglich der politischen Rolle und der öffentlichen Wahrnehmung des Tennô. In ihrem Verlauf wurde die unter der Ägide der Besatzungsbehörden begonnene »Entzauberung« des Tennô nicht mehr weitergeführt. Stattdessen setzte eine bis heute andauernde Remystifizierung des Kaisertums ein. Dieser Prozess einer im Grunde unvollkommenen »Entzauberung« als Folge eines konservativ-nationalistischen Revisionismus soll im Folgenden nachgezeichnet werden.

Die Rolle des Tennô zur Zeit der Besatzung, 1945–1952

Das erste Jahr nach dem Kriege war eine Zeit der Krise und der Unsicherheit hinsichtlich des persönlichen Schicksals von Hirohito und der Stellung des Tennô im Allgemeinen. In den 15 Monaten zwischen dem Eingeständnis der Niederlage (15. August 1945) und der Verkündigung einer neuen Verfassung (3. November 1946) waren Person und Institution des Tennô Gegenstand einer hitzigen Debatte zwischen Besatzungsbehörden und japanischen Politikern, aber auch zwischen den verschiedenen gesellschaftlichen und politischen Gruppierungen in Japan selbst. Dabei ging es im Kern um die Frage, ob man den Tennô persönlich für den Krieg zur Verantwortung ziehen und das Kaisertum abschaffen sollte oder ob man es in reformierter Form erhalten und in den neuen demokratischen Staat integrieren konnte. Für diese Diskussion war bezeichnend, dass sie eher mit Blick auf das Kriegsende als auf den Ausbruch des Kriegs gegen China 1937 oder gegen die USA 1941 geführt wurde. Von prägender Bedeutung war in diesem Zusammenhang die Formel von der »allgemeinen Reue von 100 Millionen« (*ichioku sôzange*), die Higashikuni Naruhiko, der Chef der Übergangsregierung, am 28. August 1945 in einer Pressekonferenz zum ersten Mal in die Debatte einbrachte: Die Schuld an der Niederlage könne keinesfalls dem Tennô allein zugeschrieben werden, vielmehr habe die ganze Nation daran einen Anteil.[3]

Der Optimismus in weiten Teilen der Elite hinsichtlich der Beibehaltung des Kaisertums rührte nicht zuletzt von einer nachträglichen heroischen Inszenierung der Tage und Entscheidungen gegen Ende des Krieges (14./15. August) her. Nach dieser »nationalen Meistererzählung«, die Igarashi Yoshikuni jüngst als einen Gründungsmythos des modernen Japan nach 1945 entlarvt hat, ging der Krieg einzig und allein aufgrund der einsamen, heroischen Entscheidung Hirohitos zu Ende, der sich angesichts der Verheerungen, die die beiden Atombomben angerichtet hatten, zu der Entscheidung gegen den Willen seiner Ratgeber und Generäle durchrang, in die Bedingungen der Potsdamer Deklaration unter modifizierten Bedingungen einzuwilligen, wenn das Kaisertum selbst in seinem Bestand nicht gefährdet werde.[4] Es sei dem Tennô darum gegangen, weiteres Leid von seinem Volk abzuwenden. Nach dieser Version, die besonders von den Konservativen in Japan gepflegt wurde, hatte Hirohito für den Krieg keine Verantwortung; vielmehr erschien er als Friedensstifter! Der Tennô verlas zum ersten Mal im Radio eine Bekanntmachung, die berühmte »Kaiserliche Erklärung zum Kriegsende« (»Shûsen no shôsho«), – ein Vorgang, der ihn nach außen hin ins Zentrum der politischen Entscheidungsprozesse stellte.[5] Hirohito selbst ging es dabei offensichtlich weniger um die Frage von Krieg oder Frieden, von Imperium oder Verfassung, sondern darum, die Kontinuität der kaiserlichen Linie und die Einzigartigkeit der Nation zu wahren.[6] Zwar war für ihn in den dramatischen Stunden des 14./15. August 1945 das Überleben der Bevölkerung ein wichtiges Anliegen, doch willigte er letztlich in die Kapitulation ein, »um den Erhalt des geistigen Kerns der Nation, ihres *kokutai*, für die Zukunft zu sichern«.[7]

Was an dem Vorgang in der Retrospektive überrascht, ist die Tatsache, dass er von der Mehrheit der Bevölkerung und im kleinen Zirkel der politischen und militärischen Elite ganz unterschiedlich erlebt und erinnert wird. Fotografien vom 15. August 1945 zeigen, wie sich die Menschen während der Ansprache des Tennô auf den Boden knieten und gesenkten Hauptes seinen Worten lauschten, die sie im Übrigen kaum verstanden, weil Hirohito in einem sehr formellen Japanisch sprach. Zeitgenossen bezeugten noch Jahre später, dass sich die Mehrheit vom Eingeständnis der Niederlage traumatisiert fühlte, auch wenn man das Kriegsende natürlich herbeigesehnt hatte und sich nun erleichtert zeigte.[8] Demgegenüber erkannten führende Politiker, die von der Vergangenheit unbelastet waren, schon früh die Chancen für den Erhalt des Kaisertums, die darin lagen, dass der Tennô selbst die Entscheidung, in die Bedingungen der Potsdamer Deklaration einzuwilligen und den Krieg zu beenden, getroffen hatte und diese nun in der Öffentlichkeit selbst bekannt machte. So rühmte etwa Yoshida Shigeru in einem Brief an den Diplomaten Kurusu Saburô am 27. August 1945 die Entscheidung des Kaisers als tapfer und weitsichtig im Hinblick auf die nunmehr verbesserten Chancen zum Erhalt des Kaisertums.[9] Andere waren weniger optimistisch. Konoe Fumimaro und Mitglieder des kaiserlichen Hauses favorisierten eine Abdankung Hirohitos, um das Amt selbst vor zu weit reichenden Reformen zu schützen. Damit einhergehen sollte eine Verfassungsreform, wonach der Tennô künftig nicht mehr Oberbefehlshaber der Streitkräfte sein sollte. Dies verstand man als eine deutliche Absage an den Militarismus und ein Signal an die amerikanischen Besatzer für einen demokratischen Neuanfang.

Dass es damit nicht so weit her war, zeigte der Umstand, dass sich der Tennô selbst niemals zu seiner Verantwortung für den Krieg bekannte.

Vielmehr ist in den vergangenen Jahren in der Forschung deutlich herausgearbeitet worden, dass Hirohito so lange wie nur eben möglich an seinem alten Status als »Souverän« festhielt.[10] Darüber hinaus zeigen neuere Auswertungen von Tagebüchern führender Ratgeber (wie das von Shigemitsu Mamoru, Ashida Hitoshi und anderen), dass der Tennô auch nach der Verkündung der neuen Verfassung, die ihn auf eine neue Rolle als »Symbol« der Nation verpflichtete, gleichwohl auf ständigen Informationen und Konsultationen über politische Angelegenheiten (*naisô* beziehungsweise *go-kamon*) bestand. Als die erste sozialistische Regierung unter Ministerpräsident Katayama Tetsu 1947 die fortlaufenden Besuche im kaiserlichen Palast einstellte, beschwerte sich der Tennô darüber, dass er nicht mehr hinreichend informiert werde, obwohl er einen solchen Anspruch verfassungsrechtlich nicht geltend machen konnte. Die späteren Ministerpräsidenten haben deshalb die »informelle Konsultation« des Tennô wieder aufgenommen.[11]

Dem japanischen »Selbstvertrauen« in der Frage des Fortbestehens der Monarchie nach dem Zusammenbruch 1945 stand das tiefe »Misstrauen« der alliierten Besatzungsbehörden gegenüber. Vor allem den Amerikanern ging es dabei um zwei Ziele: Man musste verhindern, dass Japan wieder eine aggressive Militärmacht wurde; gleichzeitig wollte man aber das soziale und politische System nicht vollkommen revolutionieren, sondern den Tennô als einen Stabilisierungsfaktor benutzen. Das Treffen zwischen dem Tennô und dem Chef der Besatzungsmacht, General Douglas MacArthur, hat in diesem Zusammenhang eine besondere Rolle gespielt und die spätere Erinnerung an die Zeit des Kriegsendes geprägt. Zu diesem Treffen kam es auf Veranlassung MacArthurs am 27. September 1945 in seinen Amtsräumen. Der Tennô, gekleidet in einen schwarzen Cutaway, fuhr in einem Rolls Royce vor, von amerikanischer Sicherheitspolizei bewacht und geschützt. Die Unterredung der beiden Männer (in Anwesenheit eines Dolmetschers) dauerte 40 Minuten und war vertraulich. Wie später durchsickerte, war Hirohito vor diesem Treffen, das für ihn einer Demütigung gleichkam, unsicher und nervös, zeigte sich aber danach erleichtert und zuversichtlich, weil ihm von MacArthur, so wie dieser in seinen Memoiren später berichtete, ein hohes Maß an Sympathie entgegengebracht wurde. Die Begegnung der beiden wurde durch ein Foto dokumentiert, das am folgenden Tag um die Welt ging, weil es die Niederlage des Landes nunmehr für jedermann vollends sichtbar machte. Das Foto, von einem amerikanischen Militärfotografen arrangiert, zeigte die beiden ungleichen Männer nebeneinander stehend: den General, den Kaiser schon an Statur überragend, die Hände lässig in die Hüften gestützt, daneben den Tennô, der sich sichtlich unwohl fühlte und mit starrem Ernst in die Kamera blickte. Wer dieses Foto sah, konnte keinen Zweifel daran haben, wer von den beiden der Sieger und wer der Besiegte war. So schrieb denn auch der Schriftsteller Watanabe Kiyoshi über dieses Foto einige Zeit später, für ihn habe der Kaiser spätestens zu diesem Zeitpunkt seine göttliche Autorität eingebüßt.[12] In der Tat war dieses arrangierte Treffen wohl der erste Akt im Prozess einer inszenierten Entzauberung des Tennô, der sich in den kommenden Monaten zunächst noch fortsetzen sollte.

Ein weiterer Schritt in diese Richtung wurde zum Jahreswechsel mit der »Erklärung zur Natur des Kaisers als Mensch« (»Ningen sengen«) getan, in der der Tennô seinem gottähnlichen Status entsagte.[13] Diese Erklärung hat in Japan und im westlichen Ausland für Aufsehen gesorgt. Dabei haben sich aber zwei durchaus unterschiedliche Lesarten herausgeschält. Im Westen wird in der Regel die Absage an einen gottähnlichen Status als Kernaussage der Erklärung hervorgehoben, zum einen um die Bedeutung der Worte des Tennô für einen demokratischen Neuanfang zu unterstreichen (D. Lu), zum anderen um zu betonen, dass der Tennô gleichwohl am alten Prinzip des japanischen Nationalwesens (kokutai) festgehalten habe, als er die »Unverbrüchlichkeit der Bindung von Volk und Tennô« herausstellte (K. Antoni).[14] Demgegenüber hat man in Japan viel stärker die aufklärerischen Elemente der Erklärung, die im Verweis auf die Eides-Charta von 1868 zum Ausdruck kamen, hervorgehoben. Es sei, so wird etwa von Kawai Kazuo gegen die Überbetonung der religiösen Dimension angeführt, für jeden gebildeten Japaner selbstverständlich gewesen, im Tennô keine gottähnliche Gestalt zu sehen. Allenfalls sei ihm ein außergewöhnlicher Rang zugesprochen worden, der ihn über die anderen Menschen gestellt habe. Aus diesem Grunde habe man von der Erklärung in Japan auch sehr viel weniger Aufhebens gemacht als im Westen.[15]

Immerhin gab die Erklärung des Tennô den Alliierten ein wichtiges Argument an die Hand, den Tennô gegenüber den Forderungen liberaler und linksgerichteter Kreise nach Abdankung beziehungsweise nach Anklage wegen Kriegsverbrechen aus der politischen Schusslinie zu nehmen, und zwar sowohl in den Ländern der Siegerstaaten als auch in Japan selbst. In den USA waren im Juni nach einer Umfrage noch 70 % der Befragten dafür, den Tennô nach Kriegsende vor ein Gericht zu stellen und zum Tode zu verurteilen; aber diese Umfrage in der aufgeladenen Stimmung der letzten Kriegswochen war für die öffentliche Meinung zum Jahreswechsel 1945/46 nicht mehr repräsentativ. Hinzu kam, dass in der amerikanischen Administration schon sehr früh – der amerikanische Historiker John W. Dower behauptet, bereits im Jahre 1944 – feststand, den Tennô als stabilisierenden Faktor in die japanische Politik der Nachkriegsjahre einzubauen.[16] Aus diesem Grunde hat man ihn auch nicht, wie die führenden Militärs, vor das Tôkyôter Kriegsverbrechertribunal gestellt, das am 3. Mai 1946 seine Verhandlungen aufnahm. Vielmehr wurde Hirohito von MacArthur und politischen Weggefährten mehrmals ermutigt, im Amt zu bleiben; die Gefahr eines kommunistischen Umsturzes spielte dabei eine nicht zu unterschätzende Rolle.

Die Stimmen kritischer Intellektueller, die sich für eine Abdankung des Tennô einsetzten, blieben in den ersten Jahren nach dem Kriege zwar nicht ungehört, aber sie zeigten weder in den Reihen der Alliierten oder der japanischen Elite noch bei den Massen größere Wirkung. Denn es gelang, den Tennô ab dem Frühjahr 1946 zu einer ausgedehnten Reise durch das Land zu bewegen, die ihm viele Sympathien einbrachte und den Grundstein für die spätere Popularisierung der kaiserlichen Familie im Sinne eines »Tennô-Systems für die Massen« (»*Taishû tennô-sei*«) legte.[17] Die erste Phase dieser »public relations«-Touren durch Japan (*tennô junkô*) sollte bis zum August des Jahres 1954 dauern.[18] Im Verlauf dieser acht Jahre besuchte der Tennô fast jede Präfektur und kam dabei mit vielen tausend Bürgern in Kontakt. Die genaue Entstehung des Plans für diese ausgedehnten Reisen ist noch immer unklar. Ein Vorbild waren ähnliche Reisen des britischen Königshauses, das für Hirohito in vielerlei Hinsicht maßgebend war. Hatten die Menschen vor 1945 den Tennô nur sehr selten, meistens bei Paraden auf einem weißen Schimmel reitend, aus der Ferne beobachten können, so trat ihnen nun ein scheuer, nicht sehr redegewandter Mann in westlicher Kleidung gegenüber, dessen Unbeholfenheit ihn beim Gros der Bevölkerung eigentlich noch sympathischer machte. Politische Kritiker, vor allem aus der Kommunistischen Partei, hatten deshalb zu Recht in diesen Tennô-Reisen einen raffinierten Propagandazug von Besatzungsbehörde und Hofamt gesehen.

In der Tat zog der Besuch des Tennô in Fabriken und Krankenhäusern, bei Sportveranstaltungen, Ausstellungen oder gar auf dem Schwarzmarkt in Yokohama Massen an Schaulustigen an. Die Reaktionen des Publikums waren aber gleichwohl nicht zu kalkulieren. Sie schwankten zwischen Respektbezeugungen vornehmlich älterer Menschen und dem Protestverhalten bei Teilen der jüngeren Generation. Die Choreographie dieser Touren war bemerkenswert. Überall, wo der Tennô auftrat, war er von Mitgliedern der amerikanischen Militärpolizei umgeben, die ihm in quasi feudaler Manier zu seinem Schutz beigegeben waren. Nach außen hin demonstrierte dies die Unterstützung der Amerikaner für den Thron. Auf der anderen Seite konnte auch das Begleitpersonal nicht verhindern, dass es gelegentlich zu Unterbrechungen und Störungen des Besuchsprogramms kam. Als Skandal wurde im November 1951 das Verhalten von Studenten anlässlich eines Besuchs des Tennô an der Universität von Kyôto gewertet. Die Studenten stoppten den Wagen des Tennô, provozierten diesen mit Fragen nach Plänen für die erwartete Wiederaufrüstung und sangen statt der Nationalhymne ein »Friedenslied«. Diese Vorfälle aber waren Ausnahmen; in der Regel erfüllten die Touren des Tennô ihren Zweck, indem sie ihn der Bevölkerung näherbrachten und ihn zu einem Sympathieträger werden ließen. Oberflächlich besehen stellten die Touren den Ausweis einer »Humanisierung« des Tennô aus, so wie dies in der Erklärung vom 1. Januar 1946 zur Stellung des Tennô als Mensch vorgezeichnet worden war. Man kann aber den »*tennô junkô*« auch noch eine andere Deutung geben, denn in ihrem Verlauf konnte der Tennô die enge Bindung zwischen Kaiserhaus und Volk im Sinne des älteren »*kokutai*«-Gedankens und der Einheit der Nation mit den Mitteln der demokratischen Mediengesellschaft unter Beweis stellen.

Wie stark die Ideologie des japanischen »Nationalwesens« auch die politische Neuordnung prägte, kam nirgendwo deutlicher zum Ausdruck als in den Beratungen des Parlaments über den Entwurf einer neuen Verfassung, namentlich in den Debatten über die dem Tennô gewidmeten Artikel Ende Juni 1946. Zuvor war es den japanischen Politikern unter der Führung des seit Mai 1946 amtierenden Ministerpräsident Yoshida Shigeru in zähen Verhandlungen gelungen, den Amerikanern in der Frage der Stellung des Tennô Zugeständnisse abzuringen, durch die der Grundgedanke des *kokutai* auch durch die demokratische Verfassung nicht tangiert wurde. So äußerte sich etwa Yoshida in den Beratungen des Parlaments dahingehend, »dass das ›Nationalwesen‹ durch die neue Verfassung in keinerlei Weise verändert werde.«[19] Mit einigen sophistischen Umdeutungen des modernen Verfassungsrechts gelang es Yoshida und seinen

Mitstreitern, die Frage nach der Souveränität und Herrschaftsgewalt dahingehend zu lösen, dass man erklärte, sie liege selbstverständlich beim Volk in seiner Gesamtheit, also auch beim Tennô. Das japanische »Nationalwesen« garantiere die Einheit von Kaiser und Volk und versöhne Monarchie und Demokratie miteinander.[20] Mit dieser konservativen Auslegung der Verfassungsbestimmungen über die neue Rolle des Tennô als »Symbol des Staates und der Einheit des Volks« passierte die Verfassung schließlich das Parlament und erhielt den politischen Segen MacArthurs.[21]

Das Tennô-Bild im Zeichen der konservativen Restauration

Am 28. April 1952 trat der im Jahr zuvor abgeschlossene Friedensvertrag von San Francisco in Kraft, der Japan nach außen hin seine volle nationale Souveränität zurückgab. Wer glaubte, dass sich die politischen Auseinandersetzungen zwischen den Konservativen und den linken Gruppierungen nun beruhigten, sah sich bald getäuscht.[22] Im Juli 1952 verabschiedete das Parlament ein Gesetz zur Unterdrückung subversiver Bestrebungen, das stark an die unrühmlichen Polizeigesetze der Vorkriegsjahre erinnerte. Die Kontroversen um die Verbreiterung der amerikanischen Militärbasen und die Wiedereinführung des bei den gewerkschaftlich organisierten Lehrern verhassten Moralunterrichts vergifteten das politische Klima der späten 1950er Jahre. Straßenschlachten, Streiks und Tumulte im Parlament waren an der Tagesordnung. Was das Bild des Tennô anbelangte, so profitierte dieser in der Öffentlichkeit in den 1950er Jahren von einer Popularisierung der kaiserlichen Familie, die nach der Hochzeit des Kronprinzen Akihito mit der bürgerlichen Shôda Michiko, Tochter eines reichen Geschäftsmanns, einen wahren Boom (»Michi-Bûmu«) auslöste, in dem alle kritischen Vorhaltungen Hirohito gegenüber deutlich in den Hintergrund traten. Der Eintritt einer Bürgerlichen in den kaiserlichen Haushalt hat vor allem die neuen Mittelschichten mit dem Kaiserhaus verbunden.[23]

Diese populäre Welle verebbte aber schon bald wieder, denn der Tennô und die kaiserliche Familie sahen sich in die Polarisierung der öffentlichen Meinung hineingestellt, die sich Anfang der 1960er Jahre aus der umstrittenen Verlängerung des Sicherheitsvertrages und der beginnenden Studentenproteste auf der einen Seite und den Versuchen national-konservativer Politiker zur Restauration des Tennô-Systems auf der anderen Seite ergab. Ein signifikantes Beispiel war in diesem Zusammenhang im Jahre 1961 die so genannte Shimanaka-Affäre.[24] In der Zeitschrift »Chûô Kôron« hatte der Schriftsteller Fukazawa Shichirô im Dezember 1960 eine Kurzgeschichte über eine Revolution in Japan veröffentlicht, in deren Verlauf Mitglieder der kaiserlichen Familie enthauptet wurden. Radikale Nationalisten warfen dem Autor und dem Verleger Shimanaka Hôji die Missachtung der Würde der kaiserlichen Familie vor. Am 1. Februar 1961 brach ein Mitglied der nationalistischen Fronde in das Haus des Verlegers ein, verletzte dessen Frau und tötete einen Hausangestellten. Dieser Vorfall wurde zwar polizeilich verfolgt und gerichtlich geahndet, er belebte aber ein altes Tabu neu, wonach es nicht gestattet war, offen und kritisch – und sei es auch nur in Form einer literarischen Fiktion – über den Tennô und seine Familie zu reden oder zu schreiben. Die Zeitschrift war gezwungen, im März 1961 eine Erklärung zu veröffentlichen, in der sie sich dafür entschuldigte, dass einer ihrer Autoren die Würde der kaiserlichen Familie verletzt hatte.

An die Affäre um den Verleger Shimanaka schlossen sich in den folgenden Jahren weitere Versuche an, das Tennô-System im Geist der Vorkriegszeit zu restaurieren. So entschied die Regierung trotz heftiger innenpolitischer Widerstände am 8. Dezember 1966, den mythischen »Gründungstag der Nation« (*kigensetsu*, 11. Februar) wieder als nationalen Feiertag (*kenkoku kinenbi*) einzuführen, mit dem ein Stück nationaler Erinnerungskultur eine neue rechtliche Grundlage erhielt. Auf den Druck nationalistischer politischer und religiöser Interessenorganisationen hin schlugen einige Abgeordnete der Liberal-Demokratischen Partei sogar vor, einen Gesetzentwurf einzubringen, auf dessen Grundlage es dem Staat wieder möglich sein sollte, den Yasukuni-Schrein, einen Hort der politischen Reaktion, finanziell zu unterstützen – ein Vorgang, der im Ergebnis zwar keinen Erfolg hatte, der aber zeigte, dass man im Zeichen einer konservativ-nationalen Trendwende auch bereit war, nötigenfalls gegen den Geist der Verfassung von 1947, die eine eindeutige Trennung von Religion und Staat vorschrieb, zu verstoßen. Besuche der Ministerpräsidenten am Yasukuni-Schrein schlossen sich ab Mitte der 1980er Jahre daran an.

Zum gleichen Zeitpunkt griff der Tennô auch selbst wieder im Rahmen diverser Auslandsreisen in die äußere Politik ein (*kôshitsu gaikô*). Dabei zeigte sich bisweilen eine erschreckende Ignoranz gegenüber der japani-

Die Grenzen der Entzauberung 133

schen Politik in den Kriegsjahren und dem politischen Wandel nach dem Krieg. So beantwortete Hirohito etwa anlässlich eines Besuchs der USA im Jahre 1975 die Frage eines Reporters nach seiner Einschätzung des politischen und sozialen Wandels vor und nach 1945 mit der Bemerkung, er glaube nicht, dass es in dieser Zeit einen Wandel gegeben habe. Fragen zur Kriegsschuld Japans könne er nicht beantworten, da er in dieser Sache kein Spezialist sei und die Literatur zu diesem Thema noch nicht hinreichend studiert habe.

Gespeist von einem neuen nationalen Selbstbewusstsein mit Blick auf die große Wirtschaftskraft des Landes bis zum Kollaps der »Bubble-Economy« Anfang der 1990er Jahre, setzten sich die Bemühungen um eine Restituierung des Tennô-Systems und eine Stärkung seiner Souveränität als Staatsoberhaupt über den Tod Hirohitos hinaus fort, wobei der religiösen Begründung der Herrschaftsansprüche eine besondere Bedeutung zufiel.[25] Dies zeigte sich deutlich an den Ritualen der Beisetzung des Shôwa-Tennô und der Inthronisation seines Sohnes und Nachfolgers Akihito. Zu Recht ist darauf aufmerksam gemacht worden, »dass die entscheidenden Rituale, so das Beisetzungsritual *taisô no rei* oder das Inthronisationsritual *daijôsai*, in ihrem Ablauf praktisch unverändert beibehalten wurden und den jeweiligen (staats-) shintoistischen Zeremonien der Vorkriegszeit bis ins Detail entsprachen.«[26] Die Wiederherstellung der alten, von der Verfassung eigentlich suspendierten Einheit von Religion und Staat kam dabei insbesondere im *daijôsai* (»Fest des Großen Kostens«), der ersten shintôistischen Erntedankzeremonie in der Amtszeit eines Tennô, die seine Stellung religiös begründet, zum Ausdruck. Die sich in diesem Ritual äußernde Wiederannäherung von Staat und Religion ist geeignet, die Legitimation des Tennô nach Geist und Bestimmungen der demokratischen Verfassung zu unterminieren und stattdessen wieder die sakrale Auslegung des Kaisertums stärker zu akzentuieren.

Im Januar 1989 fiel auf, dass es in den Nachrufen auf den Shôwa-Tennô verstärkt dazu kam, diesen als einen harmlosen, friedlichen Mann mit wissenschaftlichen Neigungen zu stilisieren. Dass er ebenfalls Verantwortung für den Krieg trug, wurde geflissentlich verschwiegen oder übergangen. Seine eigenen Erinnerungen an den Krieg, im März/April 1946 zur Vorbereitung eines möglichen gerichtlichen Verfahrens in fünf Sitzungen diktiert und erst 1990 von der Zeitschrift »Bungei Shunjû« veröffentlicht, haben diese Sicht auf die Geschichte eher noch bekräftigt.[27]

Für die letzten Jahre lässt sich aber ein Wiedererstarken revisionistischer und nationalistischer Elemente konstatieren, wie dies etwa in den Debatten um die neue staatsrechtliche Verankerung von Nationalhymne (»Kimi ga yo«) und Nationalflagge (Hi no maru) vielleicht am deutlichsten sichtbar wurde. In der »Tennôsystem-Demokratie« hat der Tennô, wie die japanische Zeitschrift »Sekai« in einer dem Thema gewidmeten Ausgabe im Januar 2000 schrieb, wieder ein größeres Gewicht, während die demokratischen Institutionen im Zeichen eines neuen Nationalismus an Bedeutung eher verlieren.[28] Das öffentliche Interesse an der kaiserlichen Familie, wie es in der jüngsten Vergangenheit aus Anlass der kaiserlichen Hochzeiten und Geburten in den Massenmedien zum Ausdruck kam, wird von einer Restauration religiöser Elemente zu politischen Zwecken – besonders augenfällig bei den regelmäßigen Besuchen des Yasukuni-Schreins durch japanische Politiker – begleitet. Mediale Popularisierung und konservativ-sakraler Revisionismus erscheinen dabei als die zwei Seiten ein und derselben Medaille.

Anmerkungen

1 Yoshida Shigeru, Kaisô jûnen (Ein Rückblick auf zehn Jahre), Vol. 4, Tôkyô 1978, S. 83. Eine ganz andere und nicht unumstrittene Auffassung vertritt neuerdings Herbert P. Bix in seinem mit dem Pulitzer-Preis ausgezeichneten Buch: Hirohito and the Making of Modern Japan, New York 2000.
2 Siehe dazu die verschiedenen Umfragen von Asahi Shinbunsha, Mainichi Shinbunsha, Kyôdô Tsûshinsha u. a., abgedruckt in: Naikaku sôri daijin kambô kôhôshitsu (Hg.), Heisei gannen nenkan ichi seron chôsa nenpyô (Jahrbuch für öffentliche Meinungsforschung, 1 – 1989), Tôkyô 1990, S. 471 ff.
3 Yoshida Yutaka, Nihonjin no sensôkan (Das Kriegsbild der Japaner), Tôkyô 1995, S. 26 ff.
4 Vgl. Yoshikuni Igarashi, Bodies of Memory. Narratives of War in Postwar Japanese Culture, 1945–1970, Princeton 2000, S. 25 ff.
5 Vgl. dazu den Abdruck der von Gerhard Krebs vollständig übersetzten Erklärung in: Periplus. Jahrbuch für außereuropäische Geschichte 5 (1995), S. 50 f. Siehe auch Klaus Antoni, Legitimation staatlicher Macht: Das Erbe der kokutai-Ideologie, in: Gesine Foljanty-Jost/Anna-Maria Thraenhardt (Hg.), Der schlanke japanische Staat. Vorbild oder Schreckbild? Opladen 1998, S. 54 ff.
6 Siehe dazu Herbert P. Bix, The Showa Emperor's Monologue and the Problem of War Responsibility, in: The Journal of Japanese Studies 18 (1992), Nr. 2, S. 295–363. Vgl. auch Peter Wetzler, Kaiser Hirohito und der Krieg im Pazifik. Zur politischen Verantwortung des Tennô in der modernen japanischen Geschichte, in: Vierteljahreshefte für Zeitgeschichte 37 (1989), S. 611–644.
7 Antoni, Legitimation [wie Anm. 5], S. 57.

8 Siehe dazu die Ausführungen von Kazuo Kawai, Japan's American Interlude, Chicago 1960, S. 71 ff.
9 Vgl. den Abdruck des Briefs in: Shûgiin Kensei Kinenkan (Hg.), Kensei kinenkan no jûnen (Zehn Jahre Gedenkstätte für die Verfassung), Tôkyô 1982, S. 114.
10 Osamu Watanabe, The Emperor as a »Symbol« in Postwar Japan (jap. 1988), in engl. Fassung nun abgedruckt bei Stephen S. Large (Hg.), Showa Japan. Political, Economic and Social History, 1926–1989, Vol. III, 1952–1973, London 1998, S. 3–23, hier S. 11: »The emperor, contrary to the image propagated later, held on to this traditional status for as long as possible.«
11 Siehe dazu die neuere Studie von Gotô Muneto, Sengo seiji ni okeru Shôwa Tennô no ichi (Die Stellung des Shôwa-Tennô in der Nachkriegspolitik), in: Iwate Kenritsu Daigaku Morioka Tanki Daigakubu Kenkyû Ronshû 2 (2001), S. 57–68.
12 John W. Dower, Embracing Defeat. Japan in the Wake of World War II, New York 1999, S. 340.
13 Siehe dazu den Abdruck der Quelle bei Tôyama Shigeki (Hg.), Shiryô: Sengo nijûnen shi (Quellen: Zwanzig Jahre Nachkriegsgeschichte), Bd. 1: Seiji, Tôkyô 1966, S. 25 f.
14 Vgl. David Lu (Hg.), Sources of Japanese History, Bd. 2, New York 1974, S. 224, Anm. 4; Antoni, Legitimation [wie Anm. 5], S. 61.
15 Siehe dazu Kazuo Kawai, Japan's American Interlude, Tokyo 1957, S. 74; ähnlich auch Dower, Embracing Defeat [wie Anm. 12], S. 316 ff.
16 Siehe dazu Dower, Embracing Defeat [wie Anm. 12], S. 280 f.
17 Diese Formel geht auf eine Serie von Artikeln des Politologen Matsushita Kiichi zurück, die zwischen April und September 1959 in der Zeitschrift »Chûô Kôron« erschien.
18 Siehe dazu vor allem Nakamura Masanori, Sengoshi to shôchô tennô (Die Nachkriegsgeschichte und der Symbol-Tennô), Tôkyô 1992, S. 175 ff; Dower, Embracing Defeat [wie Anm. 12], S. 330 ff. Vgl. dazu u. a. den Bericht der Zeitung »Asahi Shinbun« über einen Besuch des Tennô in einer wiederaufgebauten Fabrik in der Präfektur Kanagawa vom 20. Februar 1946, abgedruckt bei Tôyama Shigeki (Hg.), Shiryô: Sengo nijûnen shi (Quellen: Zwanzig Jahre Nachkriegsgeschichte), Bd. 1: Seiji (Politik), Tôkyô 1966, S. 26.
19 »Kokutai wa shin kenpô ni yotte gômo henkô sararenai«, zitiert nach Koseki Shôichi, Shôchô tennôsei (Das Symbol-Tennôsystem), in: Iwanami kôza Nihon tsûshi, Bd. 19,4, Tôkyô 1995, S. 230.
20 Siehe dazu John W. Dower, Empire and Aftermath. Yoshida Shigeru and the Japanese Experience, 1878 bis 1954, Cambridge, Mass. 1979, S. 324 f.
21 Siehe den Abdruck der Verfassung, die am 3. Mai 1947 in Kraft trat, bei Lu (Hg.), Japan [wie Anm. 14], S. 471–475.
22 Siehe dazu Sepp Linhart, Die neue Ordnung nach 1945: Japan, in: Sepp Linhart/ Erich Pilz (Hg.), Ostasien. Geschichte und Gesellschaft im 19. und 20. Jahrhundert, Wien 1999, S. 142.
23 So die These von Nakamura, Sengoshi [wie Anm. 18], S. 192 ff.
24 Siehe dazu Kiyoku Takeda, The Dual-Image of the Japanese Emperor, Basingstoke 1988, S. 154.
25 Vgl. Antoni, Legitimation [wie Anm. 5], S. 63 f. Siehe auch ders., Der Himmlische Herrscher und sein Staat – Essays zur Stellung des Tennô im modernen Japan, München 1991, passim.
26 Vgl. Antoni, Legitimation [wie Anm. 5], S. 62.

27 Siehe dazu Bix, Monologue [wie Anm. 6], und George Hicks, Japan's War Memories. Amnesia or Concealement? Aldershot 1997.
28 Siehe dazu die Artikel unter der Überschrift »2000nen no shôchô tennôsei« (Das Symbol-Tennôsystem im Jahr 2000), in: Sekai 670 (2000), Nr. 1, S. 72 ff.

III. Die Historiker und die Deutung der Vergangenheit

Christoph Cornelißen
Historikergenerationen in Westdeutschland seit 1945
Zum Verhältnis von persönlicher und wissenschaftlich objektivierter Erinnerung an den Nationalsozialismus

In der deutschsprachigen Romanliteratur des 20. Jahrhunderts gehört der Rückgriff auf Generationenabfolgen zu einem bekannten Verfahren, um den Auf- und Niedergang der deutschen Geschichte im gleichen Zeitraum biographisch widerzuspiegeln. Dass der Zugehörigkeit zu bestimmten Generationen, oder genauer: zu spezifischen Generationseinheiten auch in der Historiographie seit 1945 eine große Bedeutung zukommt, ist jedoch erst in letzter Zeit wieder stärker in das Bewusstsein gerückt.[1] Aber auch schon Mitte der 1950er Jahre verdeutlichte der Göttinger Historiker Reinhard Wittram den gleichen Sachverhalt in der aufschlussreichen Bemerkung, wonach es zu einer der aufregendsten Beobachtungen des Historikers gehöre, dass die Gegner innerhalb eines und desselben Zeitalters einander oft ähnlicher seien als jeder von ihnen den Sozialgenossen, die einer anderen Generation angehörten: »Es scheint, dass der Zeitstil [...] eine übermächtige Kraft hat, er prägt die Begriffssprache und kommt in fundamentalen Einstellungen zum Ausdruck.«[2]
Folgt man dieser Hypothese, so kann es nicht überraschen, dass der Generationenbezug auch für die neu aufgekommenen Debatten über die Rolle der deutschen Historiker im Nationalsozialismus beziehungsweise über ihr Schweigen darüber in den Jahren seit 1945 einen, wenn auch sicher nicht den einzigen Erklärungsweg anbietet.[3] In diesem Zusammenhang sticht hervor, dass der noch vor der Wende zum 20. Jahrhundert geborene Historiker Siegfried Kaehler in einem Rückblick auf den Nationalsozialismus aus dem Jahr 1947 »das Recht auf das ›errare humanum est‹« gerade für die Arbeit des Historikers ins Feld führen wollte, ja, er betrachtete dieses Recht sogar als eines »der wichtigsten Menschenrechte« in dieser Zeit.[4] Nachfolgende Historikergenerationen haben sich diesbezüglich deutlich weniger nachsichtig gezeigt; tatsächlich ist in den letzten Jahren sogar eine ausgesprochene Tendenz auszumachen, wonach dem Vergessen des Nationalsozialismus beziehungsweise

der persönlichen Vergangenheit der deutschen Historiker in dieser Zeit das Stigma des Pathologischen anhaftet.[5]
Angesichts dieses hier nur anzudeutenden Wandels soll im Folgenden der Versuch unternommen werden, die Rolle bekannter Repräsentanten der ersten beiden westdeutschen ›politischen Historikergenerationen‹ nach 1945 näher zu beleuchten.[6] Im Kern geht es um die Frage nach dem Verhältnis von gelebter »subjektiver« Erinnerung zu den Inhalten und Methoden der wissenschaftlich–»objektiven« Erforschung des Nationalsozialismus. Was wurde, kurz gefasst, nach 1945 aus der Geschichte des »Dritten Reiches« von deutschen Historikern thematisiert, mit welchen Begriffen und welchen Zielen? Gleichermaßen soll hier danach gefragt werden, was verschwiegen oder auch verdrängt wurde und weshalb? Untersucht werden die Werke und Stellungnahmen aus der Gruppe der ›Wilhelminer‹ (gemeint sind die Geburtsjahrgänge zwischen 1880 und 1895) sowie der »bündischen Generation« (Jahrgänge zwischen 1896 und 1910). Hierbei wird bewusst auf ausgewählte Repräsentanten dieser zwei Generationen verwiesen, denn für eine systematische und umfassende Erfassung der gesamten ›Zunft‹ in den Nachkriegsjahrzehnten fehlen noch zahlreiche Vorarbeiten. Beabsichtigt ist eine Skizze generationstypischer Tendenzen anhand ausgewählter Repräsentanten der westdeutschen Geschichtswissenschaft.

Die »wilhelminische Generation«

Zur Kategorie der ›wilhelminischen Historiker‹ werden hier die Fachvertreter gezählt, die bereits in den Jahren vor dem Ersten Weltkrieg ihre ersten prägenden politischen Erfahrungen gemacht hatten. Von ihrer Herkunft und ihrem Bildungsweg her waren sie alle tief in das Werte- und Normensystem der politischen Kultur des späten Kaiserreiches integriert worden. Das heißt, wir finden sie mehrheitlich auf Seiten der politisch konservativ und wissenschaftlich neo-rankeanisch eingestellten Richtungen, und oftmals traten sie bereits vor 1914 als Befürworter eines expansiven imperialistischen Strebens hervor. Viele, wenn auch nicht alle Historiker dieser Generation müssen zur Frontgeneration des Ersten Weltkriegs gezählt werden. Die Kriegserlebnisse dieser Gruppe bedeuteten kardinale Erfahrungseinbrüche, die allerdings erst auffallend spät zu einer historiographischen Erinnerung an diese Zeit führten.[7]

Mit ihren Namen stehen diese Historiker für die unterschiedlichsten Wege in den Jahren des Nationalsozialismus, angefangen von weitreichender Identifikation und Mitarbeit im Rahmen der Ost- und Volksforschung, so im Fall Hermann Aubins und Hans Freyers, einer partiellen Zustimmung zum NS-Regime bei gleichzeitig konservativer Abgrenzung, so der Fall Siegfried Kaehlers, einer Zurücksetzung im Amt und einer existenziellen Bedrohung durch das Regime, so bei Franz Schnabel, Ludwig Dehio und Hans Herzfeld, und nicht zuletzt finden wir mit Gerhard Ritter unter ihnen auch einen ausgewiesenen Gegner des Regimes.

Entscheidend für unsere Betrachtungen ist: Alle Genannten fanden nach dem Ende des Zweiten Weltkrieges unabhängig von ihren unterschiedlichen Lebenswegen vor 1945 rasch wieder zueinander. Mit ihren Namen stehen sie für ein hohes Maß an Kontinuität in der deutschen Geschichtswissenschaft nach 1945, inhaltlich, methodisch und auch politisch, allerdings bei einer klaren Abgrenzung vom Nationalsozialismus.[8]

Aus der »wilhelminischen Generation« und ihren Nachfolgern wurden nach dem Kriegsende nur diejenigen von der weiteren Mitarbeit – dauerhaft oder auch nur zeitweise – ausgeschlossen, die sich vor 1945 auf Seiten der Nationalsozialisten offen exponiert hatten. Das gilt beispielsweise für Gustav Adolf Rein, Hans Freyer, oder, unter den Angehörigen der nachfolgenden Generation, für Erwin Hölzle (geb. 1901) und Ernst Anrich (geb. 1906). Vornehmlich in den Publikationen aus dieser Gruppe lassen sich nach 1945 Äußerungen eines nationalistischen Ressentiments ausmachen, das sich scharf gegen die »lügenhaft verzerrten Geschichtsbilder in Versailles und Nürnberg« richtete.[9]

Die Historiker der »wilhelminischen Generation« sprachen über ihre persönliche Vergangenheit nach dem Zweiten Weltkrieg in sehr unterschiedlicher Form. Eine klare Ausnahme bildete der Mittelalterhistoriker Fritz Rörig (1882), der sich zu Anfang jeder Vorlesungsstunde 1947/48 an der Humboldt-Universität dafür entschuldigte, Nazi gewesen zu sein.[10] Die Mehrheit jedoch umwölbte ihr vorheriges Handeln und ihr Werk der Jahre vor 1945 mit dem Mantel des Schweigens. Anderes sei gar nicht möglich, argumentierte hierfür aufschlussreich Hans Freyer 1948 in seiner »Weltgeschichte Europas«, denn der »innerste Prozess der Selbstbesinnung« müsse da, »wo er zur Sühnung und Läuterung der sittlichen Kräfte führt, [...] ohne Worte laufen, wenn er nicht von Anfang verfälscht werden soll.«[11]

Der Blick der Historiker, die im Amt verblieben beziehungsweise nach und nach im Amt restituiert wurden, richtete sich jedoch ohnehin nach 1945 ausdrücklich nach vorn. Das ließ Gerhard Ritter schon im November 1946 gegenüber Hans Rothfels beklagen: »Wir deutschen Historiker dürfen Sie ja als Angehörige eines besiegten und besetzten Landes wohl beneiden um all die Freiheiten«, die er in den USA genieße. Das Zitat lässt aufhorchen, weil es einerseits Aufschluss gibt über den Anspruch auf einen Opferstatus von Seiten deutscher Historiker nach 1945, und andererseits deutet es darauf hin, dass die Erinnerung an die Geschichte des Dritten Reiches besonders in der frühen Nachkriegszeit von den aktuellen Verhältnissen der Besatzungszeit geradezu diktiert wurde.[12] Das zeigen auch die Briefe des Göttinger Historikers Siegfried Kaehler, aus denen die Abwehr vieler Erinnerungen an die Vorgänge im Dritten Reich hervorsticht. Schon in den ersten Nachkriegswochen stellte er Ritter gegenüber fest, dass man sich nun zwar in einer Art »solidarischer Haftung« für die »Scheußlichkeiten und Gemeinheiten des Systems« befinde, obwohl man davon nichts gewusst habe. Es bleibe nun die dringende Aufgabe des Historikers, die »Überlieferung des wahren und wirklichen Deutschland zu wahren und zu verteidigen gegen die bereits im Gang befindliche Verleumdung durch demokratische-jüdische Propaganda und gegen die angelsächsische Gerechtigkeit.«[13]

In den Publikationen der Historiker dieser Generation nach dem Krieg wurden die Verbrechen im Nationalsozialismus oftmals nicht genannt oder nur vage, während die Ursachen der Diktatur bald »europäisiert« wurden, indem sie den NS-Einparteienstaat als eine europäische beziehungsweise eben nicht spezifisch deutsche Erscheinung deuteten. Außerdem galt diesen Historikern das deutsche Volk als Opfer der dämonischen Handlungsweise Hitlers und seiner Clique. Selbst unter den nationalsozialistischen Führern habe es so manchen »blinden Blindenführer« gegeben, mutmaßte Kaehler schon im Juni 1945. Exkulpationen dieser Art haben in den populären Massenmedien der frühen Nachkriegsjahre bald dankbare Abnehmer gefunden und derart die Rede von den »dunklen Jahren« in weiten Bevölkerungskreisen verbreitet.[14]

Überhaupt zeichneten sich Historiker der »wilhelminischen Generation« nach 1945 nicht gerade durch eine große Bereitschaft zur Differenzierung in Fragen von Schuld und Sühne, geschweige denn auf dem Feld konkreter Wiedergutmachungsfragen aus. Ihr Hauptbestreben richtete sich vielmehr darauf, eine gemäßigte Revision der tradierten methodischen Überzeugungen und Ergebnisse der deutschen Geschichtsforschung herbeizuführen, ohne an den Grundsätzen ihrer bisherigen Forschung und Lehre allzu kräftig zu rütteln. Es war, wie Ernst Schulin treffend formuliert hat, das Bestreben zu erkennen, den Historismus hergebrachten Typs politisch-moralisch zu »zähmen«.[15] Zu dieser Haltung trugen sicher auch die teilweisen kruden Irrweg-Konzeptionen ausländischer und deutscher Provenienz über die langfristige Deformation der deutschen Mentalität seit Luther bei. Aber auch unabhängig davon wiesen die bekanntesten Streitschriften der Revisionsliteratur deutscher Historiker seit 1945 einen gemeinsamen Kern auf: Bismarck sollte weiter als ein Staatsmann porträtiert werden, der gerade nicht als Vorläufer Hitlers eingestuft werden könne. Ritter führte bereits im August 1946 aus, dass es kaum einen größeren Gegensatz gebe, als den zwischen »dem hemmungslosen Demagogen« Hitler und Bismarck, »dem reinsten Vertreter monarchischer Staatsräson.«[16]

Die Bismarckdebatte der folgenden Jahre stellt sich in der Rückschau, ähnlich wie die Fischerkontroverse ab 1959, in vielfacher Hinsicht als eine Stellvertreterdebatte über die Ursachen des Nationalsozialismus dar. Sie lassen beide das Bestreben von Rothfels und anderen »Wilhelminern« erkennen, eine klare Ausgrenzung des Dritten Reiches aus der Kontinuität der deutschen Geschichte zu bewirken. Mit Ritter und Rothfels traten zugleich zwei Historiker der wilhelminischen Generation im Laufe der 1950er Jahre in den Vordergrund, die mit ihrer Interpretation des Widerstandes gegen den Nationalsozialismus schon früh die Ausrichtung der geschichtswissenschaftlichen Forschung auf die Beschäftigung mit dem »besseren Deutschland« setzten. Beide Autoren, Ritter noch mehr als Rothfels, legten eine bewusst selektiv betriebene Form der historiographischen Erinnerung an den Tag, mit der sie letztlich die politischen und kulturellen Ideale, die sie seit ihrem Eintritt in das akademische Lehramt in den 1920er Jahren immer wieder vertreten hatten, in eine neue Epoche retten wollten. Das bedeutete vor allem, die Tradition einer Geschichtsschreibung zum Erhalt der Einheit der deutschen Nation in der kleindeutschen Fassung des Jahres 1870 zu bewahren.

Die »bündische Generation«

Die ausgeprägte Fixierung auf den deutschen Nationalstaat von 1871 und die Indienststellung der Geschichtswissenschaft für dessen ›kulturelle‹ Bewahrung im Angesicht der deutsch-deutschen Teilung gehörte zu den wichtigsten Verbindungslinien, welche die nachfolgende, die »bündische Generation« deutscher Historiker mit ihren Vorgängern vereinte. Gleichwohl ist im Werk dieser nachwachsenden Generation schon sehr früh ein stärker politisches, wenn nicht sogar politisierendes Element als in den Publikationen ihrer Vorgänger auszumachen. Die Anfänge der wissenschaftlichen Karrieren der Angehörigen dieser zweiten Historikergeneration standen im Zeichen eines politisch-wissenschaftlich geführten Kampfes gegen die Bestimmungen des Versailler Vertrages, wobei auch die Kindheits- und Jugenderfahrungen im Ersten Weltkrieg, namentlich für die Älteren unter ihnen, prägende Momente gewesen waren. Nicht zufällig griff Werner Conze nach dem Zweiten Weltkrieg auf die Bezeichnung des »Versailles-Verwundeten«[17] zurück, um das Generationserlebnis derjenigen zu umschreiben, denen er sich selbst zurechnete. Nach dem Hunger in den Kriegsjahren bildeten die Inflation und die Wirtschaftskrisen der 1920er Jahre weitere Schlüsselereignisse für diese Jahrgänge. Aus der geradezu generationstypischen Enttäuschung über die krisenhafte Entwicklung der Weimarer Republik entfaltete sich danach in ihren Reihen der Drang nach einer radikalen Änderung der Lage. Dieser ließ sie auf der Ebene »der sozialen Leitbilder und des sozialen Zielbewusstseins« weit reichende soziale Planungsforderungen aufstellen, in denen eine starke »ideologisch-totalitäre« Tendenz zutage getreten ist.[18]

Welche Folgen das im Fall der Historiker dieser Generation in den Jahren zwischen 1933 und 1945 nach sich zog, ist in der ganzen Breite ihres politischen und wissenschaftlichen Engagements erst in den letzten Jahren bekannt geworden. Im Hinblick darauf wird man jedoch noch sehr viel genauer, als dies bislang der Fall gewesen ist, die Verbindungen und Abgrenzungen zwischen den Gruppen des akademischen Antisemitismus der 1920er und frühen 1930er Jahre im Führerkorps der Sicherheitspolizei und des NS-Sicherheitsdienstes, und denjenigen Historikern, die eine Rolle als selbst ernannte oder auch gefragte Politikberater einnahmen, untersuchen müssen.[19]

Wenn man die publizierten und nichtveröffentlichten Texte sowie die sonstigen Äußerungen der »bündischen Historikergeneration«, die sich nach 1945 in einem auffallenden Maße mehr der Erforschung anderer Epochen als der des »Dritten Reiches« widmete, auf explizite Hinweise zum Verhältnis von gelebter Vergangenheit und historisch-wissenschaftlichem Interesse an der Zeitgeschichte untersucht, so sticht aus den ersten Nachkriegsjahren die bewusst auferlegte Zurückhaltung hervor, über das unmittelbar Erlebte jetzt erst einmal schweigen zu wollen oder auch zu müssen. Der in Münster lehrende Kurt von Raumer äußerte hierzu 1946, dass er sicher nicht zu denen gehören wolle, die »da wieder anfangen wollen, wo wir aufgehört haben.« Vier Jahre später bemerkte er außerdem, dass die Historiker sämtlichen »politischen Kredit« verloren hätten: »Ich glaube, wer so geirrt hat, wie wir, muss sehr lange schweigen, um nicht gänzlich unglaubhaft zu werden.«

Von Raumer wollte damit jedoch nicht einem verdrängenden Vergessen das Wort reden, sondern er suchte Abgrenzung von denjenigen, die, wie etwa Hermann Aubin, ohne viel Aufhebens an die Methoden und Inhalte der stark nationalsozialistisch durchtränkten Ostforschung anknüpften.[20]

In der Besatzungszeit war die Zurückhaltung der Historiker dieser Generation in erheblichem Maße auch durch die – in den Worten Kaehlers – »ominösen Entlausungsverfahren« (!) bedingt. Da sich gerade die Vertreter dieser Generation mit dem Nationalsozialismus eingelassen hatten, sahen sie sich nach dem Kriegsende existenziellen Problemen ausgesetzt. Sie ließen etwa einen Theodor Schieder 1947 von einem »Purgatorium« sprechen, das er zunächst noch durchlaufen müsse, bevor er sich wieder mit konkreten Wissenschaftsaufgaben beschäftigen könne.[21]

Angesichts dieser Einschätzungen kann es kaum verwundern, dass die Historiker aus der »bündischen Generation« weit stärker noch als ihre Vorgänger nach 1945 die Tendenz an den Tag legten, über ihre persönlichen »Verstrickungen« in die Politik des Nationalsozialismus zu schweigen, auch da, wo sie im Laufe der Nachkriegsjahrzehnte explizit danach gefragt worden sind. Gezielte Angriffe aus den Reihen der DDR-Historiker, danach auch eingehende Darstellungen von dort, aber auch Flugblätter an westdeutschen Universitäten im Umfeld der Studentenproteste in den 1960er Jahren wiesen die Betroffenen von sich, beziehungsweise sie verdrängten sie erfolgreich. Das zeigte sich bereits 1962/63, als sich eine Gruppe deutscher und italienischer Historiker unter der Führung von Helmut Goetz gegen eine Rezension des Darmstädter Historikers Hellmuth Rössler in der »Historischen Zeitschrift« wandten, in der dieser die fast vollständige Überfremdung der Bundesrepublik durch »die mechanistisch-rationalistischen Staatsideen der westlichen Demokratien« beklagt hatte. Goetz brachte damals in klaren Worten gegenüber Theodor Schieder seine Bestürzung über die Ausführungen Rösslers zum Ausdruck. In offensiver Weise warnte er außerdem, dass Schieder sein Amt als Herausgeber besonders nachsichtig ausüben müsse, weil er »in jenen Jahren das Dritte Reich bekanntlich geistig mit vertreten« habe. Goetz ergänzte: »Wenn sich heute Historiker der älteren Generation über Politik oder gar über ihr Verhältnis zum Nationalsozialismus auslassen, dann erwartet man von ihnen, dass sie offen und wahrheitsgemäß darüber sprechen (mit Ausnahme von Otto Westphal ist mir kein deutscher Historiker bekannt, der dies getan hätte – obwohl ihm heute nichts geschehen würde).« Schieder aber deutete die Anspielungen von Goetz auf eine Vertuschung »moralischer Missstände« als einen infamen Angriff auf seine Person und seine Stellung, und er sorgte dafür, dass die Protestaktion mehr oder minder im Sande verlief.[22] Im Nachhinein kommt in dieser Reaktion eine tief sitzende Angst darüber zum Vorschein, sich über das eigene Tun Rechenschaft abzulegen, obwohl man sogar annehmen muss, dass dies damals noch auf ein öffentliches Verständnis getroffen wäre.[23] Offensichtlich haben bei einigen Fachvertretern aus dieser Generation Gefühle der persönlichen Schuld und Scham langfristig zur Abdeckung mit Schweigen geführt, was Dolf Sternburger bereits 1949 in dem Begriff der »vitalen Vergesslichkeit« zusammenführte.[24]

Erst nach einer längeren Phase des intensiven Beschweigens der persönlichen Vergangenheit lassen sich – offene und versteckte – Hinweise im Werk der »bündischen Generation« ausmachen, in denen der Nationalsozialismus, teilweise auch die persönliche Vergangenheit im NS-Staat zu einem Thema gemacht wurde. So sprach Werner Conze in seiner Darstellung zur »Geschichte der deutschen Nation« (1963) davon, dass es nun darum gehen müsse, »die Verklemmung eigener Generationserlebnisse in innerer Freiheit« überwinden zu helfen. Auffallend viel Verständnis fand er in seiner Darstellung allerdings für diejenigen, die im Gegensatz zu den wirklichen NS-Gläubigen im Alltag die Praxis des »Sich-Durchlavierens«, des »Nicht-Auffallens« gelebt hätten.[25] Ebenso aufschlussreich wie die Bemerkungen Conzes sind Äußerungen Theodor Schieders aus dem gleichen Jahr, in denen er anlässlich eines historischen Rückblicks auf die Machtergreifung ausführte: »Und doch haben wir [dieses Ereignis], 30 Jahre danach, in seiner geschichtlichen Bedeutung, seiner Herkunft und Abstammung noch keineswegs begriffen, ja, es scheint manchmal, als würden wir – noch betäubt von dem Schlag, der uns getroffen – erst langsam wieder unser Gedächtnis finden.«[26] Gleichwohl, Schieder plädierte an dieser und weiteren Stellen für eine Beschäftigung mit der jüngeren deutschen Geschichte, weil sich nur so »der innere Krampfzustand« lösen lasse, »in dem wir uns befinden.« Gleichzeitig richtete er sich aber vehement gegen die »Anklage des soziologischen Staatsanwaltes«, der im Stile einer Enthüllungshistorie nun alles und jeden unter Ideologieverdacht stelle.[27]

Das Bild dieser Historikergeneration bliebe unvollständig, wenn man allein an der generellen Annahme eines kollektiven Habitus des »Beschweigens und Verdrängens« festhielte. Denn die Kritik an der Haltung der Historiker dieser Generation berücksichtigt zum einen nicht ihr »beredtes Schweigen« (Wolfgang Schieder), wobei das sicherlich keine Aufrechnung der Jahre nach 1945 mit der Zeit davor bedeuten kann. Biographische Brüche bleiben Brüche. Nicht zufällig und wohl auch mit autobiographischer Anspielung sprach Conze Anfang der 60er Jahre davon, dass die Vergangenheit der Deutschen im Nationalsozialismus dem Christen den Auftrag zur »Buße« und eine »harte Gewissensforschung« auferlege. Diese müsse notwendig in der Stille vor sich gehen. Gleichzeitig forderte er jedoch auch zur »tätigen Umkehr« auf. Das machte viele der Professoren für Geschichte aus der bündischen Generation zu akademischen Lehrern, die ihren Schülern als »durchaus demokratische, wenn auch manchmal etwas konservative Persönlichkeiten« begegnet sind, obwohl sie sich vor 1945 in unterschiedlichem Maße auf Seiten des NS-Regimes engagiert hatten.[28] Franz Petri etwa, der ab 1961 an der Universität Bonn lehrte, begriff Teile seiner historischen Arbeit als eine Form von historiographischer Wiedergutmachung für sein Fehlverhalten im Zweiten Weltkrieg. Das hinderte ihn aber keineswegs daran, an seinen konservativ-völkischen Grundsätzen festzuhalten, die sich seit den 1920er Jahren ausgebildet hatten.[29]

Die Historiker aus der »bündischen Generation« fuhren mithin tatsächlich nicht einfach da fort, wo sie im Mai 1945, teilweise auch früher aufgehört hatten, sondern sie erweiterten ihr Lehr- und Forschungsprogramm erheblich, auch dann, wenn sie – wie Schieder oder Conze – nicht oder nur kaum über den Nationalsozialismus forschten und lehrten.[30] Es ist weiterhin aufschlussreich, in welch einem Ausmaß die nun ältere Generation Schüler förderte, deren weitere Karriere sie zu Exponenten der

Erforschung des Nationalsozialismus und Faschismus werden ließ. Das wiederholt bemühte Bild eines »Schweigekartells« erweist sich aber auch deswegen als eine fragwürdige Konstruktion, weil zumindest einige der ehemals bündisch Bewegten – darunter Hermann Heimpel – über die Vergangenheit im Nationalsozialismus gesprochen haben, allerdings ohne ihren persönlichen Anteil daran detailliert offen zu legen. Immerhin aber fand Heimpel Worte, um diese Zurückhaltung zu begründen: »Besonders aber die Schuldigen – wir Schuldigen – denken nicht gern zurück. Da ist eine Barriere zwischen uns und der Vergangenheit – die Schuldschranke, wir möchten sagen: die Schuldmauer, die unsere liberalen Vorväter nicht kannten.«[31]

Auf dem Feld der empirischen Erforschung des Nationalsozialismus zog dieses Bekenntnis allerdings überraschend wenig Konsequenzen nach sich. Heimpel rief zwar 1953 dazu auf, eine »neue Deutsche Geschichte« zu verfassen, welche die »Erfahrung unserer Generation« verarbeiten sollte, und 1959 gab er den Historikern als explizite Aufgabe die Klärung von »Schuldfragen und Kausalitätsfragen« auf. Darüber hinaus förderte er den Weg zur »konsequenten Sozialgeschichte und den zur Zeitgeschichte.«[32] Tatsächlich jedoch tat sich die »bündische Generation« insgesamt mit ihrem historiographischen Werk mehr im Sinne einer methodischen Revision der Geschichtswissenschaft hervor, als mit der eingehenden Erforschung des Nationalsozialismus. Die ›Monumentalisierung‹ des NS-Regimes und Hitlers in den historiographischen Deutungen der Vorgängergeneration fand daher in den Reihen der »bündischen« Historiker eine nahtlose Fortsetzung.

Erst die Vertreter der nachfolgenden Historikergeneration, die heute als »skeptische Generation«, oder auch, wegen ihrer großen Wirksamkeit auf das öffentliche Geschichtsbild in Westdeutschland, als »lange Generation« bekannt ist, vermochte die Zeitgeschichte als eine nationalkritische ›Oppositionshistorie‹ neu zu konstituieren. Damit ging eine fundamentale Neueinschätzung der Geschichte des »Dritten Reiches« einher. In diesem Sinne hat Karl Dietrich Bracher davon gesprochen, dass seiner Generation die »Zeitgeschichte besonders drastisch beigebracht« worden sei und dies in ihm die Neigung habe reifen lassen, »der katastrophengeschichtlichen Dimension unseres Zeitalters habhaft zu werden.«[33]

Es entbehrt allerdings nicht der Ironie, dass der Anspruch dieser dritten westdeutschen Historikergeneration, die ›Entmythologisierung‹ des

Dritten Reiches im Geschichtsbild der Deutschen durchgesetzt zu haben, mittlerweile in die Kritik derjenigen Fachvertreter geraten ist, die als erste Historiker seit 1945 ohne persönliche Erfahrung an den Nationalsozialismus in der Bundesrepublik aufgewachsen sind.[34] So ist zum einen die Kritik geäußert worden, dass in den Arbeiten der dritten Generation aus den 1970er und frühen 1980er Jahren eine »zweiten Verdrängung« hervorgetreten sei, weil die »Täter und Tatorte, Helfershelfer und Nutznießer, vor allem aber die Opfer« der NS-Massenverbrechen anonymisiert worden seien.[35] Zum anderen wird den Vertretern einer strukturalistischen Deutung der Judenvernichtung heute der Vorwurf gemacht, die »Tradition der Entlastungssehnsucht« deutscher Historiker perpetuiert zu haben.[36]

Eingehende Forschungsarbeiten, in denen die theoretischen, methodischen und darstellerischen Qualitäten und Defizite in den Arbeiten der dritten Historikergeneration analysiert werden, stehen noch aus. Es zeigt sich aber bereits heute nachdrücklich, dass die ›katastrophengeschichtliche Dimension‹ im Werk eines Gerhard Ritter, aber eben auch noch in den Darstellungen Karl Dietrich Brachers sowie anderer Vertreter der »skeptischen Generation«, nicht mehr der politischen und wissenschaftlichen Sozialisation derjenigen Historiker entspricht, die seit 1945 ohne persönliche Kindheits- und Jugenderinnerungen an den Nationalsozialismus und an den Zweiten Weltkrieg aufgewachsen sind.

Die Folgen hiervon für die Forschungskriterien und für die politisch-existenziellen Bezüge wissenschaftlich angeleiteter Erinnerungen sind bislang nur in Umrissen zu erkennen. Ein Schwächerwerden der moralischen Betroffenheit aber, wie Reinhart Koselleck vor geraumer Zeit postuliert hat, deutet sich ganz offensichtlich nicht an.[37] Im Gegenteil: Die komplexen Beziehungen zwischen den Generationserfahrungen der heute aktiven Historiker und ihre Einbindung in weiterhin vornehmlich national geprägte Erinnerungskulturen verweisen in Deutschland auf eine anhaltende Herausforderung des Nationalsozialismus, welche die wissenschaftliche Beschäftigung mit dem »Dritten Reich«, aber auch die Vermittlung der Forschungsergebnisse in der Öffentlichkeit zu einer dauernden Gratwanderung zwischen einer historisch-rationalen und einer moralisch-emotionalen Betrachtungsweise werden lässt. Die Forderung nach einem ›historiographischen Menschenrecht‹ auf den Irrtum jedoch, wie es Kaehler 1947 in offen apologetischem Sinne reklamierte, kann heute kaum mehr auf ein Verständnis hoffen; wohl aber die Forderung da-

nach, generationell geförderte Erkenntnismöglichkeiten, aber auch
›Blindstellen‹ in ihren Ursachen und Folgen weiter auszuloten.

Anmerkungen

1 Interview mit Gerhard A. Ritter, in: Rüdiger Hohls/Konrad Jarausch (Hg.), Versäumte Fragen. Deutsche Historiker im Schatten des Nationalsozialismus, Stuttgart/München 2000, S. 118–143, hier S. 140. Siehe auch Hartmut Lehmann/Otto Gerhard Oexle (Hg.), Erinnerungsstücke. Wege in die Vergangenheit. Rudolf Vierhaus zum 75. Geburtstag gewidmet, Wien 1997.
2 Reinhard Wittram, Das Interesse an der Geschichte, Göttingen 1958, S. 25 f. Zu Generationsfragen wertvoll ist weiterhin Karl Mannheim, Das Problem der Generationen, in: ders., Wissenssoziologie, 2. Aufl., Neuwied a. Rh. 1970, S. 509–565. Für die neuere Forschungsliteratur vgl. Hans Jaeger, Generation in der Geschichte. Überlegungen zu einer umstrittenen Konzeption, in: Geschichte und Gesellschaft 3 (1977), S. 420–452; Mark Roseman (Hg.), Generations in conflict. Youth revolt and generation formation in Germany 1779–1968, Cambridge 1995; Kristin Platt/Mihran Dabag (Hg.), Generation und Gedächtnis. Erinnerungen und kollektive Identitäten, Opladen 1995.
3 Statt eingehender Literaturhinweise siehe Winfried Schulze/Otto Gerhard Oexle (Hg.), Deutsche Historiker im Nationalsozialismus, Frankfurt am Main 1999. Zum Begriff des Denkstils vgl. Ludwik Fleck, Entstehung und Entwicklung einer wissenschaftlichen Tatsache. Einführung in die Lehre vom Denkstil und Denkkollektiv, Frankfurt am Main ²1993. Für neue Ansätze der Biographie- und Prosopographieforschung in der Historiographiegeschichte siehe Christoph Cornelißen, Gerhard Ritter. Geschichtswissenschaft und Politik im 20. Jahrhundert, Düsseldorf 2001, S. 4–16, 106–118; Thomas Etzemüller, Sozialgeschichte als politische Geschichte. Werner Conze und die Neuorientierung der westdeutschen Geschichtswissenschaft nach 1945, München 2001, S. 2–8.
4 Bundesarchiv Koblenz [hiernach BArch], Nl. Schieder, 1188/88, Brief Siegfried Kaehlers an Theodor Schieder vom 21. April 1947.
5 Vgl. Dirk van Laak, Widerstand gegen die Geschichtsgewalt. Zur Kritik an der »Vergangenheitsbewältigung«, in: Norbert Frei u. a. (Hg.), Geschichte vor Gericht. Historiker, Richter und die Suche nach Gerechtigkeit, München 2001, S. 11–28, hier S. 22 f.
6 Zum Begriff der politischen Generation siehe Helmut Fogt, Politische Generationen. Empirische Bedeutung und theoretisches Modell, München 1978, S. 6–25. Grundlegend für die hier vorgenommene Einteilung ist Helmut Schelsky, Die skeptische Generation. Eine Soziologie der deutschen Jugend, Berlin 1975. Siehe auch den Beitrag von Axel Schildt in diesem Band.
7 Ernst Schulin, Weltkriegserfahrung und Historikerreaktion, in: Wolfgang Küttler u. a. (Hg.), Geschichtsdiskurs, Bd. 4, Frankfurt am Main 1997, S. 165–188; Christoph Cornelißen, Die Frontgeneration deutscher Historiker und der Erste Weltkrieg, in: Jost Dülffer/Gerd Krumeich (Hg.), Der verlorene Frieden. Politik und Kriegskultur nach 1918, Essen 2002, S. 311–337.
8 Siehe hierzu grundlegend Winfried Schulze (Hg.), Deutsche Geschichtswissenschaft nach 1945, München 1993.

9 Gustav Adolf Rein, Einführung, in: Gibt es ein deutsches Geschichtsbild? Konferenz der Ranke-Gesellschaft. Vereinigung für Geschichte im öffentlichen Leben, Frankfurt am Main 1955, S. 10.
10 Siehe dazu die Interviews mit Wolfram Fischer, Helga Grebing und Hans Mommsen, in: Hohls/Jarausch (Hg.), Versäumte Fragen [wie Anm. 1], S. 8–117, 144–162, 163–190, hier S. 148 f. und 184.
11 Hans Freyer, Weltgeschichte Europas, Bd. 2, Wiesbaden 1948, S. 1003. Siehe auch ebd., S. 1002: »Solange wir noch in diesen offenen Wunden fiebern, ist nicht die Stunde der geschichtlichen Betrachtung.«
12 Vgl. Cornelißen, Ritter [wie Anm. 4], S. 388–400.
13 Siegfried A. Kaehler, Briefe 1900–1963, hg. von Walter Bußmann und Günther Grünthal, Boppard am Rhein 1993, S. 299 f.: Brief Siegfried Kaehler an Martin Kaehler vom 19. Mai 1945, sowie ebd., S. 311: Brief an Martin Kaehler vom 15. Juni 1945.
14 Vgl. Hartmut Berghoff, Zwischen Verdrängung und Aufarbeitung. Die bundesdeutsche Gesellschaft und ihre nationalsozialistische Vergangenheit in den Fünfziger Jahren, in: Geschichte in Wissenschaft und Unterricht 49 (1998), S. 96–114.
15 Vgl. Ernst Schulin, Zur Entwicklung der deutschen Geschichtswissenschaft nach dem Zweiten Weltkrieg. Versuch eines Überblicks, in: Jürgen Kocka u. a. (Hg.), Von der Arbeiterbewegung zum modernen Sozialstaat, München 1994, S. 831–846, hier S. 837.
16 Die wichtigsten Texte der Bismarck-Debatte nach dem Zweiten Weltkrieg finden sich bei Lothar Gall (Hg.), Das Bismarck-Problem in der Geschichtsschreibung nach 1945, Köln 1971. Zu den Hintergründen vgl. Cornelißen, Ritter [wie Anm. 4], S. 507–521.
17 Werner Conze, Die deutsche Nation. Ergebnis der Geschichte, Göttingen 1963, S. 147.
18 Siehe Schelsky, Die skeptische Generation [wie Anm. 7], S. 64–68.
19 Vgl. Ulrich Herbert, »Generation der Sachlichkeit«, in: ders., Arbeit, Volkstum, Weltanschauung. Über Fremde und Deutsche im 20. Jahrhundert, Frankfurt am Main 1995, S. 31–58. Siehe jetzt auch Joachim Lerchenmüller, Die Geschichtswissenschaft in den Planungen des Sicherheitsdienstes der SS, Bonn 2001.
20 BArch, Nl. Wittram, 1226/44, Briefe Kurt von Raumers an Reinhard Wittram vom 16. April 1946, sowie ebd., 1226/48, Brief vom 15. 3. 1950. Vgl. hierzu Etzemüller, Sozialgeschichte [wie Anm. 3], S. 133.
21 BArch, Nl. Schieder, 1188/372, Brief Theodor Schieders an Gerhard Ritter vom 23. März 1947.
22 BArch, Nl. Schieder, 1188/240, Brief von Helmut Goetz an Theodor Schieder vom 4. Januar 1964 sowie weitere Briefe in dieser Angelegenheit.
23 Zum weiteren Hintergrund vgl. Claus Leggewie, Generationsschichten und Erinnerungskulturen. Zur Historisierung der »alten« Bundesrepublik, in: Tel Aviver Jahrbuch für deutsche Geschichte 28 (1999), S. 211–235.
24 Dolf Sternburger (Hg.), Reden der deutschen Bundespräsidenten Heuss – Lübke – Heinemann – Scheel, München 1979, S. 5–10.
25 Conze, Deutsche Nation [wie Anm. 17], S. 135 f., 148, 150. Siehe auch eine ähnlich lautende Forderung in: Theodor Schieder, Geschichte als Wissenschaft, München 1965, S. 31: Der Anblick der deutschen Geschichte beschäme, »und die Beschämung ist es, die uns zuerst schweigen ließ.«
26 Theodor Schieder, Zum Problem der historischen Wurzeln des Nationalsozialis-

mus, in: Aus Politik und Zeitgeschichte. Beilage zu »Das Parlament«, 30. Januar 1963, S. 19–27, hier S. 19.
27 Schieder, Geschichte, [wie Anm. 25], S. 31, 56.
28 Wolfram Fischer, in: Hohls/Jarausch (Hg.), Versäumte Fragen, [wie Anm. 1], S. 116.
29 Vgl. Karl Ditt, Die Kulturraumforschung zwischen Wissenschaft und Politik. Das Beispiel Franz Petri (1903–1993), in: Westfälische Forschungen 46 (1996), S. 73–176.
30 Zu Conze vgl. Wolfgang Schieder, Sozialgeschichte zwischen Soziologie und Geschichte. Das wissenschaftliche Lebenswerk Werner Conzes, in: Geschichte und Gesellschaft 13 (1987), S. 244–266.
31 Hermann Heimpel, Gegenwartsaufgaben der Geschichtswissenschaft, in: ders., Kapitulation vor der Geschichte?, Göttingen ^{3}1960, S. 45–67, hier S. 49; ders., Entwurf einer deutschen Geschichte. Eine Rektoratsrede [9. Mai 1953], in: ders., Der Mensch in seiner Gegenwart, Göttingen 1954, S. 162–195, hier S. 168. Zu Wittram siehe ders., Das Interesse an der Geschichte, Göttingen 1958, bes. S. 18.
32 Heimpel, Entwurf [wie Anm. 31], S. 181, sowie ders., Gegenwartsaufgaben, S. 63 und 66.
33 Karl Dietrich Bracher im Gespräch mit Werner Link. Zwischen Geschichts- und Politikwissenschaft, in: Lehmann/Oexle, Erinnerungsstücke [wie Anm. 1], S. 21–47, hier S. 24.
34 Vgl. hierzu das Vorwort von Detlev Peukert/Jürgen Reulecke (Hg.), Die Reihen fast geschlossen. Beiträge zur Geschichte des Nationalsozialismus, Wuppertal 1981, S. 11–18. Siehe auch die einleitenden Bemerkungen von Martin Broszat, in: Martin Broszat u. a. (Hg.), Bayern in der NS-Zeit, Bd. 1: Soziale Lage und politisches Verhalten der Bevölkerung im Spiegel vertraulicher Berichte, München 1977, S. 11–19. Die spätere Kritik findet sich u. a. bei Christof Dipper, Warum werden deutsche Historiker nicht gelesen?, in: Johannes Heil (Hg.), Geschichtswissenschaft und Öffentlichkeit. Der Streit um Daniel J. Goldhagen, Frankfurt am Main 1998, S. 93–109, sowie Bernd-A. Rusinek, Die Kritiker-Falle. Wie man in Verdacht geraten kann, in: ebd., S. 110–130.
35 Ulrich Herbert, Vernichtungspolitik. Neue Antworten und Fragen zur Geschichte des »Holocaust«, in: ders. (Hg.), Nationalsozialistische Vernichtungspolitik 1939–1945. Neue Forschungen und Kontroversen, Frankfurt am Main 1998, S. 9–66, hier S. 19.
36 Siehe hierzu zuletzt Nicolas Berg, Der Holocaust und die westdeutschen Historiker. Erforschung und Erinnerung, Göttingen 2003.
37 Reinhart Koselleck, Nachwort, in: Charlotte Beradt, Das Dritte Reich des Traums, Frankfurt am Main 1994, S. 117–132, hier S. 117. Siehe auch Heinz Bude, Bilanz der Nachfolge. Die Bundesrepublik und der Nationalsozialismus, Frankfurt am Main 1992, sowie zuletzt Lucian Hölscher, Zerbrochene Geschichte – Der Generationenkonflikt in der deutschen Geschichtskultur und die Aporien der teleologischen Geschichtstheorie, in: Tel Aviver Jahrbuch für deutsche Geschichte 29 (2000), S. 343–355.

Martin Sabrow
**Beherrschte Erinnerung
und gebundene Wissenschaft**
Überlegungen zur DDR-Geschichtsschreibung
über die Zeit von 1933 bis 1945

Zusammen mit ihrer Weimarer Vorgeschichte und der geteilten deutschen Nachkriegsgeschichte stellte die Zeit des Nationalsozialismus das am stärksten aufgeladene Spannungsfeld historischer Vergegenwärtigung in der DDR überhaupt dar. Nirgendwo sonst galt die Forderung so entschieden und fiel ihre Erfüllung so schwer, parteiamtliche Vergangenheitsforderungen und persönliche Erinnerungen in Einklang zu bringen; nirgendwo war der historische Legitimationsdruck des SED-Staates lastender und nirgendwo seine Entsprechung in der historischen Wirklichkeit geringer als in den zwölf Jahren, in denen der Nationalsozialismus auch die proletarischen Massen in den Bann schlug und die verbliebenen Kommunisten in deutschen Lagern litten, im westlichen Exil überwinterten oder sich in der stalinistischen Sowjetunion unter den Bedingungen terroristischer Säuberungen zu behaupten hatten.
Nirgendwo sonst auch waren Gut und Böse vom ersten bis zum letzten Tag der DDR-Geschichtswissenschaft so klar voneinander geschieden: Auf der einen Seite stand gemäß der ihr sakrosankten »Dimitroff-Formel« das NS-Regime als »die offene, terroristische Diktatur der reaktionärsten, chauvinistischsten, am meisten imperialistischen Elemente des Finanzkapitals«, auf der anderen der »brüderliche Kampf der Antifaschisten aller Nationen in den Betrieben, in den Zuchthäusern und Konzentrationslagern, auf spanischem Boden in den Partisanenabteilungen vieler europäischer Völker gegen den gleichen Feind, den Faschismus«. So wurde 1956 in einer ersten Gesamtdarstellung der deutschen Geschichte in der DDR die NS-Zeit strukturiert,[1] und nicht anders stellte noch im Mai 1989 ein programmatischer Artikel im *Neuen Deutschland* dem »Faschismus« »die bekannten und unbekannten Helden des antifaschistischen Kampfes« entgegen, die den »unerbittliche[n] Kampf gegen den Faschismus entsprechend den Beschlüssen der kommunistischen Parteien und des VII. Weltkongresses der KI [...] mutig und uner-

schrocken fortgesetzt« hätten.² Ungleich geringer als auf anderen Feldern wurde die Arbeit der DDR-Geschichtswissenschaft zur NS-Zeit daher auch international rezipiert. Aus bundesdeutscher Sicht schien die Auseinandersetzung mit einer Zeitgeschichtsschreibung kaum lohnenswert, die zu den großen Fachkontroversen über den Holocaust beharrlich schwieg und in Fragen wie dem Hitler-Stalin-Pakt von 1939 oder der Ermordung deutscher Kommunisten unter Stalin nicht einmal den blanken historischen Tatsachen Rechnung zu tragen bereit war. Nur wenige Überblicksartikel beschäftigten sich vor 1989 mit ihren Leistungen und Defiziten;³ und die verschiedenen Untersuchungen zum Wandel des DDR-Geschichtsbildes im Zeichen eines erweiterten Erbeverständnisses pflegten die Faschismusproblematik weithin auszuklammern.⁴

Doch als die historische Zwangsjacke einer ideologisch durchherrschten Erinnerung an die Zeit des Hitler-Regimes nach dem Zusammenbruch des SED-Staates abgelegt werden konnte und die vielen historischen Inszenierungen, in denen das verordnete Geschichtsbild aufbewahrt und vermittelt worden war, abgerüstet wurden, empfanden viele dies bekanntlich nicht nur als Befreiung von fremder Last, sondern auch als Bedrohung ihres eigenen Selbstverständnisses. Versteinertes Ritual und verteidigte Erinnerung zugleich – Stellung und Bedeutung der NS-Vergangenheit im historischen Diskurs der DDR sind komplexer und weniger leicht zu bestimmen, als es zunächst scheinen mag. Historiographiegeschichtliche Bilanzen, die je nach Standort und Herkunft des Betrachters aus einer evaluierenden Perspektive Leistung und Versagen der ostdeutschen Faschismusforschung erörtern und beispielsweise die Weltkriegsforschung oder die Widerstandsgeschichtsschreibung in der DDR kritisch nachzeichnen, sind nach 1989 in großer Zahl erschienen⁵ und ebenso Arbeiten, die den »verordneten Antifaschismus« und die »geteilte Erinnerung« jenseits der professionellen Historie als Bestandteil der politischen Kultur in der DDR beleuchten. Sie versuchen, daraus etwa Aussagen über die Legitimität des sozialistischen Aufbruchs nach 1945 abzuleiten, oder ziehen vergleichende Schlussfolgerungen auf den Charakter der Vergangenheitsbewältigung in beiden deutschen Staaten.⁶

So aufschlussreiche Erkenntnisse diese Untersuchungen allerdings auch bereitstellen, so beantworten sie doch eine Frage nicht, nämlich die nach dem Verhältnis von Oktroi und Glauben im historischen Diskurs der SED-Diktatur. Die innere Verfassung der DDR-Geschichtsschreibung, ihre Funktionsweise als professionelle Disziplin und die Bindungskraft des von ihr gestalteten Geschichtsbildes lassen sich mit evaluierenden Methoden nur sehr eingeschränkt ergründen. Die folgende Betrachtung sucht daher einen anderen analytischen Weg und fragt nach dem eigentümlichen Gerüst einer historischen Meistererzählung für die Zeit des Nationalsozialismus in der DDR-Geschichtswissenschaft, in der Legitimation von oben und Identifikation von unten sich keineswegs in dem Maße ausschlossen, wie es aus nachzeitiger Perspektive den Anschein haben muss.

Die NS-Zeit als Gegenwartsgeschichte

Der Terminus »Zeitgeschichte« blieb in der DDR-Historiographie immer auf die Zeit nach 1945 beschränkt. Aber faktisch machten die Jahre der Hitler-Diktatur auch für DDR-Historiker als »Epoche der Mitlebenden« die eigentliche deutsche Zeitgeschichte im Sinne von Hans Rothfels aus. Während die Erforschung von Besatzungszeit und geteilter Staatsgründung bis weit in die 60er Jahre auch von vielen SED-Historikern nicht als wissenschaftlich erschließbares Feld der aktuellen Politik ernst genommen wurde, bildeten die dunklen Jahre zwischen 1933 und 1945 im sozialistischen Geschichtsdiskurs einen selbstverständlichen Gegenstand historischer Erschließung, der zugleich von höchster politischer Aktualität war und in der Radikalität der Entgegensetzung die eigentliche *raison d'être* des antifaschistischen Staates DDR ausmachte.[7] Undenkbar war, dass ein DDR-Historiker die Frage nach dem Umgang mit der NS-Zeit überhaupt so problematisieren konnte, wie es etwa Joachim Petzold in Bezug auf die historiographische Behandlung der Weimarer Republik für die 50er und wieder für die 80er Jahre überliefert hat.[8] Die zentrale Bedeutung der Nazi-Diktatur für das historische Selbstverständnis des kommunistischen Teilstaates hatte Walter Ulbricht schon 1945 mit einer in den 50er Jahren immer wieder aufgelegten Darstellung über den »faschistischen deutschen Imperialismus« unterstrichen,[9] und sie wurde noch 1980 von zwei führenden Fachvertretern mit der Erklärung wiederholt, dass der sozialistische Faschismusforscher »kein historisch erledigtes Thema behandelt, sondern dass er damit unmittelbar am Klassenkampf unserer Zeit, am Kampf der Völker gegen den Imperialismus, für Frieden und Sozialismus teilnimmt«.[10]
Nie brachte die DDR-Geschichtswissenschaft eine Hitler-Biographie

hervor,[11] und bis zum Schluss hielt sie an einem dogmatisierten Denken fest, das den Nationalsozialismus als radikalste Form bürgerlicher Herrschaft und Hitler als bloßen Handlanger der Monopole verstand, das die KPD als führende Kraft des Widerstandes begriff und das deutsche Volk als verführtes Opfer der Fremdherrschaft einer kleinen Clique. Der Holocaust blieb in der DDR lange ein verschwiegenes Thema.[12] Immer lastete die »antizionistische« Israel-Politik des SED-Staates auch auf der Faschismusforschung und sorgte dafür, dass die Erinnerung an das jüdische Leiden in der NS-Zeit als unliebsame Legitimationskonkurrenz empfunden wurde. Bis zum Ende – und nicht zuletzt aus Furcht vor Restitutionsansprüchen – war das 1945 in die Hände der Roten Armee gefallene und vom Zentralen Staatsarchiv der DDR übernommene »Gesamtarchiv der Juden« wie andere jüdische Archivalien für jede Nutzung gesperrt. Selbst die ehemalige »Sippenkartei« der Gestapo, also die Gesamtkartei der deutschen Juden von 1939, wurde 1981 eilends aus der Jüdischen Gemeinde in das Zentrale Staatsarchiv überführt und damit unter staatlichen Verschluss genommen, um einen Kopierwunsch des New Yorker Leo-Baeck-Instituts abzuwehren.[13] Aus der Sicht einer ostdeutschen Nachwuchshistorikerin kamen »in der Rückschau der DDR eigentlich keine Juden vor. [...] In Geschichtsbüchern und historischen Debatten war das Jüdische kein Thema.«[14]

Gleichzeitig markierte die Gegenwartsgeschichte der NS-Zeit über die ganze Existenz der ostdeutschen DDR-Geschichtswissenschaft hinweg ein Feld, in dem ein Großteil der Historikerschaft auch als zeitgenössische Teilhaber und mit sehr unterschiedlichen Schicksalen agiert hatte. Wenn die Verfassergremien für das »Hochschullehrbuch der deutschen Geschichte« oder die »Geschichte der deutschen Arbeiterbewegung« über den Geschichtsabschnitt 1933–1945 diskutierten, saßen Ost-Emigranten wie Walter Ulbricht oder Leo Stern und West-Emigranten wie Albert Schreiner oder Ernst Engelberg einander gegenüber, waren die einen mit der Roten Armee – oder auch mit der US-Army – nach Deutschland gekommen und andere wie Erich Paterna oder Walter Bartel aus dem Zuchthaus oder dem Konzentrationslager in Deutschland befreit worden, wenn sie nicht gar wie Wolfgang Ruge oder Arnold Reisberg erst in den 50er Jahren aus einem sowjetischen Straflager nach Deutschland hatten zurückkehren können. Ähnlich wie die Weimarer Republik und dort besonders die Novemberrevolution, bildete der historische Abschnitt 1933–1945 eine Plattform, auf der mit dem Kampf um die historische

Deutungshoheit zugleich auch die Auseinandersetzung um die politische Macht ausgetragen wurde.[15] Die Arbeit an der Geschichte, die unter diesen Umständen verrichtet wurde, lässt sich mit den Maßstäben einer tradierten, westlichen Historiographie allein nicht angemessen erfassen. Sie beugte sich nicht vorbehaltlos der Vetokraft der Quellen, aber sie verweigerte sich ihr auch nicht unbefangen, sondern bildete eine Reihe von Verfahren und Strukturen aus, die die Versöhnung von Erkenntnis und Interesse einerseits, von individueller Erinnerung und kollektivem Gedächtnis andererseits, und damit die Schaffung einer stabilen historischen Meistererzählung ermöglichten.

Gebundene Geschichtswissenschaft

Als Beispiel sei der »Deutschland von 1933 bis 1939« gewidmete Abschnitt 11 des Hochschullehrbuchs der deutschen Geschichte gewählt. Er zählte zu dem auf einen ZK-Beschluss von 1951 zurückgehenden Bemühen, das sozialistische Bild der deutschen Geschichte von den Anfängen bis zur Gegenwart in einer dreibändigen Gesamtdarstellung in öffentlicher Diskussion und mit autoritativem Anspruch zu entwerfen. Der vorgesehene Bandautor Albert Schreiner legte 1954 eine Disposition seines Beitrags vor, die in »I. Die faschistische Diktatur und die Kriegsvorbereitung des deutschen Imperialismus 1933–1939« und »II. Der vom deutschen Imperialismus entfesselte Zweite Weltkrieg und der antifaschistische Befreiungskrieg der Völker unter Führung der Sowjetunion« gegliedert war.[16]

Die mit überbordenden Stalin-Zitaten angereicherte Disposition kannte in ihrer manichäischen Zeichnung kein Drittes und konstatierte auf der einen Seite die »restlose Dienstbarmachung des faschistischen Staates durch Monopolisten und Finanzkapital«, auf der anderen eine unbeugsame KPD-Führung, die »trotz Ermordung und Inhaftierung vieler Funktionäre und Mitglieder« und »trotz des Widerstandes des Prager Parteivorstandes der SPD«, der sich gegen eine Einheitsfront sperrte, »den Kampf gegen die Hitler-Diktatur durch(setzt)«.[17] Für die Bevölkerung selbst war in diesem Drehbuch der Geschichte keine Rolle vorgesehen; die Stimmverteilung bei der Reichstagswahl vom März 1933 etwa war der Disposition lediglich in Bezug auf die KPD eine Erwähnung wert.[18] Besonders augenfällig wird das narrative Prinzip in der Darstellung des

Genozids an der europäischen Judenheit. Der nationalsozialistische Rassismus »richtete sich nicht nur gegen die jüdische Bevölkerung, sondern auch gegen die Slawen und gegen die Kommunisten«, hob die Disposition beispielsweise hervor,[19] die im Zusammenhang des deutschen Überfalls auf die Sowjetunion zwar »barbarische Unterdrückungs- und Ausrottungsmaßnahmen gegen die jüdische Bevölkerung« anführte,[20] sich in der näheren Kennzeichnung aber auf so lapidare Feststellungen wie »Die Verbrechen der SS-Sonderkommandos« und »Der grausame Massenmord an den Juden« beschränkte.[21] Namen wie Auschwitz oder Treblinka tauchten in Schreiners Disposition nicht auf und ebenso wenig der Begriff Vernichtungslager selbst; und nur in Bezug auf »die demokratischen Kräfte, die die Zukunft Deutschlands verkörpern«, war von einem Terror die Rede, der sich zur Raserei steigerte und zur »Ermordung vieler Tausender Antifaschisten in den KZ und Gefängnissen« führte.[22]

Anders als bei vielen anderen Texten bietet sich hier die Chance, die Arbeit an der neuen nationalen Meistererzählung detailliert zu verfolgen. Denn Schreiners Disposition war nicht nur vor ihrer Fertigstellung Gegenstand ausführlicher Beratungen im zuständigen Autorenkollektiv. Anschließend wurde sie in der »Zeitschrift für Geschichtswissenschaft« (ZfG) mit der Absicht abgedruckt, eine DDR-weite Diskussion zu initiieren, deren Ergebnisse in die endgültige Abfassung des Lehrbuch-Beitrags eingehen sollten, und sie wurde überdies aufgrund der 18 eingegangenen Leser-Stellungnahmen noch einmal zum Gegenstand einer eigenen Konferenz, zu der der Bandautor nicht weniger als 60 Historiker einlud, bevor er selbst wiederum in der ZfG auf vollen 70 Seiten Stellung zu der vorgebrachten Kritik nahm. Umso erstaunlicher mutet an, dass in diesem Konzert der Meinungen nicht eine einzige Stimme grundsätzliche Einwände gegen die konzeptionelle Anlage erhob. Offenkundig bewegten sich Leser und Autor im Rahmen eines einheitlichen Verständnishorizonts, der die Verwandlung von Vergangenheit in Geschichte an bestimmte gemeinsame Regeln band. Besonders unverhüllt traten diese diskursiven Normen in einer »wissenschaftlichen Beratung« zutage, die das Marx-Engels-Lenin-Institut beim ZK der SED (MEL) im Dezember 1954 zu Schreiners Disposition veranstaltete.[23]

Was rückte in diesem Laboratorium der Geschichte an die Stelle der tradierten Haftung an Chronologie und Ereignisfolge?[24] Zu nennen ist hier zunächst das Kriterium der funktionalen Proportionalität, das stärker auf Geltung als auf Faktizität abhob: »Sehr mangelhaft ist die Darstellung der erzieherischen Rolle von Ernst Thälmann, Wilhelm Pieck und Walter Ulbricht.« Eine besondere Rolle spielte in diesem Denken die Gefahr einer schädlichen Opferkonkurrenz: »Im Verhältnis zu den Judenverfolgungen sind die Maßnahmen und der Terror gegen unsere Funktionäre bei weitem zu kurz gekommen«, tadelte ein Diskutant und fand Unterstützung bei einem Kollegen, der sich an Schreiners Behauptung rieb, dass die Rassentheorie sich gegen Juden und Kommunisten gleichermaßen gerichtet habe: »Wenn wir das belassen, erscheint es wieder, als wäre der Kampf gegen die Juden schlimmer als gegen die Kommunisten gewesen.«[25]

Als weiteres Strukturmerkmal der historischen Verständigung kam hier wie anderswo ein spezifischer historischer Präsentismus zum Ausdruck, der wie selbstverständlich historische Relationen nach aktuellen Maßstäben festlegte. »Wenn man die ideologischen Folgen des Arbeitsbeschaffungsprogramms herausstellt, sollte man etwas tun, um die Losung zu widerlegen, die auch Adenauer bringt: Rüstung schafft Arbeit usw.« Andere Sprecher verlangten, bei der Ausschaltung der politischen Parteien durch die Nationalsozialisten die Gegenwart nicht aus den Augen zu verlieren: »Hier fehlt vollkommen das Zentrum. Insbesondere vom Standpunkt der heutigen Politik der Nachfolger des Zentrums – CDU/CSU – ist es notwendig, darauf einzugehen. Sie hatten ja damals ihre Bereitschaft zur Hilfe zur Errichtung des Faschismus erklärt.«

Als dritte Leitnorm dieser fachlichen Selbstverständigung einer gebundenen Geschichtswissenschaft wird die geschichtsbildende Kraft der Gegnerabgrenzung fassbar. Nicht zufällig beklagte schon Schreiners Disposition die »barbarische[n] Terrorangriffe der angloamerikanischen Bomberflotten auf Potsdam, Würzburg, Stuttgart, Düsseldorf und andere Städte«, ohne die zivilen Opfer des sowjetischen Vormarschs zu erwähnen. Auch die Teilnehmer an der Beratung im MEL wünschten im Dezember 1954 diesen Passus nur durch einen Zusatz vervollständigt zu sehen, der in der Anti-Hitler-Koalition schon die künftigen Fronten ahnen ließ: »Es muss bei den Luftangriffen zum Ausdruck kommen, warum die Amerikaner die Wohnhäuser bombardierten und die Fabriken stehen ließen.« Noch kritischer ging man in derselben Beratung mit der Behandlung von Jalta um: »Hier ist es fast so dargestellt, wie es der Westen gerne haben möchte.«[26]

Die hier skizzierte Diskussion war nicht nur für die 50er Jahre repräsentativ. Dieselbe Identitätsbildung durch Gegnerabgrenzung beherrschte die DDR-Geschichtsschreibung über den Faschismus auch noch in den 80er Jahren. So erklärte das zuständige Verlagslektorat über eine ihm 1981 vorgelegte Darstellung zum deutschen Widerstand 1933–1939 bündig: »Das Buch können wir in der vorliegenden Form nicht veröffentlichen. Die gravierendsten Einwände sind: – Von bürgerlichen Historikern wird immer wieder behauptet, der kommunistische Widerstand sei zwar heroisch, aber politisch sinnlos gewesen, weil die auf Außenaktivität und ansatzweise auf Massenarbeit gerichtete KPD-Strategie unrealistisch war und unnütze Opfer verursachte. [...] Der hiesige Leser kann den Eindruck gewinnen, dass die Darstellung dies unfreiwillig bestätigt. [...] – Die Subsumierung derjenigen sozialdemokratischen, christlichen und bürgerlichen Hitlergegner, die bereit waren, mit Kommunisten zusammenzuarbeiten, unter den Widerstand der KPD [...] ist sehr problematisch. Auch wenn die Initiative hierzu zumeist von der KPD ausging, muss doch der Eindruck vermieden werden, die zur Zusammenarbeit mit ihr bereiten nichtkommunistischen Kräfte hörten damit auf, ein selbständiges politisches Subjekt zu sein und würden zum bloßen Anhängsel der Kommunisten. Genau dies wird ja von bürgerlicher Seite behauptet.«[27]

Nie vermochte der Fachdiskurs einer gebundenen Geschichtswissenschaft freilich die Spannung zwischen Parteilichkeit und Objektivität, zwischen Partei- und Faktentreue gänzlich aufzuheben, wie etwa in der zitierten Beratung der Disposition 1918–1945 im MEL besonders dort zum Ausdruck kam, wo es um die Massenattraktivität des deutschen Faschismus und den deutschen Widerstand ging. Besonders der Einwand, dass man die nationalsozialistische Innenpolitik »nicht nur mit Verfolgung und Terror darstellen« könne, lenkte die Diskussion auf ein vermintes Gelände, auf dem die Diskutanten sich nur mit äußerster Vorsicht zu bewegen wagten und sichtlich zwischen Thematisierung und Tabuisierung schwankten. Da niemand diese heikle Debatte um die Popularität der Hitlerherrschaft weiter anfachen mochte, blieb das heiße Eisen im Fortgang der Besprechung vorerst liegen. Doch im Kontext der Erörterung des Kriegsausbruchs 1939 musste es wieder angefasst werden: »Alle Äußerungen waren, hoffentlich gibt es keinen Krieg. [...] Nach dem Sieg über Polen änderte sich das.« Diesen Vorstoß nutzte eine Historikerin des MEL zu einem vorsichtigen Angriff auf die Wirklichkeitsferne der Disposition (»Der Umschwung in der Massenstimmung kommt überhaupt nicht zum Ausdruck«), und sie fand Unterstützung bei anderen Kollegen: »Eingehend auf Korrumpierung [der Volksmassen durch die Aussicht auf Kriegsgewinn]: ›Wir wollen uns gesundstoßen.‹ Dieser Taumel war vorhanden.«[28] Auch die weitere Diskussion lässt die Schere der Verantwortlichkeit hinreichend erahnen, die das Kritikergremium des MEL-Instituts im Kopf trug und die jeden einzelnen Beteiligten zwang, im Bewusstsein des eigenen Ungenügens zwischen zwei unvereinbaren Ansprüchen zu lavieren.

Wie diese Beispiele demonstrieren, blieb die Bemächtigung der NS-Vergangenheit im SED-Staat immer an besondere diskursive Strategien gebunden, die der Historie ihre immer wieder aufscheinende Eigengesetzlichkeit nahmen. Auf dem Feld der NS-Geschichte galt dies allerdings nicht nur für die wissenschaftliche Auseinandersetzung, sondern ebenso für die persönlichen Erinnerungen von Geschichtsproduzenten, die die Arbeit an der historischen Meistererzählung zugleich förderten und bedrohten.

Beherrschte Erinnerung

In besonderem Maße trifft diese widersprüchliche Doppelfunktion natürlich auf die Widerstandsgeschichtsschreibung zu. Simone Barck hat am Beispiel des im Oktober 1947 gegründeten VVN-Verlages gezeigt, wie der Diskurs über den Widerstand in der SBZ und frühen DDR schrittweise kanalisiert und institutionalisiert wurde. Bereits unmittelbar nach der Gründung des Verlages forderte Franz Dahlem »eine Lenkung der Literatur« zum Widerstand, und es setzte sich eine Unterscheidung durch, die fortan Bestand haben sollte, nämlich die zwischen einer »KZ-, Gräuel- und Leidensliteratur« aus der bloßen Opferperspektive auf der einen Seite und der so genannten kämpferischen Lagerberichte, die die Norm der heroischen Erinnerung erfüllten.[29] Der ursprüngliche Auftrag des Verlages, »Bücher und Schrifttum des antifaschistischen Widerstandskampfes« zu veröffentlichen, wurde 1951 auf »Widerstandsliteratur, Dokumentation sowie Literatur gegen Neofaschismus und Remilitarisierung« verengt, so dass aus der rückwärtsgerichteten Vergangenheitsbewältigung eine vorwärts weisende Politikunterstützung für die SED wurde. Doch selbst diese Anpassung ersparte weder der VVN noch ihrem Verlag die Auflösung, die im Februar 1953 mit der Begründung erfolgte, sie sei nicht in der Lage gewesen, »ernsthafte Werke zur Geschichte des illegalen Kampfes unter dem Hitlerregime oder über einzelne Helden des Widerstandskampfes zu gestalten«.[30]

Nicht die Verfälschung der historischen Wahrheit stand hinter dieser Mängelrüge, sondern ein fast paradox anmutender Wille zur Versöhnung scheinbar unvereinbarer Gegensätze. Zum Tragen kam er besonders dort, wo politische Aktivisten zu ihren eigenen Historiographen wurden. Es hängt mit dem eigentümlichen System des entdifferenzierten und homogenisierten Geschichtsdiskurses in der DDR zusammen, dass die Grenze zwischen Historikern und Politikern, zwischen Fachwissenschaft und Geschichtspolitik kaum trennscharf zu ziehen war. Besonders das Autorenkollektiv für die Geschichte der deutschen Arbeiterbewegung versammelte unter Führung von Walter Ulbricht als »Historiker im dritten Beruf« ein Gremium, in dem es praktisch keine »Nur-Historiker« gab und das dennoch nach beanspruchter Kompetenz und aufgewendeter Arbeitsenergie nicht im Geringsten hinter anderen Kollektivvorhaben in der DDR-Geschichtswissenschaft zurückstand, sondern sich im Gegenteil eine Leitrolle bei der Homogenisierung des sozialistischen Geschichtsbildes zumaß.

Die unter diesen Umständen erarbeitete achtbändige Geschichte der deutschen Arbeiterbewegung wurde im Westen nach ihrem Erscheinen 1966 als bemerkenswerter Schritt weg von der Methode stalinistischer Geschichtsfälschungen hin zu einem etwas seriöseren Umgang auch mit der NS-Geschichte gewürdigt. Paradoxerweise beruhte eben dieser Fortschritt nicht zuletzt darauf, dass Ulbricht die autoritative Kraft seiner Erinnerung nicht nur nutzte, um vielfach den Schematismus und die Primitivität der Textentwürfe zu rügen, sondern auch, um korrigierend in den historischen Ablauf selbst einzugreifen, soweit er selbst an ihm beteiligt war.

Absorbierte Abweichungen

Ohne diesen doppelten Homogenisierungsanspruch, der Erinnerung und Einsicht, Wahrheit und Nutzen fugenlos miteinander zu verschmelzen trachtete, hätte die ostdeutsche Historiographie ihre herrschaftslegitimatorische Rolle nicht spielen können. Erst aus dem Glauben, trotz aller Verrenkungen und Kompromisse ein wahrheitsgetreues – weil eben nicht mehr ›bürgerlich befangenes‹ – Geschichtsbild zu entwerfen, erklärt sich

die integrative Wirkung eines historischen Herrschaftsdiskurses, der immer zwischen Zwang und Konsens oszillierte und ständig mit Abweichungen zu kämpfen hatte, in denen willentlich oder unwillentlich die hegemoniale Deutung in Frage gestellt wurde.
Wie die DDR-Geschichtsschreibung zur NS-Zeit mit solchen Herausforderungen ihres Deutungsmonopols fertig wurde, sei im Folgenden an einem 1954 in der ZfG abgedruckten Beitrag von Werner Plesse veranschaulicht, der mit dem Doppelanspruch von eigenem beziehungsweise familiärem Erleben und fachlicher Reflexion den Widerstand gegen das Hitler-Regime in Mitteldeutschland beschrieben hatte. Dass in seiner Darstellung – die sich maßgeblich auf das Wissen seines beteiligten Vaters Carl Plesse stützte – die Marginalität der kommunistischen Aktivitäten ebenso augenfällig zutage getreten war wie die weltanschauliche Breite der eben nicht nur als »bürgerliche Reaktion« disqualifizierbaren Träger des gescheiterten Putschversuchs vom 20. Juli 1944, beschwor den Zorn der Parteiführung über den Verfasser herauf.[31] Im Namen der SED-Bezirksleitung Groß-Berlin wandte sich Hermann Axen an das Politbüro, um auf »die ernste(n) prinzipielle(n) Fehler« des Artikels aufmerksam zu machen.[32] Die eigentliche Brisanz von Plesses Ausführungen lag darin, dass sie allein durch die bloße Schilderung des tapferen Kampfes einer völlig auf sich selbst gestellten Leipziger Widerstandsgruppe die Rolle der Moskauer Exilführung der KPD im antifaschistischen Widerstand schmälerte und damit den moralischen Führungsanspruch der in Deutschland gebliebenen und nach 1945 von Ulbricht ausgeschalteten Kommunisten befestigte. Axen reichte die Feststellung, dass in dem anstößigen Aufsatz »die Rolle des Zentralkomitees der KPD, als Führer und Organisator des illegalen antifaschistischen Widerstandskampfes nicht nur nicht erwähnt, sondern geradezu herabgesetzt wird«, um ihn als »letzten Endes parteischädigend« zu bewerten und Ulbricht zur Bildung einer Kommission zu veranlassen, die Plesses »falschen« Auffassungen in der ZfG entgegentreten solle.
Doch anders, als aus dem Außenblick auf die Zwangsmacht der sozialistischen Diktatur vielleicht zu erwarten gewesen wäre, wurden Plesses Auffassungen durchaus nicht schlicht unterdrückt und ihr Autor mundtot gemacht. Stattdessen begann im Februar 1955 eine groß angelegte Debatte um Plesses Beitrag, in die eine ganze Reihe von Historikern mit internen und öffentlichen Stellungnahmen eingriff. Die nunmehr als Marx-Engels-Lenin-Stalin-Institut (MELS) figurierende Parteiinstitution mit

historischer Richtlinienkompetenz veranstaltete gar eine eigene »Beratung« mit nicht weniger als 45 Teilnehmern, die auf 80 Protokollseiten im Wortlaut aufgezeichnet und von den Beteiligten als Ausdruck des »so notwendigen wissenschaftlichen Meinungsstreits« ausgegeben wurde, bevor die ZfG in einem Folgeheft eine autoritativ auftretende Korrektur abdruckte, die unter anderem die »fehlerhafte Einschätzung des 20. Juli« tadelte und Plesses Zustimmung zu der nicht auf eine bewaffnete Erhebung der Deutschen setzenden Strategie des NKFD in den letzten Kriegswochen für »völlig unmöglich, ja gefährlich« erklärte.[33]

Die Erosion des Diskurspanzers

Erst in der finalen Krise des SED-Staates erodierten im Zuge des ökonomischen und politischen Verfalls zugleich die mentalen Fundamente, die der sozialistischen Diktatur auch in der Geschichtswissenschaft ihre langjährige Stabilität gesichert hatten. Seit Mitte der 80er Jahre geriet die Geschichtsschreibung über die NS-Zeit aus ganz unerwarteter Richtung unter Beschuss, wie sich etwa bei der Überarbeitung des Abschnitts 1939–1945 im Hochschullehrbuch der deutschen Geschichte zeigte, als die zuständigen Bearbeiter dem Direktor des Akademie-Instituts 1988 eine umfangreiche Liste von Textpassagen und Wertungsfragen übergaben, in denen die sowjetischen Positionen nun die kanonisierte Darstellung der DDR-Geschichtswissenschaft dementierten.[34] Die Autoren waren gegenüber den sich auftuenden Differenzen im eigenen Lager so hilflos, dass sie anregten, das Heil in der Sprachlosigkeit zu suchen und den »gegenwärtigen Abschlußtermin für die Überarbeitung [...] zu stornieren«.[35] So geschah es denn auch, obwohl der Direktor des Akademieinstituts sich dem Vorschlag nur widerstrebend beugen mochte und in einer handschriftlichen Notiz veranschaulichte, in welchem Spannungsfeld zwischen Fakten und Fiktionen die DDR-Geschichtswissenschaft bis zum Zusammenbruch der SED-Herrschaft zu agieren hatte: »Problematisch aber der Schluss: alles liquidieren und stornieren. Was machen wir bei Bd. 8 der Deutschen Geschichte? Wäre es nicht besser gewesen, bloß Fragen aufzuwerfen statt apodiktisch stornieren. Entscheidung müssen *wir* doch nicht fällen!! Ich habe auch Bedenken, wenn wir uns *ganz* abhängig machen bei einer deutschen Geschichte vom Stand der sowjetischen Debatten.«[36]

So brachte die politische Entwicklung sichtbar die Künstlichkeit von Diskursmauern zu Bewusstsein, die auch im eigenen Lager schon eingerissen worden waren, und untergrub damit die Geltungsgrundlagen eines historischen Herrschaftsdiskurses, der über Jahrzehnte hinweg das staatssozialistische Bild der NS-Geschichte bestimmt hatte. Als kurz darauf mit dem SED-Staat auch der historische Sinnhorizont verschwand, in dem die Faschismusforschung der DDR ihre Fragen definiert und ihre Antworten kodifiziert hatte, konnten auf der einen Seite Historiker, die stets loyal an der sozialistischen Verschmelzung von Erkenntnis und Interesse mitgewirkt hatten, mit Schriften über die wahre Natur des Hitler-Stalin-Paktes hervortreten und auf der anderen Seite bekümmerte Zeitzeugen sich gleichzeitig Sorgen etwa um den Abbau der antifaschistischen Traditionskabinette in Ostdeutschland machen – denn auch die DDR-Geschichtsschreibung zur NS-Zeit lässt sich mit der Antinomie von Unterdrückung und Befreiung alleine nicht angemessen erfassen.

Anmerkungen

1 Walter Bartel, Deutschland in der Zeit der faschistischen Diktatur 1933–1945, Berlin (O) 1956, S. 62. Dieser Text bildete einen unveränderten Nachdruck des vom Deutschen Pädagogischen Zentralinstitut im Auftrag des Ministeriums für Volksbildung herausgegebenen 19. Lehrbriefes für das Fernstudium der Mittelstufenlehrer im Fach Geschichte. Die so genannte Dimitroff-Formel geht zurück auf eine Entschließung des XIII. Plenum des Exekutivkomitees der Kommunistischen Internationale im Dezember 1933.
2 Hanna Wolf/Wolfgang Schneider, Zur Geschichte der Komintern, in: Neues Deutschland, 6./7. 5. 1989.
3 Hans-Ulrich Thamer, Nationalsozialismus und Faschismus in der DDR-Historiographie, in: Aus Politik und Zeitgeschichte 13 (1987), S. 27–37.
4 Vgl. beispielhaft die Arbeit von Eberhard Kuhrt/Henning von Löwis, Griff nach der deutschen Geschichte. Erbeaneignung und Traditionspflege, Paderborn u. a. 1988, die in ihrem chronologischen Teil »Von der frühbürgerlichen zur bürgerlichen Revolution« von Luther bis Bismarck reicht.
5 Olaf Groehler, »Aber sie haben nicht gekämpft!«, in: Konkret 5 (1992), S. 38–44; ders./Ulrich Herbert, Zweierlei Bewältigung. Vier Beiträge über den Umgang mit der NS-Vergangenheit in beiden deutschen Staaten, Hamburg 1992; Gerhart Hass, Zur Geschichts- und Militärgeschichtsschreibung der DDR über den Zweiten Weltkrieg. Ansprüche – Widersprüche – Bilanz, Berlin 1998; Jürgen Danyel (Hg.), Die geteilte Vergangenheit. Zum Umgang mit Nationalsozialismus und Widerstand in beiden deutschen Staaten, Berlin 1995; ders., Antifaschismus als Geschichtswissenschaft. Programmatischer Anspruch, Wissenschaftsmentalität und selbstverschuldete Unmündigkeit der ostdeutschen Zeitgeschichtsschreibung zum Natio-

nalsozialismus, in: Claudia Keller (Hg.), Die Nacht hat zwölf Stunden, dann kommt schon der Tag. Antifaschismus. Geschichte und Neubewertung, Berlin 1996, S. 203–219; Angelika Timm, Der 9. November in der politischen Kultur der DDR, in: Rolf Steininger (Hg.), Der Umgang mit dem Holocaust. Europa – USA – Israel, Wien/Köln/Weimar 1994, S. 246–262; Joachim Käppner, Erstarrte Geschichte. Faschismus und Holocaust im Spiegel der DDR-Geschichtswissenschaft und Geschichtspropaganda der DDR, Hamburg 1999.

6 Exemplarisch: Jeffrey Herf, Zweierlei Erinnerung. Die NS-Vergangenheit im geteilten Deutschland, Berlin 1998; Herfried Münkler, Antifaschismus und antifaschistischer Widerstand als politischer Gründungsmythos der DDR, in: Aus Politik und Zeitgeschichte 45 (1998), S. 16–29.

7 Vgl. etwa die Erinnerungen des DDR-Historikers Fritz Klein: »Die beispiellose Radikalität des Zusammenbruchs, die Ungeheuerlichkeit des verbrecherischen Unheils, das die Deutschen über die Welt und über sich selbst gebracht hatten [...], die aus beidem folgende Riesendimension der Aufgaben, die vor denen lagen, die es nun anders und endlich besser machen wollten, all das begünstigte das einfache Denken in wenigen, absolut verstandenen Kategorien. Zum Großen Nein, das so unabweisbar nötig war, gehörte das Große Ja zur radikalen, Neuaufbau von Grund auf versprechenden Alternative.« Fritz Klein, Drinnen und Draußen. Ein Historiker in der DDR. Erinnerungen, Frankfurt am Main 2000, S. 8 f.

8 Joachim Petzold, Parteinahme wofür? DDR-Historiker im Spannungsfeld zwischen Politik und Wissenschaft, Potsdam 2000, S. 79 ff. u. 263 ff.

9 Zuerst 1945 unter dem Titel »Die Legende vom deutschen Sozialismus«, ab 1952 als »Der faschistische deutsche Imperialismus (1933–1945)« im parteieigenen Dietz Verlag erschienen.

10 Dietrich Eichholtz/Kurt Gossweiler (Hg.), Faschismusforschung. Positionen, Probleme, Polemik, Berlin (O) 1980, S. 14.

11 Vorarbeiten wurden zwar in den 80er Jahren unternommen, konnten aber erst nach dem Ende der DDR-Geschichtswissenschaft zur Publikation geführt werden. Danyel, Antifaschismus als Geschichtswissenschaft [wie Anm. 5], S. 216.

12 Abseits der Memoirenliteratur und auf der Fachebene wurde es im Grunde erst 1973 durch die Studie von Klaus Drobisch u. a. durchbrochen: Juden unterm Hakenkreuz. Verfolgung und Ausrottung der deutschen Juden 1933–1945, Berlin (O) 1973.

13 Käppner, Erstarrte Geschichte [wie Anm. 5], S. 212.

14 Irene Runge, Sind Einsichten Ansichtssache? Oder: Das Verkennen der jüdischen Frage, in: Manfred Weißbecker/Reinhard Kühnl (Hg.), Rassismus, Faschismus, Antifaschismus. Forschungen und Betrachtungen. Gewidmet Kurt Pätzold zum 70. Geburtstag, Köln 2000, S. 357–364, hier S. 360.

15 Aus einer solchen Sicht würdigte der ostdeutsche Faschismusforscher Kurt Gossweiler noch im Jahre 2000 den wissenschaftlichen Rang der Lehrbuchabschnitte 1933–1939 und 1939–1945, die besonders in den von Kurt Pätzold verfassten Abschnitten den bleibenden Rang der Dimitroff-Formel so »parteilich und präzise« darstellten, dass nach Ansicht des Autors »es um den geistigen Zustand der Jugend im heutigen Deutschland um vieles besser bestellt« wäre, wenn sie noch immer als Hochschullehrbuch benutzt würden. Kurt Gossweiler, Rückschau auf Begegnungen und Debatten, in: Weißbecker/Kühnl (Hg.), Rassismus, Faschismus, Antifaschismus [wie Anm 14], S. 461–474, hier S. 464 f.

16 Albert Schreiner, Disposition für das Hochschullehrbuch der Geschichte des deut-

schen Volkes (1918–1945), in: Zeitschrift für Geschichtswissenschaft 2 (1954), S. 701–756, hier S. 701.
17 Ebd., S. 740.
18 Zur Ausblendung des »subjektiven Faktors« in der Historiographie der DDR: Alf Lüdtke, Wer handelt? Die Akteure der Geschichte. Zur DDR-Geschichtsschreibung über Arbeiterklasse und Faschismus, in: Georg G. Iggers u. a. (Hg.), Die DDR-Geschichtswissenschaft als Forschungsproblem, München 1998, S. 369–410.
19 Schreiner, Disposition [wie Anm. 16], S. 737.
20 Ebd., S. 749.
21 Ebd., S. 755.
22 Ebd., S. 756.
23 Stiftung Archiv der Parteien und Massenorganisationen im Bundesarchiv [SAPMO-BArch], DY 30, IV 2/9 04/107, Protokoll der wissenschaftlichen Beratung über die Disposition für das Hochschullehrbuch der Geschichte des deutschen Volkes (1918–1945).
24 Ich folge im Weiteren Überlegungen, die ich ausführlicher in meiner Habilitationsschrift »Das Diktat des Konsenses. Geschichtswissenschaft in der DDR (1945–1969)«, München 2001, entwickelt habe.
25 SAPMO-BArch, DY 30, IV 2/9 04/107, Protokoll der wissenschaftlichen Beratung über die Disposition für das Hochschullehrbuch der Geschichte des deutschen Volkes (1918–1945).
26 Ebd.
27 Archiv der Berlin-Brandenburgischen Akademie der Wissenschaften [ABBAW], AV 3082, Mammach, Geschichte der deutschen antifaschistischen Widerstandsbewegung 1933 bis 1945, Bd. 1, 1933 bis 1939, o. D. [1981].
28 SAPMO-BArch, DY 30, IV 2/9 04/107, Protokoll der wissenschaftlichen Beratung über die Disposition für das Hochschullehrbuch der Geschichte des deutschen Volkes (1918–1945).
29 Simone Barck, Zeugnis ablegen. Zum frühen Antifaschismus-Diskurs am Beispiel des VVN-Verlages, in: Martin Sabrow (Hg.), Verwaltete Vergangenheit. Geschichtskultur und Herrschaftslegitimation in der DDR, Leipzig 1997, S. 259–291, hier S. 266.
30 Ebd., S. 289 f.
31 Werner Plesse, Zum antifaschistischen Widerstandskampf in Mitteldeutschland (1939–1945), in: Zeitschrift für Geschichtswissenschaft 2 (1954), S. 814–843.
32 SAPMO-BArch, DY 30, IV 2/9 04/114, Hermann Axen an Kurt Hager, 19. 7. 1955; vgl. ebd., Hermann Axen an Walter Ulbricht, 19. 7. 1955.
33 Fritz Köhler, Zur Arbeit von Werner Plesse »Zum antifaschistischen Widerstandskampf in Mitteldeutschland (1939–1945)«, in: Zeitschrift für Geschichtswissenschaft 3 (1955), S. 275–277, hier S. 277.
34 ABBAW, ZIG 706/5, W. Bleyer/G. Hass an Olaf Groehler, 25. 8. 1988, Anlage.
35 Ebd.
36 Ebd., Walter Schmidt an Helmut Bleiber, 4. 9. 1988 (Hervorhebungen im Original).

Sebastian Conrad
Krisen der Moderne?
Faschismus und Zweiter Weltkrieg
in der japanischen Geschichtsschreibung

Wenn vom Umgang mit der jüngsten Geschichte und der ›Vergangenheitsbewältigung‹ in Japan die Rede ist, so wird üblicherweise vor allem ein Defizit konstatiert. Einen adäquaten, das heißt kritischen Umgang mit der jüngsten Geschichte habe es in Japan nach 1945 nicht gegeben; der japanischen Gesellschaft wird die mangelnde Fähigkeit zur selbstkritischen Verarbeitung der eigenen Vergangenheit zum Vorwurf gemacht. So haben zahlreiche Länder in Ost- und Südostasien von der japanischen Regierung wiederholt eine offizielle Entschuldigung für die Leiden gefordert, die Japan während des Zweiten Weltkrieges über die asiatischen Völker gebracht habe.[1] Aber auch in Japan selbst steht der inadäquate Umgang mit der jüngsten Vergangenheit im Zentrum der Kritik oppositioneller Gruppierungen. In der japanischen Öffentlichkeit ist dabei die Auseinandersetzung mit den ›dunklen Seiten‹ der Vergangenheit in der Bundesrepublik häufig als Beispiel für eine gelungene ›Vergangenheitsbewältigung‹ genannt worden. Auch in den deutschen und europäischen Medien ist die Meinung, dass im Vergleich zur deutschen Praxis die japanische ›Vergangenheitsbewältigung‹ noch einen gewaltigen ›Nachholbedarf‹ aufweise, die gängige Auffassung.[2]

Vor diesem Hintergrund ist es nun aufschlussreich, den Umgang mit der Erfahrung von Faschismus und Krieg in den ersten Jahren der Nachkriegszeit noch einmal in den Blick zu nehmen. Insbesondere auf dem Feld der akademischen Geschichtsschreibung zeigt sich, dass hier die gängige Einschätzung doch erheblich zu differenzieren ist. Tatsächlich wurde die Auseinandersetzung mit der nationalen Vergangenheit in der japanischen Geschichtswissenschaft nach dem Krieg sehr viel kritischer geführt als unter westdeutschen Historikern. Anders als in der Bundesrepublik schien den meisten japanischen Historikern nach 1945 nicht nur die jüngste Vergangenheit, sondern die gesamte moderne Geschichte des Landes diskreditiert.

Dabei darf nun nicht übersehen werden, dass die wissenschaftliche Interpretation der Geschichte nur einen Teil des in einer Gesellschaft vorherrschenden Geschichtsbildes ausmacht.[3] Ohnehin sind Geschichtsbilder – und das gilt auch für die akademische Historiographie – keineswegs einheitlich, und Aggregate wie das »japanische (oder deutsche) Geschichtsbild« sind insofern immer das Ergebnis einer Vereinfachung und Reduktion.[4] Der wissenschaftlichen Interpretation der Vergangenheit kommt in diesem Zusammenhang dennoch besondere Bedeutung zu: Ausgestattet mit der Autorität wissenschaftlicher ›Objektivität‹ und dem Anspruch, der ›Wahrheit‹ näher zu kommen als andere Formen des historischen Bewusstseins, finden die Arbeiten von Historikern als Expertise Eingang in politische Reden, in Gerichtsverfahren oder die Kompilation von Schulbüchern. Zugleich ist die akademische Forschung aber auch das Produkt der sozialen Wirklichkeit, die sie umgibt, und insofern Teil des breiteren gesellschaftlichen Diskurses.

Paradigmenwechsel

Anders als in Westdeutschland vollzog sich in der japanischen Geschichtswissenschaft nach 1945 ein tief greifender Paradigmenwechsel. In den ersten Nachkriegsjahren etablierte sich eine sozialwissenschaftliche Geschichtsschreibung rasch als dominierender Ansatz in der japanischen Geschichtswissenschaft. Dies war in erster Linie eine Absage an die nationalistische Historiographie der Kriegszeit (*kôkoku shikan*), die jedoch nach 1945 bald von der Bildfläche verschwand. Zugleich war die von Marx und Weber inspirierte Geschichtsschreibung auch methodisch eine Reaktion auf die konservative Politik- und Ereignisgeschichte, die die akademische Landschaft bis dahin dominiert hatte. Während also in Westdeutschland nach 1945 ein »moralisch gezähmter Historismus« (Ernst Schulin) rehabilitiert wurde,[5] wurde sein Pendant in Japan – das vom deutschen Historismus Rankescher Prägung stark beeinflusst war – vom Historischen Materialismus sowie von einer an Weber orientierten Sozialgeschichte als stärkste Kräfte abgelöst.[6]

Die breite, sich als ›progressiv‹ stilisierende, politisch oppositionelle Richtung der Geschichtswissenschaft, die in der frühen Nachkriegszeit die historiographischen Debatten beinahe monopolisierte, war in sich keineswegs homogen. So waren die Auseinandersetzungen unter marxistischen Historikern von einem Grabenkampf zweier Lager geprägt, der mitunter sektiererische Züge annehmen konnte.[7] Die marxistische Historiographie stand wiederum in Opposition zu den so genannten ›Modernisten‹ (*kindai shugisha*), die eine stark am Werk Max Webers ausgerichtete, die mentalen und kulturellen Triebkräfte der Geschichte in den Vordergrund rückende Geschichtsschreibung propagierten. Zwischen Marxisten und ›Modernisten‹ gab es zahlreiche Auseinandersetzungen und Differenzen. Im Rückblick – und im Vergleich zur Situation in der Bundesrepublik – stechen jedoch vor allem die Gemeinsamkeiten dieser sozialgeschichtlich orientierten, kritischen Geschichtsschreibung ins Auge, die in den 50er und 60er Jahren die Diskussionen dominierte.

Diese Verschiebungen im historiographischen Spektrum führten dazu, dass auch die Analysen der jüngsten Vergangenheit sehr viel kritischer ausfielen, als das in der frühen Bundesrepublik der Fall war. Die Periode des Faschismus wurde als Krise der japanischen Moderne begriffen, die nicht zufällig eingetreten, sondern als logische Konsequenz einer säkularen Fehlentwicklung zu begreifen sei. Grundlegende Strukturfehler des Modernisierungsprozesses (man könnte übersetzen: ein japanischer »Sonderweg«) seien dafür verantwortlich zu machen, dass Japan nicht den Weg zu einer egalitären Demokratie und bürgerlichen Gesellschaft beschritten, sondern einen aggressiven und repressiven Faschismus hervorgebracht habe.

Maruyama und der »Faschismus von oben«

Unter den Versuchen, den Faschismus analytisch auf den Punkt zu bringen, hat die Deutung von Maruyama Masao die größte Wirkung entfaltet. Er beschrieb die japanische Variante eines »Faschismus von oben«, der – im Vergleich mit seinen europäischen Pendants – durch einen fundamentalen Modernitätsrückstand gekennzeichnet sei.

Maruyama (1914–1996) hatte an der Juristischen Fakultät der Universität Tôkyô studiert und war dort 1940 zum Assistenzprofessor avanciert.[8] Bei Kriegsende erst 31 Jahre alt, trat Maruyama in den folgenden Jahren mit einer Reihe von Aufsätzen an die Öffentlichkeit, in denen er eine tief greifende Analyse des japanischen Faschismus vorlegte. Die ungeheure Wirkung seiner Schriften machte ihn rasch zu einem der führenden Intellektuellen, die die Demokratisierung des Landes mit einer kritischen Aufarbeitung seiner Vergangenheit verbinden wollten. Maruyamas Analysen richteten sich jedoch nicht nur gegen die konservative Form der Apologetik, sondern setzten sich zugleich von der marxistischen Deutung des Faschismus ab, die in den ersten Nachkriegsjahren Konjunktur hatte. Der marxistischen Betonung sozialer und ökonomischer Antagonismen setzte Maruyama eine vom Werk Max Webers beeinflusste kulturelle und sozialpsychologische Deutung entgegen.[9]

Ausgangspunkt seiner Überlegungen war die Frage, wie die Formation des Ultranationalismus (*chôkokka shugi*) zu verstehen sei, ohne einem sozioökonomischen Reduktionismus zu verfallen. In seinem einflussreichen Aufsatz über die »Logik und Psyche des Ultranationalismus«, der im Mai 1946 in der Kulturzeitschrift »Sekai« erstmals publiziert wurde, unternahm Maruyama daher eine Analyse der ideologischen Aspekte des Faschismus. Maruyama bezeichnete den Ultranationalismus der dreißiger und vierziger Jahre als »Faschismus«, der sich dennoch von der analogen politischen Formation in Europa deutlich unterschieden habe. Denn in Japan »brach sich der Faschismus, anders als in Italien oder Deutschland, nicht ›von unten‹ Bahn.«[10] Stattdessen »wurde die faschistische Bewegung ›von unten‹ vollständig absorbiert von einer totalitären Formation ›von oben‹.« Diese besondere Form des Faschismus, die nicht auf eine revolutionäre Massenbewegung rekurrierte, sondern faschistische Energien in ein ›von oben‹ oktroyiertes autoritäres Regime inkorporiert habe, offenbarte in Maruyamas Augen den »vormodernen Charakter« des japanischen Faschismus. Insbesondere war es »das Ausbleiben einer bürgerlichen Revolution, das diesen Charakter der faschistischen Bewegung bestimmte.«[11]

Das Fehlen einer bürgerlichen Revolution kennzeichnete für Maruyama also die spezifische ideologische Formation, die in Japan eine besondere Spielart des Faschismus hervorgebracht habe. Maruyama betonte in seiner historischen Tiefenanalyse, dass sich – anders als in Europa – eine Trennung in Öffentlichkeit und Privatsphäre in Japan nicht ausgebildet habe. Daher sei das verantwortungsvolle, freie Individuum der modernen Zivilgesellschaft in Japan nicht entstanden; stattdessen dominiere in allen gesellschaftlichen Bereichen eine Ideologie, die soziale Beziehungen als Elemente einer familialen Struktur definiere und sowohl die öffentliche als auch die private Sphäre überwölbe; Moral und Ethik hätten sich so nicht als eigenständige Normensysteme ausgebildet, sondern blieben an die hierarchische Gesellschaftsstruktur rückgebunden. Der japanischen Staatsdoktrin ermangele es somit »einer [...] formalen Rechtmäßigkeit [...]. Das staatliche Handeln [ist] keinerlei sittlichen, den Staat transzendierenden Normen unterworfen [...], weil es auf der Verkörperung sittlicher Werte im Souverän selber beruht«.[12] Diese ideologische Struktur, die einer Ausdifferenzierung der Sphären von Macht und Recht im Wege stand, habe auch die Entstehung des modernen Individuums verhindert – und dadurch auch die Möglichkeit, eine politische Bewegung revolutionär, ›von unten‹ durchzusetzen. Im Gegensatz zu Deutschland sprach Maruyama daher sogar vom »Scheitern des japanischen Faschismus als Massenbewegung.«[13]

Diese Analyse, die einen welthistorischen Sonderweg (die ausgebliebene bürgerliche Revolution) dafür verantwortlich machte, dass sich Individuum und Subjektivität in Japan nicht hatten ausbilden können, war nach dem Krieg (und ist es noch heute) der einflussreichste Versuch, den Faschismus in Japan historisch zu verorten.[14] Dabei wird deutlich, dass Maruyama den Faschismus als eine durchaus moderne Formation verstand, die ihrerseits das moderne Individuum, seine Selbständigkeit und Verantwortung, voraussetzt. In dieser Hinsicht traf sich Maruyamas Bewertung mit der marxistischen Orthodoxie, für die ebenso die moderne Gesellschaft eine Vorbedingung der Entstehung faschistischer Regimes darstellte. Von den zeitgenössischen Interpretationen aus marxistischer Sicht unterschied sich Maruyamas Werk jedoch durch die eklektische Vielfältigkeit seines Ansatzes, der psychologische und sozialwissenschaftliche Erkenntnisse in seine Gesellschaftsanalyse integrierte.

»Kultur« als Explanans

Maruyamas Arbeiten richteten sich in erster Linie gegen ein ›Verdrängen‹ der jüngsten Geschichte und ihrer ideologischen Wurzeln. Diese Strategie unterschied sich deutlich von der in der frühen Bundesrepublik vorherrschenden Tendenz, den Nationalsozialismus als Ausnahme der deutschen Geschichte zu betrachten. Aufschlussreich ist es hier, einmal einen Blick auf die unterschiedliche Verwendung der Kategorie der ›Kultur‹ und ihrer Funktion bei der Erklärung von Faschismus und Nationalsozialismus zu werfen. Für Maruyama war das kulturelle ›Erbe‹ kein Refugium reiner und unverdorbener Eigenschaften des ›wahren‹ Japan, sondern selbst tief verstrickt in die ideologisch-sozialen Ursachen der jüngsten Katastrophe. In der Bundesrepublik hingegen galt der Rückgriff auf die hehren Traditionen deutscher Kultur – beispielsweise durch Friedrich Meinecke – als eines der vielversprechendsten ›Heilmittel‹ gegen den Faschismus.

Wenn man Maruyamas Analyse etwa mit Friedrich Meineckes »Deutscher Katastrophe« (beide Texte erschienen 1946) vergleicht, dann stechen diese Gegensätze ins Auge. Gemeinsam war beiden Autoren eine auffallende Beschäftigung mit dem »Besonderen«, dem Einzigartigen. Maruyama konzentrierte seine Forschungen, wie er im Rückblick konstatierte, auf die »spezifischen Besonderheiten der japanischen Politik und der kulturellen Muster, die ihr zugrunde lagen«. Diese Spezifika bestanden für ihn jedoch nicht in den großartigen Errungenschaften einer unverwechselbaren japanischen Kultur, sondern vielmehr in ihren Mängeln und Unzulänglichkeiten. Maruyama sprach daher von seinem »obsessiven Interesse, das sich ausschließlich auf die pathologischen Aspekte meiner eigenen Gesellschaft« beziehe. In Westdeutschland hingegen galt das kulturelle Erbe zumeist als Reservoir wertvoller Traditionen, das die Überwindung des Faschismus ermöglichen sollte. Für Friedrich Meinecke etwa war der Rückgriff auf Elemente deutscher Kultur (man denke nur an die berühmten Goethegemeinden) der Hoffnungsschimmer, der eine bessere Zukunft versprach. Schließlich sei die »tiefsinnige Gedankendichtung von der Art der Goetheschen und Schillerschen [...] vielleicht das Deutscheste vom Deutschen in unserem gesamten Schrifttum.«[15] Diese nostalgische Sehnsucht nach kultureller Rückkehr, für die Meinecke nur ein prominentes Beispiel war, war in der Regel mit einer Suche nach den unbelasteten Ursprüngen der Nation verbunden.[16] Dadurch schien sich beweisen zu lassen, dass ihre kulturelle Substanz dem Skandalon des Nationalsozialismus eigentlich diametral entgegenstand.

Die Beschäftigung mit dem nationalen »Wesen« hatte mithin sowohl in der westdeutschen als auch in der japanischen Historiographie der Nachkriegsjahre ihren Platz. Die Stoßrichtung aber konnte unterschiedlicher kaum sein. Maruyama verband den Befund von nationalen Besonderheiten mit dem Bemühen, die japanische Gesellschaft davon zu befreien. »Es wird deutlich werden, dass [...] meine bewusste Absicht darin bestand, mich selbst und das politische System meiner eigenen Gesellschaft einer eindringlichen Röntgenuntersuchung zu unterziehen und mit rücksichtslosem Skalpell jedes Anzeichen einer Krankheit zu eliminieren.«[17]

Für Friedrich Meinecke hingegen bestand die Aufgabe des Historikers nicht in der Ausmerzung, sondern in der Bewahrung. Er war, wie er das formulierte, auf der Suche nach dem »deutschen *character indelebilis*«.[18] Nun ließen sich sowohl in der westdeutschen als auch in der japanischen Geschichtsschreibung auch andere Auffassungen finden, die den Kontrast zwischen beiden Ländern weniger absolut erscheinen lassen. So haben seit Mitte der 50er Jahre auch in Japan Historiker den Versuch unternommen, die positiven Seiten der nationalen Tradition in den Vordergrund zu rücken und auf diese Weise das »dunkle Tal« des Faschismus zu marginalisieren oder gar als Ergebnis verhängnisvoller Einflüsse von außen zu charakterisieren. Diese revisionistischen Ansätze beschränkten sich interessanterweise nicht auf das konservative Spektrum der Geschichtswissenschaft, sondern fanden sich auch unter marxistischen Historikern.[19] Auch in der Bundesrepublik war das Bild keineswegs einheitlich: Schon bei Friedrich Meinecke finden sich nicht nur kulturnationalistische, sondern auch sehr kritische Einsichten, die die militaristischen Traditionen des kaiserlichen Deutschland und auch die Versäumnisse des deutschen Bürgertums betreffen.[20] Vor allem Karl-Dietrich Bracher hat dann aber in seiner Studie über die »Auflösung der Weimarer Republik« systematisch nach den strukturellen und langfristigen Ursachen des Nationalsozialismus gefragt.[21]

Bei genauerem Hinsehen wird also deutlich, dass die Stimmen und Kommentare in beiden Ländern deutlich vielfältiger waren, als ein Vergleich ›deutscher‹ und ›japanischer‹ Geschichtsschreibung es zunächst suggerieren mag. Dennoch werden erst durch den komparativen (wenn auch in gewisser Weise homogenisierenden) Blick die Unterschiede offenkundig: Brachers Studie erschien erst 1955, und in der Zunft blieb er ein Außenseiter. Bis zur Durchsetzung der Sozialgeschichte im Laufe der 60er und frühen 70er Jahre blieb die Suche nach den langfristigen und strukturellen Ursachen des Nationalsozialismus eine Minderheitenposition. In Japan hingegen war die Vorstellung einer säkularen Fehlentwicklung, die mit einiger Konsequenz zu Krieg und Faschismus geführt habe, die herrschende Meinung. Während die kritische Hinterfragung der nationalen Traditionen in der frühen Bundesrepublik weitgehend ausblieb, war in Japan die Mehrzahl der Historiker von Strukturfehlern der japanischen Modernisierung und ihren verhängnisvollen Folgen überzeugt.[22]

Revisionistische Strömungen

Die kritische Perspektive auf den japanischen ›Sonderweg‹ in die Moderne avancierte in der frühen Nachkriegszeit zum beinahe unhinterfragten Deutungsmuster der japanischen Geschichte. In der Phase der amerikanischen Besatzung (bis 1952), aber auch in den ersten Jahren danach waren apologetische oder nationalistische Stimmen unter den Historikern kaum zu vernehmen. Auch heute noch sind sozialgeschichtliche Ansätze sowie die Interpretation des Faschismus in der Tradition Maruyamas sehr einflussreich. Der breite Konsens der frühen Nachkriegszeit hat sich jedoch sukzessive aufgelöst. Seit dem Ende der 50er Jahre hat eine Reihe revisionistischer Historiker den Versuch unternommen, die kritische Orthodoxie der Marxisten und ›Modernisten‹ zu korrigieren. Vor dem Hintergrund des einsetzenden japanischen Wirtschaftswunders geriet auch die Frage nach dem modernen Subjekt nach und nach aus dem Blick, und die Diskussion konzentrierte sich auf die Bewertung des Krieges.

In der revisionistischen Literatur erschien Japan nun als Objekt und Opfer der Weltgeschichte, als angegriffene Nation, die für den verlorenen Krieg nur bedingt Verantwortung übernehmen könne. Die Entscheidung zur Auseinandersetzung mit den Vereinigten Staaten war in dieser Lesart keine irrationale Entscheidung japanischer Politiker, sondern von der Geschichte (oder vom ›Schicksal‹) schon lange vorbestimmt worden. Der Zweite Weltkrieg erschien daher nicht als asiatischer Konflikt, sondern als Teil eines »hundertjährigen Krieges«, den Japan seit der gewaltsamen ›Öffnung‹ durch Commodore Perry im Jahre 1853 mit den Vereinigten Staaten ausgefochten habe.[23] Revisionistischen Deutungen der Kriegszeit von Autoren wie Hattori Takushirô, Ueyama Shumpei oder Hayashi Fusao waren durchaus publizistische Erfolge beschieden; nachhaltige Wirkungen hat diese Form der nationalen Apologetik jedoch nicht erzielt. Innerhalb der akademischen Geschichtsschreibung, aber im Grunde auch in der öffentlichen Diskussion, sind diese Ansätze weitgehend marginal geblieben.[24]

Dies änderte sich erst in den 1990er Jahren, als die historiographischen Fronten wieder in Bewegung gerieten und in intensive Auseinandersetzungen mündeten, die geradezu als »Bürgerkrieg um die Erinnerung« (Kan San Jun) bezeichnet werden können. Die Gegensätze kulminierten in den heftigen und äußerst kontroversen Diskussionen anlässlich der fünfzigsten Wiederkehr des Kriegsendes 1995. Im japanischen Parlament eskalierte der Konflikt über die Angemessenheit einer regierungsamtlichen Entschuldigung bei den asiatischen Nachbarvölkern. Aber auch in einer breiteren Öffentlichkeit wurden die Fragen nach der kollektiven japanischen Verantwortung für die Kriegsereignisse verhandelt – inklusive der symbolischen Themen des Nanking-Massakers, der biologischen Kriegführung und der Zwangsprostitution.[25]

In diesem Kontext ist auch der Konflikt zwischen kritischen und offen nationalistischen Historikern erneut ausgebrochen und hat zu einer sehr intensiven Auseinandersetzung geführt. Der Erziehungswissenschaftler Fujioka Nobukatsu und der Spezialist für deutsche Literatur, Nishio Kanji, sind die beiden prominentesten Vertreter einer ganzen Bewegung, die sich für eine Revision des bisherigen Geschichtsbildes einsetzt. Sie plädieren für eine Interpretation, die es den Japanern ermöglichen soll, Stolz auf die nationale Vergangenheit zu empfinden. Damit wenden sie sich explizit gegen den in der frühen Nachkriegszeit etablierten Konsens, der ihnen nun als »Geschichtsbild des Tôkyôter Kriegsverbrecherprozesses« und damit als Oktroi der amerikanischen Besatzung erscheint. Dieses »Geschichtsbild der Schande« (*ojoku*), das vor allem durch die Schulbücher kanonisiert worden sei, soll durch eine Version der Vergangenheit ersetzt werden, die die Helden und großen Leistungen der japanischen Geschichte in den Vordergrund rückt.[26] Die Gründung einer »Gesellschaft für das Erstellen neuer Lehrbücher« steht für den Versuch, die sehr heterogene Gruppierung, die von Fujioka und Nishio repräsentiert wird, zu institutionalisieren.[27]

In der öffentlichen Rezeption knüpfen die Revisionisten um Fujioka an frühere Bemühungen an, die negative Bewertung der japanischen Moderne zu überwinden. Allerdings darf man bei aller thematischen Kontinuität nicht den besonderen Kontext des gegenwärtigen Revisionismus übersehen, der als eine spezifische Antwort auf das Ende des Ost-West-Gegensatzes und die zunehmende Globalisierung verstanden werden kann.[28] Auch der Antiamerikanismus steht bei Fujioka nicht so im Vordergrund wie bei einigen seiner ›Vorläufer‹ in den 50er Jahren.

»Geteilte« Geschichte der Erinnerung

Die Interpretationen der Kriegsjahre – je nach Standpunkt auf den ›Faschismus‹ oder die Kriegsereignisse selbst bezogen – haben seit 1945 bereits ihre eigene wechselvolle Geschichte. Für die Bundesrepublik Deutschland ist diese Geschichte in der Regel mit der Rhetorik des ›Lernerfolgs‹ erzählt worden, als Fortschritt von einer Phase der ›Verdrängung‹ hin zu einer intensiven, ›aufgeklärten‹ Beschäftigung mit der jüngsten Vergangenheit.[29] Die japanische Entwicklung fügt sich nicht ohne weiteres in eine solche Teleologie, sondern weist eine komplexere Dynamik auf. Dies ist jedoch nicht so sehr Ausdruck einer anderen Mentalität oder ›Kultur‹, sondern muss vielmehr in den jeweiligen spezifischen Kontext eingebettet werden. So war der breite kritische Diskurs der frühen Nachkriegsjahre Teil einer keineswegs auf Japan beschränkten und auch in Europa anzutreffenden Reaktion auf die Epoche der Nationalismen, in der die universalistischen Werte der Aufklärung stark gemacht wurden. Die Suche nach einem modernen ›Subjekt‹, zu der auch Maruyamas Faschismus-Analyse zu rechnen ist, korrelierte überdies mit den sozialen und politischen Prozessen der amerikanischen Besatzungszeit.[30]

Auch die revisionistischen Strömungen ein halbes Jahrhundert später lassen sich daher nur in ihrem Kontext – Ende des Kalten Krieges, Tod des Tennô, Ende des Machtmonopols der Liberaldemokratischen Partei – verstehen.[31] Dies bedeutet auch, dass die Auseinandersetzungen keineswegs als rein innerjapanische Angelegenheiten betrachtet werden können, sondern ebenso im Kontext des wechselseitigen Austausches mit den USA, Europa sowie den asiatischen Nachbarländern standen.[32] Gerade dieser zweite Aspekt wird jedoch allzu häufig übersehen. Der Erfolg bzw. das Ausbleiben einer angemessenen ›Vergangenheitsbewältigung‹ wird zumeist auf nationale Besonderheiten und Charaktereigenschaften zurückgeführt.[33] Dabei werden die vielfältigen Prozesse des Austausches und der gegenseitigen Infiltration ausgeblendet. Der japanische Umgang mit der Vergangenheit muss hingegen in einem Kontext transnationaler Einflussnahme und Erwartungshaltungen situiert werden. Sowohl die ›Leistungen‹ als auch die ›Versäumnisse‹ in der Aufarbeitung der jüngeren Geschichte sind davon nachhaltig beeinflusst.[34]

Der Umgang mit der Vergangenheit kann mithin nicht in memorialer ›splendid isolation‹ erzählt werden, sondern trägt immer auch Züge einer

›geteilten Erinnerung‹.[35] Dieses Konzept knüpft an die Ambiguität des Begriffes ›geteilt‹ an, die im Englischen als *shared/divided* wiedergegeben wird. Die Interpretation der Vergangenheit entsteht im Kontext einer gemeinsamen (wenn auch in der Regel asymmetrischen) Geschichte des Austausches und der Zirkulation von Diskursen – die heftigen Kontroversen über die Zwangsprostitution koreanischer Frauen in Diensten des japanischen Militärs sind nur das jüngste Beispiel für die transnationale Aushandlung der Erinnerung. Das bedeutet jedoch keineswegs, dass die Kriegszeit etwa in Japan und in den asiatischen Nachbarländern auf gleiche Weise erinnert wird. Aber auch diese Unterschiede der »Geschichtspolitik« werden nur vor dem Hintergrund der Beziehungen und Austauschverhältnisse und des durch sie perpetuierten Bedürfnisses nach Differenzierung und Abgrenzung verständlich.[36] Auch die nationalistische Sicht auf Japans Besonderheiten ist daher Element einer ›geteilten Erinnerung‹.

Anmerkungen

1 Vgl. etwa Volker Fuhrt, Altes Mißtrauen und neue Forderungen. Schatten der Vergangenheit auf Japans Verhältnis zu seinen asiatischen Nachbarn, in: Europa-Archiv 17 (1992), S. 491–500; Yoshimi Yoshiaki, Jûgun ianfu, Tôkyô 1995.
2 So beispielsweise auch der Tenor von Ian Buruma, Erbschaft der Schuld. Vergangenheitsbewältigung in Deutschland und Japan, München 1994; vgl. auch George Hicks, Japan's War Memories. Amnesia or Concealment?, Aldershot 1997. Sehr ausgewogen argumentierende Vergleiche zwischen Deutschland und Japan finden sich in Awaya Kentarô (Hg.), Sensô sekinin – sengo sekinin. Nihon to Doitsu wa dô chigau ka, Tôkyô 1994. Dezidiert gegen eine deutsche Vorbildrolle wendet sich hingegen Nishio Kanji, Kotonaru higeki. Nihon to Doitsu, Tôkyô 1994.
3 Vgl. allgemein zu Geschichtsbildern in Japan etwa Yoshida Yutaka, Nihonjin no sensôkan. Sengoshi no naka no henyô, Tôkyô 1995.
4 Zur Differenzierung innerhalb der japanischen Geschichtswissenschaft vgl. Tôyama Shigeki, Sengo no rekishigaku to rekishi ishiki, Tôkyô 1968; Sebastian Conrad, Auf der Suche nach der verlorenen Nation. Geschichtsschreibung in Westdeutschland und Japan 1945–1960, Göttingen 1999.
5 Ernst Schulin, Zur Restauration und langsamen Weiterentwicklung der deutschen Geschichtswissenschaft nach 1945, in: ders., Traditionskritik und Rekonstruktionsversuch. Studien zur Entwicklung von Geschichtswissenschaft und historischem Denken, Göttingen 1979, S. 133–43, hier S. 139.
6 Zu den vielfältigen Gründen für diese Verschiebungen vgl. Conrad, Suche [wie Anm. 4], S. 88–96.
7 Vgl. Tôyama, Sengo no rekishigaku [wie Anm. 4]; Germaine A. Hoston, Marxism and the Crisis of Development in Prewar Japan, Princeton 1986.

8 Zu Person und Werk Maruyamas vgl. Rikki Kersten, Democracy in Postwar Japan. Maruyama Masao and the Search for Autonomy, London 1996; vgl. auch das Sonderheft der Zeitschrift Gendai Shisô im Januar 1994 sowie Kasai Hirotaka, Maruyama Masao no ›Nihon‹, in: Sakai Naoki/Brett deBary/Iyotani Toshio (Hg.), Nashonariti no datsukôchiku, Tôkyô 1996, S. 205–32.

9 In der marxistischen Diskussion setzte sich nach 1945 der Begriff »Tennô-Systemfaschismus« durch, der – im Rahmen des Konzeptes historischer Entwicklungsstadien – den Kompromisscharakter des japanischen Faschismus ausdrücken sollte. Vgl. dazu Oishi Kaichirô, Sengo kaikaku to Nihon shihonshugi no kôzô henka. Sono renzokusetsu to danzetsusetsu, in: Tôkyô daigaku shakai kagaku kenkyûjo (Hg.), Sengo kaikaku, Band 1: kadai to shikaku, Tôkyô 1974, S. 63–99 sowie Hoston, Marxism [wie Anm. 7], S. 256 ff.

10 Maruyama Masao, The Ideology and Dynamics of Japanese Fascism, in: ders., Thought and Behaviour in Modern Japanese Politics, Oxford 1963, S. 25–83, hier S. 82 (zitiert nach einem vom Autor genehmigten Zusatz in der englischen Übersetzung von Maruyama Masao, Nihon fashizumu no shisô to undô, in: Maruyama Masao Shû Band 3, S. 259–322).

11 Maruyama, Nihon fashizumu no shisô to undô [wie Anm. 10], S. 310, 319.

12 Maruyama Masao, Logik und Psyche des Ultranationalismus, in: Karl Friedrich Zahl (Hg.), Japan ohne Mythos, München 1988, S. 37–59, hier S. 45.

13 Maruyama, Nihon fashizumu no shisô to undô [wie Anm. 10], S. 275 (den Begriff »öffentlich« verwendet Maruyama auf deutsch).

14 Damit soll nicht behauptet werden, dass es keine Kritik an Maruyamas Ansatz gegeben hätte. So haben eine Reihe von Historikern beispielsweise Maruyamas Dichotomie eines »Faschismus von oben« und eines »Faschismus von unten« in Frage gestellt. Vgl. Fujiwara Akira (Hg.), Nihon Fashizumu, 2 Bände, Tôkyô 1981–1982. Vgl. auch Hatano Sumio, Zur Kontroverse um den Faschismus in Japan, in: ZfG 47 (1999), S. 103–108.

15 Friedrich Meinecke, Die deutsche Katastrophe. Betrachtungen und Erinnerungen, Zürich 1946, S. 174, 8, 176.

16 Vgl. auch Friedrich Meinecke, Goethe und die Geschichte, München 1949; Wilhelm Mommsen, Die politischen Anschauungen Goethes, Stuttgart 1948; Gerd Tellenbach, Goethes geschichtlicher Sinn, Freiburg 1949.

17 Maruyama Masao, Author's Introduction, in: ders., Thought and Behaviour [wie Anm. 10], S. v-ix, hier S. xiv, xi, xii.

18 Meinecke, Katastrophe [wie Anm. 15], S. 176.

19 Vgl. dazu Conrad, Suche [wie Anm. 4], S. 174–176.

20 »Die Mitverantwortung und Schuld des deutschen Bürgertums an allem, was die Katastrophe und insbesondere das Emporkommen des Nationalsozialismus vorbereitet hat, ist nicht gering.« Meinecke, Katastrophe [wie Anm. 15], S. 36.

21 Karl Dietrich Bracher, Die Auflösung der Weimarer Republik. Eine Studie zum Problem des Machtverfalls in der Demokratie, Tübingen 1955.

22 Der mehrheitlich kritische Umgang mit der nationalen Vergangenheit unter japanischen Historikern schloss allerdings nicht aus, dass die marxistischen Interpretationen auch Entlastungsfunktion haben konnten. Die Betonung makrogesellschaftlicher Strukturen, die den Handlungsspielraum des Einzelnen (und damit auch seine Verantwortlichkeit) einschränkten, ließ mitunter das japanische Volk als Opfer der Verhältnisse und der überpersönlichen, anonymen Antagonismen erscheinen. Vgl. Conrad, Suche [wie Anm. 4], S. 177–181. Der komparative Blick

zielt hier jedoch nicht auf eine Bewertung, sondern vielmehr auf eine Einordnung und Kontextualisierung konkurrierender Deutungsmuster.

23 Vgl. zu Hattori auch Richard Minear, Nihon no rekishika to sensô. 1945–1965nen, in: Nakamura Masanori (Hg.), Sengo Nihon. Senryô to sengo kaikaku, Band 5, Tôkyô 1995, S. 133–56.
24 Wolfgang Seifert, Nationalismus im Nachkriegs-Japan. Ein Beitrag zur Ideologie der völkischen Nationalisten, Hamburg 1977.
25 Franziska Seraphim, Der Zweite Weltkrieg im öffentlichen Gedächtnis Japans: Die Debatte zum fünfzigsten Jahrestag der Kapitulation, in: Irmela Hijiya-Kirschnereit (Hg.), Überwindung der Moderne? Japan am Ende des zwanzigsten Jahrhunderts, Frankfurt am Main 1996, S. 25–56.
26 Fujioka Nobukatsu, Ojoku no kingendaishi, Tôkyô 1996.
27 Vgl. Rikki Kersten, Neo-nationalism and the ›Liberal School of History‹, in: Japan Forum 11 (1999), S. 191–203; Steffi Richter, Nicht nur ein Sturm im Wasserglas. Japans jüngster Schulbuchstreit, in: Internationale Schulbuchforschung 23 (2001), S. 277–300.
28 Aaron Gerow, Consuming Asia, Consuming Japan: The New Neonationalistic Revisionism in Japan, in: Laura Hein/Mark Selden (Hg.), Censoring History. Citizenship and Memory in Japan, Germany, and the United States, London 2000, S. 74–95.
29 Vgl. etwa Peter Reichel, Vergangenheitsbewältigung in Deutschland. Die Auseinandersetzung mit der NS-Diktatur von 1945 bis heute, München 2001.
30 Victor J. Koschmann, Revolution and Subjectivity in Postwar Japan, Chicago 1996.
31 Sebastian Conrad, Erinnerungspolitik in Japan, 1945–2001. Zur Einführung, in: Periplus. Jahrbuch für außereuropäische Geschichte 10 (2001).
32 Vgl. etwa Norma Field, War and Apology: Japan, Asia, the Fiftieth, and After, in: positions. east asia cultures critique 5 (1997), S. 1–50.
33 Dieser Tendenz entkommt selbst Ian Burumas interessante Studie nicht immer; vgl. Buruma, Erbschaft der Schuld [wie Anm. 2].
34 Zur Situierung der japanischen Erinnerungspolitik in einem asiatischen Kontext vgl. Fujitani Takashi/Geoffrey M. White/Lisa Yoneyama (Hg.), Perilous Memories. The Asia-Pacific War(s), Durham 2001.
35 Dieser Begriff lehnt sich an das Konzept der ›geteilten‹ Geschichte an, wie es etwa von Shalini Randeria vertreten worden ist. Vgl. Shalini Randeria, Geteilte Geschichte und verwobene Moderne, in: Jörn Rüsen u. a. (Hg.), Zukunftsentwürfe. Ideen für eine Kultur der Veränderung, Frankfurt am Main 1999, S. 87–96.
36 Vgl. dazu auch Laura Hein/Mark Selden, The Lessons of War, Global Power, and Social Change, in: dies., Censoring History [wie Anm. 28], S. 3–50.

IV. Erinnerung an Diktatur und Krieg in Politik und Öffentlichkeit

Edgar Wolfrum
Die Suche nach dem »Ende der Nachkriegszeit«
Krieg und NS-Diktatur
in öffentlichen Geschichtsbildern
der »alten« Bundesrepublik Deutschland

Von der Geschichte umstellt

Anfang 1965 – die Welt, außer Bonn, rüstet zur Feier des 20. Jahrestags des 8. Mai 1945.[1] An dem Tag selbst ist Bonn so einsam wie noch nie zuvor in seiner Geschichte. Militärparaden im holländischen Amersfoort, in Breslau, Prag, Belgrad, Moskau, Ost-Berlin und auf den Pariser Champs-Elysées. Feuerwerkskörper am Nachthimmel Hollands und Frankreichs, millionenfaches Kerzenlicht in Belgien, Dänemark und Norwegen, überall haben die Kinder schulfrei. In Moskau wird das erste Grabmal des Unbekannten Soldaten eingeweiht: Parteichef Leonid Breschnew entzündet im Alexandergarten des Kreml eine Ewige Flamme, deren Feuer vom Leningrader Gefallenenehrenmal in einem Panzerspähwagen in die Hauptstadt gebracht worden war; man fährt sie zum Grabmal, das von sechs Granitsteinen umrahmt wird, die mit Erde aus den sechs Heldenstädten der Sowjetunion – Leningrad, Kiew, Wolgograd, Sewastopol, Odessa und Brest – gefüllt sind. Wie viele Länder der Erde hat auch China eine Delegation geschickt; selbst der indonesische Verteidigungsminister ist nach Moskau geflogen und hört jetzt, wie Breschnew die Bundesrepublik Deutschland hart angreift und eine etwaige deutsche Wiedervereinigung mit Hitlers Machtantritt vergleicht. Die polnische Regierung hält die Feiern in demonstrativer Form in Breslau ab, wo Parteichef Gomulka »Polens heiliges Recht auf seine Westgebiete« bekräftigt und ebenfalls heftige verbale Attacken gegen die Bundesrepublik richtet.[2] Auch der tschechoslowakische Staatspräsident Novotny brandmarkt westdeutsche Politiker als üble, den Weltfrieden gefährdende Revanchisten. Überall im Osten wird die Bundesrepublik auf die Anklagebank gesetzt.
SED-Chef Walter Ulbricht frohlockt und ordnet in Ost-Berlin Feiern wie die von Siegern an. Einundzwanzig Schuss Salut donnern dem großen Umzug voraus, was dann kommt, ist eine Mischung aus exaktem Zere-

moniell preußischer Paradeseligkeit und klotziger Waffenschau. Hier, in der antifaschistischen DDR, und nur hier, ertöne die Stimme der deutschen Nation, versichert Ulbricht; in Westdeutschland hingegen müsse die Befreiung von 1945 erst noch nachgeholt werden. Pünktlich zum Mai erscheint in der DDR ein neues »Braunbuch« über angeblich NS-belastete Persönlichkeiten in der Bundesrepublik.

Zu allem Unglück lassen auch die Westmächte die Bundesrepublik allein. Es wird nach Siegern und Besiegten geschieden. Staatspräsident Charles de Gaulle hat in Paris eine Feier der Superlative organisiert, so als habe Frankreich den Krieg gegen das »Dritte Reich« allein gewonnen. Glücklicherweise haben sich Bonns Sorgen mit Blick auf Großbritannien nicht bestätigt; hier entsteht keine Welle antideutscher Gefühle. Der amerikanische Präsident spricht am 8. Mai zu den Völkern der Vereinigten Staaten und Westeuropas und betont die Verantwortung der Siegermächte für die Zukunft Deutschlands. Aber auch die USA und England sind gegenüber Frankreich eingeknickt. Denn Bonn hatte all seine diplomatische Energie für eine gemeinsame Deutschland-Erklärung der drei Westmächte zum 8. Mai eingesetzt: Sie sollte Bekenntnis zur Wiedervereinigung sein und Bestätigung, dass die (West-)Deutschen als gute Demokraten ihre Vergangenheit überwunden hätten. Das Ansinnen wird von Frankreich brüsk abgelehnt. Die beiden anderen Westmächte fügen sich. Dies kommt einem Schlag ins Gesicht der bundesdeutschen Diplomatie gleich.

In der Bundesrepublik wird nicht gefeiert, aber in der Öffentlichkeit ist der »Jahrestag der Kapitulation« so präsent wie nie zuvor. 1964 und 1965 sind die Deutschen von ihrer Geschichte gleichsam umstellt und können nicht entrinnen. 1964 waren gleich vier epochale Ereignisse auf dem Gedenkkalender rot umrandet: die 25. Wiederkehr der Entfesselung des Zweiten Weltkrieges, der 20. Jahrestag des 20. Juli 1944 und der 15. des Grundgesetzes, womit die Bundesrepublik Weimar überdauert hatte. 1965 schließlich gilt es, den 20. Jahrestag von 1945 zu begehen, und das Datum wird auch mit dem 10. Jahrestag der Souveränität der Bonner Demokratie verknüpft; nicht vergessen worden ist, dass auch ein Großer »Geburtstag« hat: Otto von Bismarck, Gründer des Deutschen Reiches, wurde vor 150 Jahren geboren. Er erfährt auf einer Gedenkfeier im Deutschen Bundestag eine parteiübergreifende Huldigung; sein Vermächtnis: die deutsche Wiedervereinigung.[3]

Das Allein-Gelassen-Sein und die Propaganda-Kampagne aus dem Osten schweißt die Politiker aller Parteien zusammen. Bundeskanzler Ludwig Erhard wendet sich am 8. Mai über das Fernsehen an das deutsche Volk. Er rät ihm, sich vom Osten nicht durcheinander bringen zu lassen, sich weiterhin mit Selbstvertrauen zu rüsten. »Wir haben wahrlich keinen Anlass«, so der Regierungschef, »diesen Tag zu feiern. Voller Trauer gedenken wir der zahllosen Opfer dieser schrecklichen Zeit, die Hekatomben von Blut gefordert hat: unserer Gefallenen, der Ermordeten – wer immer die Mörder waren.« Erhard dankt den westlichen Siegermächten für die Aufbauhilfe. Dann dankt er Gott für die »Gnade, dass wir noch einmal die Kraft fanden, von neuem zu beginnen, dass wir uns aus Schutt und Trümmern eine neue Welt bauen konnten, dass wir eine wirtschaftliche und soziale Ordnung errichteten, die, was Menschenwerk nur immer vermag, Not zu lindern und Schuld zu sühnen versuchte.« Das deutsche Volk, »das für die Menschheit Großes geleistet hat und die Kraft aufbrachte, sich selbst zu erneuern, darf seiner Zukunft gewiss sein«, schließt der Bundeskanzler.[4] Wenige Monate später, in seiner Regierungserklärung vom 10. November, wird er vom »Ende der Nachkriegszeit« sprechen, das nun eingetreten sei.

Die Sozialdemokraten hatten vor dem 8. Mai noch versucht, eine intensivere Auseinandersetzung mit der Vergangenheit anzumahnen und Versäumnisse während der Adenauerzeit aufzuzeigen. Nun aber, angesichts der großen antideutschen Propagandawelle aus dem Osten, ist davon nichts mehr zu spüren. Willy Brandt, Regierender Bürgermeister von Berlin und SPD-Vorsitzender, sieht sich vielmehr veranlasst, ein »geläutertes Volk« vor Verleumdungen in Schutz zu nehmen. »Zwanzig Jahre sind genug – genug der Spaltung, genug der Resignation und genug des bloßen Zurückschauens.« Diese letzten zwanzig Jahre, so Brandt voller Pathos, »sind unsere Arbeit und unsere Sorgen, unsere Einsicht und unsere Standhaftigkeit, unsere Hoffnung und unser Stolz, sie sind unser Leben.«[5]

Die deutsche Öffentlichkeit fragt sich: Kann man das Schuldbuch der Vergangenheit zuschlagen? Die seit einigen Jahren vor bundesdeutschen Gerichten ausgetragenen NS-Prozesse würden, so heißt es häufig, das mühsam wiedergewonnene Ansehen (West-)Deutschlands in der Welt erneut untergraben. Und wer kennt schon die Stätten der nationalsozialistischen Verbrechen auf dem Boden der Bundesrepublik? Erst nach jahrelangem Drängen ehemaliger Häftlinge ist im Süden Deutschlands das Konzentrationslager Dachau zur Gedenkstätte ausgebaut worden und wird im Mai 1965 eingeweiht. Bergen-Belsen im deutschen Norden wird erst ab Mitte der 60er Jahre schrittweise zu einer Gedenkstätte umgewandelt. Ende April jedoch hält Bundespräsident Heinrich Lübke am KZ-Ehrenmal von Bergen-Belsen vor 8000 Menschen eine »Rede an die Deutschen«, die in Form kleiner Broschüren zehntausendfach unters Volk gebracht wird. Er widerspricht denen, »die unserem Volk zureden, es müsse nun endlich einmal Schluss sein mit der Schattenbeschwörung aus den Tagen einer furchtbaren Vergangenheit. Nicht wir beschwören die Vergangenheit«, ruft Lübke aus, »die Schatten beschwören uns, und es liegt nicht in unserer Macht, uns von ihrem Bann zu entziehen. Was durch Hitler und seine Vertrauten an Verbrechen geschah, geschah nicht mit dem Willen des deutschen Volkes, wohl aber in seinem Namen. Wer schweigt, wer sich gegen eine solche Schändung seines Namens nicht mit aller Entschiedenheit zur Wehr setzt, der muss sich gefallen lassen, dass man sein Schweigen falsch auslegt.«[6]

Im Herbst 1965 bricht dann doch noch heftiger Streit aus. Die Denkschrift der Evangelischen Kirche in Deutschland »Die Lage der Vertriebenen und das Verhältnis des deutschen Volkes zu seinen östlichen Nachbarn« sorgt im In- und Ausland für erhebliche Aufregung. Die EKD plädiert vorsichtig für eine Anerkennung der Oder-Neiße-Grenze und hält das von den deutschen Flüchtlingen und Vertriebenen so lautstark reklamierte »Recht auf Heimat« für problematisch. Was hat die Theologie in der Politik verloren, fragen sich viele. Vizekanzler Erich Mende von der FDP, zugleich Bundesminister für gesamtdeutsche Fragen, spricht polemisch von »theologischen Anerkennungsangeboten an Warschau«. Er lässt keinen Zweifel daran, dass die Bundesregierung die Dinge vollkommen anders sieht als die Kirche, deren Tabubruch aber viele zum Nachdenken bringt.[7]

1965 – das war ein Übergangsjahr in der öffentlichen Erinnerung der Bundesdeutschen an Krieg und NS-Diktatur. Sichtbar wurde: Der Streit um die Geschichte ist von vielen Variablen abhängig, von nationalen wie internationalen. Im Medium der Geschichtspolitik wird staatlich-politisches Selbstverständnis sichtbar, sie prägt die politische Kultur eines Landes.[8] Vieles, was zuvor eine Rolle spielte, und vieles, was danach wichtig werden sollte, schien im Jahr 1965 schlaglichtartig auf. Alles lässt sich in zwei Komplexen bündeln: Sieger und Besiegte sowie Täter und Opfer.

Sieger und Besiegte

Wie die DDR vorgab, sie allein hätte die richtigen Lehren aus der NS-Vergangenheit gezogen, so war sich auch der größte Teil der Öffentlichkeit in der Bundesrepublik Deutschland sicher, dass nur der Westen aus der Geschichte gelernt habe. Zwar erschienen den Westdeutschen zunächst die Besatzungsjahre als eine Periode tiefer moralischer Konfusion, gekennzeichnet von Umerziehung, Entnazifizierung und Kollektivschuld-Debatte. Zunehmend breitete sich ein deutsches Selbstmitleid aus. Aber die Grundlage des Selbstverständnisses der dann 1949 gegründeten Bundesrepublik war die kontrastive Absetzung vom »Dritten Reich«. Ein westliches Institutionengefüge schien der beste Garant dafür, den Nationalsozialismus überwinden zu können.[9] Die Chiffre »Freiheit des Westens« avancierte zur Zentralkategorie. Freiheit war die wichtigste aktive Legitimitätsressource im Ost-West-Konflikt, und für Westdeutsche wurde die »Verteidigung der Freiheit«, nicht zuletzt mit Blick auf Berlin, zu einer Art Konsensformel. Freiheit war dabei ein eher statischer Wert und umfasste noch nicht eine Ausweitung demokratischer Freiheiten oder einen immer größeren Zugewinn an Partizipation, wie es seit Mitte der 60er Jahre der Fall sein sollte. Im öffentlichen Geschichtsbild dokumentierte Freiheit, dass man zum Westen dazugehörte – oder zumindest dazugehören wollte – und mit der verhängnisvollen deutschen Schaukelpolitik zwischen Ost und West, die für die deutsche Misere verantwortlich gemacht wurde, gebrochen hatte. Zeitgenössische Umfragen verwiesen auf eine zunehmende ideelle Verwestlichung der Bundesdeutschen. Auf die Frage des EMNID-Instituts »Haben Sie den Eindruck, dass wir heute zu der Gemeinschaft der westlichen Völker zählen können, oder stehen wir Ihrer Meinung nach als Feinde von gestern noch außerhalb?« meinten im Jahr 1951 erst 8 Prozent der Befragten, dass die Bundesrepublik voll dazugehöre. Am Ende der 50er Jahre waren es bereits 33 Prozent.[10]

Zur Freiheit gehörte der Antikommunismus, der hinsichtlich der NS-Vergangenheit einen Entlastungsmechanismus in sich barg. Die pathetische Selbstinszenierung der DDR und deren massenmobilisierenden Staatskult deutete man im Westen als eine neuerliche Ausgeburt des Totalitarismus, der die Nähe der braunen und der roten Diktatur bezeuge. Die Totalitarismustheorie erhielt im Klima des Kalten Krieges eine immer stärkere Prägung durch die DDR und die Sowjetunion. Der Nationalsozialismus wurde dementsprechend als deutsche Form einer europäischen Erscheinung interpretiert mit der Folge, dass die historischen deutschen Sonderentwicklungen kaum Erwähnung fanden. Es vermag daher nicht zu überraschen, wenn in einer Umfrage Anfang der 60er Jahre die meisten Deutschen im Westen das SED-Regime unter Walter Ulbricht für schlimmer hielten als die nationalsozialistische Diktatur.[11]

Im vorherrschenden Geschichtsbild der 50er Jahre erschien die deutsche Teilung als Unrecht, das die Siegermacht Sowjetunion zu verantworten habe. Nach dem Aufstand des 17. Juni 1953 in der DDR verstärkte sich diese Sicht noch. In der Bundesrepublik erfuhr der daraufhin geschaffene »Tag der deutschen Einheit« jenseits des Parteienstreits über gesamtnationale Aufgaben und Verpflichtungen eine wesentliche Bedeutung für den Umgang mit der NS-Vergangenheit. Denn nicht nur, dass die Bundesrepublik nun noch stärker in den Kreis der Westmächte strebte und sich gegenüber dem Osten als moralische Siegerin sah. Man konnte vielmehr wieder von der Nation reden, ohne vom Nationalsozialismus sprechen zu müssen. Der 17. Juni bedeutete – so gesehen – eine Art von »Rehabilitierung der Nation«. Darüber hinaus galt der Aufstand gegen die kommunistische Diktatur im geschichtskulturellen Diskurs der Bundesrepublik gesellschaftsübergreifend als Zeugnis für die antitotalitäre Gesinnung aller Deutschen – obwohl doch die Deutschen im Westen an den Ereignissen gar nicht beteiligt, sondern nur Zuschauer waren. Rainer Barzel, CDU-Minister für Gesamtdeutsche Fragen, hielt ihn 1964 für einen unwiderlegbaren Beweis »der bewältigten Vergangenheit in unserem Volk«; niemand widersprach ihm.[12]

Die Westintegration der Bundesrepublik und die Aussöhnung mit dem »Erbfeind« Frankreich war ein wichtiger Aktivposten, stellte aber nur die eine Seite dar. Die andere war eine Verhärtung gegenüber dem Osten. Die Westpolitik Konrad Adenauers entsprach in keiner Weise einer in die Zukunft gerichteten Ostpolitik. Die polnische Westverschiebung sowie die Flucht und Vertreibung der Deutschen vergifteten das Klima. Polen galt als treuer Satellit Moskaus und war wichtiger Bestandteil des ideologischen »Feindbildes« in der Bundesrepublik.[13]

All die genannten Aspekte hatten Auswirkungen auf die zeitgenössischen Mentalitäten und auf die Erinnerungskultur. Doch ab Mitte der 60er Jahre fragte sich eine jüngere Politikergeneration vor allem aus den Reihen der Sozialdemokraten und der Liberalen öffentlich, ob bisher nicht zu viel von deutschen Rechtsansprüchen und zu wenig von deutschem Versagen und Schuld die Rede gewesen war. Waren die Ostgebiete nicht wegen deutscher Schuld verloren gegangen? Konnte man die Furcht der Polen und auch die der Russen nicht verstehen, wenn man sich die Vergangenheit vor Augen hielt? In einem Artikel des liberalen Vordenkers Wolfgang Schollwer 25 Jahre nach dem deutschen Überfall auf die Sowjetunion kommt der allmähliche Klimawandel zum Ausdruck: »Der Angriff am Morgen des 21. Juni 1941 hat nicht nur die deutsch-sowjetischen Beziehungen auf Jahrzehnte hinaus aufs Schwerste belastet. Hitler provozierte mit seinem Krieg gegen die Sowjetunion zugleich unbewusst den Vormarsch der sowjetischen Armeen bis an die Elbe. Er wurde zum eigentlichen Verantwortlichen für die Sowjetisierung ganz Ost- und auch Südosteuropas. Das nationalsozialistische Deutschland schuf damit auch die Grundlagen für die Teilung, die Zerstückelung des ehemaligen Deutschen Reiches. Hitler war also nicht nur der Todfeind der Völker der Sowjetunion, sondern auch der Zerstörer der europäischen Ordnung und der Totengräber der deutschen Einheit.«[14]

Dass die deutsche Frage angesichts internationaler Entwicklungen seit Mitte der 60er Jahre neu fokussiert wurde, veränderte das historisch-politische Koordinatensystem der Bundesrepublik ebenso wie sich verstärkende tief greifende Revisionen am deutschen Geschichtsbild im Zuge der Fischer-Kontroverse, die rasch die Grenzen der Fachwissenschaft überschritt und weit in die Öffentlichkeit ausstrahlte. Die Entspannungspolitik, die Neue Ostpolitik der sozialliberalen Regierung seit 1969, der Ausgleich mit der Sowjetunion und die Anerkennung der Oder-Neiße-Grenze und schließlich der Grundlagenvertrag mit der DDR – alles hatte erhebliche Auswirkungen auf öffentliche Geschichtsbilder in der Bundesrepublik. Der Osten konnte nun schwerlich die Behauptung aufrechterhalten, die Bundesrepublik sei revanchistisch; das entspannte das bisher aggressive zwischenstaatliche Klima. Innenpolitisch jedoch polarisierte diese neue Politik. Verzichts- und Verratsvorwürfe an die Bundesregierung kamen von der Opposition und vor allem von den Vertriebenenverbänden. Als die Regierung am 8. Mai 1970 erstmals offiziell im Deutschen Bundestag des Kriegsendes gedachte, protestierte die CDU/CSU energisch gegen eine solche »Kapitulations-Würdigung«; nationale Niederlagen könne man nicht feiern.

Willy Brandts Kniefall am Mahnmal des Warschauer Ghettos, der von der bundesdeutschen Bevölkerung seinerzeit noch sehr gemischt aufgenommen wurde, verdichtete vieles, besonders aber zweierlei: die Anerkennung deutscher Schuld und Verantwortung sowie die Darstellung der Bundesrepublik als Friedensmacht. Die Neue Ostpolitik erinnerte an die Wurzeln des deutschen Unheils, das 1933 bei Hitler lag oder vielleicht sogar noch früher in den strukturellen Problemen des Deutschen Kaiserreichs. Die deutsche Frage wurde europäisiert, und die Sozialliberalen glaubten, die Vergangenheit »besiegt« zu haben; sie wähnten sich nun ihrerseits am Ende der Nachkriegszeit.[15]

Während die einen also dachten, die NS-Vergangenheit durch ständige Auseinandersetzung mit ihr »besiegt« zu haben, sahen deren konservative Kritiker die Bundesrepublik seit den 70er Jahren im Zustand einer »Dauerbüßerin«. Dadurch werde einem notwendigen Patriotismus – basierend auf einer affirmativen Beziehung zur eigenen Vergangenheit – permanent das Wasser abgegraben. Nach der Wende von 1982 wollte die neue Regierung die Bundesrepublik folgerichtig in den Stand eines »normalen« Staates heben. Dies verdeutlichte insbesondere die Inszenierung auf dem Soldatenfriedhof von Bitburg im Jahre 1985. Gemäß den Intentionen der konservativen Medien und des Bundeskanzleramtes sollte die Versöhnungsgeste zwischen dem amerikanischen Präsidenten Ronald Reagan und dem deutschen Bundeskanzler Helmut Kohl vor aller Welt dokumentieren, dass die Bundesrepublik nach vierzig Jahren erfolgreicher Demokratie fest an der Seite ihrer westlichen Freunde stehe. Die negative Vergangenheit sollte zu diesem Zweck nicht geleugnet, aber durch die Ehrung auch der deutschen Kriegsopfer ausbalanciert werden. Die Bitburg-Feier sollte ein Ende der dauernden Diskurse um die Vergangenheitsbewältigung bedeuten und die Bundesrepublik mit einem positiven Gründungsmythos einer rechtsstaatlichen Demokratie nach westlichem Muster unter weitmöglichster Ausklammerung der NS-Vergangenheit ausstatten. Nicht nur die DDR hatte sich auf die Seite der Sieger gestellt, sondern auch die Bundesrepublik Deutschland.[16]

Täter und Opfer

In den ersten Jahren nach 1945 ging es den meisten Deutschen um die Abwehr eines Traumas: das der Kollektivschuld. Verschiedene Entlastungsmechanismen bildeten sich aus, so in erster Linie das Schweigen, aber auch geschichtspolitische, nämlich die klare Trennung von NS-Regime und deutschem Volk. Das Regime bzw. einzelne Personen waren die

Täter; das Volk war das Opfer. An die Stelle der Kollektivschuld trat die Kollektivunschuld. Tätergedächtnisse stehen allgemein unter dem Druck einer Art von vitaler Vergesslichkeit,[17] doch im besonderen westdeutschen Fall traten eine Reihe von Maßnahmen hinzu, welche die Erinnerungslandschaft so ausgestalteten, dass fast nur das Opfergedächtnis sichtbar war.

Betrachtet man die bundesdeutsche Denkmalskultur der 50er Jahre, so stößt man in erster Linie auf Denkmäler für die deutsche Einheit, daneben auf zahlreiche Denkmäler, die der Flucht und Vertreibung der Deutschen und der gefallenen Soldaten gedachten. Denkmalssetzungen sind Akte selektiver Erinnerung, und bei einem Denkmal handelt es sich um eine Vermittlungsform, die Eindeutigkeit verlangt. Denkmäler eignen sich, anders gesagt, kaum als Medium enzyklopädischer Ausgewogenheit oder historiographischer Differenzierung. Die Errichtung der Monumente vollzog sich zumeist auf der lokalen Ebene, wurde von kommunalen Behörden, von Honoratioren und Vereinen vorangetrieben. In den Kommunen, überall im Land, in den kleinen Dörfern und größeren Städten, beging man auch den wieder eingeführten Volkstrauertag auf eigene Weise. Die offizielle, abgewogene politische Diktion, die aus Bonn kam, spielte hier kaum eine Rolle mehr, sondern das Gedenken – das nicht mehr Heldengedenken war, vielmehr Opfergedenken – verengte sich auf die eigenen Soldaten, auf die gefallenen Väter, Ehemänner und Söhne, deren Tod ein Sinn abgerungen werden musste. Dieser Umgang mit der Vergangenheit in Denkmälern und Reden auf der lokalen Ebene war im Übrigen in Österreich nicht anders, und Anton Pelinka sieht darin eine Art von plebiszitärer Geschichtsschreibung »von unten« – eine treffliche Formulierung, die auch auf die Bundesrepublik Deutschland übertragen werden kann.[18] Mit der Verteidigung der Ehre der Wehrmachtssoldaten ging allerdings einher, dass dem Widerstand gegen das Regime die Legitimität abgesprochen wurde. Denn wenn Pflichterfüllung bis zum Tod zur Norm eines ehrenvollen Handelns wird, gerät zwangsläufig der Widerstand gegen das »Dritte Reich« in die Nähe nationalen Verrats. So haftete für die Masse der Bevölkerung den Hitler-Attentätern des 20. Juli 1944 noch lange das Stigma von »Landesverrätern« an, und Widerstandsaktivitäten aus weniger gehobenen Gesellschaftsschichten wurden ohnehin mit einem Odium belegt.[19]

Angesichts der vielen deutschen Kriegsgefangenen, die sich noch in der Sowjetunion befanden, war es verständlich, dass die Opferperspektive dominierte. Die einfachen Soldaten waren in dieser Sicht geschundene Kreaturen, leidende und passive Objekte der kriegerischen Gewalt und des militärischen Repressionssystems, und die Erzählungen über sie und von ihnen handelten vom Leiden am Krieg, nicht vom Töten oder gar von der Lust am Töten. In dieser »Viktimisierungsfalle« steckte nicht zuletzt die Wehrmachtsforschung noch lange Zeit.[20] Diese Opferperspektive und das Bild von der missbrauchten, aber »sauberen« Wehrmacht verfestigte sich nicht zuletzt am Erinnerungsort Stalingrad. Bereits die nationalsozialistische Führung hatte versucht, die Schlacht zu mythologisieren und in aussichtsloser Lage ein Epos des Heldenkampfes und Heldenopfers der 6. Armee zu begründen. Stalingrad reihte sich ein in den NS-Kult um die toten Helden, deren Opfertod eine geschichtsmächtige Wirkung – in diesem Fall die Verbürgung des »Endsieges« – zugeschrieben wurde. Nach dem Krieg war der Erinnerungsort Stalingrad ein wichtiger Bestandteil der geteilten Erinnerung in Deutschland. In der DDR bedeutete Stalingrad den Ausgangspunkt für eine bessere, glücklichere Zukunft, und in dieser Katastrophe mit kathartischem Resultat lag der Ursprung der ostdeutsch-sowjetischen Freundschaft. Stalingrad bedeutete der SED-Führung der Triumph des »gerechten Krieges« gegen die faschistischen Eroberer.[21]

In literarischen, autobiographischen, aber auch in historiographischen Darstellungen aus der Bundesrepublik Deutschland hingegen wurden bis in die 70er Jahre hinein »verpasste Chancen« diskutiert – etwa die Möglichkeit eines Ausbruchs aus dem Kessel –, und das Scheitern der 6. Armee blieb irgendwie rätselhaft. Joseph Vilsmaiers Film »Stalingrad« von 1993 erneuerte – ebenso wie die zahlreichen Doku-Dramen im Fernsehen anlässlich der 50. Wiederkehr der Schlacht – das Bild des deutschen Soldaten, der vielen Feinden gleichzeitig zum Opfer fiel: einem größenwahnsinnigen Führer, feigen Generälen, russischen Panzern und einem gnadenlosen Winterwetter.[22] Die Provokation der Ausstellung »Vernichtungskrieg. Verbrechen der Wehrmacht 1941 bis 1944«, die seit Mitte der 90er Jahre für Furore und Wut sorgte, bestand darin, diesen in der Öffentlichkeit (nicht mehr in der Forschung) so lange vorherrschenden Viktimisierungsdiskurs radikal in Frage gestellt zu haben.

Ein weiterer bedeutender Aspekt, der einer Opferperspektive Nahrung gab, darf nicht außer Acht bleiben. Die erst seit den 70er Jahren in Ritualen erstarrte und zugleich marginalisierte Erinnerung des Themas »Flucht und Vertreibung« (sofern es außerhalb der Vertriebenenverbände nicht gänzlich dem Vergessen anheim fiel) hat oft dazu geführt, seine zentrale Rolle in den 50er und 60er Jahren zu unterschätzen. Der Verlust der Heimat wurde in der Bundesrepublik in mehrfacher Weise zu kompensieren versucht: materiell durch den Lastenausgleich, politisch-juristisch durch die Nichtanerkennung der Oder-Neiße-Grenze und das proklamierte Recht der Vertriebenen auf Rückkehr in die Heimat und symbolisch etwa durch Straßenbenennungen nach Städten, Regionen oder Landschaften der ehemaligen deutschen Ostgebiete oder durch die bereits erwähnten Denkmäler, die an Flucht und Vertreibung erinnerten.

Für eine Rekonstruktion nationaler Identität boten sich in diesem Kontext drei Möglichkeiten an: Erstens die kritische Selbstreflexion mit Blick auf eine Nation von Mitläufern und Tätern, was das Eingeständnis von Schuld und Versagen mit sich gebracht hätte, und zeitlich erst mit Beginn der Neuen Ostpolitik seit 1969 sowie – generationell gesehen – insbesondere unter jenen breitere Zustimmung fand, die selbst weder am Aufbau des NS-Regimes noch am Zweiten Weltkrieg aktiv beteiligt gewesen waren. Zweitens ein aufgesetzter Antifaschismus ohne Selbstreflexion, welches die Lösung der DDR darstellte. Drittens die Betonung der eigenen nationalen Opferperspektive, die das Augenmerk weniger auf schuldhafte Verstrickungen, vielmehr auf eigene Entbehrungen, Leid und Not richtete. Diese Sicht gewann in den ersten beiden Nachkriegsjahrzehnten eine Hegemonie in der Bundesrepublik.[23] Nicht an die vom Ausland zugeschriebene Rolle als Täter wurde angeknüpft, sondern das Bild der Nation war in der kollektiven Erinnerung geprägt von der selbstzugeschriebenen Rolle als Opfer von Vertreibung und alliierten Bombennächten. Der Aufbaumythos der Bundesrepublik umfasste somit nicht nur einen ökonomischen Prozess; hinzu trat ein sozialpsychologischer. Bei der mentalen Rekonstruktion der Nation bildeten die Flüchtlinge und Vertriebenen einen zentralen Baustein, denn sie boten die Möglichkeit, die Leidensgeschichte der Deutschen in den Vordergrund und eine Auseinandersetzung mit eigener Schuld in den Hintergrund zu rücken.

Auch die Erinnerung an den Holocaust wurde so zunächst von der Erinnerung an die eigenen Opfer massiv überlagert. Bis Ende der 50er Jahre obwaltete in der Öffentlichkeit eine Art des »Nicht-genau-wissen-Wollens«. Selbst die Zeitgeschichtsforschung konzentrierte sich bevorzugt auf andere Bereiche, über die Judenvernichtung gab es nur einzelne Quelleneditionen und kurze Aufsätze. Mit der Kölner Synagogenschändung an Weihnachten 1959 war diese Zeit zu Ende, und die Politik reagierte mit energischen Aufklärungskampagnen. Die großen NS-Prozesse – Ulmer Einsatzgruppen-Prozess 1958, Eichmann-Prozess in Jerusalem 1961/62, Auschwitz-Prozess in Frankfurt 1963/64 und die nachfolgenden Prozesse – sowie die Verjährungsdebatten im Deutschen Bundestag und nicht zuletzt künstlerische »Skandale« wie die öffentliche Erregung über Rolf Hochhuths Theaterstück »Der Stellvertreter« trieben den Diskurs über den Nationalsozialismus und seine Verbrechen voran. Dies alles führte zu Lernprozessen in der Bevölkerung und längerfristig auch zu einem Einstellungswandel.[24] Bisher hatte jede öffentliche Thematisierung der NS-Vergangenheit das Ziel verfolgt, die »Ehre« des deutschen Volkes, der Kriegsgeneration oder der Wehrmacht zu wahren. Gewöhnliche Deutsche waren als Opfer, selten als Täter thematisiert worden. Nun verschoben sich die Maßstäbe: Die Verurteilung der NS-Verbrechen als ein Verstoß gegen universelle Menschenrechte, ohne relativierende Einschränkung zugunsten einer nationalen Ehre der Deutschen, brach mit den bisher vorherrschenden Wertetraditionen.

Allerdings führte die politisierte Faschismusdebatte nach der »Bewusstseinsrevolution« von 1968 – so sehr sie auch die Tätergeneration anklagte – zu einer »Phase der zweiten Verdrängung«,[25] insofern Täter, Tatorte, Helfershelfer und vor allem die Opfer angesichts abstrakter Theoriegebäude vollkommen anonymisiert wurden. Die Wirkung der amerikanischen TV-Serie »Holocaust«, die 1978 im Deutschen Fernsehen ausgestrahlt wurde, ist umstritten. Wenn aber die eingesetzte Gefühlsdramaturgie etwas Wichtiges bewirkte, so war dies ein neuer, emotionaler Blick auf die Opfer. Methodische Ansätze der Alltagsgeschichte brachten in den 80er Jahren dann eine zunehmende »Rekonkretisierung« der Forschung. In der Bundesrepublik entstand eine reiche und hochgradig differenzierte Denkmalslandschaft. Die Denkmalsbewegung belebte sich aus unterschiedlichen Gründen heraus: eine Rolle spielte die wachsende zeitliche und generationsmäßige Entfernung vom »Dritten Reich«, aber auch der Aufschwung lokalgeschichtlicher und stadtteilbezogener Initiativen war wichtig und nicht zuletzt das Bestreben, der schnelllebigen Medienvermittlung Dauerhafteres gegenüber zu stellen. Der Holocaust blieb schließlich auch nach dem »Historikerstreit« von 1986/87 im Zentrum bundesdeutscher Erinnerung. Doch darüber hinaus entstand auf linksliberaler Seite eine aus »Auschwitz« abgeleitete Verzichtsethik, die die deutsche Teilung als »gerechte« Strafe für das Volk der Täter klassifizierte, bisweilen ohne zu bedenken, wie ungleich die Lasten zwischen

West- und Ostdeutschen verteilt waren und wer vor allem die Rechnung für Hitler bezahlen musste. Als die deutsche Einheit 1989/90 unverhofft kam und diese Geschichtsmetaphysik ad absurdum führte, mündete diese Verzichtsethik bei einem Teil der Bundesdeutschen in eine Reserviertheit gegenüber dem gesamtdeutschen Nationalstaat,[26] der – völkerrechtlich betrachtet, nicht jedoch was den weiteren Umgang mit der NS-Vergangenheit angeht – dort angekommen ist, wonach so lange gesucht wurde: am Ende der Nachkriegszeit.

Anmerkungen

1 Dies lässt sich anhand der Berichterstattung in der deutschen Presse seit Anfang des Jahres 1965 sehr gut verfolgen. Ausgewertet wurden folgende Zeitungen: Frankfurter Allgemeine Zeitung, Frankfurter Rundschau, Süddeutsche Zeitung, Die Welt, Die Zeit, Der Spiegel.
2 Süddeutsche Zeitung, 10.5.1965, »Polen feiert in Breslau«.
3 Im Bundestag sprach der Historiker Hans Rothfels, vgl. Bulletin des Presse- und Informationsamtes der Bundesregierung, Nr. 59, 2.4.1965, »Bismarck – Gedanken zum Gedenken«; sowie Auswärtiges Amt (Hg.), Gedenkfeier zum 150. Geburtstag des Reichskanzlers Otto von Bismarck, Bonn 1965.
4 Süddeutsche Zeitung, 8./9.5.1965, »Erhard zum 20. Jahrestag der Kapitulation«.
5 Frankfurter Allgemeine Zeitung, 3.5.1965, »Brandt: Zwanzig Jahre sind genug«.
6 Süddeutsche Zeitung, 26.4.1965, »Lübke am Ehrenmal von Bergen-Belsen«. Zu den ehemaligen Konzentrationslagern als Gedenkstätten: Peter Reichel, Politik mit der Erinnerung. Gedächtnisorte im Streit um die nationalsozialistische Vergangenheit, München/Wien 1995; Ulrike Puvogel/Martin Stankowski (Hg.), Gedenkstätten für die Opfer des Nationalsozialismus. Eine Dokumentation, Bd. 1, Bonn [2]1995; Annegret Ehmann u. a. (Hg.), Praxis der Gedenkstättenpädagogik. Erfahrungen und Perspektiven, Opladen 1995; Ulrich Borsdorf/Heinrich Theodor Grütter (Hg.), Orte der Erinnerung. Denkmal, Gedenkstätte, Museum, Frankfurt am Main/New York 1999.
7 Vgl. Evangelischer Pressedienst Nr. 35, 19.10.1965.
8 Vgl. Edgar Wolfrum, Geschichte als Waffe. Vom Kaiserreich bis zur Wiedervereinigung, Göttingen 2001; Petra Bock/Edgar Wolfrum (Hg.), Umkämpfte Vergangenheit. Geschichtsbilder, Erinnerung und Vergangenheitspolitik im internationalen Vergleich, Göttingen 1999.
9 Vgl. Mario Rainer Lepsius, Das Erbe des Nationalsozialismus und die politische Kultur der Nachfolgestaaten des »Großdeutschen Reiches«, in: ders., Demokratie in Deutschland. Soziologisch-historische Konstellationsanalysen. Ausgewählte Aufsätze, Göttingen 1993, S. 229–245; Peter Graf Kielmansegg, Lange Schatten. Vom Umgang der Deutschen mit der nationalsozialistischen Vergangenheit, Berlin 1989; Manfred Kittel, Die Legende von der »Zweiten Schuld«. Vergangenheitsbewältigung in der Ära Adenauer, Frankfurt am Main/Berlin 1993; Jürgen Danyel (Hg.), Die geteilte Vergangenheit. Zum Umgang mit Nationalsozialismus

und Widerstand in den beiden deutschen Staaten, Berlin 1995; Norbert Frei, Vergangenheitspolitik. Die Anfänge der Bundesrepublik und die NS-Vergangenheit, München 1996; Jeffrey Herf, Zweierlei Erinnerung. Die NS-Vergangenheit im geteilten Deutschland, Berlin 1998.

10 Vgl. Felix Ph. Lutz, Empirisches Datenmaterial zum historisch-politischen Bewußtsein, in: Bundeszentrale für politische Bildung (Hg.), Bundesrepublik Deutschland – Geschichte, Bewußtsein, Bonn 1989, S. 165; Anselm Doering-Manteuffel, Wie westlich sind die Deutschen? Amerikanisierung und Westernisierung im 20. Jahrhundert, Göttingen 1999.

11 Vgl. die Umfrageergebnisse in Le Monde, 21./22. 7. 1963.

12 Barzel in der Zeitschrift »Unteilbares Deutschland«, Juni 1964. Zum Gesamtzusammenhang: Edgar Wolfrum, Geschichtspolitik in der Bundesrepublik Deutschland. Der Weg zur bundesrepublikanischen Erinnerung 1948–1990, Darmstadt 1999.

13 Hans-Adolf Jacobsen, Vom Wandel des Polenbildes in Deutschland (1772–1972), in: Aus Politik und Zeitgeschichte B 21/73, S. 3–21.

14 Freie demokratische Korrespondenz, 21. 6. 1966, »Der Schlag gegen Europa«.

15 Vgl. Wolfrum, Geschichtspolitik [wie Anm. 12], S. 258 ff.

16 Charles S. Maier, Die Gegenwart der Vergangenheit. Geschichte und nationale Identität der Deutschen, Frankfurt am Main/New York 1992, S. 15 ff.

17 Aleida Assmann/Ute Frevert, Geschichtsvergessenheit. Geschichtsversessenheit. Vom Umgang mit deutschen Vergangenheiten nach 1945, Stuttgart 1999, S. 45; siehe auch Gesine Schwan, Politik und Schuld. Die zerstörerische Macht des Schweigens, Frankfurt am Main 1997.

18 Anton Pelinka, Vom Umgang mit der Geschichte. Denkmäler und historische Erinnerung in der Zweiten Republik, in: Bundesministerium für Unterricht und Kunst (Hg.), Denkmal und Erinnerung. Spurensuche im 20. Jahrhundert, Wien 1993, S. 17; Meinhold Lurz, Kriegerdenkmäler in Deutschland, Bd. 6: Bundesrepublik, Heidelberg 1987; Reinhart Koselleck/Michael Jeismann (Hg.), Der politische Totenkult. Kriegerdenkmäler in der Moderne, München 1994.

19 Vgl. Peter Steinbach, Widerstand im Widerstreit. Der Widerstand gegen den Nationalsozialismus in der Erinnerung der Deutschen. Ausgewählte Schriften, Paderborn u. a. 2001; Gerd R. Ueberschär (Hg.), Der 20. Juli 1944. Bewertung und Rezeption des deutschen Widerstandes gegen das NS-Regime, Köln 1994.

20 Thomas Kühne, Die Viktimisierungsfalle. Wehrmachtverbrechen, Geschichtswissenschaft und symbolische Ordnung des Militärs, in: Michael Th. Greven/Oliver von Wrochem (Hg.), Der Krieg in der Nachkriegszeit. Der Zweite Weltkrieg in Politik und Gesellschaft der Bundesrepublik, Opladen 2000, S. 183–196.

21 Michael Kumpfmüller, Die Schlacht von Stalingrad. Metamorphosen eines deutschen Mythos, München 1996; Außerdem die kontroversen Beiträge über »Stalingrad als Geschichtszeichen« von Helmut Lethen und Sabine Behrenbeck, in: Heinz Dieter Kittsteiner (Hg.), Geschichtszeichen, Köln u. a. 1999, S. 153–180 und S. 181–198; Wolfram Wette/Gerd R. Ueberschär (Hg.), Stalingrad. Mythos und Wirklichkeit einer Schlacht, Frankfurt am Main 1992.

22 Vgl. Kumpfmüller, Stalingrad [wie Anm. 21], S. 226.

23 Rainer Münz/Rainer Ohlinger, Vergessene Deutsche – erinnerte Deutsche. Flüchtlinge, Vertriebene, Aussiedler, in: Transit 15 (1998), S. 141–157; Mathias Beer, Im Spannungsfeld von Politik und Zeitgeschichte. Das Großforschungsprojekt »Dokumentation der Vertreibung der Deutschen aus Ost-Mitteleuropa, in: Viertel-

jahrshefte für Zeitgeschichte 46 (1998), S. 345–389; Edgar Wolfrum, Zwischen Geschichtsschreibung und Geschichtspolitik. Forschungen zu Flucht und Vertreibung nach dem Zweiten Weltkrieg, in: Archiv für Sozialgeschichte 36 (1996), S. 500–522.

24 Ulrich Herbert, Der Holocaust in der Geschichtsschreibung der Bundesrepublik Deutschland, in: Bernhard Moltmann u. a. (Hg.), Erinnerung. Zur Gegenwart des Holocausts in Deutschland-West und Deutschland-Ost, Frankfurt am Main 1993, S. 31–45; Werner Bergmann, Antisemitismus in öffentlichen Konflikten. Kollektives Lernen in der politischen Kultur der Bundesrepublik 1949–1989, Frankfurt am Main/New York 1997; Rolf Steininger (Hg.), Der Umgang mit dem Holocaust. Europa – USA – Israel, Wien 1994.

25 Herbert, Der Holocaust [wie Anm. 24], S. 38.

26 Vgl. Heinrich August Winkler, Der lange Weg nach Westen. Bd. 2: Deutsche Geschichte vom »Dritten Reich« bis zur Wiedervereinigung, München 2000, S. 536 ff.

Jeffrey Herf
»Hegelianische Momente«
Gewinner und Verlierer
in der ostdeutschen Erinnerung an Krieg,
Diktatur und Holocaust

In der Deutschen Demokratischen Republik ist es zu einer anhaltenden Verdrängung des Holocaust aus der öffentlich gestalteten Erinnerung gekommen. Das hat mehrere Gründe. Zum einen haben der Antisemitismus und die Identifizierung der Juden mit dem Kapitalismus und dem ›Westen‹ eine zentrale Rolle gespielt, insbesondere nach dem Beginn des Kalten Krieges. Zum anderen aber machte sich im kommunistischen Selbstverständnis nach dem Zweiten Weltkrieg ein ›hegelianisches Moment‹ bemerkbar. Die optimistisch, fortschrittlich und zukunftsorientiert ausgerichtete Geschichtsphilosophie des Kommunismus führte dazu, dass die Symbole und der politische Diskurs in Ostdeutschland keinen Raum für die Erinnerung an den Massenmord der europäischen Juden erlaubten.
Die negativen Auswirkungen, die der rasche Übergang von der Entnazifizierung zum Kalten Krieg für die Erinnerung an die NS-Vergangenheit bzw. an den Holocaust bedeutete, sind von liberalen Kritikern der westlichen Politik seit langem – und zu Recht – hervorgehoben worden. Der Wechsel der Bündnisse beim Übergang zum Kalten Krieg unterdrückte bald jegliche Gefühle der Solidarität an die Leiden des Krieges in beiden Teilen Deutschlands. Während im Westen der Antikommunismus die Erinnerung an die deutschen Verbrechen an der Ostfront in den Hintergrund drängte, konnte im ›Ostblock‹ allein die Erwähnung des sowjetischen Kriegsbündnisses mit den »westlichen Imperialisten« den Verdacht der Untreue hervorrufen. Im Spannungsfeld der beiden Gegensatzpaare Faschismus und Antifaschismus bzw. Kommunismus und Antikommunismus wurden alle Kategorien und Themen, die nicht in diese Raster passten, darunter besonders der Holocaust, aus der öffentlichen Erinnerung verdrängt.
Als die Kommunisten Versuche zur Deutung des Nationalsozialismus unternahmen, machten sie das auf der Basis hergebrachter ideologischer

Denkmuster. Die »jüdische Frage« – Antisemitismus und der Holocaust – nahm daher im antifaschistischen Selbstverständnis der meisten deutschen Kommunisten vor und nach 1945 nur eine untergeordnete Rolle ein. Walter Ulbricht und Wilhelm Pieck, die Wortführer der deutschen Kommunisten in Moskau, richteten ihr Hauptaugenmerk zunächst auf das Leiden und später den Triumph der Sowjetunion. Ihre – bitter enttäuschten – Hoffnungen galten einer eigenständigen deutschen Revolte zum Sturz der Nazis. Im kommunistischen Aufruf an das deutsche Volk vom Juni 1945 und in Ulbrichts Werk über »Die Legende vom Deutschen Sozialismus« wurde in diesem Sinne die jüdische Katastrophe nicht gerade betont.

Im Gegensatz zu westlichen Demokratieverfechtern entwickelten die Kommunisten eine ganz andere Sicht im Hinblick auf das Verhältnis zwischen Demokratie, Diktatur und Erinnerung an die Nazizeit. Je länger sie über die Nazivergangenheit nachdachten, umso mehr wurden sie gegenüber der Begründung einer Demokratie in Deutschland misstrauisch. Als Kommunisten in der jakobinischen, leninistischen und stalinistischen Tradition, aber gerade auch als *deutsche* Kommunisten kamen sie zu dem Schluss, dass nur die Etablierung einer Nachkriegsdiktatur die passende Antwort auf den deutschen Faschismus darstelle. Das kam in dem berühmten KPD-Aufruf vom Juni 1945 deutlich zum Ausdruck: »Werktätige von Berlin! [...] ihr habt auf die Warnungen der Antifaschisten nicht gehört [...] und nahmt in euch das Nazigift der imperialistischen Raubideologie auf. Ihr wurdet zu Werkzeugen des Hitlerkrieges und habt damit eine große Mitschuld und Verantwortung auf euch geladen. Jetzt werdet ihr diese Schuld gegenüber den anderen Völkern abtragen und den deutschen Namen wieder reinwaschen müssen von seiner Beschmutzung durch die Hitlerschande.« Solche Anklagen boten eine geradezu klassische Legitimation für die Etablierung einer vorbeugenden, erzieherischen Diktatur über »gefährliche Leute« wie die Deutschen. Die Verdrängung der »jüdischen Frage« wurde gleichzeitig zu einem Kapitel in der Festigung der ostdeutschen Diktatur.

Das kommunistische Deutungsmonopol

Für die Kommunisten bedeutete die Ausübung von Macht nicht zuletzt auch das Monopol zur Interpretation der Vergangenheit. Der Zahl der Schriften und dem politischen Rang der Autoren nach zu urteilen, maßen sie der Darstellung der jüngsten Vergangenheit einen enormen Wert bei. So wurde Walter Ulbrichts Analyse des NS-Regimes »Legende vom deutschen Sozialismus« bis zum Dezember 1945 in 50 000 Exemplaren ausgeliefert. Bis Januar 1947 kamen weitere 300 000 Exemplare hinzu.[1] Ab 1952 erschienen weitere Auflagen, jetzt aber unter dem neuen Titel »Der faschistische deutsche Imperialismus«. Damit wurde Ulbrichts Buch, das die Kontinuität des kommunistischen Antifaschismus von der Weimarer Republik bis in die Nachkriegszeit behandelte, zu dem maßgeblichen Text der ostdeutschen Interpretation des NS-Regimes. Vieles aus diesem Text erhielt geradezu den Status einer ›Binsenwahrheit‹ der kommunistischen Ideologie: So sei der Nationalsozialismus eine »offene Terrorherrschaft der reaktionärsten, chauvinistischen, imperialistischsten Elemente des deutschen Finanzkapitals« gewesen.[2] Da die Kommunisten in der Vergangenheit stets Recht behalten hätten, sollten sie in Zukunft regieren – wenn nötig allein.

Eine andere Folgerung aus Ulbrichts Buch bestand darin, dass das Gewicht der Schuld, das auf den Schultern von »Millionen und aber Millionen« Menschen lastete, umso leichter wurde, je ausschließlicher sich das Augenmerk auf die kapitalistischen Eliten richtete. Da Ulbricht zufolge die Verantwortung für die Machtübernahme Hitlers und den Weltkrieg bei »dreihundert deutschen Rüstungsindustriellen und Bankherren« gelegen hatte, bestand die Bewältigung der NS-Vergangenheit in Ostdeutschland schlicht und einfach in der Beseitigung des Kapitalismus. Alles andere war Rhetorik. Die Schuldzuweisung an die wenigen Mächtigen entlastete die zum Opfer gewordene, machtlose Masse, die sich jetzt am Aufbau einer antifaschistischen sozialistischen Demokratie beteiligen sollte.

Ulbrichts Analyse von Antisemitismus und jüdischer Katastrophe bewegte sich innerhalb des ökonomischen und instrumentalistischen Interpretationsmusters der 30er und 40er Jahre. Nach 1933, schrieb er, habe der Hitlerfaschismus mit der Zerstörung von KPD, SPD und Gewerkschaften sowie Pogromen gegen die Juden begonnen. Zur »Vorbereitung für die geplante Vernichtung der Angehörigen anderer Völker im Kriege«

habe er systematisch Rassenhass geweckt. Zwar erwähnte Ulbricht die Todeslager, aber er unterließ jeden Hinweis darauf, dass ihr Hauptzweck die Vernichtung der europäischen Juden gewesen war. Er erwähnte konkret nur die »Massenvernichtung der Zivilbevölkerung und der Kriegsgefangenen in Polen und in den besetzten Sowjetgebieten.« Sein eigentliches Mitgefühl aber galt der Sowjetunion, dem Hauptopfer der Nationalsozialisten und dem Hauptträger der Befreiung von ihnen.[3]
Sowohl vor als auch nach 1945 stand die Sowjetunion im Mittelpunkt der kommunistischen Darstellungen zur Erinnerung an den Krieg und die NS-Diktatur. Die Juden waren dagegen Konkurrenten um knappe politische und emotionale Ressourcen. Ihr Schicksal nahm in den Gedanken und Gefühlen der deutschen Kommunisten auch nicht annähernd einen solchen Platz ein wie das Drama der Sowjetunion. Obwohl die ostdeutschen Darstellungen den rassistischen Charakter des Krieges an der Ostfront bemerkten, erwähnten sie die jüdische Katastrophe nur selten, wenn überhaupt, und deren zentrale Rolle in der NS-Politik blieb letztlich völlig ausgespart. Das Trauma des Nationalsozialismus und der erlösende Sieg der Sowjetunion bestärkte die kommunistischen Autoren vielmehr in ihren Überzeugungen, die oftmals stalinistischer Provenienz waren.[4] Insbesondere Ulbricht erwies sich als ein ›orthodoxer Hegelianer‹. Hegel hatte ja behauptet, dass der Weltgeist seinen erfolgreichen Endpunkt im staatlichen Aufstieg Preußens gefunden habe. In ähnlicher Weise glaubten die kommunistischen Hegelianer des zwanzigsten Jahrhundert in Europa, dass der 8. Mai 1945 den stärksten Beweis für die – in den Worten Ulbrichts – »Überlegenheit der Sowjetdemokratie über die Nazityrannei« abgebe.[5]
Die kommunistische Ideologie und Geschichtsphilosophie, aber auch die Leidens- und Triumphgeschichte der UdSSR bedeutete, dass in den Augen der dominierenden Kräfte der deutschen kommunistischen Bewegung die Verfolgung der europäischen Juden nur eine marginale Erscheinung darstellte. Die Kontinuität des kommunistischen deutschen Antifaschismus vor und nach 1945 ist nur zu auffällig. Das theoretische Erbe, die andauernde Assoziation der Juden mit dem Kapitalismus, der Vorrang des Dramas vom sowjetischen Leid und Sieg vor der jüdischen Tragödie sowie das Bestreben, sich als die wahren Repräsentanten der oft geschlagenen deutschen Nation darzustellen, taten das Ihre, um die jüdische Frage zu einem Randproblem zu machen. Wie anderenorts ausgeführt, haben nur die Vertreter der deutschen kommunistischen Emi-

gration in Mexico City zwischen 1942 und 1945 das Schicksal der europäischen Juden in den Mittelpunkt ihrer Beschäftigung mit der kommunistischen Theorie und Praxis gestellt.[6] Diese »Diskursverschiebung« blieb aber ein Einzelfall in der Geschichte des deutschen Kommunismus und fand in scharfem Gegensatz zu der Moskauer Emigrantendiskussion statt. Im Zuge der so genannten antikosmopolitischen Kampagne im Sowjetblock im Allgemeinen und speziell auch in der DDR wurde die judenfreundliche Minderheitstradition, deren Hauptvertreter Paul Merker und Leo Zuckerman waren, aus dem ostdeutschen politischen Leben verdrängt. Das zeigte sich auch in der Debatte über die Wiedergutmachung. Auf diesem Weg wurde ein Kapitel der Dialektik der Aufklärung in der neueren Geschichte des Kommunismus abgeschlossen: Eine universalisierende, mono-politische Rationalität triumphierte über den Partikularismus, in diesem Fall über die hartnäckige »jüdische Andersartigkeit«.

Die antikosmopolitische Kampagne

Im Osten Deutschlands fiel der Anfang des Kalten Krieges mit dem Beginn der »antikosmopolitischen Kampagne« zusammen. Das bedeutete, dass nun die Solidarität für die jüdischen Überlebenden im Stil Merkers als unzeitgemäß galt und demzufolge zu einer politischen Belastung erklärt wurde. Stalin und seine Gefolgsleute im Ostblock entledigten sich daher des sperrigen Gepäcks der Erinnerung an den Zweiten Weltkrieg und den Holocaust, um nun gegen die westlichen Imperialisten unbehelligt eine Front aufmachen zu können. Den Hintergrund der antikosmopolitischen Kampagne gaben neben Stalins persönlichem Hang zur Paranoia und seinem Antisemitismus die Beziehungen von Juden in den Westen ab. Der Kalte Krieg sollte den Sowjetblock gegen derartige »subversive Beziehungen« abschotten. Die Kampagne begann am 12. Januar 1948 mit der Ermordung von Solomon Mikhoels. Im November desselben Jahres verbot die sowjetische Regierung das »Jüdische Antifaschistische Komitee« und verhaftete seine Führung.[7] Im März 1949 erschien in der deutschsprachigen Moskauer Zeitschrift »Neue Zeit« ein Artikel zur »Entlarvung des bürgerlichen Kosmopolitismus«, in dem dieser als Hauptelement der reaktionären bürgerlichen Ideologie und des amerikanischen Imperialismus beschrieben wurde.[8]

Für die Ostdeutschen wiederum brachten der Kalte Krieg und die antikosmopolitische Kampagne eine überraschende Wende mit sich. Während sie zuvor im kommunistischen Diskurs als ein schuldbeladenes und gefährliches Volk bezeichnet worden waren, gehörten sie nun zu den fortschrittlichen Nationen. So erklärte Ulbricht auf einer Parteikonferenz in Mai 1949 die SED zu der Partei, die sich »gegen die Spaltung und für die Einheit Deutschlands« einsetze. Während die westlichen Alliierten die »Vernichtung Deutschlands als selbständiger Staat« anstrebten, stünden die Kommunisten auf dem Standpunkt der »Wahrung der nationalen Interessen« und »der Beachtung seiner nationalen Eigenarten«.[9] Noch wichtiger aber war: Indem sowohl Ulbricht als auch Wilhelm Pieck die Last einer dunklen Vergangenheit abwarfen, erklärten sie sich voller Selbstvertrauen zu den Führern einer zukunftsorientierten antikolonialen Revolte gegen die westliche Vorherrschaft in Deutschland. Die Deutschen im Osten wurden so innerhalb von nur drei Jahren aus dem Kreis der Täter ausgenommen und zu einem Volk unschuldiger Opfer des amerikanischen Imperialismus erklärt. Der kommunistische Nationalismus ging Hand in Hand mit der Aufgabe, die Deutschen von ihrer schwierigen Vergangenheit zu entlasten. Darüber hinaus stellte Ulbricht unmissverständlich klar, dass in der Sowjetzone die gegenwärtige politische Haltung mehr zählte als vergangene Taten. In diesem Sinne führte er in einer Rede 1949 aus: »Gegenwärtig ist der Maßstab dafür, wer ein friedliebender Mensch ist und die Einheit Deutschlands will, nicht, welches Mitgliedsbuch jemand früher hatte, ob er der Hitler-Partei angehörte oder nicht, sondern der einzige Maßstab ist: Bist Du für einen Friedensvertrag, bist Du gegen den Atlantikpakt, durch den Westdeutschland zur Kriegsbasis gemacht werden soll [...]? So einfach steht die Frage. Wer heute unter diesen Bedingungen die Frage zur Diskussion stellt: Ist der Betreffende früher Mitglied der Nazipartei gewesen oder nicht?, der arbeitet gegen die Bildung der Nationalen Front.«[10]

Durch solche Äußerungen wurden nicht nur die ehemaligen Mitglieder der NSDAP und der NS-Regierung entlastet. Ulbricht ging sogar noch weiter. Nach seinem Urteil reichten korrekte politische Ansichten in der Gegenwart aus, um die Vergangenheit auszulöschen, während jene, die – vielleicht vom Geist des Antifaschismus verleitet – die NS-Vergangenheit anderer »zur Diskussion stellten«, jetzt als Bedrohung der nationalen Einheit galten. Die neuen Außenseiter waren alte Kommunisten,[11] die nicht fähig oder willens waren, ihre Überzeugung dem Wechsel der

Bündnisse anzupassen – und natürlich jene »unverbesserlichen Kosmopoliten«, die Juden. Die Bewältigung der NS-Vergangenheit bedeutete nun einfach nur noch: Zerschmettert den Kapitalismus. Nach kommunistischem Verständnis lagen die Wurzeln des Nationalsozialismus im Kapitalismus. Da diese in Ostdeutschland ausgerissen worden waren, während man sie in Westdeutschland neu eingepflanzt hatte, konnte nur jenseits der ostdeutschen Grenzen ein neuer Faschismus entstehen. Das bedeutete aber auch, dass sich die Stoßrichtung des Antifaschismus nicht mehr ausschließlich und nicht einmal mehr vorrangig auf die NS-Vergangenheit bezog, sondern er war jetzt in erster Linie gegen die westdeutsche Gegenwart gerichtet. Ganz im Geiste Hegels ordnete Ulbricht die Ostdeutschen in die Reihen der Sieger der Geschichte ein und nicht in die Reihen der schuldbeladenen Verlierer.

Das öffentliche Erinnern an Gedenktagen

Die neue Ausrichtung des ostdeutschen Kampfes gegen den Faschismus und die Instrumentalisierung der Erinnerung im Kalten Krieg fanden jeweils im September eines jeden Jahres zum »Internationalen Gedenktag für die Opfer des Faschismus« einen beredten Ausdruck. Die Gedenktage standen ersichtlich im Dienst des »Friedenskampfes«. So hieß es in einem Aufruf des VVN, der 1951 den Gedenktag als »Kampftag gegen Krieg und Faschismus« ausrichtete: »Elf Millionen aufrecht gegen den Hitlerfaschismus kämpfende Männer und Frauen aller europäischen Nationen sind für die Sache des Friedens und der Menschlichkeit leid- und qualvoll, aber doch voll Zuversicht in den Tod gegangen [...] Alle die sich damals dem Faschismus entgegenstellten, die ihm Widerstand entgegensetzten, [...] waren in erster Linie Kämpfer für den Frieden.«[12] Tatsächlich hatte die große Mehrheit der Ermordeten weder im politischen noch im militärischen Sinn gegen den Faschismus gekämpft, und genauso wenig hatte sie im »Friedenskampf« gestanden, was immer das bedeutet haben mochte. Sie hatten einfach um ihr Überleben »gekämpft«. Im Grunde schlossen auch diese Gedenktage an hegelianisches Gedankengut an, denn sie konzentrierten sich hauptsächlich auf die vergangenen Taten der Kommunisten und interpretierten eine sinnlose Tragödie in ein erlösendes Martyrium um, das zum siegreichen Ende der Geschichte beigetragen habe. Damit wurde dem vergangenen Heroismus ein spezifischer ideologischer Zweck unterstellt, der im gegenwärtigen »Friedenskampf« der sowjetischen Diplomatie eine Fortsetzung gefunden habe. Das öffentliche Gedenken bedeutete also nicht so sehr Trauer und Melancholie, sondern das erhebende »Vermächtnis der Helden des antifaschistischen Widerstandskampfes«. Vor allem der von den Nationalsozialisten ermordete KPD-Führer Ernst Thälmann wurde zum Vorbild, dem die »Nachlebenden im Kampf um den Frieden nacheifern« sollten.[13] Der vergangene »Kampf gegen Faschismus« ging bei diesen Feiern nahtlos in aktuelle Attacken auf die Bonner Regierung und die amerikanische Politik in Europa über. In der Gegenwart bedeutete die Bewältigung der NS-Vergangenheit den Kampf gegen den angeblich in Bonn zutage getretenen »Faschismus«.

Auf Fotos vom Gedenktag im Jahr 1951 sind große Porträts von Thälmann, Schilder mit der Aufschrift »Widerstand gegen Kriege und Faschismus«, rote Fahnen und große Menschenmassen zu sehen, die antiimperialistischen Reden lauschen.[14] Diese Bilder strömen im Allgemeinen eine Atmosphäre militanter Gegenwärtigkeit und Siegesgewissheit aus.[15] So war auf einem Foto von der Großdemonstration für die Opfer des Faschismus im September 1950 ein Spruchband zu sehen, auf dem in Deutsch, Französisch und Russisch zu lesen war: »Es lebe der Friede.«[16] Obwohl an den Gedenktagen viele Tränen vergossen worden sein müssen, enthält das SED-Fotoarchiv nur zwei Aufnahmen, die schlichten menschlichen Kummer und Schmerz wiedergeben. Beide stammen vom 9. September 1951.[17] Solche Gefühlsbezeugungen aber waren die Ausnahme. Typischer sind Fotos von entschlossen dreinblickenden Männern und Frauen sowie militant wirkenden Kindern und Jugendlichen, die mit roten Fahnen im »Friedenskampf« vorwärts marschierten. In diesen ›hegelianischen Momenten‹ verband sich die Trauer um die gefallenen Märtyrer mit dem heroischen Geist der Erlösung durch den Sieg des Kommunismus und die Rote Armee. In diese Erinnerung wurden auch Frauen und Kinder einbezogen. So zeigen Fotos der im September 1952 abgehaltenen »Friedenskundgebung der Frauen« im ehemaligen KZ Ravensbrück exemplarisch die entschlossene Miene des Vertrauens in den Fortschritt und den endgültigen historischen Sieg[18]

Die Feiern dienten insgesamt dazu, einen »fortschrittlich« ausgerichteten Erlösungswillen zu verbreiten. Obwohl sie aus Anlass vergangener Verluste stattfanden, waren sie ganz dem Sieg in der Gegenwart und in der Zukunft gewidmet. Wie die allgegenwärtigen sozialistisch-realistischen

Standbilder Ernst Thälmanns verknüpften sie öffentliche Trauer mit einer alles durchdringenden historischen Kraftmeierei, mit Optimismus und einem Zukunftsglauben. Sie bestärkten die Identifikation mit den Siegern der Geschichte und den Helden des antifaschistischen Widerstandskampfs, nicht mit einer verlorenen Sache wie jener der Juden. Der Tod jüdischer Opfer passte nicht in hegelianische Erzählungen über die List der Geschichte, die Leiden durch Erfolg krönte.[19]

Eines der wichtigsten Dokumente der öffentlichen politischen Erinnerungskultur in der DDR bildet die am 24. April 1961 von Walter Ulbricht gehaltene Einweihungsrede aus Anlass der Einweihung der neuen Mahn- und Gedenkstätte in Sachsenhausen. In dieser Rede und in den mit ihr verbundenen Tagesereignissen sind die Resultate der Unterdrückung der Erinnerung an den Holocaust klar zu erkennen. Ulbricht hielt eine klassische politische Trauerrede, in der er die nationale Vergangenheit mit der Gegenwart und Zukunft verband. Es lohnt sich, Ulbrichts Worte zu zitieren: »In tiefster Verehrung verneigen wir uns an dieser Stätte vor unseren teuren Toten, den Kämpfern gegen Krieg, Faschismus und Militarismus, den Opfern des Naziterrors. Dem Gedenken und der Mahnungen ist diese Stätte geweiht: dem Gedenken an die ungezählten Märtyrer und Helden des antifaschistischen Widerstandskampfes, der Mahnung – gerichtet an unsere wie die uns folgenden Generationen –, nie wieder zuzulassen, dass faschistische und militaristische Barbarei über unser Volk und andere Völker hereinbrechen. Jeder Fußbreit dieses Bodens ist getränkt mit dem Blut und dem Todesschweiß Zehntausender Märtyrer aus vielen Nationen, Zehntausender Menschen verschiedenster Weltanschauungen [...].« Weder Folter noch Terror hätten ihren Kampfgeist brechen können. Der Widerstand »unter den unmenschlichen Bedingungen der Menschenvernichtungsfabrik Sachsenhausen ist ein schmerzvolles, aber ehrenvolles Kapitel der heroischen Geschichte« des antifaschistischen Kampfs der deutschen Kommunisten und anderer Antifaschisten. Innerhalb und außerhalb der Konzentrationslager und Folterkammern haben »Menschen der verschiedensten Weltanschauungen den unerhört opferreichen Kampf gegen das blutbesudelte Hitler-Regime geführt und damit die Zukunft der deutschen Nation gerettet«. Tausende von Kommunisten, Sozialdemokraten, sowjetischen und britischen Kriegsgefangenen, Bürgern von Polen, Luxemburg, Jugoslawien, Holland, Belgien, Dänemark, Österreich, Ungarn, der Tschechoslowakei und Frankreich seien in Sachsenhausen ermordet worden. Dass in Sachsenhausen, oder irgendwo anders in

Deutschland und Europa, Juden ermordet wurden, erwähnte Ulbricht nicht.

Um nicht falsch verstanden zu werden: Einiges von dem, was Ulbricht sagte, entsprach der Wahrheit. Es gab »Märtyrer und Helden«, die »nur« wegen ihrer politischen Überzeugungen und Handlungen ermordet worden waren, und viele starben einen heroischen Tod im Kampf gegen den Faschismus. Aber das Falsche überwog die Wahrheit. In Sachsenhausen und – selbstverständlich – in den Vernichtungslagern in Polen wurden Juden nicht wegen ihrer politischen Ansichten oder Handlungen ermordet, sondern einfach, weil sie Juden waren. Doch für Ulbricht nahm die kleine Minderheit der deutschen Widerstandskämpfer unter den Opfern des Nationalsozialismus eine Sonderstellung ein. Für Solidarität mit den Juden war in dieser, der wichtigsten von allen DDR-Gedenkfeiern kein Platz. Es war etwas Herzloses und arrogant Gegenwartbezogenes in dem Stolz, mit dem Ulbricht die vergangenen Leiden für seine Zwecke nutzbar machte. Die Rede Ulbrichts in Sachsenhausen stellt ein hervorragendes Beispiel für den narzisstischen Charakter dar, der die ostdeutsche Erinnerungskultur so oft charakterisierte. Ulbricht war nur einer von vielen, die sich mit großer Leidenschaft der eigenen Erfahrungen oder der Erfahrungen ihrer gleich gesinnten Kameraden erinnerten. Auf diesem Wege wurde die öffentlich gestaltete Erinnerung zu einem Nullsummenspiel, weil die Erinnerung von einer Leidensgeschichte die Erinnerung an die Leiden anderer ausschloss. Das Bild des Auszugs der politischen Würdenträger aus der Gedenkstätte ist hierfür von symbolischer Bedeutung. Es zeigte Ulbricht an der Spitze des Zuges, hinter dem der Schornstein des Konzentrationslagers zu erkennen ist. Neben Ulbricht marschieren Rosa Thälmann sowie Grotewohl und andere Politbüromitglieder an der Spitze des Zuges, der auf beiden Seiten durch ein Spalier von ostdeutschen Soldaten flankiert wird. Das Foto könnte den Titel tragen: »Der Kommunismus erhebt sich wie Phönix aus der Asche der Niederlage.« Es war ein überaus hegelianischer Moment, in dem der historische Triumph und die Identifikation mit den Helden und Siegern der Geschichte jene Zeit mit ihren tragischen, unerlösten Opfern vergessen ließ. Im Vergleich dazu stellt die Entscheidung des deutschen Bundestages aus dem Jahr 1999, das völlig unhegelianische Mahnmal für die ermordeten Juden Europas in Berlin zu bauen, einen willkommenen Bruch mit hegelianischen Geschichtsmythen und Geschichtsmentalitäten in der untergegangenen DDR dar.

Anmerkungen

1 Verlag Neuer Weg. Plan der in Arbeit und in Vorbereitung befindlichen Verlagserscheinungen, Stand am 12. Dezember 1945; Aufstellung der vom 9. Mai 1945 bis 31. November 1947 im Verlag Neuer Weg bzw. im Verlag JHW Dietz Nachf. GmbH erschienenen Titel, IV 2/9 13/5 Verlag Neuer Weg, Stiftung Archiv der Partei- und Massenorganisationen der DDR im Bundesarchiv Berlin (SAPMO), ZPA.
2 Walter Ulbricht, Der faschistische deutsche Imperialismus (1933–1945), Berlin 1952, S. 99.
3 Ebd., S. 21, 24, 107, 109.
4 Die Bedeutung der beiden Weltkriege für den europäischen Kommunismus behandelt François Furet, Le passé d'une Illusion. Éssay sur l'idée communiste au XXe siècle, Paris 1995. Deutsche Übersetzung: Das Ende der Illusion, München 1995.
5 Walter Ulbricht, Das Programm der antifaschistisch-demokratischen Ordnung. Rede auf der ersten Funktionärkonferenz der KPD Groß-Berlin 25. Juni 1945, in: ders., Die Entwicklung des deutschen volksdemokratischen Staates, 1945–1948, Berlin (Ost) ²1959, S. 16 f.
6 Siehe Jeffrey Herf, Zweierlei Erinnerung. Die NS Vergangenheit im geteilten Deutschland, Berlin 1998 (Englisch 1997).
7 Arkady Vaksburg, Stalin against the Jews, New York 1955, S. 159–182.
8 »Die Entlarvung des bürgerlichen Kosmopolitismus«, in: Neue Zeit (Moskau), 16. März 1949, S. 4.
9 Walter Ulbricht, Warum Nationale Front des demokratischen Deutschlands? Aus dem Referat auf der Parteikonferenz der SED Groß-Berlin, 17. Mai 1949, in: ders., Zur Geschichte der Deutschen Arbeiterbewegung. Aus Reden und Aufsätzen, Bd. 3: 1946–1950, Ost-Berlin 1954, S. 491.
10 Ebd., S. 491.
11 Zu den »Altkommunisten« in der SBZ und der DDR vgl. Catherine Epstein, The Last Revolutionaries. The Old Communists of East Germany, 1945–1989, Phil. Diss., Harvard University 1998.
12 Referentenmaterial. Zum Internationalen Gedenktag für die Opfer des faschistischen Terrors, 9. September 1951, Berlin: Zentralvorstand der VVN 1951, S. 3.
13 Ebd., S. 3. Siehe auch Maoz Azaryahu, Von Wilhelmplatz zu Thälmannplatz. Politische Symbole im öffentlichen Leben der DDR, Gerlingen 1991.
14 Internationale Gedenktage für die Opfer des Faschismus in Berlin, 9. Sept. 1951 auf dem August-Bebel Platz, Berlin, SAPMO-BA, ZPA Fotoarchiv 1270/79.
15 Am Gedenktag für die Opfer des Faschismus in Ost-Berlin 1947 sieht man marschierende ehemalige KZ-Gefangene in ihren Lageruniformen vor einem Spruchband mit dem Slogan, »Unser Kampf geht weiter!«, »Gedenkveranstaltung im September 1947 für die Opfer des Faschismus vor dem Alten Museum,« in: Dieter Vorsteher (Hg.), Parteiauftrag: Ein Neues Deutschland. Bilder, Rituale und Symbole der frühen DDR, München 1996, S. 153.
16 Kundgebung für die Opfer des Faschismus in Berlin vor dem Alten Museum, September 1950, SAPMO-BA, ZPA Fotoarchiv 1270/79.
17 Das eine Bild zeigt Vertreter der Jüdischen Gemeinde von Berlin, die mit ernsten, angespannten Gesichtern einen Kranz mit einer mit Davidssternen bedruckten Schleife niederlegen. »Tag der Opfer des Faschismus am 9. Sept. 1951 in Berlin:

Kranzniederlegung durch Vertreter der Jüdischen Gemeinde von Berlin«, in: SAPMO, ZPA, Fotoarchiv, 1274/79N. Das andere Bild zeigt eine Delegation ehemaliger Widerstandskämpfer, die in Buchenwald der dort ums Leben gekommenen Mitglieder der französischen Resistance gedenken. Wie üblich flattern Fahnen als kämpferische Zeichen des Sieges im Wind, aber darunter sind zwei weinende Frauen zu sehen, und auch die Männer scheinen mehr über den Verlust ihrer Kameraden als über die helle sozialistische Zukunft nachzudenken. »Eine Delegation ehemaliger Widerstandskämpfer im ehemaligen KZ Buchenwald, 9. Sept. 1951: Am Ehrenhain Französische Widerstandskämpfer«, in: ebd., 399/71.

18 Friedenskundgebung der Frauen in Ravensbrück am 13. 9. 1952, SAPMO-BA, ZPA Fotoarchiv 1611/70.

19 Auf einen erlösenden Erinnerungsdiskurs hatten die Kommunisten kein Monopol. Für eine kritische Diskussion über »redemptive modes of remembrance« im westlichen Europa und den USA siehe Lawrence Langer, Admitting the Holocaust, New York 1995.

Filippo Focardi
Gedenktage und politische Öffentlichkeit in Italien, 1945–1995

Die öffentliche Erinnerung an den Krieg in Italien entspricht der Art und Weise, in der die antifaschistischen Kräfte schon kurz nach der Verkündigung des Waffenstillstands vom 8. September 1943 diesen militärischen Konflikt nach außen präsentierten. Die unmittelbare Deutung der jüngsten Ereignisse entsprang einem grundsätzlichen politischen Bedürfnis, über das innerhalb der antifaschistischen Front weitgehender Konsens herrschte. Sowohl die monarchischen Kräfte als auch die Parteien des »Nationalen Befreiungskomitees« waren sich über Folgendes einig: Auf der einen Seite musste die Propaganda der faschistischen »Sozial-Republik« widerlegt werden, die den Waffenstillstand als »Verrat« an der italienischen Nation und dem deutschen Verbündeten anprangerte. Auf der anderen Seite sollte die Bevölkerung dazu bewegt werden, gegen Deutschland, dem am 13. Oktober 1943 der Krieg erklärt worden war, zu kämpfen. Drittens sollten die Alliierten dazu gebracht werden, den nach der bedingungslosen Kapitulation fixierten Status Italiens als feindliche und besiegte Nation zu verändern. Aus diesen Bedürfnissen erwuchs ein intensives propagandistisches Engagement, das sich wesentlich auf die Interpretation der Vergangenheit gründete: Die soeben überwundene Herrschaft des Faschismus, das deutsch-italienische Bündnis und die Teilnahme Italiens am Achsenkrieg wurden in politischen Parolen und eingängigen Interpretationsformeln gefasst, wobei gleichzeitig ein kodifiziertes Feindbild konstruiert wurde: die Deutschen.

Zu diesem Zweck drehte die antifaschistische Front die von der Republik von Salò ausgesprochenen Anschuldigungen des Verrats[1] um und bezichtigte Mussolini des Betrugs am italienischen Volk. Dieser habe das Land in den Ruin gestürzt, indem er es zu einem widernatürlichen Bündnis mit dem von allen verachteten und verhassten Hitler-Deutschland gezwungen habe. Dadurch sei Italien in einen »ungewollten Krieg, der nicht als der eigene empfunden worden sei«,[2] geführt worden. Gleichzeitig wurde das Verhalten Deutschlands als verräterisch dargestellt. Seit dem Stahlpakt vom Mai 1939 habe Deutschland nur darauf gewartet, Italien an sich zu binden, um es dann für die Eroberung der Vorherrschaft Deutschlands in der Welt auszunutzen. In den deutschen Plänen sei Italien nur ein Satellitenstaat des Reiches gewesen, und der Duce zu einem einfachen »Gauleiter« des Führers degradiert worden. Ein vorsätzlicher Verrat also, der auf dem Schlachtfeld aktiv umgesetzt worden sei. Sowohl die monarchistische Propaganda als auch die antifaschistische Presse und Publizistik leugneten eine deutsch-italienische Kameradschaft und präsentierten das Bild vom »treulosen und anmaßenden« deutschen Verbündeten, der sich hochmütig gegenüber den als minderrassig angesehenen italienischen Soldaten verhalten habe und bereit gewesen sei, diese zu verraten, wie man es in El Alamein und am Don gesehen habe. Dort seien italienische Truppenteile ohne Fahrzeuge und ohne Proviant von den Deutschen ihrem Schicksal überlassen worden, die nur versucht hätten, ihre eigenen Truppen vor dem nachrückenden Feind zu retten. Das Bild italienischer Soldaten, die mit Gewalt von deutschen Lastwagen, auf die sie sich zu retten versucht hatten, heruntergeworfen wurden, oder die, halb verdurstet und verletzt, aus den Hütten, in die sie sich geflüchtet hatten, vertrieben wurden, wurde zu einer Art Klischee für die Falschheit der deutschen Kameradschaft und einem Präludium der deutschen Gewalt und des Hasses, die nach dem 8. September 1943 gegenüber den Italienern zum Ausbruch kamen.[3] An der Front sei eben das »wahre Gesicht« der Deutschen sichtbar geworden, das des »jahrhundertealten Feindes« und »Unterdrückers«, gegen den die antifaschistische Propaganda die Italiener nun zum Kampf aufgerufen habe. Dabei wurde an das im öffentlichen Bewusstsein noch lebendige Vermächtnis der Kämpfe des *Risorgimento* und des Ersten Weltkriegs appelliert.

Diese Darstellung war zwangsläufig einseitig. Der Krieg der Achsenmächte war anfangs nämlich auf breite Zustimmung in der italienischen Gesellschaft gestoßen. Darüber hinaus wurde die faktische Zusammenarbeit zwischen Italienern und Deutschen auf dem Schlachtfeld, aber auch das oft wenig kameradschaftliche Verhalten der italienischen Truppen verschwiegen.[4]

Da die antifaschistische Führungsschicht einen für Italien nachteiligen Friedensschluss vermeiden wollte, war es opportun, in der Deutung der Kriegsvergangenheit die Haltung Italiens so klar wie möglich vom Verhalten Deutschlands zu trennen[5] und ein Bild des italienischen Volkes zu entwerfen, das nur als »Opfer« des Faschismus, des »Krieges Mussolinis« und des »teutonischen Hasses« präsentiert wurde. Dabei konnte man sich auf Aussagen der britischen, sowjetischen und der amerikanischen Propaganda berufen, die – um Italien aus dem Achsenbündnis zu lösen – immer ausdrücklich zwischen dem italienischen Volk und dem Regime Mussolinis, aber auch zwischen Italien und Deutschland unterschieden hatte. Dem Bild des »bösen Deutschen«, der zu jeder Grausamkeit fähig war, wurde von der antifaschistischen Propaganda das Bild des »guten Italieners« gegenübergestellt.[6] Der italienische Soldat sei gegen seinen eigenen Willen in diesen vermaledeiten Krieg hineingeworfen worden. Das italienische Verhalten gegenüber der Bevölkerung in den von Italien besetzten Ländern wurde als geradezu brüderlich dargestellt. So hätten die italienischen Soldaten für die Zivilbevölkerung gewissenhaft gesorgt und diese vor den deutschen Verfolgungsmaßnahmen geschützt. Die Rettung Tausender von Juden aus den Klauen der deutschen Henker wurde besonders herausgestellt.[7]

Um von den Alliierten als Partner anerkannt zu werden, war es für die neue antifaschistische Führungsschicht wichtig, entsprechende Verdienste im Kampf gegen NS-Deutschland für die Zeit nach dem 8. September 1943 für Italien zu beanspruchen. Dieser siegreiche Kampf gegen die »faschistischen Verräter« und die deutsche »Besatzungsmacht« wurde in epischen Ausdrücken wie »zweites Risorgimento« oder »nationaler Befreiungskrieg« beschrieben, hinter dem das gesamte Volk gestanden habe. Seinen Höhepunkt fand der Krieg am 25. April 1945, als Partisanenverbände die wichtigsten norditalienischen Städte befreiten.[8]

Eine solche Darstellung wurde nach Kriegsende zum dominierenden Deutungsmuster.[9] Dagegen stellte sich jedoch die Erinnerungskultur des Neofaschismus: Sie verteidigte die Motive für die italienische Teilnahme am deutschen Krieg, der für notwendig befunden worden sei, um eine gerechte Verteilung der weltweiten Ressourcen zu garantieren. Außerdem habe die Bevölkerung zu großen Teilen den »Achsenkrieg« unterstützt. Verherrlicht wurde von den Neofaschisten auch das von den italienischen Soldaten auf dem Schlachtfeld bewiesene Heldentum. Die Antifaschisten hätten das Vaterland verraten und der Zusammenbruch des Regimes am 25. Juli 1943 sei von der Monarchie und den alten Führungsschichten zu verantworten. In dieser Deutung war der 8. September 1943 nicht der Anfang der Erlösung – oder einer zweiten nationalen Wiedergeburt –, sondern nur eine tragische »moralische Niederlage« der Nation. Entsprechend wurde die *Resistenza* als ein grausamer »Bruderkrieg« zwischen Italienern gewertet, der nur den ausländischen Mächten zum Vorteil gereicht habe. Nach der Unterzeichnung des italienischen Friedensvertrages im Februar 1947 wurde von neofaschistischer Seite höhnisch behauptet, dass das »mitkriegführende« Italien den Bestrafungsfrieden nicht habe verhindern können, wohingegen die Republik von Salò wenigstens eine positive Rolle in der Behinderung der deutschen Zerstörungswut gespielt habe.[10]

Diese Positionen waren nicht nur auf die halb in der Illegalität arbeitende neofaschistische Presse beschränkt, sondern erfuhren schon in den ersten Nachkriegsjahren eine weite Verbreitung in der Öffentlichkeit.[11] Bei den ehemaligen Kombattanten der Republik von Salò stieß vor allem die Idee einer »Aussöhnung« mit den ehemaligen Gegnern auf Zustimmung. Die Grundlage dafür sollte in dem Anerkenntnis bestehen, dass zahlreiche junge Männer aus ehrlicher Überzeugung und patriotischen Idealen dazu verleitet worden seien, weiter auf der Seite Mussolinis zu kämpfen und die Ehre des Vaterlandes zu verteidigen. Diese Deutung traf im Klima der ersten Legislaturperiode von 1948 bis 1953 zum Teil auf fruchtbaren Boden – nicht zuletzt angesichts des starken ideologischen Gegensatzes, der zwischen der marxistischen Linken einerseits (d. h. den Kommunisten und Sozialisten, die seit dem Mai 1947 aus der Regierung ausgeschlossen worden waren und bei den Wahlen vom 18. April 1948 eine empfindliche Niederlage erlitten hatten) und dem Regierungskabinett unter der Führung der Christdemokraten andererseits bestand. In dieser Zeit fanden zahlreiche Prozesse gegen ehemalige Partisanen statt, die für Taten während der Besatzungszeit oder wegen Säuberungsaktionen gegen Faschisten bei Kriegsende vor Gericht gestellt wurden.[12] Während die Parteien der Linken, die die Resistenza als Ursprung der republikanischen Verfassung ansahen, gegen diese Prozesse protestierten und vor einem erneuten Aufkommen der faschistischen Bedrohung warnten, unterstützte die *Democrazia Cristiana* (DC) die Politik der Versöhnung. Die christdemokratische Erinnerungskultur hob zu diesem Zeitpunkt hervor, dass Ehrerbietung gegenüber »allen Gefallenen des Krieges« geboten sei. So forderte am 1. März 1953 der stellvertretende Ministerpräsident Attilio Piccioni bei einer Feier zum Gedenken an die in Griechenland gefallenen italienischen Soldaten und vor allem an die Männer der Division Acqui, die auf Kephalonia von den Deutschen hingemetzelt worden waren, dazu auf, Verachtung und Hass hinter sich zu lassen und jener Märtyrer als »Beispiel für Pflichtbewusstsein und ein unerschrockenes, ergebenes, bis zur Aufopferung für das Vaterland reichendes Zugehörigkeitsgefühl« zu erinnern.[13] Einen ähnlichen Hintergrund hatte auch die Rede, die der christdemokratische Verteidigungsminister Taviani anlässlich des 10. Jahrestages des Massakers in den Ardeatinischen Höhlen hielt. Während Taviani kein Wort über die Widerstandsbewegung verlor, sah er in den unschuldigen Opfern »eine Verurteilung der Missbildungen eines jeden Totalitarismus«. Ihr Beispiel einer unbedingten Pflichterfüllung sei ein Symbol für die unzähligen, während des Krieges auf sich genommenen Leiden, das in den Italienern den Willen zur Aussöhnung wecken sollte.[14] Die Hingabe an das Vaterland, das Bewusstsein für militärische Pflicht und Ehre, das waren die Wertvorstellungen, an die Taviani im November 1954 bei einem Besuch auf dem Friedhof von El Alamein in Ägypten erinnerte, als er der italienischen Gefallenen gedachte, die an der Seite der Deutschen gegen die Armee Montgomery's gekämpft hatten.[15] Paradoxerweise waren dies dieselben Werte, für die sich die von den Deutschen ermordeten Kämpfer von Kephalonia, die Piccioni im Vorjahr gepriesen hatte, aufgeopfert hatten.

Zwischen dem neofaschistischen Aufruf zur Versöhnung und dem Bewusstsein der Aussöhnung, das die Christdemokraten bewegte, bestand zweifellos eine gewisse Nähe. Die von den Neofaschisten vorgebrachte Idee der Versöhnung zielte deutlich auf die Legitimierung der eigenen Regierungsfähigkeit ab: Der Antifaschismus sollte als Grundlage der Republik verworfen und der Antikommunismus an seine Stelle gesetzt werden. Dieser politische Entwurf fand auch im christdemokratischen Lager Unterstützung, hatte aber letztendlich keinen Erfolg. Ein unüberwindbares Hindernis ergab sich aus der Erinnerung an die Besatzungszeit 1943/45. Auch wenn die Christdemokratische Partei auf die Überwindung der Gegensätze zielte, so fand sie sich doch nicht bereit, die neofaschistische Interpretation der Kriegsvergangenheit zu teilen. Diese Distanzierung kommt in zwei Gerichtsverfahren zum Ausdruck, die 1953/54 stattfanden. Einer der beiden Prozesse war von Verteidigungsminister Pacciardi und einigen Admirälen gegen den neofaschistischen Historiker Antonino Trizzino angestrengt worden. Der zweite wurde von Ministerpräsident Alcide De Gasperi gegen den bekannten Schriftsteller Giovanni Guareschi geführt. Trizzino hatte die Marineführung mehrmals des Verrats und der Begünstigung des britischen Feindes beschuldigt; eine ähnliche Anschuldigung hatte Guareschi an De Gasperi gerichtet, indem er diesem vorwarf, die alliierten Streitkräfte um die Bombardierung Roms gebeten zu haben. Die Frage des Verrats berührte einen allzu empfindlichen Punkt, den die gemäßigten Kräfte des Antifaschismus nicht auf sich beruhen lassen konnten. Die beiden Prozesse wurden denn auch rasch mit der Verurteilung der Angeklagten zu Haftstrafen abgeschlossen. Mit diesen Prozessen waren dem Revisionismus der Rechten scharfe Grenzen gesetzt worden.

Die antifaschistische Vergangenheitsdeutung hielt den vehementen innenpolitischen Auseinandersetzungen in den frühen 50er Jahren stand. Dies zeigte sich bei der Feier zum 10. Jahrestag der Befreiung, bei der die Abgeordneten der beiden Kammern die weithin geschätzten Reden des Senatspräsidenten Cesare Merzagora und des Parlamentspräsidenten Giovanni Gronchi anhörten.[16] Nach den von der Linken gegen die DC gerichteten Anschuldigungen des Verrats an der Widerstandbewegung und den christdemokratischen Vorwürfen an die kommunistischen Partisanen, Anhänger einer totalitären antidemokratischen Doktrin zu sein, trug die Rede Gronchis dazu bei, die antifaschistische Einheit neu zu beleben und an eine gemeinsame öffentliche Kriegserinnerung zu appellieren: Zuerst ehrte er die Kämpfer des Widerstands, die für die Freiheit und die Unabhängigkeit der Nation ihr Leben aufgeopfert hatten, erinnerte dann aber auch an »die anderen Toten, die am Ort ihrer Pflicht gefallen waren« und von der Liebe zu ihrem Vaterland beseelt gewesen seien. Er pries den »Freiheitskampf« als ein zweites Risorgimento, der – im Gegensatz zum historischen *Risorgimento* – »den Konsens und das direkte Engagement der Volksmassen« habe hervorrufen können. In den kämpfenden Partisanen, die im Namen der Freiheit und der Unabhängigkeit Italiens die Fahne der nationalen Erlösung gehisst hatten, sah Gronchi eine kleine Elite, die sich nach der nationalen Erniedrigung des 8. September auf die Solidarität des ganzen Volkes hatte stützen können. Das Parlament beschloss, den Redetext im ganzen Land öffentlich anzuschlagen. Wenige Tage später wurde Gronchi zum Präsidenten der Republik gewählt.

Gronchis Rede kann als ein Prototyp für die offiziellen Gedenkveranstaltungen der folgenden Jahre bezeichnet werden, mit denen die Ehrung der *Resistenza* zunehmend zum Synonym für die Erinnerung an den Krieg im Allgemeinen wurde. Die gesamten 60er Jahre waren von Feiern zu wichtigen Geschehnissen des Befreiungskampfes gekennzeichnet. Im Gegensatz zu 1953 wurde 1963 in ganz Italien der 20. Jahrestag des 8. September gefeiert, der von dem Sozialistenführer Pietro Nenni als »Ende des faschistischen Krieges und Taufakt des Widerstandes« gepriesen wurde.[17] Als besonders wichtig erwies sich die Rede des Ministerpräsidenten der ersten Mitte-Links-Regierung, Aldo Moro, am 24. März 1964, zum Gedenken an den 20. Jahrestag des deutschen Blutbads in den Ardeatinischen Höhlen in Rom. Während sein Vorgänger Taviani anlässlich des 10. Jahrestags 1954 nie das Wort *Resistenza* gebraucht hatte, erwähnte Moro in seiner Rede diesen Terminus siebenmal. Inhaltlich deutete Moro die *Resistenza* als eine dezidiert idealistische Massenbewegung.[18] Die Feierwelle erreichte ihren Höhepunkt am 25. April 1965, dem 20. Jahrestag der »*Liberazione*«. In Rom besuchte Alt-Präsident Antonio Segni, zusammen mit Vertretern beider Kammern, das Grab des Unbekannten Soldaten und die Gedenkstätte in den Ardeatinischen Höhlen.[19] Die an die Nation gerichtete Botschaft des »Nationalen Organisationskomitees«, das unter dem Vorsitz von Ministerpräsident Aldo Moro stand, bekräftigte die Verpflichtung zur Verteidigung der demokratischen Institutionen, die aus der *Resistenza* entstanden waren.[20]

Gleichzeitig mit diesen parteiübergreifenden Feiern zu Ehren der *Resistenza* nutzten die unterschiedlichen politischen Kräfte weiterhin die Erinnerung an den Krieg zur politischen Mobilisierung. So warb die Kommunistische Partei um Unterstützung für die Unabhängigkeitskämpfer in Algerien, dem Kongo, Kuba und Vietnam;[21] ebenso wurde wiederholt auf den angeblichen Verrat der Christdemokraten an den Idealen der *Resistenza* hingewiesen. Zudem warben die Kommunisten für die Wiederherstellung eines einheitlichen Blocks demokratischer Kräfte, der dem Ausschluss der Kommunisten aus der Regierung ein Ende setzen und einschneidende soziale Reformen in Angriff nehmen sollte.[22] Die Christdemokraten hatten ihrerseits nie aufgehört, gegen diese politische Ausnutzung der Widerstandsbewegung zu polemisieren, und verteidigten ihre Rolle als Beschützerin der demokratischen Freiheiten, die nicht nur durch die mögliche Rückkehr der Neofaschisten bedroht war, sondern auch durch den Erfolg der Kommunistischen Partei, die als Trägerin einer totalitären Ideologie angesehen wurde.[23] Diese politische Instrumentalisierung der Erinnerung an die *Resistenza* fiel zusammen mit einer terroristischen Gewaltwelle zu Beginn der 70er Jahre, die sowohl von links als auch von rechts die Institutionen des republikanischen Staates erschütterte.

Um die Staatsstreichdrohungen von Seiten der Rechten – mittels derer eine innenpolitische Krise (»*politica della tensione*«) herbeigeführt und die Einführung eines autoritären Regimes gerechtfertigt werden sollte – auszuhebeln, appellierten Kommunisten und Sozialisten an die Werte des Antifaschismus und beschuldigten die Christdemokraten der Duldung des rechten, reaktionären Milieus.[24] Die Christdemokratische Partei antwortete auf diese Anschuldigungen mit Hinweisen auf eine ideologische Nähe des Linksterrorismus zur Kultur der Kommunistischen Partei, die sich auf den revolutionären Charakter der Widerstandsbewegung berief. Trotz dieser Polemik von beiden Seiten überwog der Zusammenhalt zur Verteidigung der bedrohten Institutionen. Die *Resistenza* galt weiterhin als Basis der Legitimation des politischen Systems der Republik. Es war von großer Bedeutung, dass 1978, in den traumatischen Monaten, die von der Entführung und Ermordung Aldo Moros durch die Roten Brigaden gekennzeichnet war, der Sozialist Sandro Pertini, einer der Anführer der Widerstandsbewegung, zum Staatspräsidenten gewählt wurde.

Doch erst im Laufe der 80er Jahre bekam das unkritische Bild der *Resistenza* erste Risse. Ein wichtiger Anstoß zum »Revisionismus« bestand in dem politischen Bedürfnis einer tief greifenden institutionellen Erneuerung, wie sie von der Sozialistischen Partei Bettino Craxis gefordert wurde. Da die so genannte »große Reform« in der aus der Widerstandsbewegung entstandenen Verfassung ein zu beseitigendes Hindernis sah, kam die kompakte Front der Nachfolgeparteien des Nationalen Befreiungskomitees, die sich in den 70er Jahren zur Verteidigung der »antifaschistischen Republik« zusammengefunden hatte, ins Wanken. Die offizielle Erinnerung an den Krieg wurde in weiten Teilen der Öffentlichkeit nunmehr einer Kritik unterzogen, die Elemente der schon in der ersten Nachkriegszeit gegen die *Resistenza* vorgebrachten Polemik wieder aufgriff. Dazu gehörte insbesondere das Schlagwort, man könne den Antifaschismus der Kommunisten nicht mit Demokratie gleichsetzen.[25] Zentrale Widerstandshandlungen der *Resistenza*, in denen kommunistische Partisanen eine Hauptrolle gespielt hatten, wie das Attentat in der Via Rasella oder die Ermordung des faschistischen Philosophen Giovanni Gentile, wurden als unverantwortliche terroristische Taten verurteilt.[26] Zusätzlich wurde das Blutbad in den »Foibe« herausgestellt: jene Höhlen im istrischen Karst, in denen die Kommunisten Titos eine große Anzahl von getöteten Italienern hatten verschwinden lassen. Ebenso bezeichnend war der an die Parteien des Nationalen Befreiungskomitees gerichtete Vorwurf, die Parteibuchwirtschaft antizipiert zu haben, ein Laster, das für die italienische Politik kennzeichnend geworden sei. Der entscheidende Bruch mit der Tradition bestand in einer neuen Deutung des Befreiungskampfes als einem Bürgerkrieg zwischen zwei entgegengesetzten Gruppierungen, die beide keine Unterstützung in der Bevölkerung gehabt hätten. Dies waren dieselben Argumente, die seit jeher in der neofaschistischen Presse zirkulierten und nun – in Form und Ton sich von jener unterscheidend – in der öffentlichen Meinung einen starken Widerhall fanden, da sie auch von anerkannten Persönlichkeiten, wie zum Beispiel dem Historiker Renzo De Felice, bekräftigt wurden.[27] Die üblichen Feiern der Widerstandsbewegung, wie der 40. Jahrestag des 25. April, wurden von dieser öffentlichen Debatte stark beeinflusst.

In der neuen politischen Situation der 90er Jahre[28] stand – wie zu Beginn der Nachkriegszeit – die »Aussöhnung« zwischen Faschisten und Antifaschisten im Zentrum der Debatte. 1993 appellierten ehemalige Partisanen sowie Anhänger der Republik von Salò anlässlich des 50. Jahrestags des 8. September an den Präsidenten der Republik, Oscar Luigi Scalfaro, »den dramatischen Spaltungen aus der Bürgerkriegsperiode« ein Ende zu setzen.[29] Scalfaro versäumte es in seiner Rede an dem römischen Symbolort Porta San Paolo zwar nicht, »aller Toten, an allen Fronten und in jeder Schlacht« zu gedenken, doch betonte er mit Entschiedenheit die Notwendigkeit, zwischen den für die Freiheit Gefallenen und den im Kampf für die Diktatur Gestorbenen zu unterscheiden.[30] Der politische Druck für eine »nationale Versöhnung« wuchs noch einmal nach dem Wahlsieg der Rechtsparteien im März 1994, auch wegen des neuentstandenen Bedürfnisses der Neofaschisten Gianfranco Finis, der politischen Legitimation eine kulturelle hinzuzufügen. Anlässlich des 25. April 1994 machte Fini eine symbolische Geste: Er nahm in Rom an einem Gottesdienst zu Ehren *aller* Gefallenen teil. Zum ersten Mal hatte ein Vertreter der Neofaschistischen Partei an den Feiern zum 25. April teilgenommen. »Ich hoffe, dass dieser Jahrestag«, so Fini in seiner Ansprache, »als der Tag des wirklichen Endes des Zweiten Weltkriegs verstanden werden wird und als Tag, an dem die Versöhnung zwischen allen Italienern begonnen hat«.[31] Doch auch im darauf folgenden Jahr, dem 50. Jahrestag der Befreiung, wurden die Erwartungen Finis und des ganzen rechten Lagers enttäuscht: Staatspräsident Scalfaro sprach nämlich dieselben Worte wie im Vorjahr aus: »Aussöhnung ja, aber im Rahmen der Wahrheit«.[32] Diese Einschränkung konnte jedoch nicht verhindern, dass die *Resistenza*-Erinnerung weiter in Frage gestellt wurde, z. B. durch Publikationen wie die von Renzo De Felice (»Rosso e Nero«, 1995) und Ernesto

Galli della Loggia (»Der Tod des Vaterlands«, 1996). Der Triestiner Bürgermeister Riccardo Illy, ein Vertreter der Linksparteien, schlug 1999 gar vor, die Feiern zum 25. April durch eine andere Feierstunde zu ersetzen, in der aller Opfer totalitärer Systeme gedacht werden solle. Dagegen sprach sich jedoch der neue italienische Staatspräsident Carlo Azeglio Ciampi in aller Deutlichkeit aus.[33] Die Erinnerung an den italienischen Antisemitismus der Jahre nach 1938[34] wuchs hingegen an. Sie erhielt in Italien vor allem durch literarische Werke wie »La parola ebreo« von Rosetta Loy oder durch Filme wie »La vita è bella« von Roberto Benigni eine öffentlichkeitswirksame Verbreitung.

Im Gegensatz zu den 80er Jahren hat sich in den 90ern die Deutung durchgesetzt, dass der Befreiungskrieg auch ein Bürgerkrieg gewesen ist.[35] Außerdem wurde das Heldenepos überwunden, demzufolge den Italienern das alleinige Verdienst für die Befreiung zugesprochen und der essentielle Beitrag der Alliierten nicht in Erwägung gezogen wurde. Die traditionelle Deutung eines bei der italienischen Bevölkerung verhassten »faschistischen Kriegs« und einer nationalen Erlösung durch den Befreiungskrieg gegen den Nazifaschismus blieb jedoch grundsätzlich gültig. Zwar wurde in den letzten Jahren verstärkt das Augenmerk auf die italienische Beteiligung am Achsenkrieg, auf die Aggressorrolle der italienischen Soldaten in den besetzten Gebieten[36] sowie auf die Funktion der italienischen Institutionen bei der Verfolgung der Juden gerichtet. Die neuen Forschungen brechen mit dem Bild vom »braven Italiener«, das wie ein identitätsbildender Mythos im kollektiven Gedächtnis fest verankert ist, und nehmen eine Neuinterpretation der Erinnerung an den Krieg vorweg, die die breite Öffentlichkeit jedoch noch nicht erreicht hat.[37]

Anmerkungen

1 Zur faschistischen Propaganda: Mario Isenghi (Hg.), 1943–45. L'immagine della RSI nella propaganda, Milano 1985.
2 Diese Formulierung von Badoglio, die rasch Verbreitung fand, wurde erstmals benutzt in einer Radioansprache des Marschalls vom 19. 9. 1943. Text in: Agostino degli Espinosa, Il Regno del Sud, Milano 1995 (1. Aufl. 1946), S. 75–77.
3 Vgl. Filippo Focardi, »Bravo italiano« e »cattivo tedesco«: riflessione sulla genesi di due immagini incrociate, in: Storia e Memoria 5 (1996), S. 55–83.
4 Zu den deutschen Vorwürfen gegenüber den Italienern s. Alessandro Massignani, Alpini e tedeschi sul Don, Valdagno 1991.

5 Vgl. Filippo Focardi, Deutschland und die deutsche Frage aus der Sicht Italiens (1943–1945), in: Quellen und Forschungen aus italienischen Archiven und Bibliotheken 75 (1995), S. 468 ff.
6 Vgl. Focardi, »Bravo italiano« e »cattivo tedesco« [wie Anm. 3], S. 66–68.
7 Diese Informationen waren zwar nicht falsch, verdrängten aber die Schuld des Angriffskriegs und der Übergriffe gegen die Zivilbevölkerung. Zur Rettung der Juden vor deutscher Verfolgung: Daniel Carpi, Between Mussolini and Hitler: Jews and the Authorities in France and Tunisia, University of New England 1994; Menachem Shelah, Un debito di gratitudine. Storia dei rapporti tra l'Esercito italiano e gli ebrei in Dalmazia (1941–1943), Roma 1991.
8 Zum 25. April als einer Art von Nationalfeiertag: Cristina Cenci, Rituale e memoria: le celebrazioni del 25 aprile, in: Leonardo Paggi (Hg.), Le memorie della Repubblica, Firenze 1999, S. 325–378.
9 So Charles Maier, Fare giustizia, fare storia: epurazioni politiche e narrative nazionali dopo il 1945 e il 1989, in: Passato e Presente 13 (1995), S. 23–32; und Stuart Woolf, Memoria, narrazione egemonica e pluralismo europeo, ebd., S. 32–37.
10 Zur Memorialistik der Neofaschisten s. Francesco Germinario, L'altra memoria. L'estrema destra, Salò e la Resistenza, Torino 1999.
11 Dazu: Angelo Michele Imbriani, Vento del Sud. Moderati, reazionari, qualunquisti (1943–1948), Bologna 1996.
12 Vgl. Mirco Dondi, La lunga liberazione. Giustizia e violenza nel dopoguerra italiano, Roma 1999.
13 Il riconoscente omaggio della Patria a mille Salme di militari caduti in Grecia, Il Popolo, 2 marzo 1953.
14 Nel decennale del glorioso sacrificio dei 335 Caduti alle Ardeatine, l'Italia ha esaltato i valori della libertà e della rinascita nazionale, Il Popolo, 25 marzo 1954.
15 Vittorio Bachelet, Uniti idealmente i Caduti per la Patria da El Alamein alla città giuliana, Il Popolo, 4 novembre 1954.
16 I Presidenti del Senato e della Camera esaltano gli ideali di libertà della Resistenza, Il Popolo, 23 aprile 1955. Vgl. für den ungekürzten Text der wichtigen Rede von Gronchi: Giovanni Gronchi, Discorsi parlamentari, Roma 1986, S. 472–480.
17 Pietro Nenni, Il battesimo della Resistenza, Avanti!, 8 settembre 1963.
18 Moro: il sacrificio delle Ardeatine segna il riscatto civile del Paese, Il Popolo, 25 marzo 1964.
19 L'Italia democratica ha celebrato la Resistenza, Il Popolo, 26 aprile 1965.
20 Als Beispiel: Trionfino gli ideali della Resistenza con una nuova unità operaia e democratica, l'Unità, 25 aprile 1965, und L'Italia celebra il XXV Aprile, Il Popolo, 25 aprile 1965.
21 Als Beispiel vgl. die Artikel von: Luigi Longo, Solidarietà antifascista, l'Unità, 25 aprile 1964; La Resistenza vive nelle lotte per un mondo di pace, l'Unità, 26 aprile 1965; Vietnam, vecchia e nuova Resistenza, Rinascita, 21 aprile 1972.
22 Als Beispiel: Luigi Longo, Rinnovare il patto democratico dal quale nacque la Repubblica, l'Unità, 2 giugno 1966.
23 Als Beispiel: Eredità preziosa, Il Popolo, 25 aprile 1965, und Mariano Rumor, L'eredità della Resistenza, Il Popolo, 25 aprile 1965.
24 Vgl. Arrigo Boldrini, Il nostro no, l'Unità, 25 aprile 1974; Id., La Resistenza e le Forze armate, l'Unità, 2 giugno 1974; Luigi Longo, Resistenza oggi, l'Unità, 25 aprile 1975. Für die Sozialisten: Francesco De Martino, Tutta la forza dell'antifascismo, Avanti!, 25 aprile 1975.

25 So beispielsweise die wichtige Stimme des Philosophen Lucio Colletti, L'alibi dell'antifascismo, Il Corriere della Sera, 24 marzo 1985.
26 Dazu ausführlich: Nicola Gallerano, Critica e crisi del paradigma antifascista, in: Problemi del socialismo 7 (1986), 106–133.
27 Besondere Öffentlichkeitswirksamkeit entfalteten die beiden Interviews, die der Journalist Giuliano Ferrara mit Renzo De Felice führte und die im Corriere della Sera am 27.12.1987 und am 8.1.1988 veröffentlicht wurden (der Text in Jader Jacobelli, Il fascismo e gli storici oggi, Roma/Bari 1988, S. 3–11).
28 Vgl. dazu den Beitrag von Brunello Mantelli in diesem Band.
29 Vgl. Federico Guiglia, Un 8 settembre senza steccati, Il Giornale, 8 settembre 1993, und Tra ex partigiani e repubblichini niente strette di mano, l'Unità, 7 settembre 1993.
30 Federico Guiglia, L'ora della pacificazione, Il Giornale, 9 settembre 1993.
31 Federico Guiglia, Il Requiem di Fini al fascismo, Il Giornale, 26 aprile 1994.
32 Vgl. Scalfaro: difendiamo la Costituzione, Corriere della Sera, 26 aprile 1995.
33 Dazu Cinzia Romano, La »guerra della memoria« del presidente Ciampi, l'Unità, 6 giugno 2000. Besonders kritisiert wurde auch das Treffen zwischen Parlamentspräsident Luciano Violante und Gianfranco Fini in Trieste im März 1998, das der Kriegserinnerung gewidmet war.
34 Ein Überblick über die italienische Forschung bei Enzo Collotti, Die Historiker und die Rassengesetze in Italien, in: Christof Dipper/Rainer Hudemann/Jens Petersen (Hg.), Faschismus und Faschismen im Vergleich, Köln 1998, S. 59–78; sowie Filippo Focardi, Alle origini di una grande rimozione. La questione dell'antisemitismo fascista nell'Italia dell'immediato dopoguerra, in: Horizonte. Italianistische Zeitschrift für Kulturwissenschaft und Gegenwartsliteratur 4 (1999), S. 135–141.
35 Von großer Bedeutung zur Durchsetzung dieser Einsicht war das Buch von Claudio Pavone, Una guerra civile. Saggio storico sulla moralità nella Resistenza, Torino 1991.
36 Zur Forschungslage s. Brunello Mantelli, Die Italiener auf dem Balkan 1941–1943, in: Christof Dipper/Lutz Klinkhammer/Alexander Nützenadel (Hg.), Europäische Sozialgeschichte. Festschrift für Wolfgang Schieder, Berlin 2000, S. 57–74.
37 Ausführliche Diskussion des Forschungsstandes in: Filippo Focardi, La memoria della guerra in Italia, in: '900. Identità nazionali e ›scherzi‹ della memoria: le guerre del Novecento 5 (2001), S. 91–128.

Brunello Mantelli
Revisionismus durch »Aussöhnung«
**Politischer Wandel und die Krise
der historischen Erinnerung in Italien**

Politik der Symbole

Italien im Herbst 2001: 79 Jahre sind vergangen seit der Machtergreifung Benito Mussolinis, 56 Jahre seit Ende des Zweiten Weltkriegs, in den das Land durch das faschistische Regime gebracht wurde, 53 Jahre seit Inkrafttreten der republikanischen Verfassung, die nicht nur zahlreiche Anklänge an die Weimarer Reichsverfassung von Hugo Preuss und die österreichische von Hans Kelsen enthält, sondern in der auch (in der 12. Übergangsbestimmung) ausdrücklich festgelegt worden ist, dass die »Wiederherstellung der faschistischen Partei« in jedweder Form verboten ist. Doch ein aufmerksamer Blick in die Tageszeitungen dieses Herbstes hinterlässt beim Beobachter einen ganz anderen Eindruck: So beschließt beispielsweise der Stadtrat von Triest, dass die städtische Gemäldegalerie, in der sich die Reihe der ehemaligen Bürgermeister der Adriastadt befindet, wieder ergänzt wird um das Porträt von Cesare Pagnini – Rechtsanwalt, militanter Faschist, aktives Mitglied der »Kommission für die Säuberung von den jüdischen Rechtsanwälten«, die das Mussolini-Regime mit dem Inkrafttreten der antisemitischen Gesetze 1938 eingerichtet hat; Pagnini wurde im Oktober 1943 durch die nationalsozialistischen Besatzungsbehörden als Stadtoberhaupt von Triest eingesetzt, nachdem er sich sofort zur Zusammenarbeit mit dem Dritten Reich bereit erklärt hatte. Ebenfalls plant man in Triest, eine Straße nach Giorgio Almirante zu benennen, der 1938 Chefredakteur der rassenantisemitischen Zeitschrift »Difesa della Razza« und nach dem Zweiten Weltkrieg lange Jahre Generalsekretär der neofaschistischen Partei *Movimento Sociale Italiano* (MSI) war. Nicht weit von Triest, in Palmanova (Friaul) gehen seit Schuljahresbeginn die Schüler der Grundschule »Dante Alighieri« jeden Tag unter dem riesigen Schriftzug »Glauben, Gehorchen, Kämpfen« vorbei – eine der bekanntesten und von Mussolini selbst erfundenen Parolen des Faschismus. Vor kurzem bei Renovierungsarbeiten aufgetaucht, wurde der Spruch auf Weisung des Bürgermeisters sorgfältig restauriert. Am anderen Ende der Halbinsel, in einem Dorf in der Nähe des Ätna, hat der Gemeinderat beschlossen, eine der Hauptstraßen »Benito Mussolini, Staatsmann« zu widmen. Im sizilianischen Ragusa hat der Bürgermeister entschieden, eine Gedenkstatue zu Ehren von Filippo Pennavaria zu errichten, einem Faschisten der ersten Stunde und Organisator lokaler Schlägertrupps, die für etwa 60 Morde an politischen Gegnern verantwortlich waren. Die Stadt hat dieser Person bereits eine Brücke und eine Straße gewidmet. In der Hauptstadt Sardiniens, Cagliari, wurde vor kurzem dem lokalen faschistischen Stadtoberhaupt, Enrico Endrich, eine Straße gewidmet. Weitere Beispiele dieser Art ließen sich hier anführen.

Der 28. Oktober, Tag der faschistischen »Machtergreifung« (durch den Auftrag des Königs Vittorio Emanuele III. an Mussolini, eine Regierung unter faschistischer Vorherrschaft zu bilden) ist seit 1945 ein Gedächtnistag für die Nostalgiker des Faschismus, die sich jedes Jahr am Geburtsort Mussolinis in Predappio bei Forlì treffen. 2001 gab es einen Zustrom von ungewöhnlichem Ausmaß: Dutzende von Bussen brachten diesmal nicht nur die Veteranen von Salò, sondern größtenteils eine jüngere Generation zum historischen Treffpunkt.

Die geschilderte Entwicklung ist nicht unbeeinflusst durch die Krise und die radikale Umstrukturierung, die das italienische Parteiensystem in den 90er Jahren erfahren hat. In einer dramatischen Legitimationskrise brachen zwei der drei Gründungsparteien der Republik zusammen, die Sozialisten (PSI) und die Christdemokraten (DC), während die dritte Massenpartei, die Kommunisten (PCI), den mühsamen Weg eines Transformationsprozesses eingeschlagen hat, der nach zwei Namenswechseln und einer Spaltung (eine Minderheit gründete *Rifondazione Comunista*, von der sich wiederum die *Comunisti Italiani* abspalteten) in eine alles andere als klare Lage geführt hat, in der die Führungsgruppe, die erstaunliche Fähigkeiten zur Kontinuität aufweist, wie auch die Wählerbasis zwischen dem Modell der amerikanischen Demokraten und dem – der europäischen Erfahrung näher liegenden – der großen sozialdemokratischen Parteien hin- und herschwankt.

Wir brauchen nicht näher auf die Gründe der Krise einzugehen, in die sowohl die außenpolitischen Rahmenbedingungen wie Formen der inneren Erschöpfung eingeflossen sind.[1] In jedem Fall hat der Zusammenbruch der Sowjetunion als Katalysator gewirkt und zum einen die Führung des PCI dazu gebracht, das immer stärkere Auseinanderdriften zwischen einer politischen Pragmatik, die einer gemäßigten Sozialdemokratischen Partei entsprach, und dem ideologischen Bezug zum Kommunismus, der seit langem nur noch ein subkultureller Verweis auf die eigene Wählerbasis war, abzubremsen. Zum anderen brach damit aber auch die traditionelle Rolle der DC als gemäßigte Partei weg, die nicht nur die politische und soziale Ordnung des Landes, sondern auch dessen internationalen Bündnisrahmen garantiert hatte und von daher stets den unvermeidlichen Kern einer jeden Regierungskoalition darstellte. Die wachsende Verselbständigung der politischen Sphäre von der Zivilgesellschaft, die sich ab der Studenten- und Arbeiterbewegung von 1968 bis zur Mitte der 70er Jahre einstellte, machte alle Parteien immer weniger dazu fähig, politisches Personal aus den sozialen Schichten und Subkulturen zu rekrutieren, in denen die Parteien traditionellerweise verankert waren. Stattdessen fand die Auswahl der politischen Elite immer mehr über die parteiinternen Aufstiegsmechanismen statt. Die Krise wurde beschleunigt durch den Versuch der Sozialisten, in den 80er Jahren die Position auszunutzen, die sich aus der Blockade des politischen Systems ergab, indem sich der PSI als Bannerträger einer janusköpfigen »Modernisierung« ausgab, welche interpretiert wurde als unbeschränkte Ausweitung des privaten Konsums. Die Politik fungierte darin als Vermittlungsbüro für den Tausch von Wählerstimmen gegen Posten, während die von Massenmedien und Meinungsmachern herbeigewünschte Krise von kollektiven Identitäten (die willkürlich »Ideologien« genannt wurden) den Weg für charismatische Führerfiguren freimachte. Anfang der 90er Jahre kam zusätzlich eine Staatsschuld zum Vorschein, die außer Kontrolle geraten war, und die politische Korruption war zum Normalzustand geworden. Die Kritik an der Politik, wie sie sich im vorangegangenen Jahrzehnt präsentiert hatte, verwandelte sich rasch in »Antipolitik«.

In Tages- und Wochenzeitungen wurde es üblich, vom Zeitraum zwischen 1948 und 1992 als der »Ersten« Republik zu sprechen – was an sich falsch war, da nur eine erhebliche Veränderung der Verfassung es gerechtfertigt hätte, von einer Zweiten Republik zu sprechen –, wobei eine entscheidende Zäsur insbesondere in der zwischen 1992 und 1994 realisierten Wahlrechtsreform gesehen wurde. Mit dieser Reform, die dem Land und dem weitgehend delegitimierten Parlament durch eine Serie

von Volksabstimmungen aufgezwungen wurde, hat man das seit 1945 gültige Verhältniswahlrecht nach d'Hondt aufgegeben und ein Mehrheitswahlrecht mit einem einzigen Wahlgang eingeführt.[2]
Die Krise des Parteiensystems und das neue Wahlsystem führte bei den Wahlen von 1994 dazu, dass sich zwei weitgehend heterogene Wahlbündnisse bildeten, die der Einfachheit halber als Mitte-Links und Mitte-Rechts bezeichnet wurden. Letztere Gruppierung gewann die Wahlen von 1994 und hat bei den Wahlen vom 13. Mai 2001 erneut die Mehrheit errungen.[3] Damit besteht die Besonderheit der italienischen Situation darin, dass die politischen Kräfte des *Centro-Destra*[4] politische Milieus repräsentieren, die der republikanischen Verfassung von 1948 und den ihr zugrunde liegenden Werten – darunter insbesondere der sozialen Verpflichtung der Demokratie sowie dem Antifaschismus – reserviert, wenn nicht gar feindlich gegenüberstehen. Die *Alleanza Nazionale* ist im Grunde nichts anderes als die Verwandlung des alten *Movimento Sociale Italiano*, der in der unmittelbaren Nachkriegszeit als Sammelbecken für überzeugte Faschisten gegründet wurde und über Jahrzehnte der Gralshüter der isolierten Erinnerungskultur der Kämpfer für die Republik von Salò war: der treuen Anhänger von Benito Mussolini und seinem Regime, den Nostalgikern der »Neuordnung« Europas nach faschistischer und nationalsozialistischer Prägung.[5] Verstärkt durch den Zufluss aus Kreisen des konservativen Flügels der zusammengebrochenen christdemokratischen Partei verfügt *Alleanza Nazionale* über eine Führungsgruppe, die mit dem Kult des historischen Faschismus und seiner Prinzipien groß geworden ist. Die Präsenz dieser Partei in der Regierung eines Landes der Europäischen Union stellt einen ersten historischen Bruch mit einer über 50-jährigen Tradition dar, in der die offen neofaschistischen Kräfte – zumindest in den europäischen Staaten, die mit einer parlamentarischen Regierungsform aus dem Zweiten Weltkrieg herausgekommen waren – marginalisiert und immer in der Opposition waren.
Die *Lega Nord*, eine populistische und autonomistische Formation,[6] deren Konsolidierung Anfang der 90er Jahre in den ehemals christdemokratischen Gegenden der Poebene ein Symptom der politischen Krise war, hat seitdem die partikularistische Verteidigung des von den beiden vorangegangenen Generationen erreichten Niveaus an individuellem Reichtum mit Fremdenfeindlichkeit (vor allem gegenüber den Immigranten aus ökonomisch schwachen Ländern) und einer konfusen Mythologie kombiniert, die sich aus Vorstellungen von »Blut und Boden«

speisten. Hinzu kamen Polemiken gegen den Zentralstaat und insbesondere gegen jede universalistische Vorstellung vom Sozialstaat.

Die Bewegung *Forza Italia* schließlich entstand unmittelbar als Unternehmenspartei, die durch den Geschäftsmann Silvio Berlusconi gegründet worden war, der vorher einer der Nutznießer des Herrschaftssystems war, das die Sozialistische Partei Bettino Craxis geschaffen hatte. Unter seiner Führung verwandelten sich die Manager der Berlusconi-eigenen Firmen zu politischen Kadern.[7] Obwohl die Partei durch ehemalige Christdemokraten und Sozialisten verstärkt wurde (sowie durch Persönlichkeiten, die in den 70er Jahren zu Organisationen der radikalen Linken gehört hatten), blieb der Charakter einer auf eine Person zugeschnittenen Partei erhalten: Träger der Botschaft, dass das Gemeinwohl des Staates und die Privatinteressen des politischen Führers dazu tendieren, eins zu sein – im Rahmen eines autoritären »Liberismus«.

Ziel dieses Gravitationszentrums ist es, nun wirklich eine »Zweite Republik« ins Leben zu rufen, in der einerseits die wichtigsten Bastionen des Sozialstaats aufgelöst und dessen Funktionen von privaten Unternehmen übernommen werden sollen, während parallel dazu die Exekutive über Formen einer plebiszitären Präsidialrepublik verstärkt und eine Dezentralisierung realisiert werden soll, die alles andere als die Solidargemeinschaft im Auge hat, sondern vielmehr die Partikularismen hochleben lässt.

Um diese Operation durchzuführen, gilt es einerseits, ein vollständig negatives Bild der ersten 50 Jahre der italienischen Republik durchzusetzen, die durch eine Parteienherrschaft und den so genannten *Consociativismo* gekennzeichnet gewesen sei – ein pejorativer Begriff, mit dem in der Presse seit einiger Zeit die Praxis gemeint ist, zwischen Parlamentsmehrheit und Opposition zu Übereinstimmungen und Kompromissen zu kommen. Andererseits ist es nötig, zu einer Normalisierung der faschistischen Vergangenheit zu gelangen, die einen Bestandteil der Nationalgeschichte darstelle und für sich genommen nicht negativer gewesen sei als die Jahrzehnte danach. Es versteht sich von selbst, dass in dieser Perspektive der demokratische und antifaschistische Charakter der Verfassung von 1948 unter Anklage gestellt wird – vor allem die Tatsache, dass sie das Ergebnis einer Konvergenz von sozialistischer und kommunistischer, katholisch-demokratischer, radikaldemokratischer und liberaldemokratischer Kultur war.

Die politischen Generationen des Antifaschismus

Die politische Klasse, die die italienische Republik in den ersten 50 Jahren ihres Lebens bestimmte, war das Ergebnis eines transgenerationellen Bündnisses, in dem die 50- und 60-jährigen, die ihre politische Formation vor der Machtergreifung des Faschismus erhalten hatten, mit den 20-jährigen zusammentrafen, die die 20 Monate der deutschen Besatzung, des Bürgerkriegs und der *Resistenza* durchlebt hatten. Während in anderen Milieus die Säuberung vom Faschismus einen widersprüchlichen Charakter hatte, stecken blieb oder pure Fassade blieb,[8] so galt dies für die politische Klasse von der Basis bis an die Spitze nicht. Hier kam es vielmehr zum Ausschluss einer ganzen Generation: der 40-jährigen, die es geschafft hatten, Positionen von gewisser Bedeutung im monarchisch-faschistischen Staat zu erobern. Diese Exklusion trug in entscheidender Weise dazu bei, dass sich unter den politischen Entscheidungsträgern in den jeweiligen Parteien (ausgeschlossen waren natürlich diejenigen, die sich ausdrücklich auf die faschistische Vergangenheit beriefen, wie der MSI oder die Monarchisten) eine gemeinsame antifaschistische Kultur herausbildete, die selbst in den Momenten der harten politischen Gegensätze zwischen Linksopposition und »zentristischen« Kräften in der Regierung für Zusammenhalt sorgte. So war es nicht zufälligerweise einer der wohl am schärfsten antikommunistisch eingestellten Christdemokraten, Mario Scelba, der der 12. Übergangsbestimmung der Verfassung, mit der politische Formationen, die sich ausdrücklich auf die faschistische Vergangenheit beriefen, außerhalb des Gesetzes gestellt wurden, mittels Verwaltungsnormen und mittels der Einführung von speziellen Straftatbeständen wie der »Apologie des Faschismus« zur praktischen Umsetzung verhalf.

Auch wenn in den ersten 15 Jahren der Republik eine explizite politische Bezugnahme auf die *Resistenza* fast nur in den Reihen der Linksopposition und der linksliberalen und linksdemokratischen Minderheit Verwendung fand, so war doch das Symbol, auf das man sich bezog, weitgehend das gleiche: Zentristen und Liberale definierten die *Resistenza* gewöhnlich als »zweites Risorgimento«, die Exponenten der politischen Linken unterstrichen hingegen den Charakter des »nationalen Befreiungskriegs« gegen die deutschen Besatzer und ihre faschistisch-»republikanischen« Helfershelfer. Es war die nationale Dimension, die in den Vordergrund gerückt wurde. Daraus resultierten andere Bedeutungszusammenhänge:

Zuallererst wurde dadurch der Zusammenhang zwischen monarchisch-faschistischem Regime von 1922 bis 1943 und dem »republikanischen« Faschismus der Besatzungsjahre von 1943 bis 1945 stark abgeschwächt, und die Regimejahrzehnte traten hinter der Aufmerksamkeit für die Kriegsmonate deutlich zurück. Zweitens wurde der Faschismus als im Wesentlichen antinationales Regime abgestempelt, das dafür verantwortlich war, das Bündnis mit dem Nationalsozialismus eingegangen zu sein und das Land in einen ruinösen Krieg geführt zu haben.

Erst nach 1960, als sich die Spannung zwischen den Blöcken abschwächte und eine neue Reformphase auch innerhalb der katholischen Kirche einsetzte, kam es zur »Öffnung nach Links« von Seiten der Christdemokratischen Partei, die zur Bildung eines Regierungsbündnisses mit den Sozialisten führen sollte. Erst dadurch wurden der Antifaschismus und die *Resistenza* zur politischen Grundlage der Republik, die jedes Jahr am 25. April offiziell gefeiert wurde. Daraus resultierte die Geburt des so genannten »Verfassungsbogens«, einer Kategorie, die all diejenigen politischen Kräfte umfasste, die sich mit der Verfassung identifizieren konnten – unabhängig von ihrer politischen Stellung in Regierung oder Opposition. Aus dieser politischen Kategorie blieben der MSI und das sonstige Spektrum des Rechtsradikalismus ausgeschlossen, aber auch einige Jahre später die APO-Szene auf Seiten der politischen Linken, die sich nach 1968 gebildet hatte. Im »Verfassungsbogen« war die Kommunistische Partei wie selbstverständlich eingeschlossen, doch barg dies keineswegs die sofortige Legitimation in sich, Regierungsverantwortung zu übernehmen: Gegen eine solche Entwicklung standen noch die schwerwiegenden Hypotheken, die sich auf der internationalen Ebene aus der Bindung des PCI – auch wenn diese immer lockerer wurde – an die Sowjetunion ergaben. Die »Nationalisierung« der *Resistenza* sorgte dafür, dass in den offiziellen Feierlichkeiten und in den Massenmedien immer mehr die Dimension des nationalen Befreiungskriegs betont wurde, wobei nicht zufälligerweise in übertriebener Manier der Massencharakter der *Resistenza* unterstrichen wurde und die Tatsache verschwiegen wurde, dass der militante Antifaschismus im Zeitraum zwischen 1925 und 1943 ein absolutes Minderheitenphänomen geblieben war.

In denselben Jahren war der »offizielle« Antifaschismus jedoch aus zwei verschiedenen Denkrichtungen der Kritik ausgesetzt: Zum einen von Seiten der neueren, jüngeren Geschichtsforschung, die von der 68er-Bewegung beeinflusst worden war und die – oft in ebenso einseitiger Weise – die Dimension der sozialen Konflikte, die der Widerstandsbewegung zugrunde lagen, hervorhob: Der Charakter eines »sozialen Kriegs«, zwischen den »Klassen«, der sich nur schwer auf den »Befreiungskrieg« zurückführen ließ, führte – dabei einer gesamteuropäischen Tendenz folgend – in erster Linie zu einer Analyse der italienischen Gesellschaft im Faschismus, zur Untersuchung der Beziehungen zum Faschismus jenseits und außerhalb der politischen Ebene, wodurch der Antagonismus von Faschismus und Antifaschismus komplexere Züge erhielt. In Bezug auf den Antifaschismus ging man über die Ebene der rein politischen Aktion hinaus und zeichnete ihn in seinen alltäglichen und existentiellen Zügen nach. Diese Forschungslinie führte dazu, dass das Verhältnis von Faschismus und italienischer Gesellschaft in den Vordergrund trat, einer Gesellschaft, die gleichfalls von den Modernisierungsprozessen durchzogen war, die sich in jenen Jahrzehnten in ganz Westeuropa abzeichneten.[9]

Die zweite Stoßrichtung der Kritik kam von Seiten des geschichtswissenschaftlichen Revisionismus, der auf die Person und das Werk von Renzo De Felice zurückging und in jenen Jahren deutlichere Formen annahm.[10] Mit seiner monumentalen Mussolini-Biographie sowie einigen späteren Bändchen, die halb polemischer Essay und halb Popularisierung wissenschaftlicher Ergebnisse waren, hat De Felice sicherlich das Verdienst erworben, die Aufmerksamkeit auf den Faschismus als Gegenstand wissenschaftlicher Forschung zurückgelenkt zu haben – jenseits jeder apriorischen Verdammung und jenseits jeder Distanznahme von den ruinösen Wirkungen für das Land. Andererseits hat er die Besonderheiten des Mussolini-Regimes unterstrichen und sich jedem komparatistischen Zugriff versperrt, der von einem gemeinsamen Faschismusbegriff ausgegangen wäre, in dem neben dem italienischen Herrschaftstyp auch der Nationalsozialismus oder andere ähnlich strukturierte politische Bewegungen und Regime, die es im Europa der Zwischenkriegszeit gegeben hat, in Betracht genommen worden wären. Dieses Verhalten hat Platz geschaffen für eine geschichtswissenschaftliche »Vulgata«, analog zu jener, wenn auch mit entgegengesetzter Stoßrichtung, die von De Felice so massiv angegriffen wurde und die durch das so genannte »antifaschistische Paradigma« produziert worden sein soll. Die antifaschistische Monumentalisierung der *Resistenza* hat zwar in der Tat dazu führen können, die italienische Gesellschaft in ihrer Gesamtheit von der Verantwortung für den Faschismus zu befreien und das faschistische Regime auf seine kollaborationistische Endphase zu beschränken; doch die defelicianische Sichtweise hat das faschistische Regime normalisiert und auf die autoritäre Herrschaft einer Person reduziert: Dadurch wurde nicht nur der italienischen Gesellschaft, sondern auch noch dem Regime selbst eine Art von allgemeiner Absolution erteilt! Das Bedürfnis nach einem korrekten Verständnis des Untersuchungsgegenstands verwandelte sich dergestalt in seine Banalisierung.

Lücken der Forschung und politisch motivierte »Pazifizierungsvorschläge«

Die »Normalisierung« des italienischen Faschismus wurde zweifellos begünstigt durch den verzerrenden Vergleich mit dem deutschen Nationalsozialismus. Angesichts der enormen Dimensionen der Shoah erschienen die Verbrechen des italienischen Faschismus von geringerer Bedeutung. Dadurch wurde nicht nur einer Verharmlosung Vorschub geleistet, sondern auch die Analyse unangenehmer Themenkomplexe behindert, wie zum Beispiel der Geschichte des faschistischen Italien als Kolonialmacht, der militärischen Operationen im Balkanraum zwischen 1941 und 1943, aber auch der krassen Unterschätzung der Genese, der Praxis und der Auswirkungen des faschistischen Antisemitismus. Da die Historiographie sich lange Zeit mehr auf die Machtergreifungsphase von 1919 bis 1925 sowie auf die Endphase zwischen 1943 und 1945 konzentriert hat, wurde die Stabilisierungsphase der 30er Jahre nicht ausreichend beleuchtet: diese fiel unter anderem mit dem Beginn der kriegerischen Expansion zusammen – dem »zehnjährigen Krieg« Benito Mussolinis 1935–45 – aber auch mit der Verbreitung des faschistischen Modells in Europa und mit der Verdichtung der politischen, ideologischen und ökonomischen Beziehungen zu Hitler-Deutschland. Diese verzerrte Schwerpunktsetzung hat verhindert, dass die vielfältigen Gründe, die die italienische Gesellschaft so aufnahmefähig gemacht haben für die Durchdringung mit der Ästhetik und den Werten, die dem Duce und seiner Führungsgruppe am Herzen lagen, nicht mit genügender Präzision erfasst worden sind. Die Abschwächung der politischen Bezugnahme auf die *Resistenza* als unifizierendes Element der politischen Kultur der italienischen Republik hat zu einer revisionistischen Kritik geführt, die ausgehend von dem unstrittig heterogenen ideologischen Charakter der Kräfte, die in der *Resistenza* zusammengeflossen sind (von den Liberalen bis zu den Kommunisten), im Rückbezug nur noch einen politischen Mythos erkennen wollte. Dieser soll nun ersetzt werden durch eine gleichzeitig antifaschistische wie antikommunistische Haltung – eine Position, die als pures Abstraktum vertreten werden kann, die jedoch in der historischen Realität der *Resistenza* kaum eine Entsprechung findet. Weit davon entfernt, eine Katharsis oder einen Neuanfang dargestellt zu haben, ist der 8. September 1943, der Tag der italienischen Kapitulation und des totalen Zusammenbruchs der Streitkräfte des Königreichs Italien, in dieser Optik zum Datum eines »Todes des Vaterlands« geworden, dem die Republik kein eigenes identifikatorisches Projekt habe entgegenstellen können: Die parteipolitischen Zugehörigkeiten seien ihrerseits wiederum nur Ausgangspunkt für Spaltungsprozesse und nicht für eine übergeordnete Einheit gewesen. Wenn diese Einschätzung zutreffen würde, wie wäre es dann möglich, das am 8. September untergegangene Vaterland von seiner militaristischen Einbettung zu befreien, die ihm das faschistische Regime beschert hatte? Konsequenterweise würde es notwendig werden, auch diese Vergangenheit (die unter anderem »außerhalb des Lichtkegels des Holocaust geblieben ist«, wie Renzo De Felice gemeint hat) nun wiederaufzugreifen und – aus der Perspektive einer homogenen Rekonstruktion der Nationalerinnerung – den Italienern eine Idee vom Vaterland zu präsentieren, die das Ergebnis einer allgemeinen politischen Aussöhnung wäre.

Eine solche »Versöhnung«, die allzu oft aus vordergründigen politischen Taktiken heraus vorgeschlagen wurde, müsste sich aus einer bunten Mischung von Verdrängungen, Halbwahrheiten und Konfusionen speisen. Die wissenschaftlich überzeugende Deutung Claudio Pavones, dass die *Resistenza* auch Bürgerkrieg gewesen sei (neben Befreiungskrieg und sozialem Konflikt), ist von politisch wichtigen Personen einseitig dazu benutzt worden zu verlangen, dass nun auch die »guten Gründe« und der »gute Glaube« derjenigen, die sich für Mussolinis Republik von Salò entschieden hatten, wahrgenommen und gewürdigt werden müssten. In einem solchen Klima kann es nicht verwundern, dass einige Bürgermeister sich dafür entscheiden, eine »patriotische« Tat vorzunehmen und die ein oder andere Straße oder Schule diesem oder jenem Vertreter der »schwarzen« Vergangenheit zu widmen.

Anmerkungen

1 Zur Krise des Parteiensystems: Paul Ginsborg, L'Italia del tempo presente. Famiglia, società civile, Stato, Torino 1998; Aurelio Lepre, Storia della prima Repubblica. L'Italia dal 1942 al 1998, Bologna 1999. Enzo Santarelli, Storia critica della Repubblica. L'Italia dal 1946 al 1994, Milano 1997. Alfio Mastropaolo, La Repubblica dei destini incrociati. Saggio su cinquant'anni di democrazia in Italia, Firenze 1996. Marcello Flores, Nicola Gallerano, Sul PCI. Un'interpretazione storica, Bologna 1992; Giuseppe Chiarante, Da Togliatti a D'Alema. La tradizione dei comunisti italiani e le origini del PDS, Roma 1996; Giorgio Galli, Storia del PCI. Livorno 1921, Rimini 1991, Milano 1993. Alfio Mastropaolo, Antipolitica all'origine della crisi italiana, Napoli 2000.

2 75% der Sitze entfielen auf die Kandidaten, die in ihrem Wahlkreis die relative Mehrheit erreicht hatten, die restlichen 25% der Stimmen für das Abgeordnetenhaus wurden proportional unter den Listen verteilt, die die 4-Prozent-Hürde genommen hatten. Zu den politischen und institutionellen Veränderungen der 90er Jahre s. Ilvo Diamanti, Politica all'italiana. La parabola delle riforme incompiute, Milano 2001.

3 Im Zeitraum 1996–2001 in der Opposition befindlich, führte die zuerst relativ uneinheitliche *Centro-Destra*-Gruppierung einen harten Kampf – wenn auch ohne nennenswerten Erfolg – gegen den Beitritt Italiens zur europäischen Währungsunion. Die Mitte-Links-Gruppierung versäumte es in dieser Zeit, die grundlegende Frage des Interessenkonflikts zu lösen, der in der politischen Funktion Silvio Berlusconis als Leader der Mitte-Rechts-Koalition einerseits sowie als Inhaber staatlicher Konzessionen im entscheidenden Sektor des Fernsehens andererseits bestand.

4 Eine Ausnahme bildeten zum Teil CCD und CDU, die aus der DC entstanden sind. Ihr Gewicht innerhalb der Koalition ist jedoch sehr eingeschränkt.

5 Vgl. Marco Tarchi, Dal MSI ad AN. Organizzazione e strategie, Bologna 1997; Piero Ignazi, Postfascisti? Dal Movimento sociale italiano ad Alleanza Nazionale, Bologna 1994.

6 Giovanni De Luna (Hg.), La Lega 1979–1993, Firenze 1994; Ilvo Diamanti, La Lega, Roma 1995.

7 Alessandro Gilioli, Forza Italia. La storia, gli uomini, i misteri, Bergamo-Milano 1994; Carmen Golia, Dentro Forza Italia. Organizzazione e militanza, Venezia 1997; Emanuela Poli, Forza Italia. Strutture, leadership e radicamento territoriale, Bologna 2001.

8 Hans Woller, Die Abrechnung mit dem Faschismus in Italien 1943 bis 1948, München 1996. Zur Frage der Kontinuität zwischen faschistischer und nachfaschistischer Zeit Claudio Pavone, Alle origini della Repubblica. Scritti su fascismo, antifascismo e continuità,Torino 1995.

9 Vgl. Nicola Tranfaglia, Fascismi e modernizzazione in Europa, Torino 2001. Grundlegend ist nach wie vor die Studie von Charles S. Maier, Recasting bourgeois Europe. Stabilization in France, Germany and Italy in the decade after World War I, Princeton 1975.

10 Siehe dazu Wolfgang Schieder, Zeitgeschichtliche Verschränkungen. Über Ernst Nolte und Renzo De Felice, in: Jahrbuch des italienisch-deutschen historischen Instituts in Trient 17 (1991), S. 359–376.

Ishida Yuji
Das Massaker von Nanking und die japanische Öffentlichkeit

Als die japanische Armee am 7. bzw. 8. Dezember 1941 mit dem Überfall auf Pearl Harbor den Vereinigten Staaten von Amerika den Krieg erklärte, war der chinesische Kontinent schon längst zum Schauplatz eines schonungslosen Krieges geworden, in dem Millionen von Menschen der japanischen Aggression zum Opfer fielen. Nach der Errichtung des japanischen Marionettenstaates Manshûkoku in Nordostchina im Jahre 1932 kam es im Juli 1937 an der Lugouqiao-Brücke (Marco-Polo-Brücke) bei Peking zu einem Zusammenstoß zwischen einer japanischen und einer chinesischen Einheit, der sich bald zum Krieg ausweitete. Japan glaubte an einen schnellen Sieg und griff Shanghai an. Aber der Widerstand der Chinesen war so stark, dass der Krieg nicht zum Stillstand kam, obwohl das chinesische Militär im November 1937 Shanghai den Japanern übergeben musste. Das Nanking-Massaker ereignete sich einen Monat später.[1]

Nanking, etwa 300 km westlich von Shanghai gelegen, war damals die Hauptstadt der chinesischen Nationalregierung unter Chiang Kai-schek, und ihre Eroberung hätte symbolische Bedeutung für die japanische Kriegsführung gehabt. Jede Zeitung und Zeitschrift in Japan verbreitete bereits vor der Eroberung Nankings Siegesstimmung. Die Tôkyôter Regierung unter Konoe Fumimaro, der sich im August 1937 für die »Züchtigung Chinas« aussprach und für die Entsendung zweier Divisionen nach Shanghai plädierte, wollte den Krieg zunächst auf Shanghai begrenzen. Der Generalstab vertrat dieselbe Position. Aber General Matsui Iwane, der ehrgeizige Oberkommandierende der japanischen Truppen in China, entschied sich auf eigene Initiative für den Angriff auf Nanking, als die chinesischen Soldaten im November 1937 ihre Kampfhandlungen einstellten. Obwohl es sich um einen klaren Befehlsbruch handelte, griffen weder der Generalstab noch die Regierung in die Aktion Matsuis ein. Im Gegenteil: Als der Angriff auf Nanking erfolgreich zu verlaufen schien, erteilte der Generalstab am 1. Dezember 1937 Matsui den offiziellen Befehl, Nanking zu erobern.

Vier Divisionen mit etwa insgesamt 200 000 Mann, die eigentlich nur für die Shanghai-Aktion bestimmt gewesen waren, kamen nun nach den harten Kampfhandlungen wieder zum Einsatz. Der größte Teil der Divisionen bestand – im Unterschied zu der gut trainierten Kwantung-Armee, die für den Fall eines möglichen Zusammenstoßes mit der Sowjetunion in Nordostchina geblieben war – aus Reservesoldaten, deren Durchschnittsalter 30 Jahre überschritt. Sie hatten noch kurz zuvor ein ganz gewöhnliches Zivilleben in der Heimat geführt. Kriegsmüdigkeit und Disziplinlosigkeit waren von Anfang an zu beobachten. Außerdem war für den Nachschub nur schlecht gesorgt. Lebensmittel, Brennstoff und Futterversorgung für Pferde waren knapp. Das einkalkulierte »Prinzip der Beschaffung vor Ort« setzte sich durch, und die Soldaten zeigten keine Hemmungen, die einheimische Bevölkerung zu berauben. Chinesen, die die Herausgabe von Versorgungsmitteln verweigerten, wurden unterschiedslos erschossen oder mit Schwerthieben getötet. Häufig kam es zu Vergewaltigungen von Frauen. Aus Angst vor Partisanen wurden zahlreiche Einheimische ermordet, die man für »anti-japanisch« eingestellt hielt. Die erste Phase des Massakers begann insofern schon auf dem Weg von Shanghai nach Nanking, auf dem sich »ganz gewöhnliche Japaner« in blutige Mörder verwandelten.

Die zweite Phase setzte mit der Invasion der japanischen Truppen in Nanking am 13. Dezember 1937 ein. Die Mauern der altchinesichen Stadt waren bereits von den Japanern abgeriegelt. Die unzähligen Flüchtlinge und Deserteure, die sich vor dem Yijiang Gate, dem einzigen offenen Tor zum Yangtze Fluss, drängten, wurden am 13. und den darauf folgenden Tagen von japanischen Bataillonen umzingelt und an der Küste gruppenweise getötet.

Die dritte Phase begann am 14. Dezember mit der »Säuberungsaktion« gegen die zu vernichtenden »restlichen Feinde«, zu denen u. a. die Kriegsgefangenen und die Deserteure gehörten, die ihre Uniform fortgeworfen und sich als Zivilisten in der »Sicherheitszone« der Stadt verborgen hatten. Diese Säuberungsaktion wurde besonders hart durchgeführt, weil man zum 17. Dezember die offizielle Siegesfeier geplant hatte, an der General Asakanomiya, Angehöriger der kaiserlichen Familie, teilnehmen sollte. Die Gefangenen wurden aufgereiht und ohne Gerichtsurteil systematisch ermordet. Die völkerrechtlichen Konventionen zur

Behandlung der Kriegsgefangenen wurden konsequent missachtet. Stattdessen wurde das Prinzip, nicht gefangen zu werden und keinen Gefangenen zu machen, in großem Umfang praktiziert.[2]

Diese »Säuberungsaktion« wurde fortgesetzt, nachdem das Feuer bereits endgültig eingestellt war. Bei der Jagd auf Deserteure wurden zahllose Zivilisten aufgegriffen und erschossen. Die Japaner, deren ethnisches Überlegenheitsgefühl sich im Laufe des siegreichen Krieges immer weiter verstärkte, verhielten sich den Chinesen gegenüber als allmächtige Besatzer. In der von der Außenwelt so gut wie abgeschnittenen Stadt wurden Geschäfte geplündert, Häuser angezündet. Tausende von Frauen und Mädchen fielen Vergewaltigungen zum Opfer. Insgesamt wurden etwa 200 000 Menschen umgebracht, einschließlich der Kriegsgefangenen, Deserteure und Zivilisten.

Trotz der Grausamkeit ist es nicht richtig, Nanking mit Auschwitz gleichzustellen. Der größte Fehler von Iris Chang, Autorin von »The Rape of Nanking«, liegt darin, dass sie die Eroberung Nankings »the forgotten Holocaust« nennt.[3] Aber damit meine ich nicht, dass Japan einen ganz anderen Krieg als Deutschland führte. Im Gegenteil: Der deutsche Vernichtungskrieg an der Ostfront lässt sich mit dem japanischen Krieg in Nordchina, dem damaligen Machtbereich der Kommunisten, vergleichen, der durch eine konsequente Politik der »verbrannten Erde« gekennzeichnet war. Chinesen bezeichneten sie als die »Drei-Alles-Strategie«. Damit war gemeint, alles zu töten, alles auszuplündern und alles niederzubrennen. Die Errichtung des »Niemandslands« und die Zwangsumsiedlung markierten überall den Beginn für die genozidalen Übergriffe gegen die einheimische Bevölkerung. Im Vergleich mit dieser Politik, deren Planmäßigkeit nicht zu bestreiten ist, ist Nanking eher durch eine durch den Kriegsverlauf bedingte »Spontaneität« gekennzeichnet. Das Nanking-Massaker, dessen Gesamtbild sich nur durch einzelne Tatorte wie Steine eines Mosaiks zusammensetzen lässt, war nicht durch einen Befehl des Generalstabs oder den Willen des Staates begründet, sondern durch die Initiative der Kommandanten vor Ort und das Verhalten gewöhnlicher Japaner, die als Soldaten im Laufe des harten Kampfs eine Bereitschaft entwickelt hatten, auch Gräueltaten zu verüben. Die Heerführer, die nach Kriegsauszeichnungen eiferten, zeigten sich gegenüber dem Randalieren der Soldateska nachsichtig.

Die historische Aufarbeitung der japanischen Kriegsverbrechen, vor allem die des Massakers von Nanking, wird seit etwa 15 Jahren recht rege betrieben. Über Nanking sind bereits sieben Dokumentensammlungen (davon zwei in englischer Sprache) und mindestens 30 Fachbücher erschienen. Entgegen der Behauptung von Chang, die Japaner seien seit Jahrzehnten bemüht, sämtliche Erwähnungen des Massakers von Nanking in ihren Schulbüchern zu unterdrücken, wird das Massaker seit Jahren in fast allen Schulbüchern behandelt. In einem etwa 250-seitigen Schulbuch »Weltgeschichte für die Oberschule« z. B. sind drei Seiten dem Massaker gewidmet. Dennoch kann man nicht behaupten, dass die Erinnerung an Nanking im japanischen Geschichtsbewusstsein so tief verankert ist wie die NS-Verbrechen im Geschichtsbewusstsein der Deutschen. Warum ist das so?

Das Nanking-Massaker wurde durch Bemühungen ausländischer Berichterstatter schon zum Zeitpunkt des Geschehens in der Weltöffentlichkeit publik gemacht. Es ist bekannt, dass es den Zorn der Amerikaner erregt und ihre weitere Japanpolitik beeinflusst hat. Demgegenüber war es in Japan damals strikt verboten, das Massaker in der Öffentlichkeit zu erwähnen. In Presse und Radio wurde nur über den siegreichen Einmarsch der japanischen Truppen in Nanking berichtet. Den Tätern und den Augenzeugen wurde ein strenges Schweigegebot auferlegt.

Es war das Tôkyôter Internationale Militärtribunal,[4] das die Fakten des Massakers zum ersten Mal in der japanischen Öffentlichkeit zutage förderte. Angeklagt wurde in diesem Fall General Matsui, der wegen seiner unterlassenen Kontrolle der Armeen zum Tode verurteilt wurde. Die durch das Tribunal bekannt gegebenen Fakten schockierten zwar die japanische Öffentlichkeit, aber man nahm sie unterschiedlich wahr. Trotz eines von der US-Besatzungsmacht produzierten Radioprogramms »Die Büchse der Wahrheit« war es nicht leicht, die japanische Bevölkerung vom verbrecherischen Charakter des Krieges zu überzeugen. Für die meisten Japaner, die sich im Nachkriegselend um ihr eigenes Überleben kümmern mussten, war Nanking kein Thema. Sie nahmen mit halbem Herzen das Massaker als Tatsache an und hielten die Generalität für verantwortlich. Es gab in der Öffentlichkeit keine starken Einwände gegen die Todesstrafe für General Matsui, wobei zu betonen ist, dass danach die Einzelheiten des Massakers im Kriegsverbrecherprozess nicht detailliert erforscht wurden.

In der Zeit unmittelbar nach dem Kriegsende fand Nanking in Geschichtslehrbüchern ausdrückliche Erwähnung. Dies war ein Ergebnis der Umerziehungspolitik der US-Amerikaner. Aber es dauerte nicht lange, bis die Darstellung aus den Schulbüchern verschwand. Anlass dafür war der Abschluss des Friedensvertrages in San Francisco 1951, mit dem Japan im April 1952 seine volle Souveränität wiedergewann. 1955 kam es zur ersten großen Kampagne der regierenden Demokratischen Partei, Vorläufer der LDP (Liberal Democratic Party of Japan), gegen die bestehenden Schulbuchfassungen. Ein Jahr später wurde nach einem Lehrbuchkontrollverfahren des Kultusministeriums festgelegt, dass jedes Schulbuchmanuskript vom Kultusministerium geprüft und genehmigt werden musste. Konservative Historiker, die im Krieg das Tennô-Regime glorifiziert und in der Nachkriegszeit, im Zuge der Demokratisierungspolitik der Besatzungsmacht, ihre Ämter verloren hatten, wurden dabei als Inspekteure des Kultusministeriums wieder eingestellt. Das Massaker von Nanking und andere Kriegsverbrechen wurden daraufhin, trotz des Protests der Autoren, aus den Geschichtslehrbüchern verbannt.

In der Zeit von 1955 bis 1971 waren die japanischen Kriegsverbrechen kaum in der Öffentlichkeit präsent, geschweige denn das Nanking-Massaker. Während sich in rechtslastigen Publikationen die verherrlichenden Darstellungen des »Großasiatischen Krieges« häuften und die Tendenz zunahm, die japanische Geschichte vom Standpunkt der Modernisierung her positiv zu betrachten, waren die linken Intellektuellen nicht imstande, die Kriegsverbrechen zu thematisieren. Die in der akademischen Welt dominante marxistisch orientierte Historikerzunft konzentrierte sich darauf, das japanische Kaiserregime unter der Kategorie des »Faschismus« strukturell zu analysieren. Die Frage, welche Verbrechen in der Kriegszeit verübt worden waren, wurde völlig außer Acht gelassen. Die Beteiligung der Durchschnittsjapaner an Kriegsverbrechen stellte überhaupt kein Thema für die Geschichtswissenschaft dar. Selbst die immer weiter eskalierenden Oppositionsbewegungen gegen die geplante Verlängerung des Japanisch-Amerikanischen Sicherheitspaktes von 1960, begleitet von der Massenbewegung gegen die Atom- und Wasserstoffbomben, trugen zwar dazu bei, dass die neue japanische Verfassung mit dem Artikel 9 des Kriegsverzichts im Bewusstsein der Bevölkerung verankert wurde, sie lief letztendlich aber auf die Vertiefung des Opferbewusstseins hinaus. »Nie wieder Hiroshima und nie wieder Nagasaki!« war die griffige Parole für die Massenmobilisierung gegen den »US-Imperialismus«.

Dennoch kann man in den späteren 60er Jahren und Anfang der 70er Jahre einige Ansätze zum langfristigen, bis heute andauernden Wandel im japanischen Geschichtsbewusstsein feststellen, und zwar im Zusammenhang mit den folgenden innen- und außenpolitischen Begebenheiten:

a) Der Vietnamkrieg: Ein aus japanischer Sicht ungerechter Krieg der Amerikaner erinnerte die Japaner an das eigene Vorgehen im Krieg gegen China.

b) Der Schulbuchprozess: Die im Jahre 1965 von Ienaga Saburô, Professor an der Pädagogischen Hochschule Tôkyô, eingereichte Verfassungsklage gegen die Lehrbuchkontrolle des Staates (Verletzung der verfassungsmäßig garantierten Meinungsfreiheit) wirkte langfristig positiv auf die kritische Aufarbeitung der japanischen Vergangenheit. Das im Jahre 1971 gefällte Urteil von Richter Sugimoto Ryôkichi führte eine Zeit lang zur Liberalisierung der Geschichtsdarstellung in Schulbüchern.

c) Die Wende der japanischen Außenpolitik: Die Aufnahme der diplomatischen Beziehungen zur kommunistischen Volksrepublik China und der Staatsbesuch von Premierminister Tanaka Kakuei in Peking im Jahre 1972, der im rechten Lager auf harte Abwehr stieß, bildeten einen gewissen Anlass, sich an den vergangenen Krieg zu erinnern. In dem gemeinsamen Kommuniqué wurde zum ersten und letzten Mal klar auf die japanische Verantwortung verwiesen, dass man China durch den Krieg schweren Schaden zugefügt habe.

Es war Honda Katsuichi, Journalist bei der Zeitung »Asahi Shinbun«, der gerade zu dieser Zeit in China eine Vielzahl der chinesischen Überlebenden von Nanking interviewte und danach eine sehr eindrucksvolle Reportage, »Chûgoku no tabi« (»Die Reise nach China«), veröffentlichte. Bis dahin war Hora Tomio, Professor an der Waseda Universität, der einzige gewesen, der über das Massaker publiziert hatte. Hondas Buch mit seinen detaillierten Darstellungen, Fotos und Aussagen der Opfer fand in der japanischen Öffentlichkeit große Resonanz und wurde zum Bestseller in Millionenauflage.

Der sensationelle Erfolg Hondas rief sofort Reaktionen in den konservativen Medienorganen hervor. 1973 wurde im Verlag Bungei Shunju das Buch »Die Illusion des Nanking-Massakers« veröffentlicht, um Honda zu diskreditieren und das von ihm geweckte Interesse an Nanking in der Öffentlichkeit zu dämpfen. So wurde die Leugnung bzw. die Verharmlosung des Massakers von Nanking zu einem aktuellen Thema für den rechten Journalismus, wie z. B. der Zeitung »Sankei Shinbun« oder der Monatszeitschrift »Shokun«, in denen verschiedene Beiträger eine Art »Nanking-Lüge« verbreiteten. Die regierende LDP, die sich gegen die liberalisierende Tendenz in der Geschichtsdarstellung aussprach, setzte in den späteren 1970er Jahren und den frühen 1980er Jahren die Kampagne gegen die »tendenziöse Geschichtsschreibung« in den Schulbüchern in Gang. Innerhalb der Partei wurde für die Revision der Geschichtsdarstellung in Schulbüchern eine spezielle »Task Force« gegründet. Dabei wurde versucht, die seit 1974 wieder in Schulbüchern präsente Darstellung von Nanking zu streichen.

Dieser reaktionäre Kurs rief im Ausland starke Proteste hervor. Im Sommer 1982 erhoben insgesamt 15 ostasiatische Staaten, unter anderen China und Südkorea, Protest gegen die beschönigenden Eingriffe des japanischen Kultusministeriums in die Darstellung der jüngsten Geschichte in Schulbüchern. Wie Volker Fuhrt pointiert bemerkt,[5] war der innerjapanische Umgang mit der eigenen Geschichte dadurch zum ersten Mal zu einem außenpolitischen Problemfall geworden. Die Affäre konnte erst durch eine Erklärung von Regierungssprecher Miyazawa Kiichi bereinigt werden, der mitteilte, dass die japanische Regierung gedenke, die Schulbücher verantwortungsvoll zu verbessern und sich um die internationale Verständigung zu bemühen. Die dabei verkündete »Nachbarländerklausel«, wonach man in den Zulassungsverfahren für Schulbücher Rücksicht auf die Gefühle der asiatischen Nachbarländer nehmen solle, machte es den Autoren der Geschichtslehrbücher leichter, über die Kriegsverbrechen zu schreiben.

Auf der anderen Seite verstärkte sich die Gegenoffensive der rechten Publizistik immer mehr. Unter der neuen Regierung Nakasone Yasuhiro wurde 1984 ein neues Geschichtslehrbuch zugelassen, dessen Grundton »erzkonservativ« war. 1985 versuchte Nakasone selbst ein Tabu der Nachkriegszeit aus dem Weg zu räumen, indem er dem Yasukuni-Schrein, wo gefallenen Soldaten, Offizieren und Generälen des japanischen Militärs einschließlich der »Kriegsverurteilten« Ehrerbietung zuteil wird, einen offiziellen Besuch abstattete. Es kam zu einer neuen Welle von revisionistischen Schriften zum Zwecke der Leugnung und Verharmlosung des Nanking-Massakers. Dieses hatte hier eine außerordentliche Bedeutung, denn es war nicht nur Symbol der japanischen Verbrechen, sondern es stellte einen zentralen Streitpunkt in der historischen Erkenntnis des Krieges allgemein dar.

Vor diesem Hintergrund erhob Ienaga erneut gegen den Staat Japan Anklage, der ihn zwei Jahre zuvor gezwungen hatte, seinen ursprünglichen Text über das Nanking-Massaker und das Bataillon 731 zu revidieren. Eine Reihe von Fachhistorikern, die allmählich begonnen hatten, über Nanking zu arbeiten, standen ihm zur Seite und fertigten Gutachten an. Mehrere Bürgerinitiativen und Lehrerverbände sprachen sich gegen die neuen Versuche der konservativen Politik und Publizistik aus, die jüngste Geschichte Japans zu beschönigen und ihre Schattenseiten zu verdrängen.

In diesem Zusammenhang wurde 1984 auf Initiative von Fujiwara Akira, einem führenden Historiker der Kriegsgeneration, eine Forschungsgemeinschaft für Nanking gegründet. Mittlerweile ist die Gemeinschaft zu einer Art Zentrum der Nanking-Forschung in Japan geworden. Hier versammelten sich Historiker und Juristen, die bemüht waren, das Massaker von Nanking wissenschaftlich aufzuarbeiten und die sich verstärkenden revisionistischen Tendenzen zurückzuweisen. Das positive Urteil des letzten Ienaga-Prozesses aus dem Jahre 1997, das das Massaker von Nanking als Unrecht anerkannte, wäre ohne die Bemühungen dieser Forschungsgemeinschaft nicht möglich gewesen.

Charakteristisch für die Forschung ist, dass es hier verschiedene Forschungsansätze gibt – von der Militär-, Sozial-, Ideen- bis hin zur Psychogeschichte. Anfänglich lag der Schwerpunkt eher auf militärstrategischem Gebiet, aber nachdem mehrere Kriegs- und Diensttagebücher der Bataillone ausfindig gemacht worden waren, verlegte sich das Interesse auf die Frage, wie ganz gewöhnliche Japaner zu Mördern werden konnten. Um die fehlenden schriftlichen Quellen zu ergänzen, wurde die Forschungsmethode der Oral History angewandt. Die Ergebnisse waren bemerkenswert. Innerhalb von zehn Jahren wurden von den Mitgliedern der Gesellschaft über zwanzig Bücher und Dokumentensammlungen publiziert.

Dass das Massaker von Nanking tatsächlich stattgefunden hat, ist heute wissenschaftlich erwiesen, gleichwohl wird es immer wieder von den konservativen Medienorganen in Frage gestellt. Seit etwa 1995 spitzt sich der Konflikt zwischen seriösen Historikern und Nanking-Leugnern zu. Im Zentrum der Leugner steht eine 1995 auf Initiative von Fujioka Nobukatsu, Professor an der Universität Tôkyô, gegründete Forschungsgemeinschaft für »das freiheitliche Geschichtsbild«.[6] Ihm und seiner Gruppe kommt es nicht auf die historische Wahrheit an, sondern auf ein positives Geschichtsbild, das einen »gesunden« Nationalismus erzeugen soll. Fujioka behauptet, dass der Geschichtsunterricht in Japan seit 1945 im Grunde von dem Geschichtsbild des Tôkyôter Tribunals (d. h. der Siegermächte) und dem der Komintern (d. h. der Kommunisten) bestimmt sei. Die Geschichtsdarstellung in den Schulbüchern von diesen »anti-japanischen« Ansichten zu befreien, ist das Ziel der Gruppe Fujiokas, der den von Japan geführten Krieg für einen »Befreiungskrieg gegen die Kolonialherrschaft der weißen Rassen« betrachtet. Für ihn und seine Gesinnungsgenossen stellt Nanking kein schwerwiegendes Ereignis dar, sondern allenfalls Begleiterscheinung normaler Kampfhandlungen.

Aus den bisherigen Darlegungen sollte klar geworden sein, dass weder der Staat noch die Regierung in Japan im Zentrum der Erinnerungsarbeit im Sinne des kritischen Umganges mit der eigenen Vergangenheit stehen. Die kritische Aufarbeitung der jüngsten Geschichte gehört nicht zur Aufgabe der öffentlichen Instanzen,[7] wobei aber zu betonen ist, dass die nationalen Trauerfeiern zum Gedenken an die Atombombenabwürfe auf Hiroshima am 6. August und auf Nagasaki am 9. August sowie der Jahrestag des Kriegsendes am 15. August ausschließlich vom Staat inszeniert und gestaltet werden. In einer derartigen, vielleicht japanspezifischen Erinnerungslandschaft können Kriegsverbrechen, wie das Massaker von Nanking, nur durch die große Mühe einzelner Historiker und Bürger einen Platz in der Erinnerung an den Krieg einnehmen. Gegen jeden Versuch zur Geschichtsverdrängung bilden sie weiterhin eine breite Front. Dies ist umso mehr geboten, weil sich die Gruppe um Fujioka in den Kreisen der LDP und deren konservativen Medienorganen immer mehr durchsetzt und im März 2001 das von seinen Gesinnungsgenossen herausgegebene neue Geschichtsschulbuch vom Kultusministerium genehmigt worden ist.

Anmerkungen

1 Zu japanischen Kriegsverbrechen einschließlich des Nanking-Massakers vgl. Yuji Ishida, Der »totale Krieg« und die Verbrechen des japanischen Militärs, in: Zeitschrift für Geschichtswissenschaft 5 (1999), S. 430–444. Zum Nanking-Massaker speziell siehe auch Uwe Makino, Terrorgenozid Nanking 1937/38, in: Zeitschrift für Geschichtswissenschaft 6 (2000), S. 525–540; Katsuichi Honda, The Nanjing Massacre, London 1999; Zur Historiographie über das Massaker vgl. Joshua Fogel (Hg.), The Nanjing Massacre in History and Historiography, Berkeley 2000.
2 Das Massaker von Nanking erlebten einige der dort ansässigen deutschen Zivilis-

ten und Diplomaten mit. Manche von ihnen waren bemüht, die chinesische Bevölkerung vor der japanischen Soldateska zu schützen. Vgl. dazu Erwin Wickert (Hg.), John Rabe. Der gute Deutsche von Nanking, Stuttgart 1997. Soeben ist in Tôkyô ein historischer Quellenband erschienen, der die im Bundesarchiv und dem Politischen Archiv des Auswärtigen Amtes befindlichen offiziellen Berichte der Dienststelle der deutschen Botschaft in Nanking über die Abläufe des Massakers zusammenstellt. Vgl. Yuji Ishida (Hg.), Doitsu gaikôkan no mita Nankin jiken (Die Dokumentation. Das Nanking-Massaker in den Augen der deutschen Diplomaten), Tôkyô 2001.

3 Iris Chang, The Rape of Nanking. The Forgotten Holocaust of World War II, New York 1997.

4 Das Tôkyôter Internationale Militärtribunal, das ein halbes Jahr später als das Nürnberger eröffnet wurde und bis April 1948 dauerte, verlief unter den Vorzeichen des Kalten Krieges und endete mit relativ milden Urteilen. Die geplanten Nachfolgeprozesse wurden nicht eröffnet. Bekanntlich wurde niemand wegen der »Drei-Alles-Politik« oder der Menschenversuche im Bataillon 731 angeklagt. Anders als in Nürnberg, wo die Anklage wegen der Verbrechen gegen die Menschlichkeit eine gewichtige Rolle spielte, wurden die meisten japanischen Angeklagten wegen konventioneller Kriegsverbrechen verurteilt.

5 Volker Fuhrt, Von der Bundesrepublik lernen? Der Vergleich mit Deutschland in der japanischen Diskussion über Kriegsschuld und Vergangenheitsbewältigung, in: Japanstudien. Jahrbuch des Deutschen Instituts für Japanstudien 8 (1996), S. 337–353.

6 Vgl. dazu Hiromi Igari, Die Schulbuchkontroverse um die Geschichtsdarstellung in Japan, in: Jahrbuch für Antisemitismusforschung 9 (2000), S. 270–280.

7 Im April 1993 wurde auf private Initiative von Historikern und Bürgern das »Center for Research and Documentation on Japan's War Responsibility« gegründet, dessen Forschungs- und Aufklärungsarbeiten sehr aktiv und erfolgreich sind. (Vgl. URL: http://www.jca.or.jp/JWRC./index.html) Im Juli 1993 wurde auf Initiative von Bürgern eine Wanderausstellung »Das Bataillon 731« in Tôkyô eröffnet. Diese wissenschaftlich untermauerte Ausstellung mit zahlreichen historischen Dokumenten wurde bis Dezember 1994 in 61 Städten in Japan gezeigt, und die Besucherzahl erreichte ca. 230000. Dieses Thema wird auch im Fernsehen zuweilen ins Programm aufgenommen.

Yagyû Kunichika
Der Yasukuni-Schrein im Japan der Nachkriegszeit
Zu den Nachwirkungen des Staatsshintô

Der *Yasukuni Jinja* ist keine reine Kriegsgedenkstätte und auch kein Friedhof zum Gedenken an die Soldaten, die in Japans Kriegen getötet wurden. Er war vielmehr tief in den aggressiven Militarismus des Tennô-Staates im Japan der Vorkriegszeit verstrickt, und zwar als ein Zentrum seiner »politischen Religion«. Auch wenn nicht alle Japaner diese Vorstellungen uneingeschränkt teilten, erreichten und beeinflussten diese Ideen doch einen großen Teil der Bevölkerung und hatten erhebliche Auswirkungen auf die Politik Japans bis zum Ende des Zweiten Weltkriegs.

Die politische Einstellung der japanischen Regierung nach dem Zweiten Weltkrieg gegenüber dem Yasukuni-Schrein war innerhalb Japans immer umstritten. Sie wurde auch außerhalb Japans stets sehr aufmerksam beobachtet, insbesondere von den Nationen in Asien, die vom kaiserlichen Japan seit 1931 überfallen wurden.

Der Yasukuni-Schrein wurde von der Regierung des Tennô-Staates in Tôkyô im Jahre 1869 nach dem Abschluss der militärischen Auseinandersetzungen errichtet, die gegen Ende der Tokugawa-Zeit und zu Beginn der Meiji-Zeit stattfanden und dem neuen Tennô-Staat zum Sieg verhalfen. Der Schrein diente der Errichtung und Stabilisierung der neuen Meiji-Herrschaft. Es war ein Schrein für die Kriegstoten, in dem die ruhelosen Seelen der toten Krieger der Armee des Tennô »vergöttlicht« wurden, um sie zu besänftigen. Auf diese Weise wurde der Yasukuni-Schrein im Japan der Vorkriegszeit ein sehr bedeutendes religiöses Zentrum des Staatsshintô.

Obwohl der Staatsshintô als solcher heutzutage nicht mehr als offizielle Institution besteht und die Mehrheit der Japaner nicht mehr von staatsshintôistischem Gedankengut direkt beeinflusst wird, ist doch der latente Einfluss in der japanischen Gesellschaft relativ stark. Der Yasukuni-Schrein ist dabei ein sehr wichtiges Zentrum für jene Bewegungen geworden, die eine Stärkung des staatsshintôistischen Gedankenguts anstreben. Darüber hinaus haben der Yasukuni-Schrein selbst und sein »Ethos« (der so genannte *Yasukuni shisô* oder Yasukuni-Gedanke) auch heute noch einen nicht zu unterschätzenden Einfluss darauf, wie der »Kriege Japans« gedacht wird. Ein Beispiel dafür ist die Ausstellung in dem 1999 errichteten nationalen »Shôwa-Gedenk-Museum«, für das umgerechnet etwa 100 Millionen Euro aus Steuergeldern aufgewendet wurden. Dieses Museum wurde als ein staatliches Projekt in nächster Nähe zum Yasukuni-Schrein gebaut. Die Planung des Museums im Ministerium für Gesundheit und öffentliche Wohlfahrt (*Kôseishô*) erfolgte unter stärkstem Einfluss seitens der »Vereinigung der Kriegshinterbliebenen«, die einer der wichtigsten Förderer der Ideen des Yasukuni-Schreins ist. Das Fehlen einer universellen (auch die Situation außerhalb Japans berücksichtigenden) Denkweise, das für den Yasukuni-Schrein charakteristisch ist, ist auch kennzeichnend für die dortige Dauerausstellung über das Leben der Angehörigen der Soldaten in der Kriegszeit.

Die Beschäftigung mit dem Yasukuni-Schrein setzt ein gewisses Grundwissen über die Geschichte des Staatsshintô voraus:

1. Verallgemeinernd ausgedrückt war der Staatsshintô eine neu geschaffene politische Religion, die durch die Obrigkeit des neuen Staates des Meiji-Tennô (den wir Meiji-Staat nennen) etabliert wurde. Er vereinigte den traditionellen örtlichen »Schrein-Shintô« mit dem so genannten *kôshitsu shintô* oder Hof-Shintô, weil im Zentrum seines Denkens die göttliche Herkunft der Tennô-Dynastie steht. Religiöses Zentrum dieser Richtung des Shintô ist der Ise-Schrein auf der Halbinsel Kii. In der Sache bedeutete das eine Wiederbelebung der seit der japanischen Antike nie völlig verschwundenen shintôistischen Traditionen des patrimonialen Tennô-Staates.

2. Bei der Meiji-Restauration (1868) handelte es sich um einen von der Obrigkeit initiierten Aufbau des Staates, der in großer Eile durchgeführt wurde, hauptsächlich unter der Führung niedrigrangiger Samurai aus den südwestlichen Territorien Japans. Diese arbeiteten regionalübergreifend zusammen, um ein neues, gesamtstaatliches politisches System zu schaffen, das imstande sein würde, dem militärischen Druck der westlichen Mächte entgegenzutreten und die Unabhängigkeit der japanischen Nation zu bewahren. Der Tennô und der Shintô waren die effektivsten ideologischen Mittel zur politischen Integration der Bevölkerung in einen Staat, in dem »nur die Regierung existierte, aber kaum eine Nation von Bürgern« (*Fukuzawa Yukichi*).

3. Das »Weltbild« des Staatsshintô besteht aus dem Dogma von der »Legitimität« der Herrschaft (Souveränität) des Tennô über Land und Leute. Die Grundlage dieser Ansicht bilden der Mythos von der göttlichen Erschaffung der japanischen Inseln und die Sage von der Abstammung der Tennô-Dynastie von der Sonnengöttin Amaterasu. Ausgehend von diesem religiösen »Weltbild des Staatsshintô« wurde nach der Meiji-Restauration in den neu errichteten staatlichen Grundschulen gelehrt, dass die Bevölkerung zu religiösem Gehorsam (»Pietät«) gegenüber dem Tennô verpflichtet sei.[1]

Bisher war mehr vom allgemeinen Charakter des Staatsshintô die Rede. Im Folgenden möchte ich die Rolle des Yasukuni-Schreins innerhalb dieses Systems etwas genauer betrachten. Dem Meiji-Staat wurde bewusst, dass die allgemeine Wehrpflicht (nicht nur der alten Samuraischicht) auch die Möglichkeit enthielt, im Krieg zu sterben. Für die Akzeptanz eines solchen Schicksals in der Bevölkerung war es unbedingt notwendig, diesem eine Art religiöse Bedeutung und einem solchen Tod eine religiös erlösende Wirkung zuzuschreiben. Was war die religiöse Logik, die hinter den Aktivitäten des Yasukuni-Schreins stand, sich um das Problem des Todes im Krieg zu kümmern?

Innerhalb der Vorstellungen im Staatsshintô gab es keinen höheren Wert als den der Heiligkeit des Tennô und der Nation unter der ewigen Herrschaft des kaiserlichen Geschlechts; dies wurde in Japan in der Vorkriegszeit durch den Begriff *kokutai* (Nationalwesen) ausgedrückt. Deshalb waren Kriege, die im Namen des Tennô geführt wurden, immer zugleich heilige Kriege. Der Tod im Krieg für den Tennô war folglich ebenfalls geheiligt. Die große Ehre, vom Tennô (als Gott) angebetet zu werden, tröstete nicht nur ihre Familienangehörigen, sondern auch die Toten.[2]

Nach shintôistischer Vorstellung im traditionellen Japan war es die Aufgabe der shintôistischen Priester, die »Geister« der bei Unglücksfällen (einschließlich der in Kriegen) gestorbenen Personen am Schrein zu versammeln und diese »Geister«, die nach allgemeiner Vorstellung aufgrund ihres Zorns für die Lebenden ziemlich gefährlich hätten werden können, zu besänftigen. Durch geeignete religiöse Besänftigungsrituale konnte der Priester diese gefährlichen »Geister« in Gottheiten (*shinrei*) verwandeln, die künftig durch ihre übernatürlichen Kräfte das Land beschützen würden. Die ursprüngliche Tradition solcher religiösen Zauberei in Bezug auf die Toten reicht bis in die Heian-Zeit (9.–12. Jahrhundert) zurück (*goryô*-Magie). Auf diese Weise wurde die überlieferte Welt der Geister der toten Krieger fest in das religiöse Weltbild und die politische Theologie des Staatsshintô integriert, der an der Souveränität des Tennô festhielt. Dieses System oder diese »Logik« im Staatsshintô vom Heil für die in einem Krieg für den Tennô Gefallenen kann man »Yasukuniismus« nennen. Sie begann, im Bewusstsein eines großen Teils der japanischen Bevölkerung insbesondere nach dem Japanisch-Russischen Krieg von 1904/05, der dem Schrein fast 90 000 neue »Götter« zuführte, tiefe Wurzeln zu schlagen.[3] So lenkte der Staatsshintô das Bewusstsein oder die »Denkweise« der Mehrheit der Japaner von einer universalen Einstellung zu einer rein nationalistischen.

Selbst heute noch, mehr als 55 Jahre nach dem Ende des Krieges, denken Leute mit staatsshintôistischen Neigungen in dieser eigentümlich engen Weise. Die »Vereinigung der Kriegshinterbliebenen«, die nach dem Zweiten Weltkrieg gegründet wurde, steht in direktem Kontakt zum Yasukuni-Schrein. Der frühere Premierminister Hashimoto Ryûtarô war als Präsident dieser Vereinigung weithin bekannt. Die Vereinigung *Eirei ni kotaeru kai* (»Gesellschaft zur Verehrung der ehrwürdigen Geister der gestorbenen Soldaten durch aktives Handeln«), deren Geschäfte von der »Vereinigung der Kriegshinterbliebenen« geführt werden, vertritt ähnliche Auffassungen. Solche Gruppen protestierten heftig gegen die offiziellen Verlautbarungen der ehemaligen Premierminister Hosokawa (*Nihon Shintô*/Neue Partei Japans) vom 10. August 1993 und Murayama (*Shakaitô*/Sozialdemokratische Partei Japans) vom 15. August 1996, als diese erstmals den Charakter der Kriegsführung Japans gegen die asiatischen Länder als Angriffskriege eingestanden haben.[4]

Als Folge des Zweiten Weltkriegs kam es zum Ende des Tennô-Staates und der Meiji-Verfassung, die die Souveränität des Tennôs garantiert hatte. Der Staatsshintô wurde von den alliierten Besatzungsmächten verboten und die strikte Trennung von Staat und Religion verfügt.[5] Diese strikte Trennung von Staat und Religion wurde in der neu geschaffenen Verfassung vom November 1946, die am 3. Mai 1947 in Kraft trat, nochmals festgeschrieben. Die Geschichte kannte zwar bis dahin Beispiele für die Trennung von »Staat und Kirche«, aber in Japan war die Trennung von »Staat und Religion« erforderlich geworden, weil im kaiserlichen Japan der Staat und der Staatsshintô eine Einheit gewesen waren. Diese Trennung war in der Geschichte der modernen Nationen etwas Neues. Auf diese Weise endete nach dem Krieg das System des Staatsshintôismus, das die Vorherrschaft einer »Super-Religion« garantiert hatte. Auch die Fürsorge der Verwaltung für die Schreine, einschließlich der finanziellen Unterstützung und des offiziellen hierarchischen Systems der Schreine, hörte auf. Vorher waren bedeutende Schreine wie der Ise- oder der Yasukuni-Schrein staatliche Institutionen, weniger wichtige Institutionen der Präfekturen oder der Gemeinden gewesen. Die Schreine wurden nun als normale religiöse Einrichtungen behandelt, gerade so wie auch die Tempel der buddhistischen Sekten oder die christlichen Kirchen. Alle Schreine einschließlich des Yasukuni-Schreines wurden nichtstaatliche Einrichtungen. Der Yasukuni-Schrein wurde juristisch zu einem religiösen Verband umgewandelt.[6]

Dieser durch die Alliierten herbeigeführte Wandel in der japanischen Gesellschaft erschütterte viele Japaner. Er rief indessen keine weit reichenden negativen Reaktionen in der Bevölkerung hervor. Im Gegenteil, die Nonkonformisten der unterschiedlichsten Richtungen begrüßten diese Veränderungen. Hinzu kam noch, dass der Tennô selbst am Neujahrstag 1946 die so genannte Erklärung über das Menschsein des Tennô abgab. Darüber hinaus wurde auf der Grundlage der Idee der Volkssouveränität und der Anerkennung der Menschenrechte eine neue Verfassung verabschiedet. Die Bevölkerung war von Krieg und Militarismus zermürbt und hatte das Gefühl, von den Machteliten des Tennô-Staates betrogen worden zu sein. Der Tennô und der Tennô-Staat hatten beträchtlich an Charisma verloren. Hinzu kam noch, dass noch drei weitere von den alliierten Besatzungsmächten durchgeführte revolutionäre politische Neuerungen von der Bevölkerung bereitwillig akzeptiert wurden, und zwar die Auflösung des halb-feudalen Großgrundbesitzes, die Abschaffung des patrimonialen Systems der Unternehmen der Großindustrie (*zaibatsu*) und die Auflösung aller militärischen Organisationen, die während des Kriegs keiner zivilen Kontrolle unterworfen gewesen waren und Japan beherrscht hatten. Diese »Demokratisierung« oder »Rationalisierung« der japanischen Gesellschaft wurde mehrheitlich von der Bevölkerung begrüßt. Nur 27 % der Befragten wollten die politische Macht des Tennô wieder herstellen.[7]

Diese »Rationalisierung« und religiöse Entzauberung des Staatsshintô war jedoch für diejenigen, die dem Yasukuni-Schrein noch immer unerschüttert anhingen, ein Grund großer Sorge. Nachdem dieser sich von der Niederlage erholt hatte, die ihn gezwungen hatte, eine nicht-staatliche Institution zu werden, begann er gemeinsam mit dem »Zentralbüro der Schreine« (*Jinja honchô*) und dem »Verein der Kriegshinterbliebenen in Japan« (*Nihon izokukai*) mit Maßnahmen zur Wiederherstellung staatsshintôistischer Traditionen. Der »Verein der Kriegshinterbliebenen« war zunächst als eine weniger ideologisch-politische Organisation geschaffen worden, um von der Regierung die Wiedereinführung des Rentensystems für Kriegshinterbliebene zu fordern, das nach dem Krieg abgeschafft worden war. Der Verein vollzog aber alsbald einen Richtungswechsel und wurde ebenfalls eine Organisation mit reaktionären politischen Absichten.

Zu den ideologischen (religiösen) Vorstellungen dieser wechselseitig miteinander verflochtenen, religiös-politischen Organisationen gehören die Folgenden:

1. Der Staat oder die Regierung solle für den finanziellen Unterhalt des Yasukuni-Schreins aufkommen. Der Schrein sei das Zentrum für die Erinnerung an die Kriege Japans, weil in ihm etwa 2 466 000 für den Tennô und den Staat Gefallene angebetet würden. Deshalb müsse der Yasukuni-Schrein auch wieder eine staatliche Institution werden. Weiterhin bestehen diese Organisationen, ganz im Sinne des Staatsshintô vor dem Krieg, darauf, dass der Yasukuni-Schrein-Shintô von anderen »privaten Religionen« unterschieden werde.

2. Weiterhin ist von großer Bedeutung, dass diese ideologischen Gruppen, zusammen mit »nationalistischen« politischen Gruppierungen verschiedener Art (einschließlich der rechtsorientierten Parlamentarier in der Liberal-Demokratischen Partei), in andauernden Kampagnen die »Nachkriegs-Sicht« auf die Vergangenheit und auch die »Nachkriegs-Verfassung« kritisieren; diese seien Japan von den Gewinnern des Krieges aufgezwungen worden. Nach Auffassung der Gruppierungen um den Yasukuni-Schrein sei der so genannte Großostasiatische Krieg (*Dai tôa sensô*) nur geführt worden, um die Nationen Asiens vom westlichen Kolonialismus zu befreien und um Japan zu verteidigen.

3. Die oben dargelegten Behauptungen und Forderungen waren besonders deutlich mit einer weithin bekannten Aktion des Yasukuni-Schreins verbunden, zu der es im Jahre 1976 kam. Damals nahm er die »Geister« von 14 Kriegsverbrechern der Kategorie A, einschließlich General Tôjôs, der zur Zeit des Krieges Premierminister Japans gewesen war, sowie weiterer Generäle, die vor dem Militärgericht

Tôkyô wegen Kriegsverbrechen angeklagt worden waren, in den Schrein auf. Darunter befand sich auch der »Geist« General Matsuis, der für die Truppen verantwortlich war, die die Stadt Nanking erobert hatten. Diese Aktion des Yasukuni-Schreins führte innerhalb und außerhalb Japans zu empörten Reaktionen. Auf diese Aspekte will ich im Folgenden noch etwas genauer eingehen.

Zunächst zur *kokka goji*, der Re-Etablierung des Yasukuni-Schreins als staatlicher Einrichtung. Vor dem Krieg war der Yasukuni-Schrein in Japan das größte nationale Zentrum zum Gedenken an die im Krieg gefallenen Soldaten. Während des Zweiten Weltkriegs wurden dann überall in Japan viele Ableger des Yasukuni-Schreins errichtet, die *gokoku jinja* (Schreine zum Schutz des Staates) genannt wurden. Das höchste Ereignis beim Gedenken an die Toten war die Teilnahme des Tennô an der Anbetung der vergöttlichten Seelen der toten Soldaten im Rahmen eines Rituals des Yasukuni-Schreins.

»Ein riesiges Tor[8] ragt auf bis in den Himmel.
Welche Ehre, in einem solch großartigen Schrein
als Gott verehrt zu werden.
deine Mutter kann vor Freude zu Tränen gerührt sein.«

Diese Verse aus dem bekannten Lied »Kudan no haha« (»Eine Mutter in Kudan« – der Ort, an dem der Schrein steht), das in der Zeit des Krieges komponiert wurde, zeigen anschaulich die Rolle des Yasukuni-Schreins. In der Tat war die Frage, wie der Staat sich gegenüber den gefallenen Soldaten verhalten würde, für die Leute eine sehr ernste Angelegenheit. Man erwartete, dass sie zumindest vom Staat und vom Tennô selbst in angemessener Weise getröstet wurden. Diese offizielle Fürsorge wurde indessen nach 1946 abgeschafft. Für diejenigen Kriegshinterbliebenen, die noch immer an den Traditionen aus der Zeit vor dem Krieg festhielten, war das eine völlig inakzeptable Änderung. Nach ihrer Ansicht ist das Konzept der »radikalen« Trennung von Religion und Staat für Japan unangemessen. Deshalb forderte die »Vereinigung der Kriegshinterbliebenen« sofort nach der Wiedererlangung der staatlichen Unabhängigkeit (1952) die Wiedereinführung des Rentensystems für die Kriegshinterbliebenen und zur selben Zeit auch die Wiedereinsetzung des Yasukuni-Schreins in den Rang einer staatlichen Institution.
Rechtlich gesehen wäre eine Verfassungsänderung nötig, um dem Yasu-

kuni-Schrein wieder seine frühere Stellung als staatliche Institution verleihen zu können, und dazu bedürfte es der Zustimmung einer 2/3-Mehrheit des Parlaments und der Mehrheit in einer Volksabstimmung. Bis heute konnte eine solche Änderung der Verfassung verhindert werden, obwohl die *Jiyu Minshûtô* (Liberal-Demokratische Partei), die bis 1993 39 Jahre lang alleine regiert hatte, einst sehr stark darum bemüht war, die Verfassung als Ganze zu verändern.[9]

Seit 1963 findet in Tôkyô am 15. August eines jeden Jahres eine nichtreligiöse »nationale Gedenkveranstaltung für die im Krieg Gestorbenen« als eine offizielle Zeremonie der Regierung statt, an der auch der Tennô teilnimmt. Bereits 1959 wurde gegen den Widerstand des Yasukuni-Schreins, der sich gegen ein weiteres Zentrum für das Gedenken an den Krieg ausgesprochen hatte, in Chidorigafuchi in Tôkyô ein Erinnerungsort errichtet, an dem symbolisch aller im Zweiten Weltkrieg gefallenen Soldaten gedacht wird: das »Grab des Unbekannten Soldaten«.

Dennoch treiben, wie schon erwähnt, der Yasukuni-Schrein und die ihm verbundenen Gruppierungen die Liberal-Demokratische Partei (LDP) an, ein neues Gesetz einzubringen, das den Schrein wieder zu einer staatlichen Institution machen soll. Schon 1964 hatten 6 680 000 Personen diese Bewegung durch ihre Unterschrift unterstützt. Zwischen 1969 und 1974 bot der Vorschlag eines Gesetzes über den Yasukuni-Schrein mit dem Ziel, den Schrein zu einer »besonderen Einrichtung der Regierung« zu machen, wiederholt Anlass zu hitzigen Debatten im Parlament. Jedes Mal erhob sich stärkster Protest von Buddhisten, Christen, den so genannten neuen Religionen sowie den linksorientierten Gewerkschaften unter der Führung des damaligen Generalkomitees der Gewerkschaften (*Sohyô*) und den nicht konservativen politischen Parteien im Parlament. Sie bildeten die »Kräfte zur Unterstützung der Verfassung« (*Goken seiryoku*). 1974 wurde die Bewegung für den Yasukuni-Schrein gestoppt, obwohl die rechtsgerichteten Kräfte im Unterhaus bereits Erfolge verzeichnet hatten. Während der Diskussion war, insbesondere durch Ankündigungen des Legislativbüros des Unterhauses, klar geworden, dass für die Regierung eine Unterstützung des Schreins unmöglich ist, solange nicht die Verfassung geändert wird oder der Schrein seinen »religiösen« Charakter vollständig aufgibt. Zur gleichen Zeit wurde bei den Wahlen zum Oberhaus der Stimmengleichstand von Konservativen und Nicht-Konservativen deutlich. Der Yasukuni-Schrein und die mit ihm verbundenen Gruppen mussten deshalb ihre Strategie ändern.

Seit 1975 gehen der »Verein der Kriegshinterbliebenen« und die rechtsorientierten Kräfte in der LDP politisch anders vor. Nicht mehr die Wiedererlangung der Stellung einer staatlichen Institution als solche, sondern »offizielle Besuche« durch den Tennô, den Premierminister und andere Minister, um dort zu beten, wurden ihr neues politisches Ziel. Man übernahm die Strategie der »Graswurzel-Kampagnen«.[10] Diese hatten einen solch großen Erfolg, dass 1983 in 37 von 47 Präfektur-Parlamenten Beschlüsse verabschiedet wurden, die solche »offiziellen Besuche« unterstützten. Auch die neu gegründete politisch-ideologische Gruppe *Eirei ni kotaero kai* (Gesellschaft zur Verehrung der Geister der gestorbenen Soldaten durch aktives Handeln), deren erster Vorsitzender der ehemalige Präsident des Obersten Gerichtshofs Ishida Kazuto wurde, unterstützte diese Bewegung. Schließlich besuchte Premierminister Nakasone, der in vielerlei Hinsicht bereit war, die Nachkriegspolitik zu ändern, 1986 offiziell den Yasukuni-Schrein. Dieser Besuch führte zu starken Protesten asiatischer Nationen, insbesondere der Volksrepublik China. Seitdem kommen am 15. August eines jeden Jahres um die 170 Parlamentarier zusammen mit ihren Ministern zum Schrein.

In vielen Teilen Japans, zumindest in fünf Präfekturen, erhoben Einwohner, die der staatsshintôistischen Tradition kritisch gegenüberstanden und der Auffassung waren, dass der Staatsshintô wesentlich dazu beigetragen habe, dass die Bevölkerung der ultranationalistischen und kriegerischen Politik in Japan vor dem Krieg so willig gefolgt sei, Klagen bei den Gerichten gegen die lokalen und regionalen Verwaltungen, als diese dem Yasukuni-Schrein für das jährliche Fest mit Steuergeldern finanzierte *Tamagushi* (symbolisch geschmückte Zweige des Sakaki-Baumes, die für Schrein-Rituale verwendet werden) sandten. Die Höhe der Geldbeträge spielte für die Kläger keine Rolle. Für sie war die »strikte Trennung« von Staat und Religion die entscheidende Frage. Einige Klagen betrafen auch die *Chûkonhi* (Denkmäler in Städten und Dörfern, die für die Seelen der gefallenen Soldaten errichtet worden waren). Der Streitpunkt vor Gericht war, ob diese Maßnahmen der lokalen und regionalen Körperschaften religiösen Charakter besaßen. Die Richter vertraten indessen häufig die Auffassung, solche Bekundungen hätten keine religiöse Bedeutung, sondern seien nur Höflichkeitsbezeugungen sozialer Art gewesen. Die Streitigkeiten über dieses Problem streckten sich in vielen Fällen lange Jahre hin. 1992 kamen das Oberlandesgericht Sendai und 1997, in einem anderen Fall, der Oberste Gerichtshof in Tôkyô zu dem Ergebnis, dass die beklagten lokalen Körperschaften religiöse Handlungen vorgenommen hätten, die nach der Verfassung der öffentlichen Verwaltung untersagt seien. Im Urteil über den Fall der Iwate-Präfektur wurde auch der Beschluss des dortigen Parlaments als verfassungsrechtlich unzulässig angesehen, mit dem ein »offizieller Besuch« des Tennô beim Yasukuni-Schrein befürwortet worden war.[11]

Im August 1999 machte Nonaka Hiromu, der Leiter des Kabinettssekretariats, den Vorschlag, die »Geister« der Kriegsverbrecher der Klasse A aus dem Hauptschrein zu entfernen und den Yasukuni-Schrein dann zu einer nicht religiösen Einrichtung zu machen. Dann könne man dort auch eine nationale Zeremonie zum Gedenken an die im Krieg gefallenen Soldaten abhalten. Dieser Vorschlag hat die Debatten über die Beziehung von »Staat und Religion« beziehungsweise von »Politik und Religion« neu angefacht.

Es scheint mir bemerkenswert, dass einige Shintôisten manchmal den Shintô im Anschluss an Robert N. Bellah als die »Zivilreligion Japans« bezeichnen. Man sollte sich in diesem Zusammenhang in Erinnerung rufen, dass der Staatsshintô vor dem Krieg schon einmal im Vergleich mit den anderen »Privat-Religionen« den Charakter einer »Super-Religion« oder »Öffentlichen Religion« hatte. Auf diese Weise übte er einen großen »religiösen« Einfluss aus, der die Bevölkerung veranlasste, die Politik des kaiserlichen Militarismus zu unterstützen. Darüber hinaus zwang der Staatsshintô die »privaten Religionen«, sich nicht kritisch mit dem Staat und dem Shintôismus auseinander zu setzen; so wurden Christen häufig aufgefordert, die politisch-religiöse Frage zu beantworten, welches Wesen höher stehe: der Tennô oder Christus.[12] Deshalb mag zumindest für Japan in der Zeit vor dem Krieg und bis zu einem gewissen Grad auch für die Jahre nach 1945 die Verwendung des Begriffs »politische Religion« besser geeignet sein als der Begriff »Zivilreligion«, und zwar wegen der politischen Rolle des dabei zugrunde liegenden Ethos der staatsshintôistischen Religiosität.

Der Yasukuni-Schrein war und bleibt ein höchst kontroverses Thema der japanischen Politik. Eine heroische »Zivilreligion« antiken Typs wird in einer Nation, in der niemals eine »universale Religion« einen ausreichend starken und beständigen Einfluss in Richtung auf die Ausprägung universalistischer Denkweisen ausgeübt hat, immer problematisch bleiben.

Anmerkungen

1 Siehe Masao Maruyama, Denken in Japan, übersetzt von Wolfgang Schamoni und Wolfgang Seifert, Frankfurt am Main 1998, S. 43 ff.; vgl. auch Mitsuo Miyata, Mündigkeit und Solidarität, Gütersloh 1984. Siehe auch Murakami Shigeyoshi, Kokkashintô (Staatsshintô), Tôkyô 1970.
2 Zu einer offiziellen Darstellung der 100-jährigen Geschichte des Schreins siehe Yasukuni Jinja (Hg.), Yasukuni Jinja hyakunenshi, 3 Bde., Tôkyô 1993.
3 Zur Bedeutung des Russisch-Japanischen Krieges für den Schrein siehe Ôe Shinobu, Yasukuni jinja, Tôkyô 1984. Es ist wichtig, an den Eifer und den Wunsch vieler einfacher Leute in der Meiji-Zeit nach Herstellung einer nationalen Identität zu erinnern, zu einer Zeit, als die Nation mit der Bedrohung durch die militärische Übermacht der westlichen Mächte konfrontiert war. Die meisten Japaner sind zugleich Shintôisten und Buddhisten.
4 Zum politischen und sozialen Charakter dieser Vereinigungen siehe Nobuhisa Tanaka u. a., Izoku to sengo (Kriegshinterbliebene und Nachkriegszeit), Tôkyô 1995. Weiterhin David M. O'Brien/Yasuo Ohkoshi, To Dream of Dreams. Religious Freedom and Constitutional Politics in Post-War Japan, Honolulu 1996.
5 Siehe dazu die englische Übersetzung des Shintô-Edikts vom 15. Dezember 1945 bei David J. Lu (Hg.), Japan. A Documentary History, New York/London 1997, S. 487 f.
6 Siehe William P. Woodard, The Allied Occupation of Japan 1945–1952 and Japanese Religions, Leiden 1972; (die Direktive findet sich im Appendix des Buchs auf den Seiten 295 ff.). Religiös-ideologische und rechtstheoretische Kritik an der Shintô-Direktive von shintôistischer Seite findet sich in Jinja Honchô (Hg.) Shintô shirei to sengo no shintô (Die Shintô-Direktive und der Nachkriegsshintô), Tôkyô 1971.
7 Siehe NHK Seron Chôsasho (Hg.), Zusetsu sengo seronshi (Illustrierte Geschichte der öffentlichen Meinung in der Nachkriegszeit), Tôkyô 1975.
8 Gemeint ist der große Torbogen vor dem Schrein.
9 Heute, mit einer im Parlament schwächer gewordenen Linken, ist eine Änderung der Verfassung erneut zum Streitpunkt geworden.
10 Zur so genannten Graswurzel-Bewegung in dieser Frage siehe Tanaka, Izoku to sengo [wie Anm. 4]; vgl. auch O'Brien und Ohkoshi, To Dream of Dreams, [wie Anm. 4], die sich auch mit anderen noch immer aktuellen Problemen im Zusammenhang mit dem Staatsshintô beschäftigen. Siehe auch Norma Field, In the Realm of a Dying Emperor, New York 1991.
11 Zur Geschichte der Gerichtsentscheidungen betreffend die Trennung von Staat und Religion in Japan nach dem Zweiten Weltkrieg siehe die kritische Bemerkung des Verfassungsrechtlers Ashibe Nobuyoshi, Shûkyô-jinken-kenpôgaku (Religion-Menschenrecht-Verfassungslehre), Tôkyô 1999.
12 Nach Ansicht des amerikanischen Soziologen Robert N. Bellah enthält die amerikanische Zivilreligion ein Ethos, das über die Nation und den Nationalismus hinausgeht. Der staatsshintôistischen Tradition fehlen solche universalen Werte, die die Menschen befähigen, ihren politischen Gemeinschaften kritisch gegenüberzutreten.

V. Medien der kollektiven Erinnerung

Susanne Brandt
»Wenig Anschauung«?
Die Ausstrahlung des Films »Holocaust« im westdeutschen Fernsehen (1978/79)

»Wenn ich heute an die Jahre damals denke, fällt mir auf, wie wenig Anschauung es eigentlich gab [...]« Der Protagonist in Bernhard Schlinks Roman »Der Vorleser« ist der Ansicht, dass die Ausstrahlung des amerikanischen Films »Holocaust« im deutschen Fernsehen 1979 dazu beigetragen habe, »dass die Welt der Lager ein Teil der gemeinsam vorgestellten Welt [wurde], die die gemeinsame wirkliche vervollständigt[e]«.[1]
Die vierteilige Serie »Holocaust«, im Januar 1979 von den deutschen Dritten Programmen zeitgleich ausgestrahlt, wird bis heute als ein großes Medienereignis erinnert, als die erste von einem Film ausgelöste emotionale und generationenübergreifende Auseinandersetzung mit dem Holocaust in weiten Teilen der bundesrepublikanischen Gesellschaft.[2] Zwischen 10 und 13 Millionen Zuschauer über 14 Jahre verfolgten die Serie. Das entsprach Einschaltquoten zwischen 31 und 40 Prozent.[3] In die anschließend gesendeten Diskussionsrunden (»Anruf erwünscht!«) konnten sich die Zuschauer mit Fragen und Kommentaren einschalten. Auch die Fülle der bei den Sendeanstalten eingegangenen Zuschauerpost dokumentiert das außerordentliche Interesse der Öffentlichkeit, sich mit dem Thema zu befassen.[4]
Die historische Filmforschung steht noch weitgehend am Anfang, fundierte Untersuchungen über den Einfluss von Filmen auf das Geschichtsbild von ausgewählten gesellschaftlichen Gruppen liegen kaum vor, auch wenn es verlockende Thesen zum Einfluss von Filmen auf kollektive Gedächtnisse gibt.[5] Die in diesem Beitrag formulierten Thesen zur beabsichtigten und erzielten Wirkung des Vierteilers »Holocaust« basieren auf Archivquellen zur Produktionsgeschichte sowie auf Umfrageergebnissen und zeitgenössischen Texten, in denen der Einstellungswandel in der bundesrepublikanischen Öffentlichkeit thematisiert wird.

Die Handlung des Films »Holocaust«

Der Film behandelt in rund sieben Stunden das Schicksal von drei (fiktiven) deutschen Familien zwischen 1933 und 1945. Anhand der Lebensläufe der jüdischen und nicht-jüdischen Familienmitglieder soll exemplarisch der Holocaust dargestellt werden: Die jüdische Familie Weiss wird bis auf den Sohn Rudi ermordet. Mit ihrem Schicksal verbunden ist die Familie Helms, deren Tochter Inga den ältesten Sohn Karl Weiss heiratet.

Und dann gibt es die Familie Dorf: Der arbeitslose Jurist Erik Dorf wird Mitarbeiter von Heydrich und als solcher unter anderem verantwortlich für Pogrome und Tötungsaktionen an der Ostfront, vor allem aber konzipiert er die sprachliche Verschleierung der NS-Verbrechen. Zur Familie Dorf gehört Onkel Kurt, der im Verlauf der Handlung immer wieder Zeuge von Deportationen und Ermordungen wird. Zwar äußert er Kritik an der Vernichtung, doch seine ablehnende Haltung mündet nie in aktiven Widerstand.

In der letzten Szene überbringt er Marta Dorf die Nachricht, dass Erik Selbstmord begangen hat, nachdem er als Kriegsverbrecher verhaftet worden war. Während sie sich weigert, ihren Mann als Verbrecher zu sehen, klagt Kurt nicht nur die »seelenlosen Mörder« an, sondern auch sich selbst: »Ich habe mitangesehen, was passiert ist und nichts getan. Wir müssen erkennen, dass wir uns alle schuldig gemacht haben.«

Das deutsche Publikum hat damals nicht gesehen, was alle anderen Zuschauer weltweit noch sehen konnten: In beinahe sieben Minuten wird danach gezeigt, wie sich Rudi und Inga im befreiten Theresienstadt treffen. Während Inga plant, die Bilder, die ihr Mann Karl in den Konzentrationslagern gemalt hat, der Öffentlichkeit zu zeigen, wird Rudi von einem amerikanischen Offizier überredet, jüdische Waisenkinder an der englischen Blockade vorbei nach Palästina zu schmuggeln.

Auch wenn es also kein *Happyend* ist, so bleibt zumindest die Möglichkeit, dass Rudi mit seiner Mission nach Palästina auch selbst in ein neues Leben findet. Der Hinweis auf die Staatsgründung Israels macht die Schlusssequenz zu einem typischen Ende für ein Erzählmuster, das den Holocaust als Ursprung des Staates Israel setzt.[6]

Zwei grundsätzlich unterschiedliche Versionen der Geschichte also in der Bundesrepublik und in den anderen Ländern, in denen »Holocaust« ausgestrahlt wurde: Auf der einen Seite die Kollektivschuldanklage der

Deutschen, auf der anderen Seite Überleben und Staatsgründung, repräsentiert durch Rudi Weiss, der als Einziger seiner Familie gekämpft und Widerstand geleistet hatte.

Fernsehpolitik

Bereits im April 1978, unmittelbar, bevor der Vierteiler in den USA gesendet wurde, hatten der Fernsehdramaturg Peter Märthesheimer, Heinz Werner Hübner, Programmdirektor beim WDR, und Günter Rohrbach, Leiter des Programmbereichs Fernsehspiele, Videokassetten der Serie angesehen und sofort Verhandlungen mit dem Sender NBC eingeleitet, die zum Ankauf der Rechte führten; die Synchronisierung und die Kürzung wurde vom WDR veranlasst.[7] Die Gründe für den Erwerb der Senderechte waren vielschichtig. In einer Pressekonferenz im Januar 1979 erklärte Hübner: »Man würde uns sicherlich nicht nur im Ausland [...] Feigheit vorwerfen, dass wir uns einem allgemeinen Trend fügen, der Auseinandersetzung auszuweichen, die Vergangenheit verdrängen, wie das ja üblich geworden ist, dass wir zwar über Terroristen in den letzten Jahren viel berichtet haben und diskutiert haben und über das, was dagegen zu tun ist, dass wir aber beispielsweise über KZ-Prozesse [...] eigentlich mehr oder weniger hinweggegangen sind [...]«[8]

Die Verantwortlichen des WDR verschwiegen dabei nicht ihre Kritik an der amerikanischen Produktion. Günter Rohrbach erklärte den Journalisten: »Das Problem des Films ist es, dass die Amerikaner einen sehr emotionalen, einen sehr auf Wirkung bedachten Zugang zu dem Thema gesucht haben, so wie sie es generell bei allen Filmen, die sie herstellen, zu tun pflegen. Der Film hat ein hohes Maß an emotionaler Ausstrahlung. Er hat ein sehr einfaches dramaturgisches Prinzip: Er schildert die Vernichtung der Juden im Wesentlichen an zwei Familien, an einer Familie, die das Opfer ist, und an einer Familie, die, wenn man so will, der Täter ist. Er schränkt dadurch sehr vieles ein, lässt sehr vieles weg, verkürzt vieles, vereinfacht. [...] [Und dennoch haben wir] in voller Kenntnis dieses Aspektes und auch in voller kritischer Distanz zu der Machart des Films geglaubt, ihn dennoch dem deutschen Volk nicht vorenthalten zu sollen.«[9]

Fernsehdirektor Heinz Werner Hübner betonte, dass die Kritik an dem Kauf der Rechte weitaus stärker gewesen sei als die »Stimmen der Ermunterung«.¹⁰ Und es ist zu vermuten, dass das, was heute als »Medienereignis« bezeichnet wird, auch Teil einer vorausschauend geplanten Rechtfertigungsstrategie gegenüber den zahlreichen Gegnern der Ausstrahlung gewesen ist. Die seit April 1978 (Ausstrahlung in den USA) stetig angestiegene Berichterstattung hat sicherlich dazu beigetragen, dass sich so viele Menschen den Vierteiler anschauten.¹¹

Doch die leitenden WDR-Angestellten führten noch mehr Gründe für die – wie sie selbst sagten – »politische« Entscheidung, den Film auszustrahlen, an. So erklärte Hübner, dass nach seinen Erfahrungen zeitgeschichtliche Themen alle zehn bis zwölf Jahre erneut aufgegriffen und in anderer Form behandelt würden. Wirklich »aufgearbeitet« und »ausdiskutiert«, so sein Fazit, seien nur wenige Themen.¹²

Hübner betonte allerdings, dass der WDR keineswegs den Ehrgeiz verspüre, »gewissermaßen stellvertretend so etwas wie die Vergangenheit zu bewältigen«.¹³ Er sah die WDR-Initiative als eine Erfüllung der Verpflichtung des Fernsehens an, junge Menschen über Ereignisse, von denen sie nichts oder nur wenig wissen, zu informieren.¹⁴ Den Massenmedien sollte dabei eine wichtige Vorreiterrolle zukommen:

»[...] man muss es [das Fernsehspiel »Holocaust«, S. B.] beurteilen an der Ausstrahlung, die eine solche Serie weltweit hat, und man muss es in Beziehung setzen zu den Möglichkeiten, die Massenmedien haben, mit ihren Themen an die Massen, mit denen sie kommunizieren, heranzukommen. [...] Insofern müssen wir den Wert von ›Holocaust‹ messen an dem, was es an Anregungen, an Initialzündungen für eine Diskussion zu leisten in der Lage ist [...]«.¹⁵

In der hier ausführlich behandelten Pressekonferenz wurde die Kürzung des Filmendes nur sehr beiläufig und erst auf eine gezielte Anfrage hin thematisiert.¹⁶ Andere Quellen aus dem WDR-Archiv geben jedoch klarer Auskunft über die Motive, die zu diesem Eingriff führten: »Die Schlusssequenzen sind vom WDR gestrichen worden, weil wir [...] der Meinung waren, dass die Szene zwischen Onkel Kurt und Marta Dorf, in der ja auch die für unser Land so zentrale Frage der Mitschuld reflektiert wird, das angemessenere und wirkungsvollere Ende sei [...]«.¹⁷

Außerdem hat es an drei weiteren Stellen Veränderungen gegeben. Es handelt sich nicht um Kürzungen, sondern um einen Tausch von Sequenzen: Während in der amerikanischen Version zuerst Szenen zu sehen sind, in denen der Widerstand zum Beispiel im Ghetto diskutiert wird und danach eine Einstellung folgt, in der Juden gefoltert und ermordet werden, sind diese Sequenzen in der deutschen Version genau in der anderen Reihenfolge zu sehen: Auf die Folterdarstellung folgt die Widerstandsszene.

Welche Gründe gab es für solche Veränderungen? Die Verantwortlichen in der Bundeszentrale für politische Bildung waren 1977 überzeugt, dass in der bundesrepublikanischen Gesellschaft nicht nur ein latenter Antisemitismus schlummere, sondern auch eine zunehmende Fremdenfeindlichkeit und ein ansteigender Rechtsextremismus festzustellen sei.[18] Noch 1982 – anlässlich der Wiederholung des Vierteilers – kritisierte der damalige Ministerpräsident von Nordrhein-Westfalen, Johannes Rau, einen gegenwärtig in der Bundesrepublik weit verbreiteten »Wohnzimmerfaschismus«.[19]

Obwohl mehr als 30 Jahre seit dem Untergang des Nationalsozialismus vergangen waren, zeigten sich viele Bundesbürger noch davon überzeugt, dass der Nationalsozialismus prinzipiell eine gute Sache gewesen sei, die nur schlecht durchgeführt worden war. Viele Aspekte wie die Senkung der Arbeitslosenzahlen, der Autobahnbau oder die Olympischen Spiele 1936 wurden als positive Bestandteile des nationalsozialistischen Systems sehr viel stärker erinnert als zum Beispiel Kriegsverbrechen oder die Ermordung der Juden und anderer Gruppen.

Auch der Widerstand gegen Hitler war in weiten Teilen der Gesellschaft nicht anerkannt. Die Mitarbeiter der Bundeszentrale für politische Bildung waren überzeugt, dass eine größere Unterstützung für den Widerstand auch die Akzeptanz des demokratischen Systems erhöhen würde.[20] Um den Widerstand gerechtfertigt, ja sogar positiv erscheinen zu lassen, wurden die Szenen von Folter und Widerstand vertauscht. Eine später durchgeführte Zuschauerumfrage kam allerdings zu dem Ergebnis: »Der Aufstand im Warschauer Ghetto, obwohl Thema einer gesamten Folge, ist von den Zuschauern kaum als ein besonderes Ereignis realisiert worden.«[21] Das bedeutet jedoch nicht, dass die Absicht, die Zustimmung für den Widerstand und die Demokratie zu erhöhen, vollständig fehlgeschlagen ist.

Ein weiterer, aktueller Bezug war die Diskussion um die Verjährungsfrist für Kriegsverbrechen, die zum 31. Dezember 1979 abgelaufen wäre. Auch für diese politische Entscheidung hoffte die Bundeszentrale durch eine breite öffentliche Diskussion über den Holocaust, die mittels der amerikanischen Serie ausgelöst werden sollte, Unterstützung zu gewinnen.

Motivationsschub und Tabubrüche

Die Verantwortlichen in der Bundeszentrale für politische Bildung und beim WDR waren überzeugt, dass es eines Anlasses bedurfte, um der Öffentlichkeit bewusst zu machen, wie wenig sie über den Holocaust wisse. Das Informationsangebot der Bundeszentrale konnte nach eigener Einschätzung nur dann wirken, wenn es von den Verbrauchern selbst angefordert werde. Der Film sollte für die Zuschauer ein lang erwarteter »Grundreiz« sein, sich zu informieren und sich an Diskussionen zu beteiligen.[22] Die Verantwortlichen waren von der Überzeugung geleitet, dass Auseinandersetzungen den Einzelnen dazu zwingen würden, einen eigenen Standpunkt zu formulieren. Auf diese Weise reife das politische Bewusstsein.[23] Aus einer vom WDR und der Bundeszentrale in Auftrag gegebenen repräsentativen Untersuchung geht hervor, dass fast 80 Prozent der Zuschauer – durch den Film angeregt – mit Freunden, Kollegen oder Familienmitgliedern diskutierten. Die Umfrageergebnisse zeigen außerdem, dass auch diejenigen in die Gespräche einbezogen wurden, die die Serie nicht gesehen hatten. Der Impuls, sich mit dem Thema zu befassen, war also nicht nur auf die tatsächlichen Zuschauer der Fernsehserie beschränkt geblieben.[24]

Durchschnittlich 51 Prozent der Befragten erklärten, dass sie durch den Film neue Informationen erhalten hätten,[25] allerdings weisen skeptischere Autoren darauf hin, dass Informationszuwachs nicht gleich bedeutend mit einem gestiegenen Wissen über die komplexen Strukturen des nationalsozialistischen Herrschaftssystems sei.[26] Den Mitarbeitern in der Bundeszentrale war allerdings in diesem Zusammenhang wichtig, dass viele Zuschauer die Beschäftigung mit dem Thema Holocaust auch nach der Ausstrahlung der Fernsehserie als wichtig einstuften und für eine ausführlichere Behandlung in den Schulen votierten. Mehr Zuschauer waren jetzt auch davon überzeugt, dass die Zahl von sechs Millionen getöteter Juden richtig sei, und für viele Zuschauer rückten die negativen Seiten des Nationalsozialismus nun stärker ins Bewusstsein:[27] Vor der Sendung hatten 36 Prozent der Befragten geäußert, dass der Nationalsozialismus eine gute Idee sei, die nur schlecht ausgeführt worden sei. Diese Meinung vertraten danach nur noch 30 Prozent. Und die Zahl derjenigen, die diese Behauptung entschieden ablehnten, stieg von 30 auf 40 Prozent.[28]

Im Zusammenhang mit der Verjährung äußerten nach der Ausstrahlung 39 Prozent der befragten Holocaust-Zuschauer, dass die Kriegsverbrechen auch weiterhin verfolgt werden sollten. Vor der Ausstrahlung hatten nur 15 Prozent diese Meinung vertreten.[29] Und während vorher 51 Prozent der Befragten erklärt hatten, die Verbrechen sollten nicht mehr verfolgt werden, ging ihre Zahl nach der Ausstrahlung auf 35 Prozent zurück.[30]

Bei aller Zufriedenheit über diese Ergebnisse warnten die Meinungsforscher jedoch vor zu großer Euphorie. Sie wiesen unter anderem darauf hin, dass ein Drittel der Zuschauer weiterhin die Meinung vertrat, man solle die Zeit des Nationalsozialismus am besten vergessen, und 40 Prozent glaubten sogar, dass solche Filme dem Ansehen der Deutschen im Ausland schadeten.[31] Die Meinungsforscher kamen zu dem Ergebnis, dass die Gruppe, die im Sinne der Verantwortlichen am positivsten auf den Film reagiert habe, junge Menschen zwischen 14 und 29 Jahren seien. Nur jeder Zwanzigste dieser Altersgruppe fürchtete eine Verunglimpfung der Deutschen, hingegen jeder Fünfte aus der Gruppe der über 60-Jährigen.[32] Doch nicht nur in Bezug auf die Verankerung demokratischer Werte schien diese Gruppe vorbildlichen Charakter zu zeigen, auch im Hinblick auf deren Interesse, sich weiterhin mit dem Thema auseinander zu setzen[33] sowie ihr Engagement, Debatten anzustoßen.[34]

Doch nicht alle Ergebnisse der Ausstrahlung spiegeln sich in quantitativen Angaben: Zum einen hat die Serie einen großen Einfluss auf die Behandlung des Themas in den Schulen gehabt.[35] In der zeitgenössischen Literatur wird immer wieder betont, dass der Film einen dauerhaften »Motivationsschub« auslöste, von dem die Lehrer vorher nur träumen konnten,[36] mancherorts zwangen die Schüler auch die Lehrer, das Thema zu behandeln.[37] Allerdings bekamen die Erzieher auch erst jetzt – sowohl von Didaktik-Fachzeitschriften, aber auch von der Bundeszentrale für politische Bildung – Unterrichtsmaterialien an die Hand, die es ihnen erleichterten, einen anregenderen und auf aktuelle Ereignisse bezogenen Geschichtsunterricht zu gestalten.[38]

Die für den Film besondere Fokussierung auf das Schicksal der jüdischen Familie Weiss legte ein Defizit in der deutschen Behandlung des Nationalsozialismus offen. In Wissenschaft und Kultur war eine Darstellung der jüdischen Schicksale bis zu diesem Zeitpunkt weitgehend unterblieben.[39]

An der öffentlichen Auseinandersetzung über den Holocaust beteiligten sich jetzt auch Gruppen, die eine literarische und künstlerische Auseinandersetzung, die zuvor auf einem hohen intellektuellen Niveau geführt worden war, nicht erreicht hatte.[40] Trotzdem versuchten deutsche Intellektuelle, den Wert der Serie »Holocaust« herabzuwürdigen, indem sie immer wieder den Begriff *Soap Opera* verwendeten.[41]

Die öffentliche Auseinandersetzung mit dem Vierteiler war geprägt von hoher Emotionalität, und auf vielen Ebenen gelang es, Tabus zu brechen oder zumindest die Diskussionsfelder zu erweitern: »The emotional explosion that took place in Germany in the week when the four installments of ›Holocaust‹ were telecast shows how desperately the Germans needed identification in order to break down the mechanisms of denial and suppression.«[42]

Das Tabu, sich mit dem Holocaust auseinander zu setzen, war vielschichtig motiviert und blieb sicherlich nicht auf die konservativen Gruppen beschränkt. Auch Teile der Linken erkannten, dass sie sich, mehr oder weniger absichtsvoll, mit dem Holocaust nicht hinreichend befasst hatten.

Jeffrey Herf weist in einem zeitgenössischen Artikel auf einen Einstellungswandel der Linken in Westdeutschland hin. Er hebt hervor, dass sich die Linke aus mehreren Gründen vor der Ausstrahlung nicht oder nur ansatzweise mit dem Thema Antisemitismus – vor allem in den eigenen Reihen – auseinander gesetzt habe. Aufgeschlossenere Linke hätten durch die Reaktion des Publikums auf den Film erkannt, dass alle politischen Gruppierungen bislang versäumt hätten, das Thema der rassistischen und antisemitischen Traditionen in Deutschland zu behandeln.[43]

In der unmittelbaren Diskussion im Umfeld der Ausstrahlung der Serie haben im In- und Ausland prominente Filmemacher und Intellektuelle über die Formen und Grenzen der Darstellbarkeit des Massenmordes debattiert.[44] Viele der Argumente finden sich noch in den aktuellen Debatten von Kunstschaffenden und Kritikern und haben auch angrenzende Bereiche befruchtet.

Fazit

Der amerikanische Film »Holocaust« hat auf vielen – zum Teil allerdings nur schwer quantifizierbaren – Ebenen Einfluss auf die Erinnerung der Westdeutschen an den Massenmord an den europäischen Juden ausgeübt. Wie er gesehen und gedeutet wurde, war in hohem Maß abhängig von dem diskursiven Umfeld, das von Bildungsorganisationen, Medien und

Politikern geformt wurde. Eine vergleichbare Debatte wäre heute unmöglich. Allein aufgrund der veränderten Medienlandschaft und des breiten Programmangebots ist es unwahrscheinlich, dass sich gegenwärtig so viele Zuschauer denselben Fernsehbeitrag ansehen würden, wie im Januar 1979 »Holocaust«.

Das bedeutet, dass Filme zwar Medien sein können, die öffentliche Debatten anstoßen und somit Erinnerungskulturen beeinflussen, doch das, was von den jeweiligen Zuschauern gesehen und wie es bewertet wird, ist immer abhängig von eingeübten und verbreiteten Deutungsmustern. »Holocaust« selbst hat also das Geschichtsbild der Westdeutschen 1979 nicht geändert, wohl aber die Debatten, die während und nach der Ausstrahlung in weiten Teilen der westdeutschen Öffentlichkeit geführt wurden.

Anmerkungen

1 Bernhard Schlink, Der Vorleser, Zürich 1995, S. 142f.
2 So die Einschätzung des Intendanten des WDR, Friedrich Wilhelm von Sell, in einer Arbeitssitzung am 7. und 8.2. 1979. Historisches Archiv des WDR, Akte 79,2/X 6 ARD.
3 Uwe Magnus, »Holocaust« in der Bundesrepublik: Zentrale Ergebnisse der Begleituntersuchungen aus der Sicht der Rundfunkanstalten, in: Rundfunk und Fernsehen 28 (1980), Nr. 4, S. 534–542, hier S. 534.
4 Bis zum 31.1. 1979 gingen beim WDR mehr als 10000 Anrufe ein: Information der WDR Pressestelle vom 3.5. 1979. Historisches Archiv des WDR, Akte 79,5 x4 WDF. Siehe auch: Peter Märtheseimer/Ivo Frenzel (Hg.), Im Kreuzfeuer: Der Fernsehfilm ›Holocaust‹. Eine Nation ist betroffen, Frankfurt am Main 1979; Friedrich Knilli/Siegfried Zielinski (Hg.), Holocaust zur Unterhaltung, Berlin 1982.
5 Harald Welzer (Hg.), Das Gedächtnis der Bilder. Ästhetik und Nationalsozialismus, Tübingen 1995, S. 9. Vgl. auch ders., Das soziale Gedächtnis, in: ders. (Hg.), Das soziale Gedächtnis. Geschichte, Erinnerung, Tradierung, Hamburg 2001, S. 9–21, hier S. 19. Anregende und vor allem klar eingegrenzte Thesen formuliert Sam Wineburg, Sinn machen: Wie Erinnerung zwischen den Familien gebildet wird, in: ebd., S. 179–204. Anton Kaes formuliert die These, dass Geschichtsfilme für breite Bevölkerungsmassen nationale Geschichte interpretieren, das öffentliche Gedächtnis organisieren und die Erinnerung homogenisieren: Anton Kaes, Deutschlandbilder. Die Wiederkehr der Geschichte als Film, München 1987, S. 207. Kaes ist der Meinung, dass Filme gegenwärtig zum breitenwirksamsten Träger von Geschichtsbewusstsein geworden sind, effektiver als alle anderen Medien vermögen sie Geschichte zu vergegenwärtigen: Ebd., vgl. Tony Barta, Consuming the Holocaust. Memory Production and Popular Film, in: Contention 5 (1996), Nr. 2, S. 161–175, hier S. 161f. Der Berliner Filmpublizist Stefan

Reinecke vertritt in seinem Buch »Hollywood goes Vietnam« die These, indirekt hätten die Vereinigten Staaten den Vietnam-Krieg doch gewonnen. Zwar nicht militärisch, aber indem die von Hollywood produzierten Spielfilme weltweit die Erinnerung an diese Auseinandersetzung nicht nur visuell, sondern auch hinsichtlich der wiederkehrenden Erzählmuster geprägt hätten. Leider fehlt der Arbeit eine fundierte Beweisführung, die die tatsächliche Wirkung auf das Publikum nachzeichnet. Stefan Reinecke, Hollywood goes Vietnam: der Vietnamkrieg im US-amerikanischen Film, Marburg 1993.
6 Judith E. Doneson, The Holocaust in American Film, Philadelphia/New York/Jerusalem 1987, S. 146 und 171.
7 Die Rechte kosteten rd. 1 Million DM. Schreiben von Heinz Werner Hübner an den Chefredakteur der Zeitung Die Welt vom 26. 6. 1978. Historisches Archiv des WDR, Akte 7934.
8 Notizen zu einem Presse-Seminar des WDR, in: TV-Courier Nr. 1–2 vom 22. 1. 1979, S. 1. Der Artikel gibt den gekürzten, aber genau niedergeschriebenen Wortlaut einer Tonbandaufzeichnung wieder, daher der deutliche Charakter des gesprochenen Wortes.
9 Ebd., S. 4.
10 Ebd., S. 1.
11 Hella Dunger/Kristina Zerges, Empirische Rezeptionsuntersuchungen zur amerikanischen TV-Serie Holocaust, Siegen 1980, S. 34.
12 Notizen zu einem Presse-Seminar des WDR, in: TV-Courier Nr. 1–2 vom 22. 1. 1979, S. 2.
13 Ebd., S. 3.
14 Ebd., S. 2.
15 Ebd., S. 4. Ähnlich äußerte sich auch der Intendant des WDR, Friedrich-Wilhelm von Sell, ebd., S. 7.
16 Ebd., S. 5.
17 Schreiben von Monica Panzer (Sekretariat Peter Märthesheimer) an Dr. Gottfried T. W. Dietzel am 8. 2. 1979.
18 Tilman Ernst, »Positiver Beitrag zu einem notwendigen Lernprozeß«, in: Medium 9 (1979), Nr. 1, S. 26 f., hier S. 26. Zum politischen Klima der Zeit gehörte auch die Debatte um die so genannte Hitler-Welle und -Nostalgie sowie die Nazi- und SS-Vergangenheit von einigen deutschen Politikern: Andrei S. Markovits/Rebecca S. Hayden, »Holocaust« Before and After the Event. Reactions in West Germany and Austria, in: New German Critique 7 (1980), Nr. 19, S. 53–80, hier S. 74 ff.
19 WDR Information vom 8. 11. 1982 zu der Diskussion »Holocaust – lebendige Vergangenheit?«, ausgestrahlt am 5. 11. 1982 im großen Sendesaal des WDR. Historisches Archiv des WDR, Mappe 82 11.
20 Tilmann Ernst, Umfragen der Bundeszentrale für politische Bildung, in: Bild der Wissenschaft 16 (1979), Nr. 6, S. 74–80, hier S. 80. In der Umfrage des WDR wurden auch Fragen gestellt, die einen Vergleich zwischen Diktatur und Demokratie betrafen. Marplan, Holocaust Begleituntersuchung, Zusammenfassung der Wellen 1–3, August 1980, S. XXVII. Historisches Archiv des WDR, Mappe 05403.
21 Marplan, Holocaust Begleituntersuchung 17 Monate nach der Ausstrahlung, Oktober 1980, S. 4. Historisches Archiv des WDR, Mappe 05401.
22 Peter Märthesheimer, »Weniger eine Fernsehserie denn ein Politikum«. Plädoyer des zuständigen WDR-Redakteurs für die Ausstrahlung der Serie, in: Medium 9 (1979), Nr. 1, S. 5–7, hier S. 5.

23 Tilman Ernst, »Holocaust« – Impulse – Reaktionen – Konsequenzen – Das Fernsehereignis aus der Sicht politischer Bildung, Manuskript, Oktober 1980, S. 10, Archiv der Bundeszentrale für Politische Bildung, Bonn.
24 Marplan, Holocaust Begleituntersuchung 17 Monate nach der Ausstrahlung, Oktober 1980, S. 2. Historisches Archiv des WDR, Mappe 05401. Vgl.: Marplan, Holocaust Begleituntersuchung, Zusammenfassung der Wellen 1–3, August 1980, S. XXII. Historisches Archiv des WDR, Mappe 05403.
25 Dirk Klose, Was müssen wir noch tun?, in: Materialien zur politischen Bildung 7 (1979), Nr. 2, S. 63–66, hier S. 64.
26 Dunger/Zerges, Empirische Rezeptionsuntersuchungen [wie Anm. 11], S. 38.
27 Marplan, Holocaust Begleituntersuchung, Zusammenfassung der Wellen 1–3, August 1980, S. XXIIIf. Historisches Archiv des WDR, Mappe 05403.
28 Ernst, Umfragen der Bundeszentrale für politische Bildung [wie Anm. 20], S. 78.
29 Klose, Was müssen wir noch tun? [wie Anm. 25], S. 65.
30 Ebd.
31 Marplan, Holocaust Begleituntersuchung, Zusammenfassung der Wellen 1–3, August 1980, S. XII. Historisches Archiv des WDR, Mappe 05403.
32 Ebd., S. IXf.
33 Marplan, Holocaust Begleituntersuchung 17 Monate nach der Ausstrahlung, Oktober 1980, S. 12. Historisches Archiv des WDR, Mappe 05401.
34 Marplan, Holocaust Begleituntersuchung, Zusammenfassung der Wellen 1–3, August 1980, S. XVII. Historisches Archiv des WDR, Mappe 05403.
35 Im Unterschied dazu weist Martin Broszat nach, dass in den neun Jahren vor der Ausstrahlung der Nationalsozialismus und die Verbrechen in über 650 Vorlesungen und Seminaren an deutschen Universitäten behandelt wurden: Martin Broszat, »Holocaust« und die Geschichtswissenschaft, in: Vierteljahrshefte für Zeitgeschichte 27 (1979), Nr. 2, S. 285–298, hier S. 295; über die Auswirkungen auf einen Teil des Buchmarktes vgl. Walter H. Pehle, Die Leerstelle. Warum gibt es die Buchreihe »Die Zeit des Nationalsozialismus«?, in: Hans-Günter Thiem (Hg.), Bücher, nichts als Bücher, Münster 1994.
36 Wilhelm van Kampen, Holocaust – eine Herausforderung für den Geschichtsunterricht? Vorläufige Bemerkungen zu einem »Medienereignis«, in: Geschichtsdidaktik 4 (1979), Nr. 2, S. 113–117, hier S. 114. In einem Gutachten resümierte Tilmann Ernst 1981, dass auch noch zwei Jahre nach der Ausstrahlung das Thema in Schulen und in der Erwachsenenbildung intensiver als früher behandelt werde. Historisches Archiv des WDR, Akte 585.
37 Siegfried Zielinski, History as Entertainment and Provocation: The TV Series »Holocaust« in West Germany, in: New German Critique 7 (1980), Nr. 19, S. 81–96, hier S. 94.
38 Bernd Otte, Unterrichtseinheit zur Fernsehserie HOLOCAUST, in: Geschichtsdidaktik (1979), Nr. 4, S. 319–351. Holocaust. Materialien zu einer amerikanischen Fernsehserie über die Judenverfolgung im »Dritten Reich«, erarbeitet und zusammengestellt von Wilhelm van Kampen, Bonn 1978 (= Sonderausgabe der Bundeszentrale für politische Bildung).
39 Broszat, »Holocaust« und die Geschichtswissenschaft [wie Anm. 35], S. 296f.
40 Andreas Huyssen, The Politics of Identification: »Holocaust« and West German Drama, in: New German Critique 7 (1980), Nr. 19, S. 117–136, hier S. 135f. Vgl. Markovits/Hayden, »Holocaust« [wie Anm. 18], S. 78.
41 So z. B. Sabina Lietzmann, Die Judenvernichtung als Seifenoper. Holocaust – eine

Serie im amerikanischen Fernsehen, in: Frankfurter Allgemeine Zeitung vom 20.4.1978.
42 Huyssen, Politics [wie Anm. 40], S. 135.
43 Jeffrey Herf, The »Holocaust« Reception in West Germany: Right, Center and Left, in: New German Critique 7 (1980), Nr. 19, S. 30–51, hier S. 48. Vgl.: Huyssen, Politics [wie Anm. 40], S. 136.
44 Allein in der Zeitschrift medium kommen 1979 Erwin Leiser, Hans-Jürgen Syberberg, Edgar Reitz u. a. zu Wort, um auf hohem theoretischen Niveau und mit vielen Argumenten dieses ästhetische Problem zu behandeln. Vgl.: Kaes, Deutschlandbilder [wie Anm. 5], S. 42. Vgl. auch: Doneson, The Holocaust in American Film [wie Anm. 6], S. 177 f.

Luigi Cajani
Italien und der Zweite Weltkrieg in den Schulgeschichtsbüchern

Die Präsenz des Kriegs im Klassenraum

»Aus unserem Sieg und dem unserer Verbündeten in diesem Zweiten Weltkrieg wird eine neue Ordnung hervorgehen: Im zukünftigen Frieden werden die Staaten, die die Waffen zur Verteidigung gegen die Übermacht der reichen Staaten ergriffen haben, den Boden und die Bodenschätze besitzen, welche sie für ihre Bevölkerungen benötigen. Diese können sich dann ihrer fruchtbaren Arbeit widmen, um ihren Wohlstand zu schaffen.«[1]

Dieses Zitat lasen im Schuljahr 1942/43 die Schüler aller dritten Klassen an italienischen Grundschulen in einem Schulbuch, das seit 1929 staatlicherseits verbindlich vorgeschrieben war. Das Deckblatt dieser Ausgabe enthielt eine Illustration, die mit dem vorherrschenden Zeitgeist übereinstimmte: Es zeigte einen Karabiner und einen Brotbeutel, auf die sich ein Schatten des Liktorenbündels erstreckte. Das Zitat entstammt einem Abschnitt mit dem Titel »Für eine bessere Welt«. Ihm war außerdem noch zu entnehmen, dass der laufende Krieg die Folge eines ungerechten Friedensschlusses darstelle, der den Ersten Weltkrieg beendet hatte: »Staaten [...], die bereits reich und mächtig waren, erhöhten ihren Reichtum, indem sie alle Kolonien an sich nahmen«, während andere, deren Bevölkerung zahlreich war und weiter anstieg, »nichts erhielten, obwohl sie den Boden und die Bodenschätze benötigten, um sie zu bearbeiten und somit ihren Lebensunterhalt zu verdienen.«[2] Diese Lage, so endet der Abschnitt, habe Italien und Deutschland ein Bündnis schließen und den Krieg führen lassen, nachdem sie vergeblich nach friedlichen Lösungen gestrebt hätten. Japan sei dann hinzugestoßen.

Der Unterricht der Zeitgeschichte in der liberalen Epoche und im Faschismus

In den italienischen Schulen schloss der Geschichtsunterricht schon immer die jüngste Vergangenheit mit ein. Die Lehrpläne in Folge des Gesetzes Casati von 1859, das zur ersten Grundlage für die Schulen des vereinten Italien wurde,[3] bestimmten, dass der Unterricht bis in die neueste Zeit vordringen solle. So sahen zum Beispiel die »Lehrpläne für die Normalschulen und die Ausbildungsanstalten für Grundschullehrer sowie für die Examen zum Erwerb der Lehrbefähigung« vom 9. November 1861[4] als letztes Thema des Unterrichts die seinerzeit noch neue »Proklamation des Königreichs Italien« vor. In der »Abänderung der Bestimmungen und der Lehrpläne für humanistische und naturwissenschaftliche Gymnasien« aus dem Jahr 1888[5] sollte im Unterricht dann der Zeitraum bis zum Tod Viktor Emanuels II. behandelt werden, der zehn Jahre zuvor gestorben war. Benedetto Croce, Kultusminister in der letzten Regierung Giolitti, hat dann 1921 einen Gesetzentwurf eingebracht, der – auch wenn er vom Parlament nicht mehr verabschiedet wurde – vorsah, dass im Geschichtslehrplan zur Vorbereitung auf das klassische Abitur die Behandlung der jüngsten Ereignisse der Nachkriegszeit, der Friedensverträge und der Gründung des Völkerbundes, zu berücksichtigen seien.[6] Die Beschäftigung mit der jüngsten Vergangenheit wurde auch in der Schulreform Giovanni Gentiles aus dem Jahr 1923[7] bestätigt und 20 Jahre lang in den Lehrplänen des faschistischen Regimes beibehalten. Hier fanden allerdings immer mehr Elemente der faschistischen Propaganda Eingang. So schrieben die »Lehrpläne für die humanistischen, naturwissenschaftlichen und technischen Sekundarschulen sowie für Lehrerbildungsanstalten«[8] von 1936 für das letzte Jahr an den Gymnasien die detaillierte Beschäftigung mit der erfolgreichen Durchsetzung des faschistischen Regimes, mit den Lateranverträgen, der Außen- und Kolonialpolitik des Faschismus und schließlich den Völkerbundsanktionen als Unterrichtsthemen vor. Direkt nach dem Eintritt Italiens in den Zweiten Weltkrieg kam es zu einer weiteren Aktualisierung, die jene unvorsichtige politische Prophezeiung enthielt, auf die bereits das obige Zitat für die Schüler der dritten Klasse an den Grundschulen verwies. Das Unterrichtsthema lautete nämlich: »Der Krieg der Achse und der weltweite Triumph der Prinzipien der faschistischen Revolution.«[9]

Die Defaschisierung und die partielle Ausblendung der Zeitgeschichte

Da der Unterricht der Zeitgeschichte an den Schulen sehr stark vom Faschismus geprägt worden war, wurde auch dieser zwangsläufig von der Defaschisierung der Schulen erfasst, die vom Unterausschuss für das Bildungswesen der Aliierten Kontrollkommission durchgeführt wurde. Diesem Ausschuss stand der Pädagoge Carleton Washburne voran. Die erste, mehr aus der Not geborene Maßnahme bestand darin, aus den sich damals noch in Gebrauch befindlichen Schulbüchern all diejenigen Seiten zu entfernen, die von der faschistischen Ideologie durchtränkt waren.[10] Was den Geschichtsunterricht betraf, so wurden diejenigen Kapitel der Schulbücher, die sich auf die Zeit nach dem Ersten Weltkrieg bezogen, ab sofort aus dem Unterricht ausgespart, weil darin die meisten Zugeständnisse an die faschistische Ideologie gemacht wurden. Ähnliches galt für die Berücksichtigung der Zeitgeschichte in den Lehrplänen. Laut Lehrplan für die Sekundarstufe I aus dem Jahr 1944 endete die Beschäftigung mit der Geschichte im Jahr 1918. Man räumte jedoch der Initiative der Lehrer einen wichtigen Spielraum ein, ja, man gab ihnen die Möglichkeit oder legte es ihnen sogar nahe, durch die Thematisierung der jüngsten Ereignisse einen pädagogischen, pazifistischen Einfluss auf die Schüler auszuüben:

»Falls der Schüler ihn danach fragen sollte, darf der Lehrer seinen Gegenstand auf aktuelle Vorgänge erweitern, indem er die Ursachen des gegenwärtigen Krieges erklärt sowie die Absurdität, mit Gewalt die drängenden Probleme der Nationen lösen zu wollen, anstatt eine breite und umfassende und brüderliche Verständigung und Zusammenarbeit aller Völker anzustreben, verdeutlicht.«[11]

Der Lehrplan für Geschichte wurde auch an den Gymnasien und an den technischen Schulen um seinen letzten Zeitabschnitt gekürzt. Diese Verstümmelung hörte mit dem Kriegsende nicht auf, sondern sie blieb bis zum Ende der 1950er Jahre wirksam. Für rund fünfzehn Jahre unterblieb die Beschäftigung mit der Zeitgeschichte an italienischen Schulen. Das ergab eine in der italienischen Tradition ungewöhnliche und völlig unbekannte Situation, die langfristige Wirkungen nach sich ziehen musste. Diese Situation stellte übrigens einen Gegensatz zur Entwicklung in der

Bundesrepublik Deutschland dar, wo nach der Besatzungszeit die Beschäftigung mit der unmittelbaren Vergangenheit im Geschichtsunterricht wieder aufgenommen wurde.[12] In Italien hingegen waren Faschismus und Widerstand brennende Themen, über welche die Christdemokraten, nachdem sie die Sozialisten und Kommunisten 1947 aus der Regierung ausgeschlossen hatten, lieber den Mantel des Schweigens ausbreiteten im Sinne einer eher »liberalkonservativen« Sicht. Die sich in der Opposition befindende Linke dagegen forderte die Beschäftigung mit der Zeitgeschichte im Unterricht. Im April 1952 veranstaltete die *Associazione per la Difesa della Scuola Nazionale* eine Tagung in Perugia über den Geschichtsunterricht, an der einige der bekanntesten italienischen Historiker teilnahmen, darunter Udo Guido Mondolfo, Delio Cantimori, Raffaele Pettazzoni, Piero Pieri, Luigi Salvatorelli, Ernesto Sestan, Nino Valeri, Giorgio Spini und nicht zuletzt Benedetto Croce. Die Tagung schloss mit der einstimmig beschlossenen Forderung, die Vermittlung der Zeitgeschichte an den Schulen wieder aufzunehmen. In seinem Tagungsbericht schrieb Ernesto Ragioneri:

»Der Anspruch, die letzten drei Jahrzehnte in eine umstrittene Phase abzusondern, die aus Gründen der Vaterlandsliebe dem historischen Urteil entzogen werden soll, hat dem demokratischen italienischen Staat praktisch die Möglichkeit genommen, die Jugend über die Ursachen seiner Entstehung, über die Kämpfe und die Opfer zu unterrichten, die für seine Errichtung notwendig gewesen sind.«[13]

Ragioneri sah hierin auch eine Ursache für das Aufkommen des Neofaschismus unter den Schülern begründet. Die Beschäftigung mit der italienischen Geschichte sollte daher mit dem Widerstand enden, der, wie Piero Pieri in seinem Tagungsbeitrag postuliert hatte, die geistige Kontinuität des Risorgimento darstellte. Pieri selber hob zur Frage der mangelnden Aktualität des Geschichtsunterrichts hervor:

»Es wird der Einwand erhoben, dass sich die Schule von der Politik fernhalten solle, dass sie weder Zorn noch Eifer fördern dürfe und dass es folglich nicht sinnvoll sei, über Ereignisse, die uns sehr nahe sind, und über Tagesereignisse statt über Geschichte zu sprechen. Dass eine übergeordnete Eintracht ratsam ist, steht außer Zweifel. Aber dies kann nicht ohne klare Anerkennung einer Reihe fundamentaler Prinzipien vonstatten gehen, die die Grundlage unseres politischen und gesellschaftlichen Lebens und unserer moralischen Welt überhaupt darstellen.«[14]

Als die Christdemokraten an der Macht waren, haben sie auf diese Einwände solange ablehnend reagiert,[15] bis sich gegen Ende der 50er Jahre mit dem Abflauen des Kalten Kriegs das politische Klima wandelte, und sich innerhalb der christdemokratischen Partei diejenigen Kräfte durchsetzen konnten, die für eine »Öffnung nach links« eintraten.[16] Vor diesem Hintergrund erließ Kultusminister Giacinto Bosco im November 1960, als die Regierung unter dem christdemokratischen Ministerpräsidenten Fanfani von der Sozialistischen Partei Italiens parlamentarisch toleriert wurde, den ersten Lehrplan, der die Wiedereinführung der Zeitgeschichte im Geschichtsunterricht vorsah: die Pläne für die Gymnasien und Lehrerbildungsanstalten. Im Rahmen der übergeordneten politischen Öffnung warfen sie ein Licht auf die Beziehungen zwischen Widerstand und Verfassung, aber sie schwiegen sich aus über den Begriff des Faschismus, genauso wie über die anderen politischen Ereignisse der ersten Hälfte des Jahrhunderts, indem sie diese zwischen die Eckpunkte der beiden Weltkriege einklammerten: »Die Weltkriege. Der Widerstand. Der Befreiungskampf. Die Verfassung der italienischen Republik. Ideale und Verwirklichung der Demokratie. Untergang des Kolonialismus und neue Staaten in der Welt. Institutionen und Organisationen zur Kooperation der Völker. Europäische Gemeinschaft.«[17] Mit den gleichen Formulierungen wurden danach die Lehrpläne für die anderen Schulformen und -stufen auf den neuen Stand gebracht.[18]

Trotz der Lehrpläne wurde die jüngste Geschichte in dieser ›dunklen Phase‹ jedoch nicht vollständig ausgeblendet, weil sich nicht alle Autoren der Lehrwerke und somit auch nicht alle Verlage an die Vorgaben hielten. Einige Schulbücher, wie das von Fimiani und Monti,[19] oder das von Ferreri,[20] orientierten sich strikt an den Vorschriften, die das Jahr 1918 als Endpunkt bestimmt hatten. Andere Schulbücher hingegen wagten einen vorsichtigen, fast verlegenen Blick in die Zeit danach, allerdings mit bemerkenswerten Auslassungen. Pietro Silva, der bereits im Faschismus ein anerkannter Autor gewesen war, zeichnete ein Panorama der internationalen Politik in der Epoche zwischen den beiden Weltkriegen, ohne den Begriff des italienischen Faschismus zu benutzen.[21] Auch der bekannte Mediävist Raffaello Morghen überschritt die Grenze des Jahres 1919. Im Gegensatz zu Silva jedoch behandelte er die 20-jährige Herrschaft des Faschismus auf nur zweieinhalb Seiten, in denen er sich auf eine explizite Verdammung beschränkte: »Die Taten des Faschismus waren schädlich, da sie das italienische Volk von der Ausübung seiner bürgerlichen Freiheiten entwöhnt haben und weil sie vor keinem Mittel der Korruption und des Zwangs zurückschreckten, um die Diktatur durchzusetzen.«[22] Sowohl Silva als auch Morghen vermieden jedoch, vom Zweiten Weltkrieg zu sprechen.

Andere Schulbücher wiederum behandelten die problematische Zeit ausführlich. Dies gilt etwa für das 1949 veröffentlichte Schulbuch von Nicoló Vivona für die Sekundarstufe I, in dem in einem ausführlichen Anhang (29 Seiten) die Zeit zwischen 1919 und 1949 dargestellt wird. Vivona verwies darauf, dass er auch der Anregung vieler Lehrer gefolgt sei, denen ja laut Lehrplan für die Sekundarstufe I angeraten worden war, den Schülern auf Fragen zur jüngsten Vergangenheit im Unterricht zu antworten. Die Lehrer hatten darauf hingewiesen, dass »die Schüler, sobald sie das Jahr 1918 erreichten, oft und nachdrücklich danach fragten, was *später* passiert wäre [...]. Es handelt sich um eine lange Zeit der Vergangenheit, die sie nicht kennen und an der sie sehr interessiert sind, weil sie sich nur dann in den Rahmen dieser Geschichte einordnen können, soweit sie diese verstehen lernen, wenn auch nur in Ansätzen.«[23]

Im Hinblick auf den Faschismus kritisierte Vivona dessen freiheitsvernichtende Politik. Er stellte die These auf, dass dieser nur eine Klammer in der italienischen Geschichte dargestellt habe, indem er die Distanz der Mehrheit der Italiener zum Faschismus betonte: »Die Italiener glaubten nicht, dass sie für den Faschismus arbeiteten, der als Ausdruck einer vorübergehenden politischen Lage eingestuft wurde, sondern sie glaubten, für das unvergängliche Leben der Nation zu arbeiten.«[24] Auch in Bezug auf den Zweiten Weltkrieg zielte Vivona darauf ab, die Italiener zu entlasten, indem er schrieb, dass sie »stillschweigend gegen den deutschen Krieg« gewesen seien.[25] Vom Widerstand hob er nur seinen Charakter als Befreiungskrieg hervor: »Es entstanden die ersten nationalen Befreiungskomitees und die Partisanenverbände mit dem Ziel, so rasch wie möglich das nationale Territorium zu befreien, um den Vormarsch der Alliierten zu erleichtern.«[26]

Von den weiteren Schulbüchern, die diese Phase behandelten, ist ein Vergleich zwischen zwei Ausgaben für Gymnasien interessant, die sich in ihren weltanschaulichen und historiographischen Ansätzen stark voneinander unterschieden. Das Buch von Picotti und Rossi Sabatini,[27] das 1953 im Verlag *La Scuola* veröffentlicht wurde, war dem katholischen Flügel zuzuordnen. Es behandelte die gesamte Zeit bis zur Drucklegung des Buches in ausführlicher Form. Es sticht hervor, dass aus den Jahren des Faschismus die italienische Aggression gegen Äthiopien eher nachsichtig als ein Feldzug dargestellt wird, der »den Wert der italienischen Kämpfer erglänzen ließ.«[28] Auf den Widerstand bezogen sich die Autoren nur in Andeutungen, ohne den Begriff als solchen zu nennen. Sie definierten ihn stattdessen als einen »Guerillakrieg der Partisanen«, und sie zogen ihn nur in seiner antideutschen Funktion in Betracht.[29]

Armando Saitta wiederum, der als Autor eines Schulbuchs hervortrat, das für mehrere Jahrzehnte sehr erfolgreich gewesen ist, gehörte mehr der politischen Kultur der Linken an. Die erste Ausgabe des dritten Bandes im Jahr 1954 endete mit seinen Betrachtungen am 28. Oktober 1922.[30] Aber schon in der folgenden Ausgabe von 1956 widmete er der Geschichte nach dem Ersten Weltkrieg einen beachtlichen Raum.[31] Sein Urteil über den Faschismus war ein entschieden negatives: In der Einleitung spricht Saitta von den »düsteren Jahren« und von der »absoluten Katastrophe dieser Zeit für den kulturellen und moralischen Fortschritt der Menschheit«.[32] Die Analyse der Innen- und Außenpolitik des Faschismus ist sehr genau dargestellt. Bemerkenswert ist unter anderem, dass sie an den Einsatz von Giftgas auf Seiten der Italiener bei der Eroberung Äthiopiens erinnert[33] – ein Faktum, das bis vor kurzem Gegenstand von Verdrängungen, Auseinandersetzungen und Ableugnungen geblieben ist.

Ausführlich befasste sich Saitta mit dem Widerstand. Er ging, dem Thema angemessen, vom europäischen Rahmen aus und beleuchtete ihn nicht nur in seinem Charakter als Befreiungskrieg, sondern auch als antifaschistischer Kampf:

»Angesichts der Ungeheuerlichkeit des Kampfes und angesichts des Pseudouniversalismus der ›neuen Ordnung‹, die sich mit Gewalt durchsetzen will, zeigt die *Resistenza* weit mehr als die antinapoleonische Guerilla: Sie zeigt die universale Wucht einer neuen Gesellschaft, die in Schmerz und Trauer geboren wird, die die Sehnsucht hat, die Schranke des Nationalismus zu überwinden. Das sind die Prinzipien der Atlantik-Charta und der sozialen Gerechtigkeit, die in die Herzen der demütigen und einfachen Menschen eingegangen sind.«[34]

Aus diesen zwei Schulbüchern treten zwei eindeutig gegensätzliche Positionen über die Bedeutung der *Resistenza* hervor, in denen die politische Bewertung den Unterschied ausmacht.

Befangenheiten im Unterricht der Zeitgeschichte

Während die Wiedereinführung der jüngeren Geschichte in den Lehrplänen von den linken Intellektuellen begrüßt wurde, rief sie auf Seiten der Konservativen Kritik hervor. Sie fürchteten, dass die Zeitgeschichte in den Schulen, die sich politisch neutral zu verhalten hätten, zum Mittel der politischen Propaganda gemacht werden könne.[35] Diese beiden Haltungen mussten sich geradezu zwangsläufig auf das Verhalten der Lehrer niederschlagen. 1970 beobachtete der linke Historiker Guido Quazza:

»Auch heute noch weichen viele Lehrer, ungeachtet der Studentenbewegung, vor einer Diskussion der Politik zurück oder sie zeigen sich sogar empört [...]. Die Zeitgeschichte bringt mehr als andere Disziplinen den Umgang einer Kultur mit der Politik zum Ausdruck.«[36]

Aus einer Reihe ministerieller Untersuchungen, die in den 1980er und frühen 1990er Jahren in der Sekundarstufe durchgeführt wurden, geht ein differenzierteres Bild der Vermittlung von Zeitgeschichte hervor. Obwohl die Lehrer mit ihrem Unterricht in einigen Fällen bis in das Jahr 1945 kamen, oder, noch seltener, bis in die Gegenwart, endete der größte Teil von ihnen mit dem Ersten Weltkrieg und einigen Ausblicken auf den Faschismus.[37]

Ungeachtet dieser Widerstände erlebte die Vermittlung der Zeitgeschichte eine rasche Entwicklung, nicht zuletzt auch unter dem Einfluss des *Istituto per la storia del movimento di liberazione in Italia* (Nationales Institut für die Erforschung der Geschichte der Befreiungsbewegung), das neben der historischen Forschung auch bei der Fortbildung von Lehrern ein intensives Engagement entfaltete. Die Schulbücher passten sich bald den neuen Lehrplänen an, und im Laufe der Jahre verbesserte sich die Darstellung zeitgeschichtlicher Themen erheblich. Bei der Behandlung des Zweiten Weltkriegs erfuhr nun die Vernichtung der Juden eine gebührende Beachtung, wohingegen die Kriegsverbrechen der Italiener weiter fast vollständig ignoriert wurden. Das beherrschende Paradigma blieb der Antifaschismus, allerdings mit erheblichen Schattierungen, die marxistisch, katholisch oder liberal gefärbt waren. So konnte die Zeitgeschichte eine beachtliche Rolle bei der demokratischen Prägung der Bürger Italiens spielen.

Ein Teil der Lehrer war auch technisch überfordert, was viele von ihnen als einen willkommenen Vorwand benutzten: In der letzten Klasse (sowohl der Sekundarstufe I als auch der Sekundarstufe II) musste der gesamte Zeitraum von 1815 bis in die Gegenwart abgedeckt werden, der schlicht zu viele nennenswerte Ereignisse umfasste, um diese eingehend behandeln zu können. Wenn man sich aber ausführlich mit dem 19. Jahrhundert beschäftigte, dem in Italien wegen des *Risorgimento* eine besondere Bedeutung beigemessen wurde, schafften es viele Lehrer nicht, bis in die Gegenwart vorzustoßen und alle Themen zu behandeln.

So ergab sich die Notwendigkeit, dem 20. Jahrhundert mehr Unterrichtszeit einzuräumen. 1986 wurde von der christdemokratischen Kultusministerin Franca Falcucci eine erste Initiative ergriffen, im Rahmen einer allgemeinen Unterrichtsreform in den Klassen neun und zehn die Geschichte der Neuzeit und der Zeitgeschichte anstelle der Antike und des Mittelalters zu lehren. Dieser Vorschlag wurde unter einer Lawine von Polemiken begraben. Wenige Jahre später nahm die Brocca-Kommission eine Neueinteilung der Chronologie der Unterrichtsstoffe für die Sekundarstufe II vor und verlangte im letzten Schuljahr eine ausschließliche Beschäftigung mit dem 20. Jahrhundert. Nun wurden die ersten Lehrpläne entworfen, in denen der Faschismus als eigenständiges Thema vorkam. Es handelte sich zunächst jedoch nur um ein Pilotprojekt, dessen Annahme der Initiative einzelner Schulen überlassen blieb. Erst im Jahr 1996 machte Minister Berlinguer, Mitglied einer Mitte-Links-Regierung, die Behandlung des 20. Jahrhunderts nicht nur im letzten Jahr der Sekundarstufe II, sondern auch in dem der Sekundarstufe I obligatorisch.[38] Dieser Erlass rief eine breite Debatte hervor. Einige der Kritiken waren mehr didaktischer Art, denn sie beklagten die Verminderung der Beschäftigung mit dem *Risorgimento* und dem Mittelalter. Andere Argumente waren mehr politischer Natur: Die Rechte griff wieder auf ihre alten Vorwürfe gegenüber einer politischen Instrumentalisierung der Zeitgeschichte zurück. Einer der einflussreichsten konservativen Journalisten, Indro Montanelli, schrieb seinerzeit: »Gibt es Schulgeschichtsbücher zur Zeitgeschichte, die man als ausgewogen und neutral betrachten kann? Ich kenne sie nicht.«[39] Ein anderer Journalist,

Marcello Veneziani, drückte sich in seiner Antwort an Berlinguer noch deutlicher aus:

»Schauen Sie sich die neuen Schulbücher an. Sie kommen mit einer Verspätung von dreißig Jahren daher, und sie riechen noch nach der Sowjetunion und dem maoistischen China. Und man sieht noch keine Spuren dessen, was man, zu Recht oder auch nicht, den historiographischen Revisionismus der letzten dreißig Jahre genannt hat. Ich spreche von Renzo De Felice, Romeo, von Furet und von Sternhell, von Nolte und Hillgruber. [...] Es besteht die Gefahr, dass Ihre gute Idee, das 20. Jahrhundert zu lehren, eine schlimme Folge zeitigen wird: die Rückkehr einer ideologischen und manichäischen Geschichtsbetrachtung.«[40]

Diese Wiederaufnahme einer wohl bekannten Polemik vollzog sich allerdings in einem veränderten politischen Kontext, der ihr notwendigerweise eine neue Bedeutung verleihen und neue Ergebnisse nach sich ziehen musste. Mit dem Ende des Herrschaftssystems, das auf der Macht der Christdemokraten und der Sozialistischen Partei Italiens begründet gewesen war, die dann aber zu Beginn der 1990er Jahre im Rahmen von Korruptionsskandalen hinweggefegt wurden, stiegen auf der Rechten zwei neue politische Bewegungen auf: die *Forza Italia* des Unternehmers Silvio Berlusconi und die *Alleanza Nazionale*, die das Erbe der neofaschistischen Partei *Movimento Sociale Italiano* angetreten und eine Erneuerung durchlaufen hatte. Die *Alleanza Nazionale* hat dabei ihre direkten politischen Bezüge auf den Faschismus in den Hintergrund gedrängt (wenn auch nicht die Sehnsucht nach ihm), was 1994 zu ihrer Regierungsbeteiligung in einer Koalition mit der *Forza Italia* geführt hat. Dies bedeutete das Ende des so genannten Verfassungsbogens (dieser umfasste all diejenigen Parteien, die 1946 in der verfassungsgebenden Versammlung vertreten gewesen waren und ihre Nachfolger), der sich – wenn auch mit starken Binnengegensätzen – auf den Antifaschismus bezogen hatte, und aus dessen Reihen bis zuletzt die Regierungen der Republik gestellt worden waren.

Dieser politische Wandel musste zwangsläufig eine kulturelle Umkehr, das heißt eine offizielle Revision der Verurteilung des Faschismus, nach sich ziehen, die bislang die Kultur des Geschichtsunterrichts in der Schule maßgeblich geprägt hatte. Der Wandel ging einher mit einer Verurteilung des Kommunismus und des Widerstands. Aus diesem Grund bezog sich Veneziani auf die revisionistische Geschichtsschreibung und nicht zufällig veröffentlichte er kurz nach dem Sieg der Mitte-Rechts-Koalition in einer Wochenzeitung, die unter seiner Leitung herausgegeben wird, ein Dossier, in dem er nicht nur die spärlichen Kenntnisse der italienischen Jugendlichen über die jüngste Vergangenheit beklagte, sondern auch den Tatbestand, dass die Mehrheit der Autoren von Geschichtslehrwerken Parteigänger der Linken seien. Nach Aldo Mola seien diese Werke offensichtlich mangelhaft, wegen ihres »Opportunismus und ihrer Servilität gegenüber dem ideologischen Regime, das seit Jahrzehnten herrscht: dem Katho-Kommunismus« [»cattocomunismo«].[41] Und in der gleichen Zeit erklärte der Vorsitzende der *Alleanza Nazionale*, Gianfranco Fini, dass Mussolini der größte Staatsmann des Jahrhunderts gewesen sei.[42]

Der Angriff auf das antifaschistische Paradigma

Die Auseinandersetzung über die Vermittlung der Zeitgeschichte in den Schulen eskalierte am 9. November 2000 zu einer vehement geführten Debatte, als der Rat der Region Latium unter Vorsitz seines Präsidenten Francesco Storace, einem Vertreter der *Alleanza Nazionale*, die Einrichtung einer Kommission zur Begutachtung der Schulgeschichtsbücher mit der Begründung beschloss, dass viele Bücher wichtige Seiten der italienischen Geschichte verfälschten oder übergingen. Das nähre »in künstlicher Weise die Auseinandersetzung zwischen den Generationen, die schon viel zu lange andauere und die den Wiederaufbau einer gemeinsamen nationalen Identität aller italienischen Bürger und die Durchsetzung eines authentisch und friedlich begründeten nationalen Bewusstseins verhindere.« Daher sollte der Rat beschließen, solche Autoren zu finanzieren, »die neue Schulbücher und/oder allgemeine Grundlagentexte ausarbeiten wollen, die dann in das Bildungswesen eingefügt und/oder kostenlos an Familien verteilt werden sollen«.

Im Hinblick auf die umstrittenen Ereignisse, auf die sich der Antrag bezog, empfiehlt sich ein Blick auf die Broschüre »Als die Geschichte zu einer linken Fabel wurde« (»Quando la storia diventa una favola [...] sinistra!«),[43] die kurz vorher von der *Azione Studentesca* publiziert worden war, einer Organisation, die mit der *Alleanza Nazionale* affiliiert ist. In diesem Heft wurden verschiedene Lehrwerke kritisiert, die angeblich die

Geschichte verfälschten und mit Auslassungen darstellten. Die Hauptzielscheibe der Angriffe war eines der meist verkauften Geschichtsbücher in Italien, die linksorientierte Publikation von Camera/Fabietti, der vorgeworfen wurde, sie habe die Frage der »Foibe« [Höhlen] unterbewertet und negiere die ethisch-politische Gleichwertigkeit zwischen den Anhängern der *Republik von Salò* und den Partisanen. Die »Foibe« sind Höhlen in der Nähe von Triest, in denen kurz nach dem Ende des Krieges durch jugoslawische Partisanen im Rahmen einer Politik, die zum Anschluss dieses Gebietes führen sollte, einige Tausend Italiener »beseitigt« wurden, einerlei ob diese nun Faschisten waren oder nicht. Dieser Vorgang wurde zum Dauerthema des italienischen Neofaschismus, der die Perspektive der circa 300000 italienischen Flüchtlinge hochhielt, die Istrien und Dalmatien verlassen mussten. Es handelte sich um ein Ereignis, dem in den italienischen Schulgeschichtsbüchern in der Tat bisher wenig Beachtung geschenkt worden ist. Der Angriff der Jugendlichen der *Alleanza Nazionale* auf das Buch von Camera/Fabietti ging in diesem Fall jedoch voll am Ziel vorbei, denn es handelt sich hierbei um eine Publikation, die dem Geschehen der »Foibe« nun wirklich breiten Raum einräumt und die Verflechtung der Verantwortlichkeiten punktuell rekonstruiert, ohne die jugoslawischen Partisanen auszusparen.[44] In einem zweiten Punkt jedoch war die Kritik an dem Buch zutreffend, denn darin hieß es:

»Soweit der Anspruch einer ethisch-politischen Parität der beiden kämpfenden Parteien [den Anhängern der *Republik von Salò* und den Partisanen] betroffen ist, muß man erkennen, [...] daß auf der einen Seite für die Freiheit gekämpft worden ist und auf der anderen Seite für den Totalitarismus und die Sklaverei. Man darf daher nicht behaupten, dass auf der einen Seite für die Konzentrationslager und auf der anderen Seite für den Gulag gekämpft wurde, denn die Lager waren, erstens, nur die extremste, aber zugleich logische und notwendige Folge eines Regimes, das auf der Ungleichheit der Menschen sowie auf der Unterdrückung und Auslöschung der ›niederen Rassen‹ aufbaute, aber auch auf der Versklavung der ›Untermenschen‹, wohingegen der Kommunismus grundsätzlich das Ziel der Gleichheit als Vorbedingung der Freiheit anstrebte [...]. Zweitens haben die militanten italienischen Kommunisten sicher nicht für den Import der Gulags nach Italien gekämpft, sondern um Ungerechtigkeiten und Privilegien zu beseitigen.«[45]

Dies war eine sehr klare Position, die aber nichts anderes als die Haltung des Antifaschismus widerspiegelte. Der Antrag des Regionalrates stellte dagegen eine Initiative dar, die sowohl auf einer inhaltlichen als auch auf einer formalen Ebene einen klaren Bruch mit dieser Vergangenheit herbeizuführen beabsichtigte. Im Hinblick auf erstere ist die Forderung nach einer »nationalen Befriedung« signifikant, das heißt, die Verurteilung des Faschismus und insbesondere die der *Republik von Salò* sollte überwunden werden. Stattdessen wird die Schaffung einer kollektiven Identität nationalen Typs ohne direkte politische Konnotationen angestrebt, die auch diejenigen einschließen soll, die auf der ›falschen Seite‹ gekämpft haben. Der Antifaschismus wird also nicht länger als Gründungsgedanke der Republik betrachtet, sondern als Element der Spaltung. Es ist jedoch darauf hinzuweisen, dass eine nationale Befriedung unter Wiedereinbindung vieler ehemaliger Anhänger der *Republik von Salò* (nicht des Faschismus!) nicht nur ein Projekt der Rechten darstellt, sondern auch von politischen Exponenten unterstützt wird, die dem antifaschistischen Lager entstammen, wie der gegenwärtige Staatspräsident Carlo Azeglio Ciampi. Dieser betonte am 14. Oktober 2001 in einer Rede in Luzzano in Belvedere, dass der Begriff des Vaterlandes auch die Anhänger von *Salò* einschließe: »Heute, mit der Distanz eines halben Jahrhunderts, müssen wir sagen dürfen, dass viele Jugendliche, die damals unterschiedliche Entscheidungen getroffen haben, von einem gemeinsamen Gefühl angetrieben waren. Sie glaubten, auf gleiche Weise der Ehre des eigenen Vaterlandes zu dienen.«

Auf formaler Ebene bedeutete der Antrag des Regionalrats, der die Herausgabe von Schulbüchern der politischen Kontrolle unterstellte, einen schwerwiegenden Eingriff in das Bildungswesen, und er kann den ersten Schritt in Richtung einer Wiedereinführung der ministeriellen Kontrolle von Schulbüchern darstellen, die in Italien 1947 abgeschafft worden ist.[46] Die Reaktionen auf die Maßnahmen in der Region Latium fielen sehr heftig aus. Es kam zu Protestaktionen der linksgerichteten Lehrerverbände und Studentenvereinigungen, Stellungnahmen von Intellektuellen, einer ausführlichen Berichterstattung in der Presse sowie Debatten, die im Fernsehen übertragen wurden. In einer Parlamentsdebatte bekräftigte der amtierende Ministerpräsident, Giuliano Amato, die Freiheit des Bildungswesens, die infolge des Artikels 33 der Verfassung garantiert sei. Angesichts dieser Protestwelle und in Anbetracht der im Frühling 2001 anstehenden Wahlen hielten es die Führer der Mitte-Rechts-Koalition für opportun, die fragliche Initiative zunächst aufzuschieben. Aber aller Wahrscheinlichkeit nach hat die Sache damit noch kein Ende gefunden. Dazu kommt dem Geschichtsunterricht in den italienischen Schulen eine zu große gesellschaftspolitische Bedeutung zu.

Anmerkungen

1 Il libro della III classe elementare. Religione – Grammatica – Storia – Geografia – Aritmetica, Roma, La Libreria dello Stato, 1942 (der Teil für Geschichte stammt von Ezio Bonomi), S. 128.
2 Ebd., S. 127.
3 Vgl. Gianni di Pietro, Da strumento ideologico a disciplina formativa. I programmi di storia nell'Italia contemporanea, Milano 1991, S. 43–52.
4 Ebd., S. 218 f.
5 Ebd., S. 298.
6 Ebd., S. 344.
7 Für das Abitur an humanistischen und naturwissenschaftlichen Gymnasien war als letztes historisches Thema vorgesehen:»Der Erste Weltkrieg 1914–1918. Wirtschaftliche und ideologische Kräfte. Die neue Ordnung der bürgerlichen Welt.« Ebd., S. 360.
8 Ebd., S. 384.
9 Vgl.»Approvazione degli orari e dei programmi d'insegnamento per la scuola media«, Königlicher Erlaß vom 30. Juli 1940, in: Di Pietro, Da strumento ideologico [wie Anm. 3], S. 391.
10 Vgl. Sotto-Commissione dell'Educazione della Commissione alleata in Italia, La Politica e la legislazione scolastica in Italia dal 1922 al 1943, con cenni introduttivi sui periodi precedenti e una parte conclusiva sul periodo post-fascista, 1947, S. 389.
11 Piano di studi per la scuola media inferiore, Milano 1958, hier zit. nach Di Pietro, Da strumento ideologico [wie Anm. 3], S. 397 f.
12 Siehe zum Beispiel Norbert Lübke, Geschichtsstoffplan für Volks- und Mittelschulen nach den ministeriellen Richtlinien des Landes Nordrhein-Westfalen, Dortmund 1949, und »Grundsätze zum Geschichtsunterricht« (Beschluß der Kultusministerkonferenz vom 17. 12. 1953).
13 Ernesto Ragioneri, I manuali di storia nelle scuole italiane, in: Società 8 (1952), S. 334.
14 Ebd., S. 338.
15 Vgl. Di Pietro, Da strumento ideologico [wie Anm. 3], S. 102.
16 Ebd., S. 106.
17 Nuovi programmi per l'insegnamento della storia nei licei classici, nei licei scientifici e negli istituti magistrali, hier zit. nach Di Pietro, Da strumento ideologico [wie Anm. 3], S. 402 f.
18 Ebd., S. 403–406.
19 Vgl. Raffaele Fimiani/Antonio Monti, Storia della civiltà europea, volume terzo ad uso dei Licei classici e scientifici e degli Istituti magistrali, Milano 1953.

20 Alberto Ferreri, I tempi e la civiltà, corso di storia per la scuola media inferiore e per le scuole d'avviamento professionale a indirizzo commerciale, seconda edizione, rivista e corretta, terzo volume, terza edizione, Brescia 1952.
21 Pietro Silva, Corso di storia ad uso dei Licei classici e scientifici, III, Milano/Messina 1951.
22 Raffaello Morghen, Civiltà europea, corso di storia per le scuole medie superiori. Età contemporanea, Palermo 1951, S. 292.
23 Vgl. Nicolò Vivona, Res gestae. Corso di storia con atlantino storico. Volume terzo per il terzo anno della scuola media. Dal Settecento al Novecento, Pisa/Roma 1949, S. 259.
24 Ebd., S. 269.
25 Ebd., S. 274.
26 Ebd., S. 280.
27 Giovanni B. Picotti/Giuseppe G. Rossi Sabatini, Lineamenti di storia, per i licei classici e scientifici e per gli istituti magistrali, Volume III. Età contemporanea III edizione riveduta, Brescia 1953.
28 Ebd., S. 306.
29 Ebd., S. 322 f.
30 Armando Saitta, Il cammino umano, corso di storia ad uso dei licei, Bd. 3, Firenze 1954, S. 908.
31 Ebd., S. 869–943.
32 Ebd., S. 869.
33 Ebd., S. 912.
34 Ebd., S. 928 f.
35 Vgl. Scipione Guarracino, La realtà del passato. Saggi sull'insegnamento della storia, Milano 1987, S. 108 f.; und Giacomo Martina, Insegnamento democratico, in: Studio e insegnamento della storia, Roma 1969, S. 80.
36 Guido Quazza, La storia contemporanea nella scuola italiana, in: Libri di testo e Resistenza. Atti del convegno tenuto a Ferrara il 14–15 novembre 1970, Roma 1971, S. 28 f.
37 Giuseppe Romaniello, Esiti dell'indagine ispettiva sull'insegnamento della storia contemporanea e dell'educazione civica nella scuola media, in: Ministero della pubblica Istruzione – Direzione Generale dell'Istruzione Secondaria di Primo Grado, Educazione civica e insegnamento della storia per la crescita della coscienza democratica, Roma 1995, S. 33.
38 Vgl. Decreto del Ministero della Pubblica Istruzione, Nr. 682 vom 4. November 1996.
39 La stanza di Montanelli, in: Corriere della Sera vom 5. Oktober 1996.
40 Novecento, in: Epoca vom 18. Oktober 1996.
41 Aldo M. Mola, Fatti e misfatti dei manuali di storia, in: Italia settimanale vom 4. Mai 1994, S. 44 f.
42 Il migliore resta Mussolini, in: La Stampa vom 1. April 1994.
43 Der Begriff »sinistra« im italienischen Original ist doppeldeutig und meint neben »links« auch »verhängnisvoll«.
44 Augusto Camera/Renato Fabietti, Elementi di storia. XX secolo, Bologna ^{4}1999, S. 1564–1568.
45 Ebd., S. 1574 f.
46 Momentan vollzieht sich die Auswahl von Schulbüchern in Italien in einem ebenso transparenten wie demokratischen Verfahren: Die Autoren und Verleger entschei-

den frei darüber, was sie schreiben, während die Auswahl unter den verschiedenen Schulbüchern, die auf dem Markt sind, von Kommissionen, jeweils für einzelne Stufen, vorgenommen wird, die sich aus Lehrern, Vertretern der Eltern und – in der Sekundarstufe II – Vertretern der Schüler zusammensetzen.

Susanne Petersen
Geschichtspolitik in japanischen Schulbüchern

Am 11. März 2001 erschien in der »Süddeutschen Zeitung« unter der Überschrift »Schulbuchverlag beugt sich der Kritik« ein kleiner Artikel über das vom Cornelsen-Verlag herausgegebene Geschichtsbuch »Menschen – Zeiten – Räume«. Das Schulbuch war von der Gewerkschaft Erziehung und Wissenschaft (GEW) sowie der Israelitischen Kultusgemeinde in München dahingehend kritisiert worden, dass im Kapitel über den Nationalsozialismus der der NS-Terminologie zuzurechnende Begriff »Judenfrage« nicht in Anführungszeichen gesetzt und die Perspektive der Opfer der Judenverfolgung nicht angemessen berücksichtigt worden seien. Der Cornelsen-Verlag habe auf diese Kritik mit einer Überarbeitung des Schulbuchs reagiert, in die auch Anregungen der Israelitischen Kultusgemeinde eingeflossen seien. Das Erscheinen der überarbeiteten Neuauflage sei bereits einen Tag vor Abdruck des Artikels vom bayerischen Kultusministerium bestätigt worden.

Nur wenige Tage nach der Veröffentlichung des oben erwähnten Artikels geriet auch in Japan ein Geschichtslehrbuch in den Blickpunkt der öffentlichen Aufmerksamkeit.[1] Es handelte sich dabei um ein für den Gebrauch in den Klassen sieben bis neun konzipiertes Schulbuch, das von der Ende 1996 gegründeten »Gesellschaft zur Schaffung neuer Geschichtslehrbücher« herausgegeben wird. Die für ihre nationalistischen Ansichten bekannten Mitglieder der »Gesellschaft«, wie zum Beispiel der Publizist Nishio Kanji oder der Erziehungswissenschaftler Fujioka Nobukatsu, hatten schon im Vorfeld des staatlichen Schulbuchzulassungsverfahrens keinen Hehl aus ihrer Absicht gemacht, mit ihrem Buch die japanische Geschichte umschreiben und den Schülern wieder mehr Stolz auf ihr Land vermitteln zu wollen. Demgegenüber warfen Mitglieder führender japanischer Historikerverbände oder des »Kinder- und Schulbuch-Netzwerks 21« dem Buch vor allem in Bezug auf die Darstellung der japanischen Kolonialherrschaft in Korea oder japanischer

Kriegsverbrechen in China Unausgewogenheit, mangelnde Berücksichtigung der Opferperspektive sowie einen revisionistischen Unterton vor. Auf einer Pressekonferenz in Tôkyô Mitte März sprachen sich bekannte Persönlichkeiten wie der Literaturnobelpreisträger Ôe Kenzaburô klar gegen die Zulassung des Buchs aus.

Trotz dieser vielstimmigen Kritik erteilte das japanische Erziehungsministerium dem Geschichtsbuch Anfang April 2001 die Zulassung für den Gebrauch an Schulen, nachdem es die Autoren bei 137 Textstellen zu geringfügigen Revisionen gezwungen hatte. Die darauf folgenden Reaktionen von Medien und öffentlicher Meinung im In- und Ausland fielen ungleich heftiger aus als im eingangs beschriebenen deutschen Fall: Japanische Kritiker bemängelten die unzureichenden Korrekturen im Text und forderten eine erneute Prüfung. Der chinesische Außenminister bestellte den japanischen Botschafter in Peking ein, um ihn auf die negativen Auswirkungen der Zulassung eines solchen Schulbuchs auf die chinesisch-japanischen Beziehungen hinzuweisen. Südkorea ging sogar so weit, aus Protest gegen die Entscheidung des Erziehungsministeriums seinen Botschafter in Tôkyô vorübergehend abzuberufen.

Dass die öffentliche Debatte um Schulbuchinhalte in Japan mit härteren Bandagen geführt und von größerer Aufmerksamkeit der Medien und des Auslands begleitet wird als in Deutschland, hat vielfältige Ursachen, die hier aus Platzgründen nur sehr verkürzt wiedergegeben werden können. Da ist zum einen der in Japan weniger stark ausgeprägte gesellschaftliche Konsens über die angemessene Betrachtungsweise der Geschichte des 20. Jahrhunderts und der Rolle, die das eigene Land darin gespielt hat. Vertreter extremer Positionen wie die der »Gesellschaft zur Schaffung neuer Geschichtslehrbücher« provozieren naturgemäß ebenso extreme Reaktionen, zumal diese sich in Japan eben nicht nur am Rande der Gesellschaft finden, sondern genauso unter hochrangigen Wissenschaftlern, Intellektuellen und nicht zuletzt auch innerhalb der regierenden Liberal-Demokratischen Partei (LDP). Wäre dies nicht so, könnte ein so umstrittenes Schulbuch wie das der »Gesellschaft« – mit dem das Lehrbuch »Menschen – Zeiten – Räume« des nationalistischer Umtriebe völlig unverdächtigen Cornelsen-Verlags keinesfalls in einen Topf geworfen werden darf – wohl kaum seinen Weg bis in die Klassenzimmer finden.

Als weitere Ursache kann sicherlich auch der Charakter des japanischen Verfahrens zur Zulassung von Schulbüchern bezeichnet werden. Dieses weist zwar formal gewisse Ähnlichkeiten mit den von deutschen Kultusministerien praktizierten und hierzulande auch oft genug kritisierten Verfahren auf. In Japan tritt jedoch das Erziehungsrecht der Eltern stärker hinter das des Staates zurück als in der Bundesrepublik; Partizipationsmöglichkeiten für Lehrer, Schüler und Eltern am Zulassungsverfahren und der Festlegung der Lehrinhalte sind – wenn überhaupt vorhanden – deutlich schwächer ausgeprägt. Hinzu kommt, dass die föderale Struktur der Bundesrepublik sowie häufiger auftretende Regierungswechsel auf Bundes- und Länderebene bisher dafür gesorgt haben, dass die Erziehungspolitik nie flächendeckend und über einen längeren Zeitraum hinweg von nur einer Partei dominiert werden konnte. In Japan dagegen war das Erziehungswesen und damit auch die Kontrolle der Schulbuchinhalte über fast die gesamte Nachkriegszeit hinweg ausschließlich Sache der »ewigen« Regierungspartei LDP, was der Kritik der dauerhaft unterrepräsentierten Interessengruppen zusätzliche Schärfe verliehen haben mag.

Auch wenn die Liste der oben skizzierten Gründe keineswegs vollständig ist: Tatsache bleibt, dass das Problem der Kontrolle von Schulbuchinhalten und deren Legitimation in Japan ein wesentlich höheres Konfliktpotential aufweist als in Deutschland. Aber worum genau wird dort eigentlich gestritten? Welche Passagen oder Formulierungen gerade in Geschichtsbüchern sind es, die immer wieder die Gemüter erhitzen und das Verhältnis Japans zu seinen asiatischen Nachbarländern belasten? Wird das Schulbuchzulassungsverfahren tatsächlich von konservativen Politikern dazu missbraucht, die dunklen Flecken der japanischen Geschichte schönzuschreiben, um so eine affirmative Haltung der Schüler zur Nation, zum Staat und seinen Repräsentanten zu fördern? Sind Schulbücher in Japan damit ein Mittel staatlicher »Geschichtspolitik«?

Da japanische Schulbücher üblicherweise nicht in deutscher oder englischer Übersetzung vorliegen, sind die um diese Fragen und Vorwürfe kreisenden Auseinandersetzungen für den interessierten Laien nur schwer nachvollziehbar. Aufgabe des vorliegenden Beitrags soll es daher sein, in knapper Form die Entwicklung der japanischen Schulbuchpolitik anhand der gesellschaftlichen Kontroverse um die Schulbuchinhalte nachzuzeichnen und mit ausgewählten Zitaten aus verschiedenen Geschichtslehrbüchern für die japanische Oberschule – dies entspricht den Jahrgängen zehn bis zwölf an deutschen Schulen – Tendenzen der staatlichen Zulassungspraxis aufzuzeigen.[2]

Die liberale Phase während der Besatzungszeit

Unmittelbar nach dem Zweiten Weltkrieg unterlag das gesamte Erziehungswesen in Japan der Aufsicht der amerikanischen Besatzungsmacht, die sich zum Ziel gesetzt hatte, alle militaristischen und ultranationalistischen Elemente aus dem Schulunterricht zu entfernen. Der Unterricht in dem neben Moralkunde ideologisch am stärksten belasteten Fach Geschichte wurde vorübergehend ausgesetzt, während eine Gruppe japanischer Experten im Auftrag der Besatzungsbehörden an einem neuen Geschichtslehrbuch arbeitete. Dieses Buch, das den Aspekt der Erziehung zur Demokratie berücksichtigen sollte, erschien im September 1946 unter dem Titel »Der Weg der Nation«. Es war seit mehr als sechzig Jahren das erste Lehrbuch, das die japanische Geschichte nicht mit dem mythologischen Zeitalter der Götter, sondern mit einer Darstellung der Steinzeit beginnen ließ. Der zu den Autoren von »Der Weg der Nation« gehörende Historiker Ienaga Saburô äußerte später, bis auf einen einzigen Kritikpunkt der Besatzungsbehörden hätten weder diese noch das Erziehungsministerium sich in den Entstehungsprozess des Buches eingemischt, beide Parteien hätten vielmehr alles der freien Vorstellung der Wissenschaftler überlassen.[3]

Die »Eiszeit der Schulbücher«

Die anfänglich liberale Praxis der Schulbuchzulassung wich jedoch nach dem Ende der Besatzungszeit 1952 einer immer restriktiveren Handhabung. Dies war zum Teil eine Reaktion auf die als zu weitgehend und fremdartig empfundenen Reformen der Besatzungsbehörden. Zum Teil wurde die Rücknahme vieler Reformen im Erziehungssystem aber auch durch die Befürchtung der konservativen Regierung motiviert, die den linken Parteien nahe stehende Lehrergewerkschaft *Nikkyôsô* könnte zu viel Einfluss auf die Schulbücher gewinnen und diese zur Verbreitung kommunistischer Ideologie missbrauchen. Führende Vertreter konservativer Parteien wie der spätere Ministerpräsident Ikeda Hayato beklagten zudem eine zu starke Betonung des Pazifismus und setzten sich dafür ein, Kindern und Jugendlichen stattdessen wieder mehr Vaterlandsliebe und die Notwendigkeit der Landesverteidigung nahe zu bringen.[4]
Dass die Regierung beziehungsweise die direkt dem Erziehungsministe-

rium unterstellten Schulbuchprüfer in den folgenden Jahrzehnten das Zulassungsverfahren gezielt dazu nutzten, antimilitärische Standpunkte zu unterdrücken und dafür den Aspekt der Vaterlandsliebe zu betonen, lässt sich leider kaum zweifelsfrei beweisen. Denn bis in die jüngste Zeit wurden die Ergebnisse des Zulassungsverfahrens einschließlich der Änderungsbegehren den betroffenen Autoren lediglich mündlich vorgetragen; Aufzeichnungen existierten in der Regel nicht. Analysiert man jedoch die kleinen Veränderungen, die die Texte einiger Geschichtsbücher nach einer Neuauflage aufwiesen, so schält sich spätestens mit dem Beginn der 60er Jahre die Tendenz heraus, den Staat und seine Entscheidungen hinterfragende Passagen sowie realistische Beschreibungen von Kriegsgräueln zu unterbinden und den Gebrauch des Wortes »Krieg« überhaupt einzuschränken.

So heißt es zum Beispiel in der 1960 im Jikkyô-Verlag erschienenen zweiten Auflage von Nishioka Toranosukes »Japanische Geschichte für die Oberschule« im Abschnitt über den Mandschurischen Zwischenfall: »Die Regierung verkündete das Prinzip der Nichtausweitung, dennoch weitete sich der Zwischenfall von Tag zu Tag mehr aus.«[5] In der ersten, 1956 erschienenen Auflage hatte noch »[...] weitete sich der Krieg von Tag zu Tag mehr aus«[6] gestanden.

Auffällig oft ist in der zweiten Auflage auch von »unserer Armee« die Rede, während in der ersten Auflage an den gleichen Stellen nur der Ausdruck »die japanische Armee« zu finden ist. So steht in der Auflage von 1956 im Abschnitt über den japanisch-chinesischen Krieg die folgende Passage: »Sie [die Regierung] begann im August den Krieg auch in Shanghai, woraufhin See- und Luftstreitkräfte die chinesische Hauptstadt Nanking bombardierten und an allen Fronten den Krieg gegen China eröffneten. Bis zum Ende des Jahres besetzte die japanische Armee das Gebiet des nördlichen China und am 13. Dezember die Stadt Nanking.« Dagegen lautete dieselbe Passage in der vier Jahre später erschienenen, überarbeiteten Neuauflage: »Im August erstreckte sich das Feuer des Krieges auch auf Shanghai, woraufhin See- und Luftstreitkräfte die chinesische Hauptstadt Nanking bombardierten. Die Situation entwickelte sich zu einem Krieg gegen China an allen Fronten. Bis zum Ende des Jahres besetzte unsere Armee das Gebiet des nördlichen China und am 13. Dezember die Stadt Nanking.«

In der 1968 erschienenen vierten Auflage desselben Geschichtsbuchs heißt der betreffende Abschnitt nicht einmal mehr »japanisch-chinesischer Krieg«, sondern nur noch »japanisch-chinesischer Zwischenfall«.[7] Der Text lautet hier: »Im August erstreckte sich das Feuer des Krieges auch auf Shanghai und entwickelte sich zu einem Krieg gegen China an allen Fronten. Bis zum Ende des Jahres besetzte unser Land das Gebiet des nördlichen China und am 13. Dezember die Stadt Nanking.«

Ganz ähnliche Veränderungen erfuhr auch der Text des 1955 im Verlag Sanseidô erstmals erschienenen Schulbuchs »Neue japanische Geschichte«, das der bereits erwähnte Historiker Ienaga Saburô verfasst hatte. Am auffälligsten ist dabei der Wechsel von der zweiten, 1956 erschienenen Auflage zur dritten Auflage von 1959, dem hauptsächlich solche Passagen zum Opfer fielen, die entweder die Armee kritisch und den Krieg als sinnlos und vermeidbar schildern oder aber die Leiden der Opfer erwähnen. So findet sich zum Beispiel in der Ausgabe von 1956 am Ende des Kapitels »Die Tragödie des Pazifischen Krieges« ein Abschnitt, der mit »Die Isoliertheit Japans« überschrieben ist und der das Konzept der »Großostasiatischen Wohlstandssphäre« kritisiert: »Unter dem Vorwand, die Völker Ostasiens von der europäischen und amerikanischen Präsenz zu befreien und eine ›Großostasiatische Wohlstandssphäre‹ zu errichten, machte sich die japanische Regierung vielmehr daran, diese Völker unter die eigene Herrschaft zu zwingen.«[8] Dieser Satz sowie der ganze Rest des Abschnitts sind in der späteren Ausgabe von 1959 nicht mehr auffindbar.

Hieß es 1956 im selben Kapitel noch »[...] und geblendet von den ersten Siegen Deutschlands stürzte die japanische Armee das sich widersetzende Kabinett Yonai Mitsumasas, schloss mit Deutschland und Italien den Dreimächtepakt und brachte ihre feindliche Gesinnung gegenüber den demokratischen Staaten offen zum Ausdruck«, so wurde daraus in der Ausgabe von 1959 »[...] schloss das Kabinett Konoe Fumimaros mit Deutschland und Italien den Dreimächtepakt, was zur Entstehung der Achse Berlin-Rom-Tôkyô führte«. Auch ein weiterer Absatz, in dem Ienaga von den »selbst in vielen Jahren nicht heilbaren Wunden« schreibt, die Japan den anderen asiatischen Völkern zugefügt hat, taucht in der dritten Auflage nicht mehr auf.

Als Ienagas »Neue Japanische Geschichte« 1964 zweimal nur eine bedingte Zulassung erhielt mit der Auflage, jeweils etwa 300 Textstellen abzuändern, entschloss sich der Historiker zu einer Schadensersatzklage gegen den Staat. Dieser erste Schulbuchprozess begann im Juni 1965 und endete 1993. Einen zweiten Prozess strengte Ienaga 1967 an, um die erneute Ablehnung seines Schulbuchmanuskripts aufheben zu lassen, ein dritter Prozess dauerte von 1984 bis 1997. In den mehr als dreißig Jahren gerichtlicher Auseinandersetzung mit dem Staat wurden Ienaga zwar mehrmals gewisse Summen Schadensersatz zugesprochen, sein eigentliches Ziel aber – die Verfassungswidrigkeit der Schulbuchzulassung und den Vorrang des elterlichen Erziehungsrechts vor dem des Staates nachzuweisen – erreichte er nicht. Dennoch wurde er zum Motor einer Schulbuchbewegung, deren Kern der 1965 gegründete »Nationale Verband zur Unterstützung der Schulbuchprozesse« bildete. Dieser Verband, dem zahlreiche Historiker, Erziehungswissenschaftler, Juristen und Lehrer beitraten, hatte zu Beginn der 90er Jahre 25 000 Einzel- und 2100 Gruppenmitglieder. Er löste sich ein Jahr nach dem Ende des dritten Ienaga-Schulbuchprozesses auf; seine Arbeit wird jedoch fortgeführt von dem 1998 gegründeten, bereits im Einführungsteil erwähnten Kinder- und Schulbuchnetzwerk 21.

Trotz der öffentlichen Aufmerksamkeit, die den Ienaga-Schulbuchprozessen zuteil wurde, sollte sich während der 60er und 70er Jahre an der Praxis des Zulassungsverfahrens und damit auch an der Qualität der Lehrbuchtexte nicht viel ändern. Diese Periode wird darum von dem der Schulbuch-Bewegung zuzurechnenden Schriftsteller Tokutake Toshio auch als »Eiszeit der Schulbücher« bezeichnet.[9]

Die 1980er und frühen 90er Jahre

Erst gegen Ende der 70er Jahre begann das »Eis« langsam zu schmelzen. Festmachen lässt sich eine Veränderung vor allem daran, dass nach und nach Begriffe in den Schulbuchtexten auftauchten, die in den vorangegangenen Jahrzehnten überhaupt nicht verwendet wurden. Ein Beispiel dafür ist die Darstellung der Verbrechen an der chinesischen Zivilbevölkerung, die die japanische Armee während der Besetzung der Stadt Nanking im Winter 1937/38 begangen hatte. Wie an den oben zitierten Textstellen ersichtlich, wurde in den ersten Jahrzehnten nach Kriegsende häufig nur die Besetzung oder Bombardierung der Stadt erwähnt oder bestenfalls der euphemistische Ausdruck »Zwischenfall von Nanking« gebraucht. Erst 1978 enthält Ienagas revidierte »Neue japanische Geschichte« den Ausdruck »Massaker von Nanking«, wenige Jahre später folgen auch andere Lehrbücher wie die im Jikkyô-Verlag erschienene

»Japanische Geschichte für die Oberschule« von Miyabara Takeo oder eine von Bitô Masahide verfasste »Japanische Geschichte« des Verlags Tôkyô shoseki.

Ab Mitte der 80er Jahre findet auch erstmals die Tatsache Erwähnung, dass einheimische Zivilisten von Angehörigen der japanischen Armee während der Schlacht um Okinawa zum Gruppenselbstmord gezwungen oder sogar direkt getötet worden waren. Mit dem Beginn der 90er Jahre wird in einigen Lehrbüchern auch die Einheit 731 thematisiert, die in der Mandschurei nahe der Stadt Harbin stationiert war und bis zum Kriegseintritt der Sowjetunion im August 1945 biologische Experimente an größtenteils chinesischen oder russischen Gefangenen durchgeführt und dadurch Tausende dieser Gefangenen getötet hatte. Noch im Zulassungsverfahren von 1983 hatten die Schulbuchprüfer Ienaga Saburô die Behandlung dieses Themas untersagt; später wurde es einer der Streitpunkte im dritten Schulbuchprozess.

Auffällig wird bei dieser graduellen Veränderung der Schulbuchtexte zweierlei: Zum einen werden die neuen, die Vergangenheit des eigenen Landes kritisch beleuchtenden Themen bei den meisten Lehrbüchern erst über die Fußnoten eingeführt, bevor sie dann einige Jahre später auch im Haupttext zu finden sind. Zum anderen ändern sich parallel mit der Erschließung der neuen Themen auch die Begriffe, mit denen die Jahre japanischer Expansion in Asien periodisiert werden: Statt wie bisher überwiegend mit den Begriffen »japanisch-chinesischer Krieg«, »Pazifischer Krieg« oder »Zweiter Weltkrieg« zu arbeiten, verwenden die auch kritischen Themen gegenüber aufgeschlossenen Autoren nun zunehmend den Ausdruck »Fünfzehnjähriger Krieg«, den der Philosoph Tsurumi Shunsuke bereits 1956 geprägt hatte. Er steht für eine Auffassung, die die am 18. September 1931 mit dem Mandschurischen Zwischenfall beginnende militärische Besetzung Nordostchinas, den am 7. Juli 1937 mit dem Zwischenfall an der Marco-Polo-Brücke beginnenden japanisch-chinesischen Krieg sowie den am 8. Dezember 1941 mit dem Überfall auf Pearl Harbor beginnenden Pazifischen Krieg als drei Teile eines einzigen fortlaufenden Krieges begreift.[10]

Zum Teil war die weniger starre Handhabung der Schulbuchzulassung sicher auf die Bemühungen Ienaga Saburôs zurückzuführen, dem es in seinem dritten Schulbuchprozess gelang, die Streichung von Textstellen über die Einheit 731 oder das Umschreiben von Passagen über das Massaker von Nanking für rechtswidrig erklären zu lassen. Der durch die

Schulbuchaffären von 1982 und 1986 ausgelöste internationale Protest gegen die Praxis der japanischen Schulbuchzulassung dürfte jedoch noch eine wichtigere Rolle gespielt haben: So hatten im Juni 1982 japanische Zeitungen über die Ergebnisse des Zulassungsverfahrens berichtet und dabei erwähnt, das Erziehungsministerium hätte im Zusammenhang mit dem Verhalten japanischer Truppen in Nordchina vor 1937 die Verwendung des Ausdrucks »Vorrücken« anstelle von »Invasion« erzwungen. Nachrichtenagenturen der Volksrepublik China und Südkoreas griffen das Thema auf und lösten damit in ihren Ländern einen wahren Proteststurm aus, der schließlich auch eine außenpolitische Dimension annahm, als die VR China Ende Juli ein offizielles Protestschreiben an die japanische Regierung richtete und die erst wenige Wochen zuvor ausgesprochene Einladung an den damaligen Erziehungsminister Ogawa Heiji zurückzog. Die japanische Regierung sah sich schließlich zu einer öffentlichen Stellungnahme gezwungen, in der sie das Versprechen abgab, bei künftigen Schulbuchprüfungen die Gefühle der asiatischen Nachbarn in Fragen der Zeitgeschichte angemessen zu berücksichtigen und größeren Wert auf internationales Verständnis und Kooperation zu legen. Noch im selben Jahr wurden die Richtlinien zur Schulbuchprüfung entsprechend revidiert.

Die zweite Affäre von 1986 begann mit der Zulassung des umstrittenen Lehrbuchs »Neufassung der Geschichte Japans« und weist große Ähnlichkeit mit der eingangs erwähnten Auseinandersetzung um das Buch der »Gesellschaft zur Schaffung neuer Geschichtslehrbücher« auf, da auch im damaligen Fall die Herausgeber – eine Gruppe namens »Volksvereinigung zum Schutze Japans« – für ihre reaktionären, nationalistischen Ansichten allgemein bekannt waren. Der wiederum vor allem in China und Südkorea aufflammende Protest führte dazu, dass einige Passagen des Schulbuchs nachträglich geändert werden mussten. Von besonderer Bedeutung für die chinesische Regierung war dabei, dass die euphemistische Bezeichnung »Zwischenfall von Nanking« gestrichen und durch den Ausdruck »Massaker von Nanking« ersetzt wurde.

Die Trostfrauen und ein neuer Blick auf Asien

In den 90er Jahren entwickelte sich der Ausdruck »Trostfrauen« zu einem zentralen Begriff der Schulbuchdiskussion. Dieser euphemistische Ausdruck bezeichnet die Verschleppung junger Frauen meist koreanischer Abstammung in Kriegsgebiete, wo sie in von der japanischen Armee unterhaltenen so genannten Trosthotels zur Prostitution mit Soldaten gezwungen worden waren. Im Jahr 1994 enthielten zweiundzwanzig der insgesamt dreiundzwanzig für das Fach Japanische Geschichte zugelassenen Schulbücher Passagen über die »Trostfrauen«, die sich jedoch in ihrer Qualität sehr stark voneinander unterschieden. So steht beispielsweise in dem 1995 von Tôkyô shoseki herausgegebenen Lehrbuch »Japanische Geschichte A: Geschichte von der Gegenwart aus betrachtet« folgender Satz zum Thema: »Weiter wurde eine riesige Anzahl Frauen in Freiwilligentruppen zusammengefasst und Frauen aus den von Japan besetzten Gebieten, angefangen mit Korea, unter dem Vorwand der Frontarbeit als Trostfrauen rekrutiert.« Dazu ergänzend eine Fußnote: »Es gibt keine genauen offiziellen Zahlen, aber es handelt sich um eine enorme Anzahl [von Frauen]. Trostfrauen wurden in jeder Region Südostasiens rekrutiert, angefangen mit China und den Philippinen.«[11]

Ienaga Saburô behandelte das Thema in seinem 1995 bei Sanseidô verlegten Lehrbuch »Neue japanische Geschichte B« wie folgt: »Weiterhin wurden zahlreiche koreanische Frauen als Trostfrauen zwangsverschleppt und an die Front beordert.« In einer Fußnote wird weiter ausgeführt: »Es hat sich herausgestellt, dass unter den Trostfrauen neben Koreanerinnen und Japanerinnen auch Holländerinnen, Filipinas und andere waren.«[12]

So kurz und nichts sagend diese wenigen Sätze erscheinen mögen, gehören sie doch zu den relativ ausführlichen Darstellungen des Themas. Zum Vergleich die »Japanische Geschichte für die Oberschule«, ebenfalls im Jahr 1995 beim Verlag Yamakawa erschienen: »Unter den Frauen gab es auch solche, die in den Kriegsgebieten in Trosteinrichtungen der Armee arbeiten mussten.«[13]

Dass das Thema Trostfrauen mittlerweile überhaupt in Schulbüchern behandelt werden darf, kann durchaus als Zeichen für eine liberalere Handhabung der Schulbuchkontrolle gewertet werden. Gleichzeitig werden in diesem Zusammenhang aber auch die immer noch engen Grenzen deutlich, in denen Schulbuchautoren und -verlage sich bewegen. So hatte der

Text des oben zitierten Lehrbuchs von Tôkyô shoseki ursprünglich die Formulierung »Schätzungen belaufen sich auf 60000 bis 70000 Personen« enthalten, musste aber aufgrund des Einspruchs der Schulbuchinspektoren in »aber es handelt sich um eine enorme Anzahl« abgewandelt werden.[14] Neben dieser Unterdrückung klarer Zahlenangaben untersagte das Erziehungsministerium auch die Verwendung des Wortes »Vergewaltigung«, obwohl diese Vokabel angesichts der Zwangsprostitution von zu einem großen Teil noch minderjähriger Mädchen nahe liegend und angemessen erscheint. Zum Vergleich: Unter dem Eintrag »Trostfrauen« in dem 1995 erschienenen Nachschlagewerk »Schlüsselbegriffe zu japanischen Kriegsverbrechen« findet sich dieser Ausdruck auf nur einer Doppelseite allein acht Mal.[15]

Als Grund für die dagegen den Autoren von Schulbüchern verordnete Zurückhaltung gibt das Erziehungsministerium »pädagogische Rücksichtnahme« an.[16] Eine solche Form der Rücksichtnahme auf Oberschüler, die sich in der Regel im Alter von siebzehn oder achtzehn Jahren mit diesem Thema beschäftigen, lässt jedoch Zweifel an den Motiven des Erziehungsministeriums aufkommen. Sollen hier wirklich die vermeintlich zarten Gemüter jugendlicher Schüler geschützt werden, oder zielen die Bemühungen der Schulbuchprüfer um eine entschärfte Darstellung des Sachverhalts nicht eher darauf ab, das Ansehen der damaligen Regierung zu erhalten, die den offiziellen Armeebefehl zur Rekrutierung der »Trostfrauen« erlassen hatte? Vielleicht aber soll die »pädagogische Rücksichtnahme« auch den ultrarechten und rechtskonservativen Gruppen entgegenkommen, die 1996 eine Kampagne gegen jene Schulbücher organisierten, die das Thema »Trostfrauen« behandelten, und den betroffenen Verlagen und sogar dem Erziehungsministerium selbst eine »oberflächliche, selbstverachtende Geschichtssicht«[17] vorwarfen?

Zweifel dieser Art erhalten immer dann neue Nahrung, wenn sich wieder einmal herausstellt, dass die Schulbuchinspektoren bei der Prüfung eines von konservativen Autoren verfassten Lehrbuchs nicht dieselben strengen Maßstäbe anlegen wie bei der Prüfung der Manuskripte progressiver oder regierungskritischer Autoren. Das 1991 beim Verlag Hara shobô erschienene Lehrbuch »Neufassung der Geschichte Japans« dient als interessantes Beispiel dafür, was das Erziehungsministerium am äußersten rechten Rand des Spektrums gerade noch akzeptiert, da es selbst unter den Mitgliedern des Schulbuchprüfungsrates nicht unumstritten gewesen

war.[18] Es handelt sich dabei um eben jenes Buch, dessen erste Auflage 1986 die zweite Schulbuchaffäre ausgelöst hatte.
Zunächst einmal enthält die »Neufassung der Geschichte Japans« auch in der revidierten Ausgabe von 1991 keinerlei Hinweise auf die »Trostfrauen« oder die Einheit 731. Das Massaker von Nanking wird zwar erwähnt, allerdings nur in einer Fußnote und in einer Form, die implizit den Realitätsgehalt des ganzen Ereignisses in Frage stellt: »Um Nanking kämpften beide Seiten mit äußerster Heftigkeit. Es wird berichtet, dass die japanische Armee nach dem Fall der Stadt zahlreiche chinesische Soldaten und Zivilisten tötete und verwundete, was internationale Kritik zur Folge hatte (das so genannte Massaker von Nanking).«[19]
Der japanisch-chinesische Krieg wird, völlig im Gegensatz zur allgemeinen Entwicklung der Schulbuchtexte, immer noch als japanisch-chinesischer Zwischenfall bezeichnet. Allein dreimal als Bildunterschrift und einmal im Haupttext wird der von der damaligen japanischen Regierung zu Propagandazwecken geprägte Begriff »Großostasiatischer Krieg« verwendet, während der Ausdruck »Pazifischer Krieg« nur eingeklammert erscheint. Sogar der Propagandabegriff *gyokusai*, der aus den Schriftzeichen für »Juwel« und »zerbrechen« zusammengesetzt ist und soviel wie »Aufopferung« oder »ehrenvoller Tod« bedeutet, wird mehrmals ohne jede Distanzierung im Haupttext verwendet. Zum Vergleich dagegen die oben schon zitierte »Japanische Geschichte A: Geschichte von der Gegenwart aus betrachtet« des Verlags Tôkyô shoseki: Hier wird der Ausdruck *gyokusai* nur ein einziges Mal in einer Fußnote angeführt und dazu erklärt, er habe die völlige Vernichtung eines Truppenteils bezeichnet und dazu gedient, die Bevölkerung von der ungünstigen Kriegslage abzulenken.
Der Schlacht von Okinawa widmen sich die Autoren der »Neufassung der Geschichte Japans« zwar in sehr ausführlicher Weise, allerdings keineswegs im Sinne der Schulbuchbewegung. Ohne die Ausschreitungen der japanischen Armee der einheimischen Zivilbevölkerung gegenüber auch nur zu erwähnen, schildern sie in ästhetisierender Art und Weise den heldenhaften Kampf der Einwohner, die »wie ein Mann« den angreifenden amerikanischen Truppen entgegengetreten seien. Besonders betont wird in einem eigenen Abschnitt der mutige Einsatz jugendlicher Schüler und Schülerinnen, die als Mitglieder der »Kaiserlichen Blut- und-Eisen-Garde« oder des »Lilienkorps« zu Hunderten »ihr kostbares Leben opferten«.

Wie an den heftigen Reaktionen im In- und Ausland auf die erstmalige Zulassung dieses Lehrbuchs im Jahr 1986 zu sehen ist, tut sich das Erziehungsministerium und damit die japanische Regierung mit der Genehmigung solch tendenziöser Lehrwerke keinen Gefallen. Sollte sie mit dieser Zulassungspraxis tatsächlich »Geschichtspolitik« betreiben, wäre der Nutzen ein sehr geringer, denn die »Neufassung der Geschichte Japans« wurde beispielsweise im Jahr 1993 nur ganze 6409 Mal verkauft.[20] Es steht zu hoffen, dass das 2001 genehmigte Buch der »Gesellschaft für die Erstellung neuer Geschichtslehrbücher« ebenfalls keinen höheren Grad der Verbreitung finden wird. Die Zweifel an der politischen Neutralität der Schulbuchprüfer und damit an der Qualität und Funktion des Zulassungsverfahrens jedoch bleiben.

Anmerkungen

1 Nishio Kanji u. a. (Hg.), Shihanbon: Atarashii rekishi kyôkasho (Handelsausgabe: Das neue Geschichtslehrbuch) Tôkyô 2001. Anmerkung d. Verf.: Der Zusatz »Shihanbon« – hier mit »Handelsausgabe« übersetzt – bezieht sich darauf, dass das Buch in seiner damaligen Erscheinungsform noch nicht als Schulbuch zugelassen war.
2 Der vorliegende Beitrag basiert auf einzelnen Kapiteln aus Susanne Petersen, Das Schulbuch als Politikum. Probleme der Schulbuchzulassung in Japan und Deutschland. Japanologisches Seminar der Ruprecht-Karls-Universität (unveröff. Magisterarbeit), Heidelberg 2000.
3 Yamazumi Masami, Kyôkasho (Das Schulbuch.) Tôkyô [12]1984, S. 92f.
4 Yamazumi Masami, Nihon kyôiku shôshi: Kin-gendai (Historischer Abriß der japanischen Erziehung: Neuzeit und Gegenwart), Tôkyô [14]1993, S. 201 f.
5 Nishioka Toranosuke, Kôkô nihonshi. Zenteiban (Japanische Geschichte für die Oberschule. Vollständig revidierte Ausgabe), Tôkyô 1960, S. 273.
6 Nishioka Toranosuke, Kôkô nihonshi (Japanische Geschichte für die Oberschule), Tôkyô 1956, S. 386.
7 Nishioka Toranusuke, Kôkô nihonshi. Yonteihan (Japanische Geschichte für die Oberschule. 4., revidierte Ausgabe), Tôkyô 1968, S. 300.
8 Ienaga Saburô, Shin-nihonshi. Kaiteihan (Neue japanische Geschichte. Revidierte Ausgabe), Tôkyô [2]1956, S. 284.
9 Tokutake Toshio, Kyôkasho no sengoshi (Nachkriegsgeschichte des Schulbuchs), Tôkyô 1995, S. 129.
10 Eguchi Keiichi, Jûgonen sensô shôshi (Historischer Abriß des Fünfzehnjährigen Krieges), Tôkyô [4]1987, S. 3–5.
11 Tanaka Akira u. a., Nihonshi A: Gendai kara no rekishi (Japanische Geschichte A: Geschichte von der Gegenwart aus betrachtet), Tôkyô 1995, S. 109.
12 Ienaga Saburô u. a., Shin-nihonshi B (Neue japanische Geschichte B), Tôkyô 1995, S. 287.

13 Ishii Susumu u. a., Kôkô nihonshi. Nihonshi B (Japanische Geschichte für die Oberschule. Japanische Geschichte B), Tôkyô 1995, S. 166.
14 Shuppan rôren kyôkasho taisaku iinkai (Hg.), Kyôkasho repôto '95: Kyôkasho no jiyû o motome, kasenka no shinkô o kuitomeru tame ni (Schulbuch-Report '95: Um die Freiheit der Schulbücher zu fordern und ihre fortschreitende Oligopolisierung aufzuhalten.), Tôkyô 1995 (= Shuppan rôren 39), S. 48 u. 50.
15 Otabe Yûji/Hayashi Hirofumi/Yamada Akira, Kîwâdo Nihon no sensô hanzai (Schlüsselbegriffe zu japanischen Kriegsverbrechen), Tôkyô 1995, S. 108 f.
16 Tawara Yoshifumi (Hg.), Kenshô-15 nen sensô to chû/kô rekishi kyôkasho: Shin (93–95 nendoyô) · kyû (81–83 nendoyô) kyôkasho kijutsu no hikaku (Untersuchung – Der Fünfzehnjährige Krieg und die Geschichtslehrbücher für Mittel- und Oberschulen: Ein Vergleich der Darstellungen in neuen (1993–1995) und alten (1981–1983) Lehrbüchern), Tôkyô 1994 (= Gakushû shiryô 5), S. 125.
17 Irie Yoshimasa, Die Geschichte der Schulbuchkontroverse, in: Japan Echo 2 (1997), S. 95–99, hier S. 95.
18 Asahina Masayuki u. a., Shinpen nihonshi. Kaiteihan (Neufassung der Geschichte Japans. Revidierte Ausgabe), Tôkyô 1991.
19 Ebd., S. 225.
20 Zum Vergleich: Eines der am weitesten verbreiteten Geschichtsbücher, die »Ausführliche Darstellung der japanischen Geschichte« des Verlags Yamakawa, erreichte im Jahr 1995 eine Verkaufszahl von mehr als 280 000.

Petra Buchholz
Krieg und Kriegsverbrechen in japanischen »Eigengeschichten«

Schreibbewegungen wie beispielsweise die »Bewegung für eine eigene Geschichte« (*jibunshi undô*) hat es in Japan schon seit den Anfängen des vergangenen Jahrhunderts in erstaunlicher Anzahl gegeben. So entstand in den 1920er Jahren die »Bewegung, das Leben in Worte zu fassen« (*seikatsu tsuzurikata undô*) oder zu Beginn der 1950er Jahre die »Bewegung für Alltagsaufzeichnungen« (*seikatsu kiroku undô*). Solche Bewegungen sind zwar einerseits der japanischen Graswurzelebene zuzurechnen, liegen aber andererseits quer zu anderen »Bewegungen« auf dieser Ebene, da in ihnen nicht nur Vertreter einer, sondern aller politischen Orientierungen zu finden sind. Ihre Gemeinsamkeit mit anderen Graswurzelbewegungen liegt in der Teilnehmerstruktur und der losen, netzwerkartigen Verbindung untereinander.

Das Wort »Graswurzel« (*kusa no ne*) gehört auch in Japan zum allgemeinen Wortschatz. Bei den schriftlich niedergelegten »Eigengeschichten« auf der Graswurzelebene bedeutet diese Verortung vor allem, dass es sich um Lebenserzählungen handelt, die weder von Schriftstellern noch von ehemals oder heute prominenten Persönlichkeiten stammen. Die Verfasser dieser Lebenserinnerungen haben weder damals noch heute in einer besonderen Nähe zu Entscheidungsstrukturen gestanden; ihre Beiträge beruhen überdies auf reiner Eigeninitiative und wurden womöglich bei Schreibwettbewerben eingereicht oder auf eigene Kosten im Selbstverlag veröffentlicht.

Keinesfalls sollte der Ausdruck Graswurzelebene die Assoziation hervorrufen, dass es sich hier um ein zartes Pflänzchen oder um eine Nischenkultur handelt. Das Gegenteil ist der Fall: Die Rede ist vielmehr von einem weiten und üppig bewachsenen Feld, von einer Alltagserscheinung. Die Teilnehmer sind davon überzeugt, dass die schriftliche Abfassung persönlicher Erfahrungen aus einer subjektiven Perspektive einen wichtigen Beitrag zu einer gemeinsamen Formulierung von Vergangen-

heit darstellt. Die vielen Verfasser autobiographischer Erinnerungen verstehen sich als Zeitzeugen, als Amateurgeschichtsschreiber.
Der Begriff *jibunshi* (»Eigengeschichte«) wurde von dem Historiker Irokawa Daikichi (*1925) geprägt, der die Perspektive der Volksgeschichtsschreibung (*minshûshi*) zum Leitmotiv seiner Forschung gemacht hatte und mit seinen Anstößen und Ideen als Pionier der *jibunshi*-Bewegung gilt. Die Übersetzung »Bewegung für eine eigene Geschichte« soll die von Irokawa so angelegte Doppeldeutigkeit des japanischen Wortes *jibun*, das als »selbst« oder »eigen« wiederzugeben wäre, erfassen. *Jibunshi* soll zum einen auf das Abfassen der »eigenen Geschichte« verweisen, ist aber zugleich als »Aneignung der Geschichte« zu verstehen: Denn die Veröffentlichung der subjektiven Erfahrungen fügt diese dem Gesamtbild der »großen Geschichte« hinzu und bestimmt so das Gesamtbild mit.
Irokawas Überlegungen zur Abfassung von Eigengeschichten lassen sich in aller Kürze folgendermaßen zusammenfassen: Jeder hat eine aufschreibenswerte Geschichte, jede subjektive Perspektive ist wichtig. Der Kern der Eigengeschichte liegt in der Schnittstelle von persönlichem Erleben mit den jeweiligen sozialen Gegebenheiten und historischen Abläufen.[1]
Seit Ende der 1970er Jahre nahm diese Bewegung beträchtlich zu, und das Jahr 1985 wird gemeinhin als das eines »*jibunshi*-Booms« angesehen. Sichtbar wurde dies daran, dass die Eigengeschichten aus einer zweiten, hinter dem offiziellen Buchmarkt befindlichen, Strömung heraustraten und in der Öffentlichkeit unübersehbar präsent wurden: Fernsehen und Radio veranstalteten *jibunshi*-Kurse und Wettbewerbe, Zeitschriften brachten Themenschwerpunkte und führten eigene Ausschreibungen durch. Unzählige Leitfäden, wie man am besten seine eigene Geschichte aufschreiben und publizieren kann, lagen in den Schaufenstern aus. Mitte der 1980er Jahre waren schon etwa 100 Service-Unternehmen, die sich allein auf Hilfe beim Selbstverlag spezialisiert hatten, aus dem Boden geschossen. Einige der neugegründeten Verlage bestritten ihr gesamtes Programm mit dem Abdruck von Eigengeschichten, die von Lesern eingereicht worden waren. Es entwickelte sich somit zugleich eine vehemente Kommerzialisierung der Idee von Eigengeschichte, die bis heute anhält. Sogar die entsprechende Software, die dem Laiengeschichtsschreiber bei seiner Arbeit behilflich sein soll, erschien bald auf dem Markt. In Anlehnung an die Wirtschaftswunderlosungen der 1960er Jahre

mai hômu (»my home«) und *mai kâ* (»my car«) tauchte nun ein neues Schlagwort auf: *mai bukku* (»my book«). Dieser Slogan wurde zumeist im Namen von Selbstverlagszentren oder Schreibwerkstätten verwandt und sollte wie seine Vorgänger ein zu erreichendes Lebensziel formulieren.[2] 1990 wurde ein spezieller Literaturpreis für Eigengeschichten eingerichtet: Der *Kitakyûshû jibunshi bungakushô*, zu dem bis heute jährlich vier- bis fünfhundert Beiträge eingereicht werden. Auch das japanische Fernsehen, das NHK, richtete einen Literaturpreis für Eigengeschichten aus, für den sich der Literatur-Nobelpreisträger Ôe Kenzaburô als Mitglied der Jury zur Verfügung stellte.

Die Eigengeschichten sind im Übrigen nur selten als langweilige Aufzählung von Lebensstationen oder Lagerplätzen konzipiert, sondern bestehen im Gegenteil nahezu durchgehend aus Streiflichtern und Momentaufnahmen sowie der Schilderung besonderer Details, die sorgfältig ausformuliert werden. Einzelne Episoden werden als exemplarisch für ein gesamtes Erfahrungsspektrum an einem bestimmten Ort zu einer bestimmten Zeit ausgearbeitet. Diese in Japan erstaunlich weit verbreitete Kunst des ansprechenden und gefälligen Schreibens beruht auf einer zielgerichteten Einübung bestimmter Schreib- und Aufsatztechniken in Schule und kulturellem Umfeld.

Der Boom der 1980er Jahre geht vor allem darauf zurück, dass zu diesem Zeitpunkt die Generation der männlichen Kriegsteilnehmer in den Ruhestand trat und nun genügend Zeit fand, sich der Abfassung von Lebenserinnerungen oder der Veröffentlichung früherer Aufzeichnungen zu widmen. Seitdem überrundeten die männlichen Teilnehmer im Rentenalter prozentual die Beiträge weiblicher Laienschriftstellerinnen, was nicht etwa daran lag, dass Frauen sich nun weniger aktiv an den Ausschreibungen beteiligten, sondern daran, dass nunmehr die Männer verstärkt zur Feder griffen.

Nicht alle Beiträge aus der breiten Bevölkerung, die im Sinne einer Zeugenaussage über die persönlich erlebte Geschichte verfasst wurden, erscheinen allerdings in Buchform: Es können Kurzbeiträge im Postkartenformat – heute: Email-Format – sein, die als Reaktion auf einen Aufruf großer wie auch regionaler Tageszeitungen geschrieben, eingesandt und veröffentlicht wurden. Es können auch mehrseitige Beiträge sein, die zu von Verlagen oder anderen Institutionen ausgeschriebenen Wettbewerben eingereicht werden. Es können Broschüren sein, die in kleineren Netzwerken vertrieben und nur bei Veranstaltungen verkauft werden, und von denen vielleicht auch ein Exemplar in der kommunalen Bibliothek im Regal steht. Und es können auch liebevoll selbst verlegte Publikationen sein, deren Auflage – je nach Finanzkraft des Verfassers – von 100 Exemplaren, die im Kollegen-, Bekannten- und Verwandtenkreis verschenkt werden, bis zu mehreren 1000 Exemplaren reicht, die in Provinzbuchläden zum Verkauf ausliegen.

Kriegserinnerungen

In den Jahren 1986/87 veranstaltete die zweitgrößte japanische Tageszeitung, die *Asahi Shinbun* mit einer Auflage von täglich mehreren Millionen Exemplaren, ein Leserforum zum Thema »Krieg«: Zunächst dreimal wöchentlich wurde eine ganze Seite mit Leserbeiträgen zu diesem Thema veröffentlicht. Wegen des hohen Zuspruchs wurde die Aktion mehrfach verlängert und auf wöchentlich fünf Seiten ausgedehnt. Schließlich lief das Leserforum über insgesamt 13 Monate und erhielt 4200 Leserbeiträge.[3] Die Leserzuschriften waren durchweg äußerst kurz: Auf weniger als zwei Manuskriptseiten (à 400 Zeichen) beschrieben die Leser einzelne Episoden oder herausragende Erlebnisse, wie etwa Erinnerungen an die Bombenangriffe auf Tôkyô oder an ihre Flucht aus den besetzten Siedlungsgebieten in Korea oder Nordchina. Der weitaus größte Teil der Einsendungen bestand aus Erinnerungen ehemaliger Soldaten, die Fronterlebnisse aus China und den anderen Kriegsschauplätzen heraufbeschworen.

Der Dialog wurde vorwiegend von den älteren Kriegsteilnehmern getragen. Ähnlich wie in der *jibunshi*-Bewegung war es die Generation der 60–70-jährigen, die den Diskurs maßgeblich bestimmte und als Forum nutzte. Über die Hälfte aller Zuschriften stammte von Männern, die das 60. Lebensjahr überschritten hatten. Die lebhafte Reaktion der Leser, die das angebotene Forum nicht nur nutzten, sondern es sich sprichwörtlich zu Eigen machten, um über ihre Kriegserfahrungen zu debattieren, hob diese Aktion aus ähnlichen Aktionen der *Asahi*-Redaktion (z. B. zu Themen wie »Der Lehrer« oder »Frauen und Männer«) heraus. Die eingereichten Kriegserinnerungen standen nicht etwa nur als einzelne Episoden nebeneinander, sondern die Einsender bezogen sich auf frühere Zuschriften von anderen Lesern und brachten durch das Erzählen ihrer eigenen Geschichte Korrekturen oder Ergänzungen an zuvor abgedruckten Beiträgen an. In mehreren Fällen entwickelte sich unter den schreibenden Lesern eine Debatte über spezielle Themen. Einige Einsender meldeten sich auch mehrfach zu Wort.

Etwa drei Monate nach dem Start des Leserforums erschienen die ersten Zuschriften, die darauf drängten, von den Kriegsteilnehmern mehr über ihre Rolle als Täter zu erfahren. Vor allem junge Leser bestanden ausdrücklich darauf, die »wirkliche Wahrheit« (shinjitsu) zu erfahren. »Was wir wissen wollen, ist die wirkliche Wahrheit,« schrieb eine damals 25-jährige Haushaltshilfe an die Redaktion.[4] Solche Appelle verhallten nicht gänzlich ungehört. Einige Kriegsteilnehmer bezogen sich auf diese Forderung und verfassten »Bekenntnisse« über ihre Kriegsverbrechen.

Das Leserforum der *Asahi Shinbun* zum Thema Krieg war kein Einzelfall, in dem Erinnerungen an die Kriegserfahrung zum ersten Mal zur Sprache kamen. Kriegserfahrungen sind das beherrschende Thema der privaten Erinnerung in Japan. Dies mag zunächst darauf beruhen, dass genau diese Kriegserfahrungen nun einmal das intensivste Erlebnis der in Frage kommenden Generation darstellen. Dennoch ist das Zurückkommen auf die Kriegserinnerungen keine Selbstverständlichkeit und häufig von der Themenstellung auch gar nicht verlangt. Unabhängig von Schreibanlass und Themenvorgabe bildet die Kriegserfahrung immer wieder den Schwerpunkt der Lebenserinnerungen. So werden beispielsweise auch zu Themenvorgaben wie »Meine Nachkriegsgeschichte« oder »50 Jahre Nachkriegszeit« zumeist ebenfalls vorrangig Erinnerungen an Kriegserfahrungen eingesandt. Kriegserinnerungen dominieren ebenfalls dann, wenn ein sehr weit gefasstes Thema wie »Meine Shôwa-Geschichte«, das Erinnerungen an den Zeitraum von 1926–1989 verlangt, gestellt wird. Hieraus lässt sich zunächst auf ein vehementes Bedürfnis schließen, sich mit diesen Erinnerungen auseinander zu setzen – eine Beobachtung, die dem sonst so bereitwillig konstatierten »Wunsch zu vergessen« konträr gegenübersteht.

Das Aufschreiben der eigenen Geschichte bedeutet nach Irokawa Daikichi, sich wahrheitsgemäß an ehemals so empfundene Gefühle und Gedanken zu erinnern und diese durch Aufschreiben zu vergegenwärtigen. Im Kontext japanischer Kriegserinnerungen läuft dieses Postulat darauf hinaus, sich wahrheitsgemäß an die eigene frühere jugendliche Begeisterung für Krieg, Tennô und Vaterland zu erinnern: So jedenfalls der vorherrschende Tenor in den Beiträgen aus einem breiten Querschnitt der Bevölkerung, in dem die unterschiedlichsten Berufe, alle Regionen und beide Geschlechter vertreten sind. Erinnerungen daran, gegen den Strom geschwommen zu sein, dem Krieg kritisch gegenüber gestanden zu haben, nicht »dafür« gewesen zu sein, womöglich sogar an der Göttlichkeit des Tennô gezweifelt zu haben, sind hingegen äußerst selten. Vielmehr trifft man mit hoher Wahrscheinlichkeit auf Aussagen wie die folgende, die von einer 1929 geborenen Hausfrau stammt: Sie betrachtet ein Foto aus ihrer Jugendzeit, auf dem sie mit Stirnband und *monpe* abgebildet ist. Auf dem Stirnband stand: Alles für den Sieg, – die *monpe* genannten Pumphosen wurden während der Kriegszeit von den Frauen getragen und galten als Symbol für Bescheidenheit und Einsatzbereitschaft. Mit einer Mischung aus Selbstmitleid und Selbsttadel gesteht sie sich ein: »Dieses patriotische Jungmädchen ist, so wie es da abgebildet ist, der Ausgangspunkt meiner Shôwa-Geschichte.«[5]

Die frühere eigene Begeisterung für Tennô und Vaterland wird nie in Abrede gestellt: Wendungen wie »ich war ein patriotischer Jugendlicher aus Kaisertreue und Vaterlandsliebe« finden sich in einer Vielzahl der Beiträge; das Wort »Widerstand« kommt hingegen überhaupt nicht vor. Wenn auch die überwiegende Zahl aller japanischen Amateur-Geschichtsschreiber sich aus einer Opferhaltung heraus an die Kriegsereignisse erinnert, so wird doch kein Zweifel daran gelassen, dass man freiwillig und aktiv an den Kriegsanstrengungen teilgenommen hat, dass man von der Richtigkeit und Notwendigkeit der eigenen Opfer oder gar Aufopferung fest überzeugt war.

Dass mir dieser Umstand bei der Sichtung und Auswertung japanischer Erinnerungen besonders auffiel und besonders erwähnenswert erscheint, ist auf einen unvermeidlichen vergleichenden Blick zurückzuführen, der trotz der Tatsache, dass direkt vergleichbares Material deutscher Kriegsteilnehmer nur in sehr geringem Maße existiert,[6] nicht auszuschalten ist, – und der deshalb redlicherweise auch nicht verschwiegen werden darf. Denn in den Erinnerungen deutscher Kriegsteilnehmer, seien es nun Schriftsteller, Prominente oder einfache Hausfrauen und Soldaten, wird bekanntlich sehr viel Mühe darauf verwandt, die eigene Distanz zum damaligen Regime zu belegen. Erinnerungen an den eigenen freudigen Kriegseinsatz sind eine Ausnahme. In deutschen Kriegserzählungen erinnert man sich eher an ohnmächtiges Zusehen, an eine »passive Opferhaltung«, die häufig durch den Topos »man musste ja« ausgedrückt wird.

Im japanischen Fall ist dies genau umgekehrt. Eine distanzierte oder gar widerwillige Einstellung wird überhaupt nicht erinnert: Japaner erinnern sich als »aktive Opfer«. Dieses Bekenntnis schließt allerdings seine Rechtfertigung gleich mit ein: Die Hauptschuld an der damaligen eigenen Verblendung wird hierbei in aller Regel – hier wiederum nicht anders als in Deutschland – der militarisierten Erziehung, und zwar nicht nur der im Militärlager, sondern vor allem auch an den allgemeinen Schulen zugeschoben.

Um Aufbau und Aussagetenor eines japanischen Erinnerungsbeitrags konkreter vorstellbar zu machen, möchte ich kurz den idealtypischen Aufbau eines als subjektive Zeugenaussage gemeinten Beitrags skizzieren: Die Einleitung bilden zunächst Angaben über genauen Ort und Zeitpunkt des Geschehens, oft auch Namensangaben weiterer Beteiligter, womit die Absicht einer überprüfbaren Zeugenaussage dokumentiert wird. Dem folgt eine Selbstvorstellung des Autors, der seine Stellung in Schule, Armee oder einer anderen Gruppierung skizziert und seine damalige Einstellung kurz als »überzeugt patriotisch« oder »kindlich begeistert« charakterisiert. Nun folgen ein oder mehrere ausformulierte Detailerlebnisse, die in einer abschließenden Reflexion enden. Diese ist zumeist als Warnung oder Appell an die kommende Generation formuliert: Die Fehler der Vergangenheit dürfen nicht wiederholt werden, eine weitere Katastrophe dieser Art ist unbedingt zu vermeiden. Der vorherrschende Tenor ist hier: Wir haben uns alle gleichermaßen verblenden lassen und alle gleichermaßen an den Kriegsanstrengungen mitgewirkt, ob als Oberschüler im Rüstungsbetrieb, als Hausfrau in der Nachbarschaftsvereinigung oder als Soldat an der Front. Es ist nun unsere Zeitzeugenpflicht, unseren Nachkommen von diesen Ereignissen zu erzählen, um sie davor zu bewahren, in eine ähnliche Katastrophe hinein zu stolpern. Dieses Schreibmotiv ist allerdings – wie oben schon angedeutet – nicht etwa politisch festgelegt: Mit Katastrophe kann die Niederlage gemeint sein, oder die Opfer, die japanischen Frauen und Kindern an der Heimatfront abverlangt wurden. Was zukünftig vermieden werden soll, kann auf Hunger, Krankheit und Heimatlosigkeit, auf den sinnlosen Tod japanischer Soldaten im Dschungel, aber auch auf Verrohung in den Militärlagern und unmenschliche Brutalitäten von Soldaten gegenüber Gefangenen und Zivilbevölkerung verweisen. Das Schreibmotiv, die Nachkommen zu warnen, kann sich folglich in vielerlei politischen Akzenten manifestieren.

Ähnlich verhält es sich mit einem weiteren Motiv, das an herausragender

Stelle für die Mühe, die eigenen Erfahrungen niederzuschreiben, genannt wird: Der eigene Beitrag soll als Requiem für die Toten verstanden werden, als ein Mittel, eine den Toten gegenüber empfundene Überlebensschuld abzutragen. Entsprechend dem religiös begründeten und in Japan bis heute sehr lebendigen Ahnenkult müssen die Seelen der Toten besänftigt werden, damit sie nicht als Geister der Vergangenheit Unheil in die Gegenwart tragen. Dieses Requiem-Motiv ist letztlich das gleiche, das auch den alljährlichen Seelenmessen im Yasukuni-Schrein zugrunde liegt.[7] Ob ein Requiem der Kontinuität mit der Vergangenheit verpflichtet ist oder – ganz im Gegenteil – in die Zukunft weist, kann aus der Verwendung des Begriffs allein allerdings nicht geschlossen werden. Das Requiem kann die Toten zu »tragenden Säulen« der Gegenwart verklären, so wie es beispielsweise bei den Feierlichkeiten im Yasukuni-Schrein geschieht, es kann die Toten aber auch mit dem Versprechen beruhigen wollen, dass man darauf achten wird, dass so ein sinnloses Unterfangen nicht mehr zugelassen wird. In idealtypischer Weise kommt diese Verknüpfung der Motive in dem Schlusssatz eines 1923 geborenen Kriegsteilnehmers zum Ausdruck:

»Das Blut ist nicht nur umsonst vergossen worden. Mit meiner mir noch zur Verfügung stehenden Kraft will ich, solange ich lebe, durch das Erzählen über den Krieg meinen kleinen Teil zum Bau einer Festung (gegen den Faschismus) beitragen. Auch um eines Requiems für die Freunde willen kann nur dies der Weg sein, der der Verantwortung der Überlebenden entspricht.«[8]

Das Anerkenntnis, dass Opfer sinnlos erbracht und Blut umsonst geflossen sein könnte, wird bis heute möglichst vermieden. Man greift dann lieber zu einer Hilfskonstruktion, die die Verpflichtung zum Requiem für die Kriegstoten in die Verantwortung des Zeitzeugen einbezieht. Deshalb stellen sowohl Zeitzeugenpflicht als auch Verpflichtung zum Requiem genauso wie Warnung oder Appell an die Enkel letztlich lediglich ein Gerüst dar, in dem der eigene Beitrag mit seiner individuellen politischen Ausrichtung eingeordnet wird.

Bekenntnisse von Kriegsverbrechen

Einige Beiträger gehen jedoch durchaus auch einen Schritt weiter und suchen in ihren Erinnerungen nach persönlicher Schuld. Seitdem es schriftliche Aufzeichnungen von Kriegsteilnehmern gibt, d. h. also letztlich seit Kriegsende, hat es neben unzähligen Berichten über eigene Opfer und Schicksalsschläge auch immer wieder solche gegeben, die eigene Gewalttaten gegenüber den Angehörigen anderer Völker thematisierten. So existiert beispielsweise eine große Zahl von Erinnerungen an die damals in den Militärlagern sehr gebräuchliche Methode, kriegsgefangene Chinesen als menschliche Zielscheiben einzusetzen, um den frisch eingezogenen Soldaten die Scheu vor dem Töten zu nehmen.

»For two months after my arrival in Nanchang, in Jianxi province, I was taught how to kill. We were supplied with Chinese prisoners for bayonet practice. [...] When my time came, gripping my rifle with all my might, I lunged forward and thrust the bayonet into the prisoner. A strangely unpleasant shudder ran through the weapon and into my hands. Drawing my bayonet out, I saw the Chinese man tumble, face up, into his grave. ›Is that all there is to it?‹ I thought. The effectiveness of the training was immediate: already I no longer considered the taking of a human life very serious.«[9]

1956 kehrten etwa 1000 japanische Soldaten, die zunächst fünf Jahre in sibirischen Lagern und danach weitere sieben Jahre in chinesischer Kriegsgefangenschaft verbracht hatten, in ihre Heimat zurück. Aus dieser Gruppe heraus gründete sich der »Verein der China-Rückkehrer« (*Chûgoku kikansha renrakukai*), deren Mitglieder sich seither unermüdlich für die japanisch-chinesische Freundschaft einsetzten. Diese China-Rückkehrer, wie sie in Japan genannt werden, haben bei der Veröffentlichung von Bekenntnissen über Massaker an der chinesischen Zivilbevölkerung eine besonders aktive, aber auch umstrittene Rolle gespielt.

Direkt nach ihrer Rückkehr veröffentlichten sie 1957 unter dem Titel *Sankô*[10] eine Dokumentation mit zweiundzwanzig detailliert beschriebenen Erinnerungen an Massaker, die von ihnen unter der chinesischen Zivilbevölkerung begangen worden waren. Das Buch fand innerhalb von zwei Monaten mehr als 50 000 Käufer, und das Echo der Kritiker nahm

»hysterische Ausmaße« an.[11] Rechtsgerichtete Extremisten schalteten sich ein und erreichten mit massivem Druck ein Verkaufsverbot. Dieser Vorfall hatte als »*Sankô*-Verkaufsstopp« landesweit großes Aufsehen erregt.

Der Vorwurf lautete, die heimgekehrten Kriegsgefangenen seien in China einer Gehirnwäsche unterzogen worden, ihre Bekenntnisse seien folglich nicht ernst zu nehmen, weil sie unter Druck und in der Hoffnung auf eine baldige Entlassung zustande gekommen seien. Sie seien deshalb als kommunistische Propaganda zu bewerten. Der Verein der China-Rückkehrer ließ sich jedoch weder durch den Verkaufsstopp noch durch die Vorwürfe der Gehirnwäsche beeindrucken und veröffentlichte kurze Zeit später einen Folgeband mit weiteren Geständnissen unter dem Titel »Shinryaku«.[12]

In den langen Jahren seit ihrer Entlassung aus der Kriegsgefangenschaft haben die China-Rückkehrer sich unermüdlich für die Verbreitung ihrer Geständnisse eingesetzt: Sie haben nicht nur diese beiden Dokumentationen publiziert, sondern auch Veranstaltungen organisiert, Vorträge gehalten, Interviews in Radio und Fernsehen gegeben. Inzwischen sind sie auch mit einer Homepage im Internet vertreten.[13]

Auch mit dem Vorwurf der Gehirnwäsche haben sie sich auseinander gesetzt. Sie streiten zunächst rundweg ab, physischen oder psychischen Misshandlungen ausgesetzt gewesen zu sein. Es sei im Gegenteil die unerwartet gute Behandlung von Seiten der Chinesen gewesen, die sie dazu gebracht habe, ihre frühere Haltung zu überdenken: Sie waren in beheizten Häusern untergebracht, bekamen genug zu essen, mussten überhaupt nicht arbeiten und erhielten eine angemessene medizinische Versorgung.

»Die größte Veränderung war jedoch die im Überfluss vorhandene Freizeit. Wenn man bedenkt, wie wir seit unserer Einberufung gelebt hatten, wird das leicht verständlich. Während des Krieges an der Front beständig unter Lebensgefahr; dann fünf Jahre lang mit chronischer Unterernährung bei 30 Grad unter Null Schwerstarbeit leistend in Sibirien umhergetrieben. Und wie war es nun hier? Keine Arbeit, keine Angst vor Hunger. Ein geregelter Tagesablauf. Regelmäßiger Schlaf. Vormittags und nachmittags vor den zu Tischen aufgerollten Futons sitzen und Zeitung lesen, mit Papier und Stiften sich dem Lernen widmen. Nie hatten wir uns in unserem bisherigen Leben vorstellen können, einmal so reichlich Zeit zur Verfügung zu haben.«[14]

Es hat nun allerdings in der Volksrepublik China tatsächlich Umerziehungslager gegeben (und es gibt sie bis heute), in denen Dissidenten zu einer »Gedankenreform« gebracht und sinnlose Geständnisse, auch unter Einsatz von körperlicher Folter, erpresst worden sind und werden. Dies soll hier keinesfalls beschönigt oder gar in Abrede gestellt werden.[15] Es ist weiterhin nicht auszuschließen, dass die großmütige Haltung Chinas nach dem Kriege nicht allein von humanistischen, sondern auch von politischen bzw. propagandistischen Motiven bestimmt war. Bei den japanischen Kriegsverbrechen handelt es sich jedoch um Verbrechen, die zum einen tatsächlich begangen wurden, zum anderen nicht etwa nur unter einem bestimmten ideologischen Blickwinkel – sondern universal – als Verbrechen betrachtet werden. Japanische Soldaten, denen in chinesischer Gefangenschaft ein Geständnis ihrer Kriegsverbrechen abverlangt wurde, brauchten folglich nichts zu erfinden, um ihre Wärter zufrieden zu stellen. In den 1956 in China durchgeführten Kriegsverbrecherprozessen wurde im Übrigen kein einziges Todesurteil verhängt, nur 45 der insgesamt mehr als tausend Gefangenen erhielten langjährige Haftstrafen, die letzten der verurteilten Kriegsverbrecher kehrten Mitte der 1960er Jahre nach Japan zurück.

Über die Zwangsverschleppung von Koreanerinnen

Die China-Rückkehrer bezeichnen sich selbst durchgängig als »Kriegsverbrecher« (*senpan*), was den Bekenntnischarakter ihrer Aussagen unterstreicht. Ganz sicher haben sie sich diese Selbstbeschuldigung während ihrer Gefangenschaft in China zu Eigen gemacht. Man kann einer solchen Selbstbezichtigung als Kriegsverbrecher allerdings auch in anderen in Japan veröffentlichten Kriegserinnerungen begegnen, was zweifellos mit der in Japan fehlenden Strafandrohung für Kriegsverbrechen zusammenhängt. Dass in Japan die von Japanern begangenen Kriegsverbrechen keinerlei juristischen Verfolgung unterliegen, ist selbstredend unter vielerlei Gesichtspunkten äußerst kritikwürdig. Ein möglicherweise überraschendes Resultat dieser Praxis ist jedoch die Tatsache, dass eine Reihe von Zeugenaussagen japanischer Soldaten existiert, in denen diese sich aus der Sicht des Täters offen über selbst begangene Kriegsverbrechen äußern. Allerdings müssen diejenigen, die auf diese Weise Zeugnis über von Japanern begangene Gräueltaten ablegen, mit durchaus bedrohlichen Aktionen von Seiten rechtsextremistischer Gruppierungen rechnen. Völlig risikofrei ist eine solche Selbstbeschuldigung daher trotzdem nicht.

1983 veröffentlichte Yoshida Seiji ein Buch mit dem Titel »Meine Kriegsverbrechen. Zwangsverschleppung von Koreanern«.[16] Yoshida war zwar als Kriegsverbrecher nie belangt worden, bezeichnet sich in seinem Bericht ungeachtet dessen jedoch mehrfach selbst als »der Kriegsverbrecher, der ich war« (*sensô hanzaijin no watakushi*). Yoshida war von 1942 bis zum Kriegsende als Leiter der Sektion Mobilisierung im Verband für den nationalen Arbeitsdienst der Präfektur Yamaguchi für die Rekrutierung koreanischer Zwangsarbeiter und Zwangsprostituierter zuständig gewesen. Entsprechend den tatsächlichen Gegebenheiten bezeichnete er in seinem Buch diese Tätigkeit als »Sklavenjagd« (*dorei gari*). Bei seinem Bericht handelt es sich um eine detaillierte Auflistung von Zwangsarbeiter-Rekrutierungen, die er in Dörfern, in Fabriken oder auf den Straßen Koreas durchführte. Er war mit seinem Mobilisierungskommando aus bewaffneten Truppen kreuz und quer über die Insel Cheju gefahren und hatte junge Frauen aus den Fabriken geholt, oder sie gewaltsam aus den Häusern schleppen lassen. Seine Berichte über die einzelnen »Beschaffungsaktionen« gleichen sich: Junge koreanische Mädchen wurden unter Gewaltanwendung auf die Lastwagen gezwungen, abtransportiert – und manchmal einige Wegbiegungen weiter vom Mobilisierungskommando das erste Mal vergewaltigt:

»Wir setzten die Mädchenjagd fort. [...]. Die Truppen [...] drangen in das nächste Gebäude ein, wo sich hinter auf dem Boden gestapelten gesalzenen Fischen zwanzig bis dreißig Menschen verbargen. [...] Ein junges Mädchen, das von einem Soldaten an der Schulter gepackt wurde, schrie auf und schüttelte seine Hand ab. Eine ältere Frau drückte das Mädchen an sich und stellte sich zeternd auf. Der Soldat stieß die ältere Frau weg und schlug dem jungen Mädchen mit der flachen Hand laut klatschend ins Gesicht; [...] es kam zu einer heftigen Reiberei; schließlich drängten die Frauen, deren Kleider zerrissen und deren Brüste entblößt waren, sich heulend an die Stapel gesalzener Fische; sie wurden von den Soldaten in das Becken getreten und fielen zu Boden [...]; die Soldaten ergriffen ihre Fußgelenke und schleppten sie lachend hinaus [...]. Die Mädchen wurden vor mir niedergelegt, sie krümmten sich vor Schmerzen und hielten sich jammernd aneinander fest. [...]. Sie wurden von den um sie herumstehenden Truppen mit Holzschwertern traktiert und dann auf die Lastwagen gestoßen.«[17]

Um sämtliche Vorfälle zusammenzutragen, hatte Yoshida frühere Tagebucheinträge und Briefe, die er an seine Frau, an Freunde und Verwandte geschrieben hatte, gesammelt und ausgewertet. Auch Yoshida beließ es nicht allein bei diesem Buch, sondern ließ sich im Fernsehen interviewen, hielt Vorträge und verfasste weitere Artikel. Als Motiv für diese ihn selbst äußerst belastenden Bekenntnisse seiner Kriegsaktivitäten benannte er in einem Vortrag, den er 1982 hielt, Folgendes:

»Ich will von jetzt an, solange ich noch am Leben bin, diese Tatsachen aufschreiben, als Buch veröffentlichen und darüber sprechen. Das bedeutet aber nicht, dass ich eine Beichte (*zange*) ablegen will. Es geht mir nicht darum, dass ich, der Kriegsverbrecher, nach so vielen Jahren nun durch eine Beichte meinem Herzen Ruhe verschaffe. Auch wenn ich der Einzige sein sollte, der diese Fakten aufschreibt und der Nachwelt hinterlässt, kann ich den Enkeln von uns Japanern damit die Gewissheit geben, dass es Jahrzehnte zuvor wenigstens einen Menschen gab, der unter Tränen der Scham (*zanki*) Selbstkritik übte an dem, was während der Annektion Koreas geschah; vielleicht werden sie dann an ihren Vorfahren nicht völlig verzweifeln. Aus diesem Gedanken heraus lege ich mein Zeugnis ab.«[18]

Yoshida nannte noch ein weiteres wichtiges Motiv für seine Aufzeichnungen: Er hoffte, auf diesem Wege der andauernden Diskriminierung der in Japan lebenden Koreaner entgegenzuwirken. Seine Geständnisse sollen nach seinen Worten daran erinnern, aus welchem Grund so viele Koreaner bis heute in Japan leben. Seine minutiösen Bekenntnisse sind somit auch im Sinne einer Abtragung von Schuld gegenüber seinen Opfern verfasst.[19]

Yoshidas Berichte über die Rekrutierung junger Frauen für die Zwangsprostitution erschienen schon 1983. Seit etwa Mitte der 1990er Jahre hat die Debatte über Zwangsprostitution in japanischen Militärlagern weltweit großes Aufsehen erregt. Die Aufmerksamkeit gegenüber der Existenz von »Wehrmachtsbordellen«, die letztlich aus denselben Gründen, nämlich um der Verbreitung von Geschlechtskrankheiten unter den Soldaten und damit der Schwächung der Wehrkraft entgegen zu treten, eingerichtet wurden, ist hingegen bisher erstaunlich gering geblieben. Auch über die Wehrmachtsbordelle existieren gut recherchierte Fakten, diesmal allerdings nicht von Beteiligten und Tätern, sondern von deutschen Feministinnen zusammengetragen und veröffentlicht.[20]

»Hunderte von Frauen und Mädchen wurden erbarmungslos verfolgt, in Wehrmachtsbordelle getrieben und dort zur Zwangsprostitution missbraucht, zum sog. ›Vergnügungsdienst‹, oft Vorstufe zum administrativen Massenmord. Geschändete jüdische Frauen wurden tätowiert, bzw. erhielten den Stempel ›Feldhure‹ – ›Hure für Hitlers Truppen‹. Diese Form der Vergewaltigung, des Zwangsverkehrs, wurde institutionalisiert und technisch-bürokratisch verwaltet.«[21]

Nicht nur die Gründe für die Zwangsrekrutierung von Frauen für die Prostitution gleichen sich, sondern auch die Wortwahl weist erstaunliche Ähnlichkeiten auf: Japaner nannten die Frauen »Trostfrauen für das Militär« (*jûgun ianfu*), während Frauen, die das gleiche Schicksal in den deutschen Wehrmachtsbordellen zu ertragen hatten, »Vergnügungsdienste« leisteten. Am 9. November 1995 strahlte das Erste deutsche Fernsehen (ARD) eine Dokumentation über die Bordelle in NS-Konzentrationslagern aus.[22] In diesem Film wurden auch Interviews mit zwei ehemaligen Zwangsprostituierten gezeigt, die sich zum ersten Mal über ihre Erfahrungen in den Bordellen der Konzentrationslager äußerten. Um diese Interviews waren sie allerdings ursprünglich nicht von deutschen, sondern von japanischen Reportern gebeten worden, ihre Berichte waren zuerst im japanischen Fernsehen gezeigt worden, – weshalb einige ihrer Aussagen in dem von der ARD ausgestrahlten Film mit japanischen Untertiteln unterlegt waren.

Während in fortschrittlichen Kreisen Japans die deutsche »Vergangenheitsbewältigung« als großes Vorbild begriffen wird, wurde der individuell-persönliche Einsatz für eine Kriegsverarbeitung in Japan von deutscher Seite bisher nur wenig zur Kenntnis genommen. Die zahlreichen autobiographischen Erinnerungen an das Kriegserlebnis in Japan sollten als Teil einer großen gemeinsamen Anstrengung gewertet werden, aus den Erfahrungen der Vergangenheit zu lernen. Dass sich an dieser Anstrengung auch eine so große Anzahl von Hobbyautoren und Amateuren beteiligt, ist eine Besonderheit, die so in Deutschland nicht zu finden ist.

Anmerkungen

1 Vgl. Irokawa Daikichi, Jibunshi. Sono rinen to kokoromi (Eigengeschichte. Deren Konzeption und ein eigener Versuch), Tôkyô 1992; die hier erneut publizierten Artikel stammen großenteils aus den 1970er Jahren.
2 Vgl. hierzu Petra Buchholz, *Mai bukku* – Das selbstgeschriebene und selbstverlegte Buch als Lebensziel, in: Irmela Hijiya-Kirschnereit (Hg.), Japan. Der andere Kulturführer, Frankfurt am Main/Leipzig 2000, S. 47–69.
3 Alle abgedruckten Leserzuschriften wurden (zuerst 1987) in einer dreibändigen Buchausgabe publiziert: Asahi têma danwashitsu, Sensô. Taikensha no kichôna shôgen (Krieg. Wertvolle Zeugnisse derer, die ihn erlebt haben), Tôkyô 1990. 1995 erschien eine ausgewählte engl. Ausgabe: Frank Gibney (Hg.), Senso. The Japanese Remember the Pacific War. Letters to the Editor of Asahi Shinbun. Translated by Beth Cary, New York/London 1995.
4 Asahi têma danwashitsu [wie Anm. 3], Bd. 1, S. 350.
5 Konno Sanae, Gensô kazoku (Vision Familie), in: Katô Shûichi (Hg.), Watakushi no Shôwashi (Meine persönliche Shôwa-Geschichte), Tôkyô 1988, S. 191.
6 Die Beiträge von in Deutschland publizierten Anthologien von Kriegserinnerungen stammen ganz überwiegend aus der Feder von Schriftstellern oder prominenten Persönlichkeiten; z. B. Herbert Filmer/Heribert Schwan (Hg.), Besiegt, befreit ... Zeitzeugen erinnern sich an das Kriegsende 1945, München 1995. Die in den letzten Jahren sehr zahlreich erschienenen Publikationen der Oral history-Forschung beruhen zwar auf Interviews mit einem vergleichbaren Personenkreis, sind jedoch unter völlig verschiedenen Bedingungen entstanden: Sie beruhen zumeist nicht auf Eigeninitiative, und Fragen und Person des Interviewers haben die Erinnerungsbereitschaft der Befragten zweifellos beeinflusst. Vgl. hierzu als ein Beispiel unter vielen: Gabriele Rosenthal, »Wenn alles in Scherben fällt ...« Von Leben und Sinnwelt der Kriegsgeneration, Opladen 1987.
7 Shimada Shingo, Formen der Erinnerungsarbeit: Gedenken der Toten und Geschichtsdiskurs in Japan, in: Wolfgang Küttler/Jörn Rüsen/Ernst Schulin (Hg.), Geschichtsdiskurs, Bd. 5: Globale Konflikte, Erinnerungsarbeit und Neuorientierungen seit 1945, Frankfurt am Main 1999, S. 30–45.
8 Masuko Jun'ichi, Sensô – reddo pâji – gan (Krieg – Red Purge – Krebs), in: Katô Shûichi, Watakushi no Shôwashi [wie Anm. 5], S. 156.
9 Sôka Gakkai Youth Division, Peace is Our Duty. Accounts of What War can Do to Man, hg. von Richard L. Gage, Tôkyô 1982, S. 127.
10 Seit 1984 sind mehrere Neuauflagen der damals zurückgezogenen Dokumentation erschienen: Chûgoku kikansha renrakukai (Hg.), Sankô. Tôkyô (Banseisha) 1984. (Der Titel Sankô geht auf eine chinesische Wendung mit der Bedeutung »alles umbringen, alles plündern, alles verbrennen« zurück.)
11 Takahashi Saburô, ›Senki mono' o yomu (›Kriegsaufzeichnungen‹ lesen), Tôkyô 1988, S. 57.
12 Chûgoku kikansha renrakukai (Hg.), Shinryaku. Chûgoku ni okeru Nihon senpan no kokuhaku (Invasion. Bekenntnisse japanischer Kriegsverbrecher in China), Tôkyô 1988, S. 57.
13 URL (18. 4. 2001): http://www.ne.jp/asahi/tyuukiren/web-site/
14 Sawada Jirô, Haisen kara kikoku made (Von der Niederlage bis zur Heimkehr), in: Chûkiren kikan Nr. 1 (1997); auch nachlesbar unter und hier zitiert nach

URL (18.4.2001): http://www.ne.jp/asahi/tyuukiren/web-site/sawadakikokumade.html.
15 Vgl. hierzu beispielsweise Rainald Simon, Der chinesische Gulag. Lager, Gefängnisse, staatliche Repression und politische Opposition, Reinbek 1996.
16 Yoshida Seiji, Watakushi no sensô hanzai. Chôsenjin kyôsei renkô (Meine Kriegsverbrechen. Zwangsverschleppung von Koreanern), Tôkyô 1983.
17 Ebd., S. 125 f.
18 Ebd., S. 159.
19 Vgl. ebd., S. 153.
20 Vgl. Helke Sander/Barbara Johr (Hg.), BeFreier und Befreite, München 1992; siehe auch Christa Paul, Zwangsprostitution. Staatlich errichtete Bordelle im Nationalsozialismus, Berlin 1994. Die hier zusammengetragenen Informationen über Wehrmachtsbordelle beruhen hauptsächlich auf den gründlichen und mit diversem Fotomaterial versehenen Recherchen von Franz Seidler, Prostitution Homosexualität Selbstverstümmelung. Probleme der deutschen Sanitätsführung 1939–1945, Neckargemünd 1977.
21 Ingrid Schmidt-Harzbach, Eine Woche im April – Berlin 1945. Vergewaltigung als Massenschicksal, in: Sander/Johr, BeFreier [wie Anm. 20], S. 29.
22 »Das große Schweigen«, Dokumentarfilm von Maren Niemeyer und Caroline von der Tann.

VI. Generationswechsel und Erinnerungskulturen

Axel Schildt
Die Eltern auf der Anklagebank?
Zur Thematisierung der NS-Vergangenheit
im Generationenkonflikt der
bundesrepublikanischen 1960er Jahre

Ende der 1970er Jahre wurde Heinrich Böll die Frage gestellt, ob die
»politische Virtualität« der ein Jahrzehnt zurückliegenden jugendlichen
Revolte auch mit der nationalsozialistischen Vergangenheit zu tun habe,
»mit der ja nie ernsthaft abgerechnet worden ist?« Die Antwort, es hätten »eben sowohl Verdrängung wie Heuchelei stattgefunden«, ist kennzeichnend für eine nach wie vor einflussreiche Interpretation,[1] die davon
ausgeht, dass die Revolte der Jugendlichen in den 1960er Jahren in der
verdrängten NS-Vergangenheit ihre Wurzeln gehabt und der daraus resultierenden Unglaubwürdigkeit gegolten habe. Der Schriftsteller Axel
Eggebrecht fasste dies so zusammen: Die »mittleren Jahrgänge [...]
schämten sich später, [im Dritten Reich; A. S.] dabei gewesen zu sein,
ohne offen Widerstand gezeigt zu haben. So kam es, dass ihre Kinder sie
insgeheim für schuldiger hielten als sie waren. Daraus entstand Unruhe,
Gegnerschaft, schließlich Aufruhr bis hin zu den Wahnsinnstaten der Terroristen«[2]; zugespitzt wird diese Sicht der Dinge noch in der Konstruktion eines Gegensatzes von nationalsozialistisch belasteten Vätern und
verzweifelt rebellierenden Söhnen, etwa in den als Beleg mitunter zitierten Reflektionen des militanten Aktivisten Bernward Vesper, Sohn des
prominenten NS-Schriftstellers Will Vesper, in seinem Romanfragment
»Die Reise«: »Niemand soll sagen, er wisse nicht, woher unser unversöhnlicher Hass gegen dieses System stammt, der unser Leben ruiniert
hat.«[3] Und seine Freundin Gudrun Ensslin erklärte 1967, nach dem Tod
Benno Ohnesorgs, unversöhnlich: »Ihr könnt nicht mit Leuten reden, die
Auschwitz gemacht haben.«[4]
Allerdings erweist sich bei näherer Betrachtung die Fragwürdigkeit der
Erklärung politisch-kultureller Prozesse mit Hilfe individualpsychologischer Konstrukte. Zudem zeichnet sich immer deutlicher ab, dass tief
greifende Veränderungen im öffentlichen Umgang mit der NS-Vergangenheit nicht erst am Ende des Jahrzehnts eingeleitet wurden, sondern im

Gegenteil der Nationalsozialismus in der radikalen Studentenbewegung sogar als in der Gegenwart ubiquitär anzutreffender Faschismus bereits wieder entpersonalisiert und derealisiert wurde.[5]
Diese bald einsetzende Tendenz einer politischen »Begriffsverwilderung«[6] enthebt die zeitgeschichtliche Forschung allerdings keineswegs der Notwendigkeit, im Zusammenhang mit anderen Faktoren dem generationellen Aspekt hinsichtlich des Umgangs mit der NS-Vergangenheit gebührende Aufmerksamkeit zukommen zu lassen. Dafür spricht auch, dass in der zeitgenössischen Öffentlichkeit selbst das Verhältnis zwischen den Generationen in den 1960er Jahren als scharfer Konflikt wahrgenommen wurde.

Der Generationen-Ansatz als erklärender Faktor der Veränderung des Umgangs mit der NS-Vergangenheit

Im letzten Drittel der 1950er Jahre begann das öffentliche Klima, sich für den Umgang mit der NS-Vergangenheit zu verändern. Die Bundesrepublik hatte sich als stabiler Staat erwiesen, in dem die Menschen einen ungekannten Wohlstand genossen, die gesellschaftliche Integration der NS-belasteten Funktionseliten war im Prinzip abgeschlossen, und der Kalte Krieg verlor allmählich seinen dramatischen Charakter, so dass überhaupt gefragt werden durfte, mit welchem Personal er eigentlich geführt worden war. Gleichzeitig wuchs das zeitgeschichtliche Wissen gerade in diesem Zeitraum enorm an; so wurde 1960/61 erstmals eine mehrteilige Dokumentation über das »Dritte Reich« ausgestrahlt.[7] Vor diesem Hintergrund gewinnt der sich anbahnende Generationswechsel eine große Bedeutung, artikulierten sich doch nun zunehmend die Angehörigen von Jahrgängen, die bei Kriegsende Kinder gewesen oder noch ungeboren waren.
Folgt man dem von Karl Mannheim in den 1920er Jahren skizzierten Ansatz, so bedeutet die Zugehörigkeit zu einer Generation eine »verwandte Lagerung« der »einander verwandten Geburtsjahrgängen« angehörenden Individuen im »gesellschaftlich-historischen Lebensraume«, die sich in der Tendenz ähnlicher »Verhaltungs-, Gefühls- und Denkweisen« zeige. Allerdings genüge dafür noch nicht die chronologische Gleichzeitigkeit; der »Generationszusammenhang« werde erst durch die »Partizipation an den gemeinsamen Schicksalen« der Generation gestiftet, wobei wie-

derum hinsichtlich der unterschiedlichen Verarbeitung zwischen verschiedenen (politisch konnotierten) »Generationseinheiten« zu unterscheiden sei. Dabei wird auf das Phänomen verwiesen, dass der »bewusstgewordene Generationszusammenhang« selbst zur Grundlage von »Generationseinheiten« werden könne.[8] Diesem Entwurf in etwa – und selten explizit[9] – folgend, sind verschiedene Bezeichnungen für die Jugendgenerationen der Nachkriegszeit gefunden worden, die jeweils bestimmte zentrale Erfahrungsräume privilegieren: Der den Wiederaufbau »vielleicht faktisch«, wenn auch nicht »normativ« prägenden »Flakhelfer-Generation« (der Jahrgänge 1926–1929),[10] ob ihrer desillusionierten Haltung zeitgenössisch als »schweigende«[11] oder »skeptische« (Helmut Schelsky)[12] und später auch als »re-education-Generation«[13] apostrophiert, folgte demnach die »unbefangene Generation« (Viggo Graf Blücher),[14] – die erste Generation, die nicht mehr vom NS-Regime politisch sozialisiert worden war und »deren Erinnerung nicht mehr durch die Naziperiode und deren unmittelbare Folgen bestimmt« wurde.[15] Bisweilen werden dabei zwei Generationen unterschieden, die um 1940 geborenen Kriegskinder und die um 1950 Geborenen, deren Kindheit »durch den Glauben an die Fortschrittlichkeit wachsenden Konsums« geprägt worden sei.[16]

Michael Kohlstruck schlug im Blick auf die Verbindung des Generationen-Ansatzes mit der NS-Thematisierung kürzlich vor, die Perspektive zu verändern und – abweichend von Karl Mannheim – nicht nach der Prägung einer »historischen Lebensgemeinschaft« durch Schlüsselereignisse zu fragen, sondern das »Verhältnis zur andauernden Geschichte der Vergangenheitsbewältigung« in den Mittelpunkt zu stellen.[17] Die »Erste Generation« werde demnach gebildet von denjenigen, die 1933 volljährig waren oder es bis 1945 wurden, beziehungsweise bei denen die Möglichkeit aktiver Beteiligung an Kampfhandlungen bestand, also alle vor 1930 Geborenen unter Einschluss der »Flakhelfer« als jüngster Kohorte. Bei dieser Generation sei die Auseinandersetzung mit der »allgemeinen Schuldfrage mit der Möglichkeit individueller Schuld überlagert.« Die nicht zuletzt von der *oral history* konstatierte »normalisierende Perspektive« auf die Zeit des NS-Regimes, das Hervorheben der privaten und positiven Seiten des Lebens, könne als typisch für die Erzählungen der Angehörigen dieser Generation gelten. Die »Zweite Generation«, für die Günter Gaus die – vom Bundeskanzler Helmut Kohl (1982–1998) aufgegriffene – Formel von der »Gnade der späten Geburt« prägte, war von den Möglichkeiten der schuldhaften Verstrickung in das »Dritte Reich« individuell nicht betroffen, aber ihre Auseinandersetzung mit der NS-Vergangenheit galt auch nicht Fremden, sondern zumindest potentiell den eigenen Eltern. Insofern wird die »Zweite Generation« in diesem Modell auch nicht an Altersjahrgänge gebunden, sondern allein an die Möglichkeit der elterlichen Belastung.[18] Die »68er« seien, so Heinz Bude, als »Container-Generation« zu deuten, die die »Geschichte ihrer Eltern zu ihrer eigenen Geschichte gemacht« und damit »für folgende Generationen einen seelischen Raum für Aufnahme und Neuschöpfung geschaffen« hätten.[19] Ohne lebensgeschichtliche und psychosoziale Hypotheken habe dann erst die »Dritte Generation« über das »Dritte Reich« reden können.

Die knappe Skizze der Bemühungen, mittels des Generationen-Ansatzes die Veränderungen des Umgangs mit der NS-Vergangenheit zu charakterisieren, zeigt recht deutlich seine Anregungspotentiale und Grenzen:

a) Die umstandslose Belegung von etliche Jahrgänge umfassenden Kohorten mit nur einer Kennzeichnung mag zwar für auffallende oder typische Merkmale sensibilisieren, reicht aber allenfalls für die Bildung sehr grober Idealtypen aus. So war nur eine Minderheit »Flakhelfer« gewesen. Und wie viel besagen Adjektive wie »skeptisch« oder »unbefangen«, die individuelle Eigenschaften auf Großgruppen übertragen?

b) Die Suggestion, eine ganze Generation begrifflich einhegen zu können, stützt sich empirisch vornehmlich auf ihre artikulationsfähigsten Teile, den bildungsbürgerlichen Nachwuchs, der literarische Quellen hervorgebracht hat und als Objekt/Subjekt mündlicher Interviews – mit meist sehr kleinem Sample – fungiert. Es ist problematisch, davon auf die gesamte jeweilige jugendliche Bevölkerung rückzuschließen.[20]

c) Angesichts des gesellschaftlichen Wandels und der Bildungsexpansion hat sich die klassische bildungsbürgerliche Elite als Kontrast zur breiten Masse der Jugendlichen aufgelöst und ist einer derart differenzierten – und nicht zuletzt über kulturelle Distinktionen unterschiedenen – Fragmentierung gewichen, dass zumindest für die allerjüngste Zeitgeschichte der Generationen-Ansatz völlig neu zu überdenken wäre.

Die 1960er Jahre waren allerdings das letzte Jahrzehnt, in dem sich der bildungsbürgerliche Nachwuchs, Studenten und Gymnasiasten, noch relativ klar abgrenzen lässt und zugleich eine Dekade, in der wenigstens in Umrissen mittels empirischer Sozialforschung die Einstellung der gesamten Jugend zur NS-Vergangenheit ermittelt worden ist.

Einige empirische Befunde

Zeitgenössische Studien über die Einstellungen von Jugendlichen halten fest, dass bis in die zweite Hälfte der 60er Jahre hinein politische Gleichgültigkeit und Uninformiertheit vorherrschte und keine Tendenzen widerständigen Engagements, sondern allein die »Anpassung der Unbelasteten«[21] und eine »unauffällige Integration in die Gesellschaft« auszumachen seien.[22] Dies galt auch für die studierende Jugend und sogar für deren Vertreter in den universitären Gremien.[23] »Zur jüngsten Geschichte besteht bestenfalls ein Schulbuchverhältnis, soweit Ziele und Konsequenzen des Nationalsozialismus überhaupt bekannt sind. Die Vergangenheit hat für die meisten Jugendlichen nichts Beunruhigendes, sie fühlen sich weder betroffen noch aufgefordert, aus ihr zu lernen.«[24] Diese harsche Feststellung Ludwig von Friedeburgs stützte sich auf eine von ihm geleitete aufwändige Untersuchung von 1962, die – vom WDR finanziert und vom DIVO-Institut für Wirtschaftsforschung, Sozialforschung und Angewandte Mathematik durchgeführt – einen repräsentativen Querschnitt der 16–24-jährigen einbezog. Durch eine Replikation dieser Studie 1983 sind einige langfristige Trends nachvollziehbar.[25] Offenkundig ist, dass der Nationalsozialismus schon zu Beginn der 60er Jahre unter Jugendlichen nur noch geringe Sympathien fand, die im weiteren Verlauf weiter zurückgingen; die Frage, ob dem Nationalsozialismus mehr schlechte oder mehr gute Seiten zuzumessen seien, beantworteten 1962 62,7 Prozent der Jugendlichen dahingehend, dass er »mehr schlechte« oder »nur schlechte« Seiten gehabt habe, 1983 waren es 84,2 Prozent. Wie aus zeitgleichen Erhebungen zum Antisemitismus ermittelt worden ist, gab es allerdings unter Jugendlichen – sogar stärker als unter älteren Jahrgängen – immerhin einen Anteil von offen antisemitischen Einstellungen, der etwa 15 bis 25 Prozent ausmachte.[26]
Interessant sind die qualitativen Aspekte einer von Walter Jaide 1961/62 geleiteten Untersuchung,[27] bei denen zwei Tendenzen besonders aussa-

gekräftig erscheinen. Zum einen ist es der Wunsch nach »sachlicher« Aufklärung: »Wir wollen ein sachliches Urteil gewinnen, nicht immer nur Ablehnung hören«; »man sollte unparteiisch sein, meine Eltern können es noch nicht, und unseren Lehrern ist manches so peinlich, aber die Jugend könnte es«; »was man so hört, kann man nicht alles glauben. Es gibt wenige Lehrer, die Mut haben, richtig aufzuklären.« Zum anderen fiel bereits den Forschern auf, dass es unter den Jugendlichen nur eine geringe Neigung gab, die ältere Generation kollektiv zu belasten: »Merkwürdig häufig gebrauchen die Jugendlichen dabei den Ausdruck ›wir‹ und nicht ›unsere Eltern‹, ›die Erwachsenen‹, ›die Politiker‹, ›die Nazis‹ – nein, sie sagen ›wir‹, ›wir als Deutsche‹.«

Angesichts des spärlichen Datenmaterials lässt sich nur mit aller Vorsicht die Entwicklung in der zweiten Hälfte der 60er Jahre nachzeichnen. Einer vom Institut für Demoskopie Allensbach durchgeführten bundesweiten Befragung von Studenten im Juli 1966 lässt sich entnehmen, dass 44 Prozent auch gute Seiten am Nationalsozialismus entdecken konnten,[28] und auch aus einer weiteren Studie von Walter Jaide, bei der in Rheinland-Pfalz und in Niedersachsen 1968 einige hundert 15–19-jährige Schüler verschiedener Schularten befragt wurden, ist immerhin zu ersehen, dass nach wie vor beträchtliche Anteile der Jugend eine erhebliche Unsicherheit beim Urteil über den Nationalsozialismus und über den Umgang mit der NS-Vergangenheit zu Protokoll gaben.[29] Immerhin 46 Prozent meinten, dass die »Hitlerzeit in den Zeitungen übertrieben dargestellt« werde. Diese Befunde lassen die Jugendlichen nur sehr schwach vom demoskopisch ermittelten *mainstream* der gesamten Bevölkerung abheben. Allerdings ist im Längsschnitt zu erkennen, dass die Jugendlichen der 60er Jahre gegen Ende des Jahrzehnts ihre Einstellungen – anders als die älteren Jahrgangskohorten – zu verändern begannen, besonders deutlich beim Rückgang des Antisemitismus.[30] Dabei zeigte sich eine Art Pyramide, die durch bildungs- und altersmäßige Voraussetzungen gebildet wurde: Politisch interessiert, demokratisch geprägt und am meisten gegen autoritäre Denkmuster eingestellt waren die Studenten, dahinter die Jugend allgemein, und dann erst folgte der Durchschnitt der Bevölkerung.[31]

Vom pädagogischen Diskurs zur Funktionalisierung der NS-Vergangenheit

Im Zusammenhang mit der intensiven Durchdringung der Gesellschaft mit Massenmedien, nicht zuletzt dem Heraufziehen der Fernsehgesellschaft, vollzog sich in den 60er Jahren ein allgemeiner Wechsel des Jugenddiskurses. Während die Jugend anfangs noch vornehmlich als Objekt pädagogischer – antitotalitärer[32] – Bildungsbemühungen fungierte, wurde sie zusehends zum Subjekt einer antifaschistischen Anklage gegen die ältere Generation stilisiert. Ungeachtet der Unterschiede in regionaler Hinsicht sowie der von Milieus in Großstadt und Provinz gewinnt man doch den Eindruck einer Teilung der Dekade. Dieser Eindruck lässt sich mit dem allgemein in der historischen Jugendforschung konstatierten Paradigmenwechsel der Sozialisationsagenturen verbinden, der weg von der Familie, der Schule und den Lehrern sowie der Kirche und den Pfarrern und hin zu den durch kommerzielle Jugendzeitschriften und die Kulturindustrie vermittelten Leitbildern führte.[33] Allerdings konzentrierte sich die Auseinandersetzung mit der NS-Vergangenheit von Seiten der Jugendlichen, soweit sie öffentlich artikuliert wurde, fast ausschließlich auf Studenten und Gymnasiasten, also auf die schmale bildungsbürgerliche Oberschicht der Jugend, und es bleibt erst noch zu untersuchen, inwieweit die sich ankündigende Bildungsexpansion »die jungen Oberschüler« zur künftigen »strukturleitenden Schicht in politischen Entwicklungen« in der Jugend werden ließ, wie Viggo Blücher Mitte der 60er Jahre prognostizierte.[34]

Besonders auffällig war die Verbreiterung des pädagogisierenden Diskurses zum Umgang mit der NS-Vergangenheit nach der Schändung der Kölner Synagoge mit antisemitischen Parolen am Jahresende 1959 und einer Welle von mehreren hundert Nachahmungstaten im gesamten Bundesgebiet. Vor allem wegen des internationalen Aufsehens, befördert durch die Propaganda der DDR gegen die »braune Kontinuität« in Westdeutschland, kam es zu ausführlichen Erörterungen im Bundestag und in der Presse.[35] Carlo Schmid (SPD), Vizepräsident des Bundestages, sprach wohl für die Mehrheit des Hauses, als er ausführte: »Dass die Halbstarken, von denen die meisten 1945 keine zehn Jahre alt waren und noch keinen Juden von Angesicht zu Angesicht gesehen haben, sich nicht im Umwerfen und Einschlagen von Fenstern austoben, sondern in antisemitischen Sudeleien, zeigt, dass es bei vielen unter der Schwelle des Bewusstseins noch unaufgeräumte Unratecken gibt. [...] Solange bei uns, in der Absicht zu exkulpieren, darüber diskutiert werden kann, ob sechs oder ›nur‹ drei Millionen Juden ermordet worden sind; solange bei uns nicht jedes Kind darüber belehrt worden ist und begriffen hat, dass das Problem nicht ist, ob es sechs oder drei Millionen, sondern ob null oder einer ermordet worden ist, solange haben wir – auch jene in unserem Volke, die in der verruchten Zeit saubere Hände behielten – versagt.«[36] Allein pädagogische Aufklärung – so der allgemeine Tenor – könne vor einer Renaissance nationalsozialistischer Stimmungen schützen, und es war kein Zufall, dass die historisch-politische Bildungsarbeit sich des Themas annahm.[37] Der Anteil von Abhandlungen über den Nationalsozialismus und die didaktische Vermittlung der NS-Vergangenheit in den erziehungswissenschaftlichen und schulpädagogischen Zeitschriften der Bundesrepublik stieg von 1,9 Prozent 1957 auf 10 Prozent 1960, in Geschichte in Wissenschaft und Unterricht (GWU) im gleichen Zeitraum sogar von 12,2 auf 33,3 Prozent.

Kern der Aufklärung über den Nationalsozialismus bildete eindeutig das Thema Antisemitismus, das angesichts des Jerusalemer Eichmann-Prozesses (1961) und des Frankfurter Auschwitz-Prozesses nun auch in der allgemeinen Öffentlichkeit breite Aufmerksamkeit fand. Besonders prominent geworden sind die Vorschläge Theodor W. Adornos. Am bekanntesten wurde sein Aufsatz »Erziehung nach Auschwitz« vom April 1966, in dem er ein eindringliches Plädoyer für eine nichtautoritäre Pädagogik formulierte, die verhindern sollte, dass unheilvolle Dispositionen zur Aufnahme rechtsextremer und antisemitischer Propaganda überhaupt erst entstehen könnten.[38]

Es gibt etliche Hinweise darauf, dass die öffentliche Auseinandersetzung mit der NS-Vergangenheit bei einzelnen Jugendlichen auf positive Resonanz stieß[39] und Aktivitäten evozierte; als sehr frühes und eindrucksvolles Beispiel gilt die von einem SDS-Mitglied, Reinhard Strecker, erarbeitete und 1959 erstmals gezeigte Ausstellung »Ungesühnte Nazijustiz«.[40] Allerdings handelte es sich bei solchem Engagement nicht um den Ausdruck einer breiten Strömung in der jungen Generation. Eher ist es auffällig, dass etwa in den nach 1960 aus dem Boden sprießenden Schülerzeitungen noch recht lange ein die Leserschaft »väterlich-mahnender Duktus« vorherrschte.[41] Erst um die Mitte des Jahrzehnts begegnet man mitunter einer Argumentation, in der die NS-Vergangenheit für den Generationenkonflikt direkt funktionalisiert wird. In der Hamburger Zeitschrift »Star-Club-News«, die ursprünglich als alternative Zeitschrift zur »Bravo« ausgebaut werden sollte, schrieb Manfred Weißleder, der selbst noch zur »Flakhelfer-Generation« zählte, Ende 1965: »Jedem nüchtern denkenden Menschen ist [...] ein Beatle-Haircut lieber als der militärische Plätzchenschnitt unserer jüngeren Geschichte. Und elektrische Gitarren erzeugen einen angenehmeren Klang als das Landsknechtsgetrommel und die Fanfaren der schon wieder gen Ostland drängenden neuen Jugendverbände.«[42] Immer wieder konterte man hier Angriffe auf die neue Jugendkultur mit dem Hinweis auf nicht näher benannte Verstrickungen der älteren Generation in die NS-Zeit.

Eine Durchsicht der zeitgenössischen publizistischen Äußerungen der Jugend- und Studentenbewegung zeigt, dass die NS-Vergangenheit und die Kritik am Umgang mit ihr ein wichtiger, wenn auch nicht der erstrangige Faktor der sich entfaltenden Revolte war. Als Motiv für das Engagement Einzelner mochte er große Bedeutung gehabt haben,[43] aber es ist mitnichten ausgemacht, dass die eigenen Eltern dafür den negativen Anstoß gaben. Für die Bundesrepublik fehlen zwar diesbezügliche Daten, aber zumindest ist nicht davon auszugehen, dass die Mehrheit sich persönlich von »Nazi-Eltern« und deren brutaler Erziehung abzuwenden gehabt hätte.[44] Dagegen spricht im Hintergrund auch der von der empirischen Forschung einhellig konstatierte Wandel familiärer Sozialisation, der generell von der »Subordination« zur »Kollegialität« zwischen Eltern und Kindern verlief.[45]

Relativ eindeutig ist jedenfalls, dass die konkrete Rekonstruktion der NS-Vergangenheit in der Studenten- und Jugendbewegung kein zentrales Thema darstellte.[46] Im gleichen Zeitraum, in dem sie sich ausbreitete, wurde nämlich in ihren Veröffentlichungen diese Vergangenheit zunehmend derealisiert und offenbar damit überhaupt für den Generationenkonflikt erst funktionalisierbar. Gesucht wurden einzelne skandalöse Nachweise der Elitenkontinuität, die Empörung hervorrufen sollten. Der Bonner SDS warf dem Rektorat der Universität in einem Flugblatt 1966 »ein offenes Bekenntnis [...] zum Faschismus« vor, weil es dem seinerzeit mit ostdeutschen »Quellen« als KZ-Baumeister beschuldigten Bundespräsidenten die Ehrensenatorenschaft angetragen hatte.[47] Eine Analyse der Dauerkampagne gegen Heinrich Lübke als »Symbol der verknöcherten, unbelehrbaren Ewiggestrigen und Witzfigur zugleich«[48] böte sich für die generationelle Funktionalisierung der NS-Vergangenheit wohl besonders gut an. Hier wie anderswo handelte es sich um symbolische Akte, in denen die Unglaubwürdigkeit, ja abgründige Verworfenheit politisch oder akademisch als reputierlich geltender Vaterfiguren entlarvt werden sollte, ob mit der Sprengung der Vorlesungen des Erziehungswissenschaftlers Hans Wenke an der Universität Hamburg, der im Herbst 1967 als »alternder Ideologe des pädagogischen Hitlerismus«[49] vorgeführt wurde, oder mit der Ohrfeige, die Beate Klarsfeld dem amtierenden Bundeskanzler Kurt Georg Kiesinger auf dem Berliner CDU-Parteitag im November 1968 verabreichte.[50] »Bereiten wir den Aufstand gegen die Nazi-Generation vor«, fasste ein linkes Flugblatt die Anklagen zusammen.[51] Der »flächendeckende Faschismusverdacht« diente ganz offensichtlich dazu, »im Generationenwechsel [...] ein neues und eigenes Selbstbewusstsein zu entwickeln«,[52] wofür eine negative Kontrastfolie benötigt wurde.

Einer der raren Texte, in denen das in der linken Jugend- und Studentenbewegung zum Ausdruck kommende Gefühl einer Generationsgemeinschaft theoretisch einzuordnen versucht wurde, stammt von Hans Magnus Enzensberger, der in der legendären Mai-Nummer der »Konkret« 1968 ausführte: »Es gibt heute in Europa [...] viele Millionen von Leuten, die auf unserer Seite stehen. Mit dieser Feststellung wird keine Reklame für irgendeine neue Generation gemacht. [...] Sie sind nicht mehr an die politischen Mechanismen der dreißiger und vierziger Jahre fixiert. Sie betrachten nicht mehr alles, was das Braunhemd ausgezogen hat, als verwirklichte Demokratie, der für die bloße Restitution der parlamentarischen Hülle mit Tränen in den Augen zu danken wäre.«[53]

In dieser Erklärung steckte allerdings schon die immer grobschlächtiger und – so urteilte Oskar Negt rückblickend – mit großer »Leichtfertigkeit« einhergehende »Neigung, in Geschichtsanalogien« zu argumentieren.[54] Relativ differenziert geschah dies noch in einem weit verbreiteten »Manifest« des Aktionszentrums Unabhängiger und Sozialistischer Schüler (AUSS), der Speerspitze der Revolte in den Schulen: »In der Schule wird uns beigebracht, welch verheerende Folgen die Ermächtigungsgesetze des Hitlerreiches gehabt haben. Dies geschieht zurecht. Aber wir vermissen bis heute selbst die Ansätze einer wahrheitsgetreuen Information darüber, mit welchen Gesetzen und Grundgesetzänderungen eine deutsche Regierung sich selbst ermächtigen will und wozu.«[55] Aber die Tonart wurde rasch schärfer. In der Sicht der 68er-Bewegung hatte man es mit einem »Gesellschaftssystem« zu tun, das auf mittelbarer Gewalt aufbaute, die jederzeit in unmittelbaren Terror umschlagen konnte, wie es in einer Hamburger Studentenzeitung im Juni 1968 hieß: »Beispiel: Faschismus und die amerikanische Aggression in Vietnam.«[56] Angelehnt an Herbert Marcuses Arbeiten über die Manipulation des Individuums im Spätkapitalismus führte Rudi Dutschke aus: »Der heutige Faschismus ist nicht mehr manifestiert in einer Partei oder in einer Person, er liegt in der tagtäglichen Ausbildung der Menschen zu autoritären Persönlichkeiten, er liegt in der Erziehung.«[57]

Das Attentat auf den Verfasser jener Zeilen war für viele der Beweis ihrer Richtigkeit. Dieses Attentat galt der Studentenbewegung als Resultat der »vom Berliner Senat unterstützten Faschisierung der Bevölkerung«, wie es in einem Hamburger Flugblatt hieß, in dem auch konstatiert wurde: »Die Saat der Gewalt ist aufgegangen.«[58] In einem kurz darauf dort verteilten Flugblatt des SDS hieß es: »Das bestehende System braucht seine Sündenböcke, seine Rädelsführer, seine Volksfeinde. Es braucht Notstandsgesetze, um soziale Unruhen zu bekämpfen. Es braucht die Reklameindustrie für die Züchtung künstlicher Bedürfnisse, damit die Menschen ihre eigenen Interessen nicht erkennen können. Es muss Millionen von Zeitungslesern mittels Springer-Presse in Pogromstimmung treiben, damit sich die Aggressionen der Menschen nicht gegen das bestehende Gewaltsystem selbst richten, sondern auf Ersatzfeinde.«[59] In diesem Zusammenhang avancierte das Adjektiv »faschistoid« als Charakterisierung aller entfremdenden Züge der Gegenwart zum Modewort der späten 60er Jahre, nicht zuletzt an den Schulen.[60] Damit wurde eine schiefe Ebene halt- und hilfloser Beschimpfungen betreten, auf der allerdings auch die sich angesprochen fühlenden Vertreter des »Establishments«, wie übrigens ein weiteres Modewort lautete,[61] sich artikulierten. Vergleiche der radikalen Studentenbewegung mit Hitlers SA gehörten zum argumentativen Arsenal in den Boulevardblättern des Springer-Konzerns, und der Vorwurf des »Linksfaschismus«, entstanden aus missverständlichen und später korrigierten Formulierungen von Jürgen Habermas, verbreitete sich rasch, schien er doch in das bekannte Totalitarismus-Schema »rot=braun« zu passen.[62] Dass Aktivisten des SDS und der Kommune I sich diesen Vorwurf wiederum ironisch zu Eigen machten und bei der Störung eines Vortrags von Theodor W. Adorno an der Freien Universität diesen mit dem Transparent konfrontierten: »Berlins linke Faschisten grüßen Teddy den Klassizisten«,[63] machte den von der Vergangenheit völlig abgehobenen symbolischen Provokationscharakter des begrifflichen Streits deutlich.

Anmerkungen

1 Gespräch mit Heinrich Böll, in: Axel Eggebrecht (Hg.), Die zornigen alten Männer. Gedanken über Deutschland seit 1945, Reinbek 1979, S. 104–142, hier S. 131.
2 Axel Eggebrecht, Vorwort, in: ders., Die zornigen alten Männer [wie Anm. 1], S. 9 f.; vgl. die Einleitung von Gesine Schwan, Politik und Schuld. Die zerstörerische Macht des Schweigens, Frankfurt am Main 1997.
3 Zit. nach Klaus Brigleb, Vergangenheit in der Gegenwart, in: Klaus Brigleb/Sigrid Weigel (Hg.), Gegenwartsliteratur seit 1968, München 1992, S. 73–115, hier S. 89; zum »Genre« entwickelte sich die Abrechnung von Kindern mit ihren nationalsozialistischen Eltern erst sehr viel später; vgl. als prominentes Beispiel Niklas Frank, Der Vater. Eine Abrechnung, München 1993; vgl. auch die breite Diskussion im Anschluss an Dörte von Westernhagen, Die Kinder der Täter. Das Dritte Reich und die Generation danach, München 1987; Peter Sichrovsky, Schuldig geboren. Kinder aus Nazifamilien, Köln 1987; Michael Schneider, Väter und Söhne, posthum. Über das beschädigte Verhältnis zweier Generationen, in: Klaus Schulte/Wolf Wucherpfennig (Hg.), Die Gegenwart der Vergangenheit. Geschichte und nationale Identität in Deutschland und Dänemark, Roskilde 1987, S. 111–138; Anita Eckstaedt, Nationalsozialismus in der »zweiten Generation«. Psychoanalyse von Hörigkeitsverhältnissen, Frankfurt am Main 1992; Helm Stierlin, Der Dialog zwischen den Generationen über die Nazizeit, in: Barbara Heimannsberg/Christoph J. Schmidt (Hg.), Das kollektive Schweigen. Nationalsozialistische Vergangenheit und gebrochene Identität in der Psychotherapie, Köln 1992.
4 Zit. nach Brigleb, Vergangenheit [wie Anm. 3], S. 91.
5 Axel Schildt, Ankunft im Westen. Ein Essay zur Erfolgsgeschichte der Bundesrepublik, Frankfurt am Main 1999, S. 129 ff.
6 Hans-Ulrich Thamer, Die NS-Vergangenheit im politischen Diskurs der 68er-Bewegung, in: Westfälische Forschungen 48 (1998), S. 39–54, hier S. 51.
7 Vgl. Christoph Classen, Bilder der Vergangenheit. Die Zeit des Nationalsozialismus im Fernsehen der Bundesrepublik Deutschland 1955–1965, Köln u. a. 1999, S. 115 ff.; Jürgen Wilke, Massenmedien und Vergangenheitsbewältigung, in: ders. (Hg.), Mediengeschichte der Bundesrepublik Deutschland, Köln u. a. 1999, S. 649–671.
8 Alle Zitate in Karl Mannheim, Das Problem der Generationen, in: Kölner Vierteljahreshefte für Soziologie 7 (1928), S. 157–185, 309–330; vgl. Hans Jaeger, Generationen in der Geschichte. Überlegungen zu einer umstrittenen Konzeption, in: Geschichte und Gesellschaft 3 (1977), S. 429–452.
9 Vgl. Helmut Fogt, Politische Generationen. Empirische Bedeutung und theoretisches Modell, Opladen 1982, S. 9–25; Ulrich Hermann, Das Konzept der »Generation«. Ein Forschungs- und Erklärungsansatz für die Erziehungs- und Bildungssoziologie und die Historische Sozialisationsforschung, in: Neue Sammlung 27 (1987), S. 364–377; Arne Stiksrud, Jugend im Generationen-Kontext. Sozial- und entwicklungspsychologische Perspektiven, Opladen 1994; Überlegungen zur zeitgeschichtlichen Operationalisierung bei Claus Leggewie, Generationsschichten und Erinnerungskulturen – Zur Historie der »alten« Bundesrepublik, in: Tel Aviver Jahrbuch 28 (1999), S. 211–235.
10 Heinz Bude, Deutsche Karrieren. Lebenskonstruktionen sozialer Aufsteiger aus der Flakhelfer-Generation, Frankfurt am Main 1987, S. 182; vgl. Rolf Schörken, Luft-

waffenhelfer und Drittes Reich. Die Entstehung eines politischen Bewußtseins, Stuttgart 1984; Gabriele Rosenthal, »... wenn alles in Scherben fällt ...« Von Leben und Sinnwelt der Kriegsgeneration, Opladen 1987; Sibylle Hübner-Funk, Loyalität und Verblendung. Hitlers Garanten der Zukunft als Träger der zweiten deutschen Demokratie, Potsdam 1998; für die vorhergehende Generation der um 1920 Geborenen vgl. Henry Ries, Abschied meiner Generation, Berlin 1992.

11 So Helmut Thielicke, Die geistige Situation unserer Studenten, in: Universitas 10 (1955), S. 147–152; vgl. ders., Kulturkritik der studentischen Rebellion, Tübingen 1969, S. 1.

12 Helmut Schelsky, Die skeptische Generation. Eine Soziologie der deutschen Jugend, Düsseldorf/Köln 1957; der Begriff geht im Übrigen auf Schelskys Verleger Eugen Diederichs zurück, der sich mit dem ursprünglichen Titel »Ohne-mich-Generation« nicht anfreunden mochte (Heinz Bude, Bilanz der Nachfolge. Die Bundesrepublik und der Nationalsozialismus, Frankfurt am Main 1982, S. 81).

13 Gespräch mit Heinrich Böll [wie Anm. 1], S. 109.

14 Viggo Graf Blücher, Die Generation der Unbefangenen. Zur Soziologie der jungen Menschen heute, Düsseldorf/Köln 1966.

15 Jürgen Habermas, Protestbewegung und Hochschulreform, Frankfurt am Main 1969, S. 169; hier bezogen auf die studierende Jugend der zweiten Hälfte der 60er Jahre.

16 Arbeitsgruppe »Wandel der Sozialisationsbedingungen seit dem Zweiten Weltkrieg«, Was wir unter Sozialisationsgeschichte verstehen, in: Ulf Preuss-Lausitz u. a., Kriegskinder, Konsumkinder, Krisenkinder. Zur Sozialisationsgeschichte seit dem Zweiten Weltkrieg, Weinheim/Basel 1983, S. 11–25, hier S. 13; zu einer differierenden Einteilung gelangt Fogt, Politische Generationen [wie Anm. 9], S. 127; dort werden die Geburtsjahrgänge 1934–1945 als Jugend in der »etablierten Adenauerzeit und ihrer Ablösung«, die nachfolgenden Jahrgänge 1945–1954 als Jugend der »Studenten- und Protestbewegung« angesehen – was im Blick auf die 60er Jahre Zuordnungsprobleme ergeben würde, die Heinz Bude mit der Konzentration der Jahrgänge 1938–1948 als »68er«-Generation zu lösen versucht: Vom Altern einer Generation. Die Jahrgänge 1938–1948, Frankfurt am Main 1995; ders., Der einzelne und seine Generation. Kriegskindheit und Jugendrevolte bei der 68er-Generation, in: Elisabeth Domansky/Harald Welzer (Hg.), Eine offene Geschichte. Zur kommunikativen Tradierung der nationalsozialistischen Vergangenheit, Tübingen 1999, S. 26–34.

17 Michael Kohlstruck, Zwischen Erinnerung und Geschichte. Der Nationalsozialismus und die jungen Deutschen, Marburg 1997 (die folgenden Zitate S. 75 ff.).

18 Bude, Vom Altern [wie Anm. 16], S. 35 f., 102.

19 Ders., Die Achtundsechziger-Generation im Familienroman der Bundesrepublik, in: Helmut König (Hg.), Vertuschte Vergangenheit. Der Fall Schwerte und die NS-Vergangenheit der deutschen Hochschulen, München 1997, S. 287–300, hier S. 300; Anhaltspunkte dafür in den – leider zeitgeschichtlich nicht konturierten – Interviews von Elke Rottgardt, Elternhörigkeit. Nationalsozialismus in der Generation danach. Eltern-Kind-Verhältnisse vor dem Hintergrund der nationalsozialistischen Vergangenheit, Hamburg 1993.

20 Auf Zusammenhänge von Generationselite und Generationsmasse hat bereits Schelsky, Die skeptische Generation [wie Anm. 12], S. 81 f. aufmerksam gemacht; vgl. zu diesem kaum weiter verfolgten Zusammenhang Jürgen Zinnecker, Milieuauflösung und Generationenwandel. Zwei Deutungsmuster der Wende in den 60er

Jahren und deren Verknüpfung. Diskussionspapier zur Tagung »Die 1960er Jahre als Wendezeit der Bundesrepublik. Demokratisierung und gesellschaftlicher Aufbruch« (Münster 24.–26. 2. 2000).
21 Ludwig von Friedeburg, Zum Verhältnis von Jugend und Gesellschaft (1963), in: ders. (Hg.), Jugend in der modernen Gesellschaft, Köln/Berlin 1965, S. 176–190, hier S. 184.
22 Elisabeth Pfeil, Die 23jährigen. Eine Generationenuntersuchung am Geburtsjahrgang 1941, Tübingen 1968, S. 367; vgl. Friedhelm Neidhardt, Die junge Generation, Opladen 1967, S. 87 f.
23 Jürgen Habermas u. a., Eine soziologische Untersuchung zum politischen Bewußtsein Frankfurter Studenten, Neuwied 1961; Heribert Adam, Studentenschaft und Hochschule – Möglichkeiten und Grenzen studentischer Politik, Frankfurt am Main 1965; die Vorrede von Theodor W. Adorno zu dieser Veröffentlichung wurde jüngst dokumentiert von Wolfgang Kraushaar (Hg.), Frankfurter Schule und Studentenbewegung, Bd. 3, Hamburg 1998, S. 193 f.; vgl. Fogt, Die skeptische Generation [wie Anm. 9], S. 134.
24 Friedeburg, Verhältnis [wie Anm. 21], S. 184.
25 Vervielfältigte Tabellenbände u. a. im Zentralarchiv für empirische Sozialforschung an der Universität zu Köln; für die folgenden Aussagen vgl. dazu Klaus Allerbeck/Wendy Hoag, Jugend ohne Zukunft? Einstellungen, Umwelt, Lebensperspektiven, München/Zürich 1985, S. 134 ff.
26 Peter Schönbach, Reaktionen auf die antisemitische Welle im Winter 1959/60, Frankfurt am Main 1961, S. 54 f.; Rudolf Raasch, Zeitgeschichte und Nationalbewußtsein, Neuwied/Berlin 1964, S. 53 ff.; Reiner Diederich/Volker Meja, Wie vorurteilsfrei ist unsere Jugend, in: Tribüne 3 (1964), S. 1046–1058; vgl. zur Interpretation Werner Bergmann, Antisemitismus in öffentlichen Konflikten. Kollektives Lernen in der politischen Kultur der Bundesrepublik 1949–1989, Frankfurt am Main/New York 1997, S. 275 f.
27 Siehe zum Vergleich Walter Jaide, Das Verhältnis der Jugend zur Politik. Empirische Untersuchungen zur politischen Anteilnahme und Meinungsbildung junger Menschen der Geburtsjahrgänge 1940–1946, Neuwied/Berlin ²1964 (1963), S. 93–110.
28 Vgl. Detlef Siegfried, Zwischen Aufarbeitung und Schlußstrich. NS-Bearbeitung in den beiden deutschen Staaten, in: Axel Schildt u. a. (Hg.), Dynamische Zeiten. Die 60er Jahre in den beiden deutschen Gesellschaften, Hamburg 2000, S. 77–113.
29 Walter Jaide, Jugend und Demokratie. Politische Einstellungen der westdeutschen Jugend, München 1970.
30 Vgl. Werner Bergmann/Rainer Erb, Antisemitismus in der Bundesrepublik Deutschland. Ergebnisse der empirischen Forschung von 1946 bis 1989, Opladen 1991, S. 70 ff.
31 Rudolf Wildenmann/Max Kaase, Die unruhige Generation. Eine Untersuchung zu Politik und Demokratie in der Bundesrepublik, Mannheim 1968, S. 34 ff.
32 Es ist daran zu erinnern, dass der Nationalsozialismus in den Schulen in den 60er Jahren stets im Zusammenhang mit dem Kommunismus/Bolschewismus/Stalinismus thematisiert werden sollte, wie es ein einschlägiger Erlass der Kultusministerkonferenz von 1964 vorschrieb.
33 Vgl. Jürgen Zinnecker, Jugendkultur 1940–1985, Opladen 1987, S. 311 ff.
34 Blücher, Generation der Unbefangenen [wie Anm. 14], S. 344.
35 Vgl. Werner Bergmann, Antisemitismus als politisches Ereignis. Die antisemiti-

sche Schmierwelle im Winter 1959/60, in: ders./Rainer Erb (Hg.), Antisemitismus in der politischen Kultur nach 1945, Opladen 1990, S. 253–275; die Verantwortung der DDR für diese Schmierwelle ist durch die mittlerweile zugänglichen MfS-Akten nicht belegt; zur Altersstruktur der in den ersten beiden Monaten der Schmierwelle ergriffenen (meist jugendlichen) Täter vgl. Die antisemitischen und nazistischen Vorfälle. Weißbuch und Erklärung der Bundesregierung, hg. von der Bundesregierung, Bonn 1960, S. 36.
36 Zit. ebd., S. 64.
37 Vgl. zum Folgenden Peter Dudek, »Der Rückblick auf die Vergangenheit wird sich nicht vermeiden lassen«. Zur pädagogischen Verarbeitung des Nationalsozialismus in Deutschland (1945–1990), Opladen 1995, S. 272 ff.
38 Theodor W. Adorno, Erziehung nach Auschwitz (1966), in: ders., Erziehung zur Mündigkeit. Vorträge und Gespräche mit Hellmut Becker 1959–1969, hg. von Gerd Kadelbach, Frankfurt am Main 1971, S. 88–104.
39 Vgl. etwa »Stuttgarts wild verschlafene Jahre«. Interview mit Peter Grohmann, in: Demokratie- und Arbeitergeschichte, Bd. 4/5, Stuttgart 1985, S. 15–54, hier S. 17, 24.
40 Vgl. Michael Kohlstruck, Das zweite Ende der Nachkriegszeit. Zur Veränderung der politischen Kultur um 1960, in: Gary S. Schaal/Andreas Wöll (Hg.), Vergangenheitsbewältigung. Modelle der politischen und sozialen Integration in der bundesdeutschen Nachkriegsgeschichte, Baden-Baden 1997, S. 113–127.
41 Vgl. Ulrike Heider, Schülerprotest in der Bundesrepublik Deutschland, Frankfurt am Main 1984, S. 95; dieser findet sich nach kursorischem Überblick z. T. bis zum Ende der 60er Jahre; vgl. diesbezüglich etwa eine ausführliche Besprechung des Buches »Die Unfähigkeit zu trauern« von Alexander und Margarete Mitscherlich (1967) in: Skandalon. Eine Zeitung von Schülern für Schüler in Schleswig-Holstein (Kiel), Nr. 1 (1969) (Privatarchiv d. Verf.).
42 Star-Club-News, Dezember 1965, zit. nach Detlef Siegfried, Vom Teenager zur Pop-Revolution. Politisierungstendenzen in der populären Jugendkultur der Bundesrepublik Deutschland 1959 bis 1967, in: Schildt u. a., Dynamische Zeiten [wie Anm. 28], S. 582–623, hier S. 602.
43 Vgl. Christel Hopf, Das Faschismusthema in der Studentenbewegung und in der Soziologie, in: Heinz Bude/Martin Kohli (Hg.), Radikalisierte Aufklärung. Studentenbewegung und Soziologie in Berlin 1965 bis 1970, Weinheim/München 1989, S. 71–86.
44 Vgl. einige sehr unterschiedliche Erzählungen über das Verhalten der Eltern im »Dritten Reich« in Bude, Altern [wie Anm. 16], S. 125, 216, 284 f., 330.
45 Vgl. Helmut Fend, Sozialgeschichte des Aufwachsens. Bedingungen des Aufwachsens und Jugendgestalten im 20. Jahrhundert, Frankfurt am Main 1988, S. 101 ff.
46 Vgl. dazu als ersten Überblick die Bibliographie von Philipp Gassert/Pavel A. Richter, 1968 in West Germany. A Guide to Sources and Literature of the Extra Parliamentarian Opposition, Washington D. C. 1998.
47 Studentengewerkschaft Bonn (Hg.), 150 Jahre Klassenuniversität. Reaktionäre Herrschaft und demokratischer Widerstand am Beispiel der Universität Bonn, Bonn 1968, S. 150.
48 Bernd-A. Rusinek, Von der Entdeckung der NS-Vergangenheit zum generellen Faschismusverdacht – akademische Diskurse in der Bundesrepublik der 60er Jahre, in: Schildt u. a., Dynamische Zeiten [wie Anm. 28], S. 114–147, hier S. 119.

49 Auditorium Nr. 50, November 1967, S. 11; vgl. die literarische Verarbeitung dieses Falls in dem Roman von Uwe Timm, Heißer Sommer, München 1974.
50 Martina Althoff, Kiesinger, die APO und der Nationalsozialismus: Zur Dynamik eines NS-Konfliktes, in: Jahrbuch für Antisemitismusforschung 5 (1992), S. 211–232.
51 Flugblatt »Organisieren wir den Ungehorsam gegen die Nazi-Generation«, verteilt anlässlich der Kampagne gegen den Film »africa addio«, abgedruckt in: Deutsches Literaturarchiv, Protest! Literatur um 1968, Marbach 1998 (= Marbacher Kataloge, 51), S. 43 f.
52 Christian Graf von Krockow, Die Deutschen in ihrem Jahrhundert 1890–1990, Reinbek 1990, S. 316.
53 Hans Magnus Enzensberger, Eine neue Phase des Kampfes, in: Konkret 5 (1968), S. 11.
54 Oskar Negt, Achtundsechzig. Politische Intellektuelle und die Macht, Göttingen 1995, S. 245.
55 Manifest der Schulen gegen die Notstandsgesetze! Vorgelegt vom AUSS (Oktober 1967; Privatarchiv d. Verf.); vgl. Heider, Schülerprotest [wie Anm. 41], S. 120; Pavel A. Richter, Die Außerparlamentarische Opposition in der Bundesrepublik Deutschland 1966 bis 1968, in: Ingrid Gilcher-Holtey (Hg.), 1968. Vom Ereignis zum Gegenstand der Geschichtswissenschaft, Göttingen 1998, S. 35–55, hier S. 48; als zeitgenössische Kritik der NS-BRD-Analogie vgl. Jens Litten, Eine verpaßte Revolution? Nachruf auf den SDS. Mit einem Vorwort von Günter Grass, Hamburg 1969, S. 26; vgl. auch Antonia Grunenberg, Antifaschismus – ein deutscher Mythos, Reinbek 1993, S. 145 ff.
56 Partisan, Nr. 1 vom Juni 1968, S. 11 (das Rahmenthema der Ausgabe: »Gewalt?!«; Privatarchiv d. Verf.).
57 Rudi Dutschke, Die Widersprüche des Spätkapitalismus, die antiautoritären Studenten und ihr Verhältnis zur Dritten Welt, in: Uwe Bergmann u. a., Rebellion der Studenten oder Die neue Opposition, Reinbek 1968, S. 33–93, hier S. 68.
58 Flugblatt »Mordanschlag auf Dutschke«, Ostern 1968 (verantwortlich: Humanistische Studenten-Union, SDS, Sozialdemokratischer Hochschulbund, Liberaler Studentenbund, AStA der Universität; Privatarchiv d. Verf.).
59 Flugblatt »Erledigt endlich Karl Heinz Roth« (Mai 1968; Privatarchiv d. Verf.).
60 Uwe Reimer, »1968« in der Schule. Rekonstruktion historischer Erfahrungen Hamburger Gymnasiallehrer und -lehrerinnen, Phil. Diss., Hamburg 1999, S. 223; diesbezügliche Schülerflugblätter aus Hamburg-Bergedorf von 1969 zitiert Andreas Beutin, Schülerprotest und Schülerzeitungen in der '68er-Bewegung, Staatsexamensarb., Hamburg 1998, S. 117 ff.
61 Vgl. zu diesem Komplex Erich Straßner, 1968 und die sprachlichen Folgen, in: Dieter Emig u. a. (Hg.), Sprache und Politische Kultur in der Demokratie. Gerd Schumann zum Gedenken, Frankfurt am Main 1992, S. 241–260.
62 Diskussionsbeitrag von Jürgen Habermas, in: Bedingungen und Organisation des Widerstandes. Der Kongreß in Hannover. Protokolle, Flugblätter, Resolutionen, Frankfurt am Main ²1968, S. 100–102; vgl. zum Kontext Richter, Außerparlamentarische Opposition [wie Anm. 55], S. 51 f.; eine historisierende Einordnung versuchte Ernst Nolte, Studentenbewegung und »Linksfaschismus« (1970), in: ders., Marxismus. Faschismus. Kalter Krieg. Vorträge und Aufsätze 1964–1976, Stuttgart 1977, S. 237–252.
63 Kraushaar, Frankfurter Schule [wie Anm. 23], Bd. 1, S. 27.

Lutz Klinkhammer
Kriegserinnerung in Italien im Wechsel der Generationen
Ein Wandel der Perspektive?

Eine gespaltene Erinnerung

An *welchen* Krieg erinnert sich die italienische Öffentlichkeit, wenn vom Zweiten Weltkrieg die Rede ist? Die Antwort ist leicht: Es handelt sich fast ausschließlich um den nationalsozialistischen Krieg innerhalb Europas und um die Zeit der deutschen Besetzung Italiens vom September 1943 bis Kriegsende. Die Erinnerung konzentriert sich geographisch auf das italienische Mutterland in den Grenzen von 1945, nicht auf das Italien in den Grenzen von 1941.[1] Während in der Öffentlichkeit auch die Bombardierungen italienischer Städte durch die Alliierten, vor allem in den Jahren 1942/43, präsent sind, so scheint der Krieg, den das faschistische Italien in Ostafrika, und dann an deutscher Seite in Frankreich und in der Sowjetunion, in Griechenland und im ehemaligen Jugoslawien geführt hat, fast vergessen zu sein. Dieser Befund ist umso erstaunlicher, als Italien der wichtigste Bündnispartner NS-Deutschlands gewesen war. Der Abschluss des Achsenbündnisses, des deutsch-italienischen Kulturabkommens und schließlich des Stahlpakts waren Etappen auf dem Wege einer immer stärkeren politischen wie ideologischen Annäherung, die keineswegs nur auf der Spitzenebene der Parteibonzen und Regierungsmitglieder stattfand, sondern auch einen Massencharakter hatte. Der Austausch von »Kraft durch Freude«- und *Dopolavoro*-Gruppen, die Vielzahl deutscher Reisegruppen, die ihren Weg nach Italien antraten, eine halbe Million italienischer Arbeiter, die zwischen 1938 und 1943 im Reich überwiegend in der Rüstungsindustrie tätig waren – all dies zeugt von einem intensiven kulturellen Austausch, der zwar im Einzelnen oft alles andere als konfliktfrei ablief, aber eine hohe erfahrungsgeschichtliche Bedeutung besaß. Dieser Massenbewegung ging eine fortschreitende Annäherung gerade auf politischer und militärischer Ebene voraus, der die Realisierung eines italienischen Parallelkriegs in Afrika und im

Mittelmeerraum zur Folge hatte. Die bündnispolitischen Etappen der beiden »Achsenmächte« verweisen auf eine weit gehende Übereinstimmung in der Akzeptanz einer parallelen Aggressionspolitik, die den machtpolitischen Status-quo Europas zerstören sollte.[2]

In den drei Kriegsjahren 1940–1943 wurden insgesamt weit mehr Personen in Lagern interniert, als in den vorausgegangenen 17 Jahren faschistischer Herrschaft aus politischen Gründen verhaftet oder verbannt worden waren.[3] Diese Lager, die zum großen Teil auf der italienischen Halbinsel lagen, sind in der italienischen Öffentlichkeit heute nahezu vergessen: Die wenigen architektonischen Überreste dieses faschistischen Kriegs sind weitgehend verfallen oder deren ehemalige Nutzung ist kaum bekannt.

Erinnerungen an den eigenen Aggressionskrieg sind aus der kollektiven Erinnerung weitgehend getilgt worden und haben den positiven Elementen der Kriegsvergangenheit Platz gemacht: dem Schutz der Juden in Jugoslawien oder Südfrankreich vor der Verfolgung durch die Deutschen; dem Kampf von Soldaten der aufgelösten italienischen Armee auf der Seite der Partisanen auf dem Balkan nach dem September 1943; dem Widerstand gegen die Nazi-Okkupanten im eigenen Land, der Befreiungskampf von Gappisten in den Städten und Partisanen im Umland.

Die Bereitschaft zum Vergessen scheint sich ein großer Teil der italienischen Öffentlichkeit zu Eigen gemacht zu haben. Der bekannte Journalist und ehemalige Partisanenführer Giorgio Bocca fand sogar eine anthropologische Erklärung für das angeblich wenig kriegerische, im italienischen »Lebensgefühl« wurzelnde Verhalten der italienischen Soldaten während des »faschistischen Kriegs«: »Der Italiener ist ein mittelmäßiger Soldat gewesen – ein Soldat, der keine Lust zum Kämpfen hatte«. Menschlich gesehen seien die Italiener daher unbeschädigt aus dem Krieg hervorgegangen, frei »von jenem furchtbaren Schandmal, das ihre Nazi-Verbündeten noch lange belasten wird«.[4]

Noch immer weigern sich viele Italiener, den längst nachgewiesenen Einsatz von tödlichen Chemikalien im Äthiopienkrieg zur Kenntnis zu nehmen. Den Journalisten wird in dieser Debatte, die eigentlich keine mehr ist, mehr geglaubt als den Historikern: Der einflussreiche Indro Montanelli hat den Gaskrieg, den er als Afrikakämpfer nicht gesehen habe, immer wieder geleugnet. So wundert es kaum, dass die Schrecken des italienischen Äthiopienkrieges in der Öffentlichkeit kaum bekannt sind, obwohl er von der Fachwissenschaft als brutaler kolonialer Eroberungs-

und Ausrottungskrieg enttarnt wurde.[5] Doch auch die Erinnerung an die italienische Besatzungszeit in Griechenland und Jugoslawien sowie die massive Entnationalisierungspolitik, die im annektierten Slowenien betrieben wurde, sind aus dem kollektiven Bewusstsein verschwunden.[6] Der »gerechte Krieg« gegen die Nazis wird erinnert, derjenige, den Italien auf Seiten derselben Nazis geführt hat, wurde hingegen verdrängt. Eine generationelle Abfolge scheint bei dieser Form der Kriegserinnerung gar nicht stattgefunden zu haben. Die Generation derjenigen, die das Bild des Äthiopienkriegs oder dasjenige Deutschlands seit 1945 geformt haben, sind bis heute die entscheidenden Wortführer in der italienischen Öffentlichkeit gewesen: Es handelt sich dabei meist um hochkarätige Journalisten, die als Autoritäten in historischen Fragen gelten wie der erst kürzlich verstorbene Indro Montanelli, der das italienische Geschichtsbewusstsein wohl mehr beeinflusst hat als die Historiker. Die Deutung des Zweiten Weltkriegs ist in Italien von der ersten Generation, die den Krieg direkt erlebte, stark geprägt worden: von einem Giorgio Bocca, Silvio Bertoldi oder Enzo Biagi, wohingegen Nuto Revelli oder Mario Rigoni Stern das Bild der Kriegsvergangenheit aus der Perspektive des einfachen Soldaten geformt haben. Erst in jüngster Zeit folgt eine Generation der Sechzigjährigen nach, mit Paolo Mieli und Ernesto Galli della Loggia an der Spitze, die das publizistische Ansehen von Montanelli zu erreichen versuchen.[7] Und selbst im Wissenschaftsbereich wird die Fachdebatte nach wie vor von dieser ersten Generation dominiert: sei es durch intellektuelle Anstöße von Norberto Bobbio oder Vittorio Foà, durch die wichtige Studie von Claudio Pavone oder die Memoiren von Roberto Vivarelli. Ich halte es daher für sinnvoll, nur zwei »politische Generationen« zu unterscheiden: diejenigen, die durch den Zweiten Weltkrieg als Mitwirkende, als Akteure, tief geprägt worden sind, und diejenigen, die – auch wenn sie den Krieg vielleicht als Kinder noch direkt erfahren haben – erst in der Nachkriegszeit von den Akteuren des Kriegs sozialisiert worden sind.[8] Ein Wechsel der Generationen ist also bestenfalls im intergenerationellen Diskurs wahrzunehmen, der in der öffentlichen Weitergabe von Deutungen der Vergangenheit an nachfolgende Geburtskohorten besteht.

Die Schaffung einer »kanonischen« Deutung der Vergangenheit

Wie konnte es in Italien zu dieser Umdeutung, zu dieser ausschnitthaften Verkürzung des viel umfassenderen Kriegserlebnisses kommen? Welche Verarbeitungsprozesse haben hier stattgefunden, um die neue »Kriegserinnerung« zu einer kanonischen, hegemonialen Deutung zu formen? Entscheidende Bedeutung für den Prozess dieser Umwandlung unmittelbarer Kriegserfahrung in gefilterte Kriegserinnerung kommt dem Handeln der ersten Generation bereits unmittelbar nach Kriegsende zu: Eine kleine Gruppe von auflagenstarken Büchern war hierbei von zentraler Bedeutung, da sie wichtigen kulturellen Strömungen in der italienischen Nachkriegszeit publizistischen Ausdruck verlieh: der kommunistischen, der radikaldemokratischen (Aktionspartei), der gemäßigt-konservativen und der faschistischen. Die Kriegserinnerung erhielt ihre erste kanonische Modellierung mit den Publikationen von Luigi Longo, Leo Valiani und Raffaele Cadorna, die 1947/1948 erschienen. Die übrig gebliebenen faschistischen Nostalgiker scharten sich hingegen um Rodolfo Grazianis Buch »Ho difeso la Patria« (1948). Die plakative Botschaft des Autors, er »habe (nur) das Vaterland verteidigt«, findet sich im Falle Grazianis schon im Titel. Doch auch bei Luigi Longos Werk »Un popolo alla macchia« (etwa: »ein Volk im Widerstand«) ist die Botschaft eindeutig: Die Partisanenbewegung habe millionenfache Unterstützung im Volk besessen, die Partisanen konnten sich in dieser wohlwollenden Umgebung wie Fische im Wasser bewegen. Die Faschisten waren in dieser Sicht einige wenige degenerierte Kriminelle. Aus diesem unitarischen Charakter der *Resistenza* bezogen die Kommunisten ihre Nachkriegslegitimation. Leo Valiani, Sekretär des *Partito d'Azione* in Oberitalien, sah in seinem Buch »Alle Straßen führen nach Rom« von 1947 die Beziehungen zwischen einer kämpferischen Avantgarde von Widerständlern und dem Rest der Bevölkerung erheblich realistischer, sah aber auch schon die gesellschaftlichen Verhinderungsstrategien, die dann zu dem Schlagwort vom »Verrat an der Resistenza« führen sollten. Raffaele Cadorna hingegen, militärischer Oberbefehlshaber des *Comitato dei volontari della libertà* (CVL), spielte in seinem Buch »La riscossa« von 1948 vor allem auf der Klaviatur des patriotischen Kampfes. Da der Armee hier ein weit wichtigerer Stellenwert bei der Befreiung Italiens beigelegt wird als den Partisanen, wird die *Resistenza* in ihrer Bedeutung stark zurückgedrängt.[9]

Auch Mussolinis ehemaliger Marschall und Generalstabschef Pietro Badoglio trug zur Umdeutung der Kriegserfahrung entsprechend bei. In seinen Memoiren von 1946 widmete er sein Werk »allen Italienern, die im Kampf gegen die nazifaschistische Tyrannei ihr Leben, ihre Kraft und ihr Leiden gegeben haben – in der Hoffnung, dass aus diesem enormen Opfer ein unteilbares, freies und respektiertes Vaterland wiedererstehen möge«. Der Topos von der »nazifaschistischen Tyrannei« diente Badoglio dazu, von den politischen Verantwortlichkeiten der Monarchie und der Militärkaste für Faschismus und militärische Katastrophen vor 1943 abzulenken.[10] Die Deutschen waren in dieser Perspektive ein allzeit evozierbares Schreckgespenst.

Es lässt sich resümieren, dass es auf diese Weise zu einer Überlagerung von Erinnerung gekommen ist, in einem Prozess, der aufgrund einiger bedeutender Memoirenpublikationen schon zwischen 1946 und 1948 eine Kodifizierung erfuhr: Die ursprünglichere, erste Erinnerung an den Krieg auf Seiten der Deutschen (also die Erinnerung der Italiener als der Unterdrücker, Okkupanten und Partisanenbekämpfer) wurde so verdrängt durch die nachträgliche, zweite Erinnerung, die der Unterdrückten, der Okkupierten, der Leidenden, der Kämpfer für die Befreiung vom deutschen Joch.[11] Nur ein Beispiel für diese Überlagerung von Erinnerung: Am 17. September 1944, wenige Wochen nach der Befreiung Roms von den Deutschen, wurde die römische »Hitler-Allee« zum Gedenken an die Opfer der zahlenmäßig größten deutschen Exekution in der Heiligen Stadt in »Viale delle Fosse Ardeatine« umbenannt.[12]

Das in den Memoiren vorgegebene patriotisierende Deutungsmuster dominierte die italienische Innenpolitik in den ersten 15 Jahren der Republik. Es kam dabei häufig zu einer sehr allgemeinen Anrufung des patriotischen Hintergrunds für die Befreiung vom deutschen Joch, ohne Bezug auf die *Resistenza*, in der man das trojanische Pferd der Kommunisten sah. Trotz einiger Risse in dieser Front änderte sich diese Ausgangslage erst mit dem politischen Umschwung zum *Centro-Sinistra* 1963. Nun wurde die *Resistenza* zum unverzichtbaren Traditionsbestandteil der Republik proklamiert und es begann eine Phase der massiven Verbreitung dieses antifaschistischen Paradigmas.[13] Über öffentliche Feiern und über das Bildungswesen als Transmissionsriemen sollte das Erbe an die jüngere Generation weitergegeben werden.

Popularisierung der *Resistenza* als Gedächtnisverlust?

Diese frühzeitig erfolgte, höchst erfolgreiche Umdeutung der Kriegserfahrung in kodifizierte Erinnerung ist bis heute nicht aufgebrochen worden. Die ursprünglichere Erinnerung an den faschistischen Krieg wird noch immer von der nachfolgenden Schicht des *Resistenza*- und Bürgerkriegsgedächtnisses überlagert. Dies hängt damit zusammen, dass die Berufung auf die *Resistenza* (oder deren Ablehnung) für die italienische Republik eine hohe gesellschaftliche wie politische Bedeutung besitzt. Die Legitimation der Parteien hing über Jahrzehnte, vermutlich bis zu den Wahlen vom 13. Mai 2001, in beträchtlichem Maß von der Bewertung und Auslegung der *Resistenza* ab – in Ansätzen vergleichbar mit der Bedeutung, die die Erinnerung an den Holocaust für die Standortbestimmung der Bundesrepublik einnahm. Bei diesem Vorgang sind bislang keine nennenswerten Unterschiede zwischen den Generationen auszumachen.

Allerdings gab es einen sehr lebhaften *inter*generationellen Diskurs, der sich aus der Notwendigkeit speiste, Werte und Erinnerungen an die nachfolgenden Generationen weiterzugeben. Ein wichtiges Medium zur Verbreitung einer kanonisierten *Resistenza*deutung stellte der Film dar.[14] Dies ging nicht ohne Spannungen im deutsch-italienischen Verhältnis ab und hatte Auswirkungen auf das verbreitete Deutschenbild: Waren es in Rossellini's »Roma città aperta« von 1945 im Wesentlichen nur einige hundert Gestapo-Männer, die die Fratze der Besatzungsherrschaft darstellten, so wandelte sich das Bild mit dem Film »Die vier Tage von Neapel« (1963), der unter der Regie von Nanni Loy die letzten Tage der deutschen Okkupation in Neapel und den Ausbruch des dortigen Volksaufstandes schilderte.[15] Nun ging es nicht mehr nur um ein Häuflein von SS-Schergen, sondern um das Bild Hunderttausender von Wehrmachtsoldaten in Italien. Der Aufstand von Neapel war deshalb von so großer Bedeutung für die italienische Öffentlichkeit, weil er als ein Fanal für die allgemeine Erhebung gegen die Besatzungsmacht, d. h. als Präfiguration der *Resistenza* im Norden, gedeutet werden konnte.

Die Erinnerung an die *Resistenza* diente auch als politisches Instrument, um die Legitimation der italienischen Linken zu stützen, um mit dem Schlagwort der »aus der *Resistenza* geborenen Republik« Politik machen und die eigenen Ansprüche auf die Realisierung eines besseren Italien, für das die *Resistenza* schließlich gekämpft habe, durchsetzen zu können.

Auch die anderen Parteien, vorab die Christdemokraten, versuchten, diese Argumentation für sich nutzbar zu machen, und verwiesen auf ihren Beitrag zum Widerstand gegen deutsche Besatzung und Faschismus. Dadurch kam es zu einer zunehmenden Kanonisierung der *Resistenza*-Vergangenheit, die nicht mehr hinterfragt werden konnte, ohne damit einen politischen Tabubruch zu begehen.[16] Mit der Ritualisierung der *Resistenza* und der scheuklappenartigen Einengung der Kriegserinnerung auf die große, angeblich allumfassende Kraftanstrengung der Selbstbefreiung vom Nazifaschismus war fast automatisch die Ausblendung der eigenen Mitverantwortung für den faschistischen Krieg und die eigenen Kriegsverbrechen verbunden. Und für die Geschichtsschreibung der *Resistenza* hat stets nur der Widerstand von Seiten der Italiener, nicht derjenige *gegen* die Italiener, ein historiographisches Sujet dargestellt.

Parallel dazu kam es zu einer Art religiöser Überformung der Kriegserinnerung, die in einer Einordnung des Kriegstodes in das katholische Totengedenken und in eine unspezifische Leidenserinnerung bestand. Die diffuse, undifferenzierte Erinnerung an die Opfer von *Resistenza* und Besatzung, die sich an den Riten der katholischen Kultur orientierte (Totenmesse um Allerseelen), konnte sich auch auf die Toten aus der Zeit des faschistischen Eroberungskriegs erstrecken: So gedachte die Gemeinde Marzabotto jahrzehntelang nicht nur der Opfer des deutschen Massakers, sondern gleichzeitig ihrer 1941 in Griechenland Gefallenen. Auch der Versuch einer Aussöhnung mit Jugoslawien in den 60er Jahren verlief zum Teil auf dieser allgemeinen christlichen Ebene. Im ehemaligen Lager Renicci wurde die Lagererinnerung über die Messe zu »Allerheiligen« in den katholischen Feiertagszyklus eingebunden und die spezifischen Folgen des Eroberungskrieges von der christlichen Versöhnungsbotschaft überdeckt.

Etwas schwerer tat man sich in Italien mit der Erinnerung an die jüdischen Opfer der Besatzungszeit. In den 50er Jahren ging der römische Bürgermeister jeweils um Allerheiligen herum in Begleitung zweier Beigeordneter, unter denen sich ein führendes Mitglied der jüdischen Gemeinde befand, zu den *Fosse Ardeatine*, um dort in einer Gedenkfeier an die Opfer der nationalsozialistischen Herrschaft in Rom zu erinnern. Dabei wurden die Ereignisse in Rom an die europaweiten Verbrechen der Nationalsozialisten gekoppelt: Die 73 Juden, die in den *Fosse Ardeatine* am 24. März 1944 erschossen worden waren, standen – so die Deutung des jüdischen Gemeindevertreters – stellvertretend für die 6 Millionen ermordeten Juden. Allerdings hätte der ermordeten römischen Juden auch an einem anderen Tag gedacht werden können: dem 16. Oktober 1943, als mehr als 1000 römische Juden verhaftet und nach Auschwitz deportiert wurden. Eine Erinnerung an die Deportation der römischen Juden in die Vernichtungslager scheint in dieser Zeit jedoch nicht präsent gewesen zu sein. Obwohl die Zahl der aus Rom deportierten Juden bei weitem höher war als die der in den *Fosse Ardeatine* Ermordeten, so barg der symbolische und kommemorative Vorrang der *Fosse Ardeatine* ein bestimmtes Deutungsmuster in sich: Die Deutschen waren hier die einzigen Verantwortlichen für das tödliche Schicksal der Juden. Bei der Erinnnerung an die Judendeportationen aus dem Ghetto hätte man hingegen an die Mitwirkung der italienischen Polizei denken müssen, an die Denunziationen durch italienische Faschisten, an die antisemitische Gesetzgebung von 1938, vielleicht auch an das Verhalten des Bischofs von Rom, Papst Pius XII, während der deutschen Okkupation.[17] Die »nationale Wiederversöhnung« war viel leichter zu beschwören, wenn man nur der Toten in den *Fosse Ardeatine* gedachte.

1968 kam es zum ersten großen Bruch mit diesem kanonisierten *Resistenza*-Paradigma: »Wir wollen nicht, dass die Toten der *Resistenza* – mit Monumenten ›für die Gefallenen aller Kriege‹ – von Bischöfen, Präfekten, Gerichtspräsidenten, Wehrkreiskommandeuren, Kommissaren, Intendenten und Superintendenten ›geehrt‹ werden – besser ist das Schweigen!« So heißt es bereits in der ersten Nummer der berühmten »Quaderni Piacentini« von 1962, in dem der »Tod der Resistenza« proklamiert wurde: erstickt von den offiziellen Feierlichkeiten der herrschenden Klasse. Die Erinnerung an den wahren historischen Widerstand sei von einer falschen, missbrauchten, in der öffentlichen Rhetorik untergegangenen *Resistenza* verdrängt worden. Claudio Pavone schrieb provozierend im Juli 1968: »Wenn die Jugend die als Alibi benutzte Resistenza zerstören will, dann tut sie gut daran«.[18]

Doch trotz des Protestes von 1968 waren die 70er Jahre in Italien die eigentliche Wasserscheide bei der generationellen Weitergabe der Kriegserinnerung. Mit der Herausbildung bestimmter überwölbender Symbole und der damit einhergehenden Rhetorik gingen Wissen und Differenzierung auf nationalstaatlicher Ebene verloren. Der prozessuale und generationelle Übergang vom erlebten zum erinnerten Krieg[19] mit seinen Formen der Kanonisierung stellt sich daher auch als eine kontinuierliche Abfolge von Amnesien dar. Wobei die Gesellschaft gelegentlich zu Formen der kollektiven Rückerinnerung gelangt, wenn die äußeren Ereignisse mit einer günstigen innenpolitischen Konstellation zusammenfallen. Die Geschichte der NS-Kriegsverbrechen in Italien ist ein Beispiel für ein solches sukzessives Verschwinden aus der kollektiven Erinnerung, wobei das Wissen darum erst seit kurzem mühsam wiedererworben wird.

Das Ende des antifaschistischen Paradigmas

Einhergehend mit dem Zusammenbruch des Ostblocks ist in den 90er Jahren in der italienischen Geschichtswissenschaft wie Öffentlichkeit ein massiver Bruch mit dem antifaschistischen Paradigma erfolgt. Der zentrale Stellenwert, den die Geschichte der Partisanenbewegung einnahm, die Bedeutung, die dem militärischen Kampf italienischer Partisanengruppen gegen die nationalsozialistische Besatzungsherrschaft beigemessen wurde, die zentrale Kategorie des Befreiungskriegs als Signum der Epoche verschwanden zunehmend zugunsten einer Aufmerksamkeit für die inneren Spaltungen, die Kosten des Bürgerkriegs, die Opfer der Gewalt, die diese inneritalienische Auseinandersetzung im Rahmen der deutschen Okkupation zur Folge gehabt hatte.[20] Damit ging eine Umbewertung der nationalsozialistischen Besatzungsherrschaft einher. Die klaren Freund-Feind-Schemata der früheren Jahrzehnte gerieten ins Wanken. Nuto Revelli, der jahrzehntelang aus seiner Verbitterung gegenüber den Deutschen keinen Hehl gemacht hatte, legte vor wenigen Jahren einen Essay vor, der einem seiner ehemaligen Kriegsgegner – einem deutschen Leutnant, der von Partisanen im Raum Cuneo erschossen wurde – praktisch ein literarisches Monument errichtet. Revelli versucht darin, das Menschliche im Feind zu entdecken und suggeriert, dass der Offizier es 1944 darauf angelegt habe, sich von Partisanen erschießen zu lassen, weil er die Grausamkeit des Krieges nicht mehr habe ertragen können. Eine Tragödie – mit einem Deutschen als tragischem Helden.[21]
Während die Erinnerung an den Partisanenkrieg an Bindungswirkung in der Öffentlichkeit deutlich verloren hat, droht nun eine ausschließliche Opfererinnerung deren Stelle einzunehmen und zur neuen »Zivilreligion« eines »postfaschistischen« Italien zu werden. Um den von vielen für anachronistisch gehaltenen Gegensatz von »Antifaschisten« und »Faschisten« zu überwinden, wird in jüngster Zeit häufig der Versuch ge-

macht, im Zuge einer »nationalen Wiederversöhnung« auch die Salò-Faschisten als (überwiegend unschuldige) Opfer zu deuten. Diese Angleichung der Opfer auf beiden Seiten für die Bürgerkriegsphase zwischen 1943 und 1945 verstärkt noch zusätzlich die Ausblendung einer italienischen Tätererinnerung.

Verändern sich damit auch die bis dahin kanonisierten »Gedächtnisorte« der Nation? Die politische Rechte versucht, die »Foibe« in den Rang eines nationalen Gedächnisortes zu erheben. Für die Linke hingegen ist die Erinnerung an die nationalsozialistischen Verbrechen in Italien und in Europa der Kitt, der den auseinander brechenden Kern des gesellschaftlichen wie historischen Grundkonsenses zusammenhalten soll. So wird das ehemals positiv definierte antifaschistische Paradigma abgelöst durch die Erinnerung an die NS-Verbrechen, womit auf indirekte Weise eine »Rettung« der *Resistenza* verbunden ist. Doch zentrale Elemente des italienischen Eroberungskrieges vor 1943 fallen in der breiten Öffentlichkeit weiterhin dem Vergessen anheim.

Anmerkungen

1 Eine kritische italienische Geschichtsschreibung (vgl. L'Italia in guerra 1940–43, hg. von Bruna Micheletti und Pier Paolo Poggio, Brescia 1992) versucht, diesem Bild entgegenzuwirken, hat aber in der Öffentlichkeit nur begrenzten Erfolg. Weit populärer sind jedoch Filme wie »Mediterraneo« von Salvatores, der seit 1991 den Mythos des italienischen »Kriegers« in Griechenland geformt hat.
2 Dazu jetzt Enzo Collotti (con la collaborazione di Nicola Labanca e Teodoro Sala), Fascismo e politica di potenza. Politica estera 1922–1939, Milano 2000.
3 Zu den durch die italienischen Zivilbehörden Internierten s. Simonetta Carolini, »Pericolosi nelle contingenze belliche«. Gli internati dal 1940 al 1943, Roma 1987.
4 Giorgio Bocca, Storia d'Italia nella guerra fascista 1940–1943, Bd. 2, Roma/Bari 1977, S. 583 f.
5 Als Überblick: Angelo Del Boca, I gas di Mussolini. Il fascismo e la guerra d'Etiopia, Roma 1996.
6 Tone Ferenc, La provincia ›italiana‹ di Lubiana. Documenti 1941–1942, Trieste 1994; Brunello Mantelli, Die Italiener auf dem Balkan 1941–1943, in: C. Dipper / L. Klinkhammer / A. Nützenadel (Hg.), Europäische Sozialgeschichte. Festschrift für Wolfgang Schieder zum 65. Geburtstag, Berlin 2000, S. 57–74.
7 Auch Angelo Del Boca, der die wichtigsten Bücher zur italienischen Okkupation in Libyen und Äthiopien vorgelegt hat, war Jahrzehnte als Journalist tätig.
8 Um historiographisch operabel zu sein, ist es unumgänglich, den Begriff der Generation auf eine bestimmte Sozialisation zu beziehen. Nur die gemeinsame Erfahrung zentraler Ereignisse und Umbrüche macht eine »politische Generation«

aus. Die Möglichkeit der Unterscheidung von »Funktionsgenerationen«, wie sie Wolfgang Schieder im Falle des deutschen militärischen Widerstands gegen das NS-Regime vorgenommen hat, soll hier außer Betracht bleiben.
9 Zur Entstehung dieser ersten Gruppen von Deutungen der Vergangenheit s. Giampasquale Santomassimo, La Resistenza e gli antifascismi, in: Nicola Gallerano (Hg.), La Resistenza tra Storia e Memoria, Milano 1999, S. 370–383, insbesondere S. 371f.
10 Pietro Badoglio, Italia nella seconda guerra mondiale, 1946. Es ist bezeichnend, dass Badoglio das Vaterland und nicht etwa die Republik anrief. Als weiteres Opus, das die italienische Vergangenheitsdeutung entscheidend geprägt hat, wären neben Mario Roattas »Otto milioni di baionette« auch die »Tagebücher« von Außenminister Galeazzo Ciano zu nennen, die frühzeitig als politisches Instrument dienten. Badoglio, Roatta, Graziani, Ciano – alles ehemalige hohe faschistische Funktionsträger, die nachträglich ihre Rolle im Krieg beschönigen wollten.
11 Ich greife hier auf eine von Jost Dülffer geprägte Unterscheidung zurück.
12 Francesca Koch/Simona Lunadei, Il 16 ottobre 1943 nella memoria cittadina, in: Gallerano (Hg.), La Resistenza [wie Anm. 9], S. 243–256, hier S. 253.
13 Zum antifaschistischen Paradigma s. den Überblicksband: Mino Argentieri, Fascismo e antifascismo negli anni della Repubblica, Milano 1986.
14 Ein ausgezeichneter Überblick in: La Resistenza nel cinema italiano 1945/1995, hg. vom Istituto storico della Resistenza in Liguria, Genova 1995.
15 Zu der Diskussion um Loys Film s. detailliert Johannes Lill, Völkerfreundschaft im Kalten Krieg? Die politischen, kulturellen und ökonomischen Beziehungen der DDR zu Italien 1949–1973, Frankfurt am Main u. a. 1999; Joachim Staron, Deutsche Kriegsverbrechen und Resistenza. Die Fosse Ardeatine und Marzabotto, Paderborn 2002.
16 Vgl. dazu meinen Beitrag »Der Resistenza-Mythos und Italiens faschistische Vergangenheit«, in: Holger Afflerbach / Christoph Cornelißen (Hg.), Sieger und Besiegte, Düsseldorf 1997.
17 Zur jüngeren Debatte um das »Schweigen des Papstes« s. meinen Beitrag über: Pius XII., Rom und der Holocaust, in: Quellen und Forschungen aus italienischen Archiven und Bibliotheken 80 (2000).
18 Zu diesem Komplex s. den Beitrag von Paola Ghione, in: Gallerano (Hg.), La Resistenza [wie Anm.9], besonders S. 133.
19 Kerstin von Lingen, Konstruktion von Kriegserinnerung: Der Prozeß gegen Generalfeldmarschall Albert Kesselring vor einem britischen Militärgericht in Venedig (1947) und das Bild von Italien, in: Militärgeschichtliche Zeitschrift 59 (2000), S. 435–450.
20 Gian Enrico Rusconi, Die italienische Resistenza auf dem Prüfstand, in: Vierteljahrshefte für Zeitgeschichte 42 (1994), S. 379–402.
21 Nuto Revelli, Der Vermißte von Marburg, München 1996.

Mishima Ken'ichi
Generationswechsel und Erinnerungskulturen in Japan

Beim Rückblick auf die mehr als 50-jährige Geschichte der öffentlichen Auseinandersetzung in Japan mit dem dunklen Kapitel der eigenen Geschichte lässt sich der Wechsel von Diskussionsfiguren und Argumentationstypen, von Tendenzen und Perspektiven grob an folgenden drei Punkten festmachen: Wir beobachten – mit vergleichendem Blick auf die Entwicklung der westlichen Nationen – eine Verschiebung in der Erfahrung von Ungleichzeitigkeit zur Gleichzeitigkeit bei der japanischen Entwicklung, von der Dichotomisierung von Ost und West als Deutungsgrundlage der eigenen Geschichte zur postkolonialen Kritik an der imperialen Vergangenheit, vom Gedenken der eigenen Toten zum Trauern der Opfer außerhalb der eigenen Nation. Dieser Wechsel wird begleitet von einer Spaltung der kritischen Öffentlichkeit; ihr gegenüber gewinnt das konservativ-revisionistische Lager immer mehr an Einfluss.

Nach der Niederlage im Kriege stand das politisch-militärische Desaster lange Zeit, zumindest zwei Dekaden lang, im Vordergrund der Diskussion. Man suchte die Gründe, die zur Katastrophe geführt hatten, und war sich relativ schnell einig: Schuld an dem unbeschreiblichen Elend der Nation waren jene Kräfte, die in der Vorkriegszeit usurpatorisch den Staat steuerten, nämlich die Wirtschaftskonzerne (*zaibatsu*) und das Militär (*gunbu* beziehungsweise *gunbatsu*). Vor allem hatte sich das Militär, laut dieser Version von Dunkelmännern der Konzerne gesteuert, über jegliche institutionelle Kontrolle hinweggesetzt und die Invasion auf dem Festland im Alleingang vorbereitet und inszeniert, bis mit Pearl Harbor der Untergang unvermeidlich wurde. Man stellte darüber hinaus in den Strukturen Japans vor dem Krieg allgemein ein Defizit an Rationalität und Individualismus fest, aber auch Residuen des Feudalismus, die es nun abzutragen galt. Zu den Restbeständen der feudalen Gesellschaftsordnung wurden die Großfamilie und veraltete soziale Hierarchien gezählt. Eines der wichtigsten Argumente lautete also: Rückstand in der Modernisierung und Rationalisierung.

Interessanterweise war diese Analyse der unmittelbaren Zeitgeschichte sowohl vom kommunistisch-orthodoxen Begriffsapparat als auch von der amerikanisch-liberalistischen Kritik an der fehlenden Demokratie geprägt. Auf der einen Seite wurden Monopolkapitalismus und Konzerne zu Zielscheiben der Kritik; man redete in diesem Zusammenhang gern von der »monopolkapitalistischen Ausbeutung der arbeitenden Bevölkerung«. Nach sowjetrussischer Deutung befand sich die japanische Gesellschaft auf dem Höhepunkt der dem Kapitalismus eigenen Widersprüche, und daran habe sich nach der Niederlage nicht viel geändert. Die sozialistische Revolution stand quasi vor der Tür. Auf der anderen Seite verhinderte die These von der hochmodernen Konzentration des Industriepotentials nicht, dass gleichzeitig von den vormodernen, »feudalen« Strukturen geredet wurde. Demgegenüber verschrieben sich die Vertreter des Liberalismus einem bürgerlichen Individualismus westlicher Provenienz. Dieses merkwürdige Konglomerat von diversen Ansichten entsprach durchaus der damaligen internationalen Konstellation. Die Alliierten, zu denen Sowjetrussland gehörte, waren nicht nur eine Waffen-, sondern bei allem Dissens auch eine Interpretationsgemeinschaft. Als Folge davon wurden die sich eigentlich gegenseitig ausschließenden Interpretationen kritiklos aufgenommen. Der boshaften Formulierung General MacArthurs, die Japaner seien ein Volk von Zwölfjährigen, haben diese damals beigepflichtet, während sich auf der anderen Seite im Zuge des wieder erwachten Marxismus die Komintern-Thesen von 1932 schnell verbreiteten.

Der Tenor unter den betroffenen Zeitgenossen war, Selbstkritik an der Tradition zu üben und die entschlossene Bereitschaft zum Ausbruch aus dieser zu bekunden. Dies war damals, um nur einen kurzen vergleichenden Blick zu werfen, auch in Deutschland der Fall. Jedoch sind die Unterschiede im Vergleich zu Deutschland nicht zu ignorieren; denn Deutschland gehörte für die meisten Japaner doch zum Westen, also zu den »fortgeschrittenen« Teilen der Welt, während Japan zum rückständigen Osten zählte. Man sieht hier, dass die historische Evolution nach Maßgabe des klassischen Ost-West-Gegensatzes beurteilt wurde.

Für diesen Ost-West-Zusammenhang führe ich repräsentativ einen Namen an, nämlich den inzwischen auch im Westen bekannten Maruyama Masao, der in diesem »Orchester der Erneuerungsmusik« die erste Geige spielte. In seinem im April 1946 erschienenen Aufsatz »Logik und Mentalität des Ultranationalismus«,[1] der ihn schlagartig berühmt machte, stellt er im Grunde genommen zwei Thesen auf. Sie muten uns heute merkwürdig an.

Die erste These lautet: Der Staat im Vorkriegsjapan war nicht das, was Carl Schmitt den »neutralen Staat« nannte. Dieser japanische Staat kannte also nach Maruyama kein formales Rechtssystem. Die in Europa im Laufe der Modernisierung mühsam durchgesetzte Trennung von Religion und Staat, von privater und öffentlicher Sphäre, auch das Festhalten am Prinzip der Legitimität durch Legalität – also alles, was den modernen Staat auszeichne –, habe im ultranationalistischen Staat Japans nichts gegolten. Das bedeutet nach Maruyama, dass die Ideologie des Ultranationalismus nicht unbedingt mit dem Totalitarismus des 20. Jahrhunderts auf gleicher Ebene zu sehen ist, sondern, wie er formuliert, der »Struktur des Staates in Japan« immanent war. Die Folge war, dass – anstatt des verinnerlichten, allgemein gültigen Normensystems – der allumfassende, alles betreuende, vom Kaiser nach unten hin hierarchisierte Charakter des Staates die politischen Handlungen der Einzelnen steuerte.

Die zweite These lautet: Der Osten unterscheidet sich deutlich vom Westen. Während nach Maruyama im Westen das politische Leben durch die moderne Tradition des verantwortungsbewussten Subjekts gekennzeichnet ist, herrschten in Japan bloße Autoritätshörigkeit und eine schwammige, undifferenzierte Form des Denkens. Damit wollte Maruyama auch erklären, warum sich Japan ab 1931 ohne Kriegserklärungen, ohne Pläne und ohne Erfolgsaussichten in einen Krieg nach dem anderen hineinmanövrierte. Maruyama griff sogar zu einem grotesken Vergleich, indem er sagte: »Sogar die Nazis hatten ein Weltanschauungssystem, wie ›Mein Kampf‹ und ›Der Mythos des 20. Jahrhunderts‹«. Des Weiteren verglich er Göring, der während des Nürnberger Prozesses oft in schallendes Gelächter ausbrach, mit den japanischen Kriegsverbrechern, die »nur noch erblassen und schluchzen konnten«, – eine uns nicht mehr vertraute Wertschätzung von Göring durch einen Fahnenträger der japanischen Intellektuellen nach 1945! Neben solchen einzelnen »Ausrutschern« wurde damals diese auf die Ost-West-Achse bezogene Ungleichzeitigkeitsthese wie eine Pflichtübung ständig wiederholt. Sie fand nicht nur im Kreise der Intellektuellen, sondern auch in den weiten Teilen der Bevölkerung Zustimmung.

Abgesehen von dem hier zugrunde liegenden paternalistischen Staats-

und Rechtsverständnis fällt in dieser, wie ich es nennen will, *modernistischen* Abrechnung mit der Vergangenheit noch eines auf: der Blick nach innen. Es geht um eine Erneuerung und eine Veränderung der eigenen Lebensform bei Mobilisierung des intellektuellen Potentials. Hier gibt es wieder Gemeinsamkeiten zwischen den beiden Nationen. Auch in Deutschland waren damals neben dem Vergleich mit den westlichen Demokratien »Läuterung«, »Fegefeuer« bevorzugte Redefiguren, aber auch »Sammlung«, vor allem »Schande und Schmach.« In beiden Nationen ging es zumindest in den öffentlichen Diskussionen vornehmlich um die Selbstfindung, um die eigene Läuterung und Therapie, auch darum, wie man moralisch wieder auf die Beine kommt und einen aufrechten Gang einübt. Die Trauer um die Opfer des Krieges trat demgegenüber zurück.

Eine populärere Art dieser *modernistischen* Version der Aufarbeitung von Vergangenheit war bei uns in Japan die Ansicht, dass das Volk selber Opfer einer vormodernen Kräftekombination eben von Konzernen und Militär gewesen sei. Dazu trug bei, dass in der Anklageschrift des Tôkyôter Militärtribunals das japanische Volk nicht auf die Anklagebank gesetzt wurde, was auch juristisch unmöglich gewesen wäre, sondern eben die Vertreter der dominanten Strukturen und der »konspirativen« Kräfte der Vorkriegszeit, deren Opfer auch die japanischen Bürger gewesen seien. In der Anklageschrift war oft von einer »Konspiration« die Rede, die von 1928 bis 1945 die staatlichen Entscheidungen gesteuert habe.[2]

Damit konnte man einen kläglichen Überrest von Selbstachtung retten. Das »eigene Haus« musste also wieder in Ordnung gebracht werden, nachdem man die Verantwortlichen des verbrecherischen Systems zur Verantwortung gezogen hatte. Dabei musste das »Haus« von Grund auf modernisiert werden. Die von japanischen Politikern und Militärs auf dem asiatischen Kontinent begangenen Untaten gingen die Architekten des Nachkriegsjapans zunächst nicht so viel an. Auch in Deutschland machten sich viele daran, das »freie christliche Abendland«, gereinigt vom braunen Bazillus und abgehärtet gegen kommunistische Infiltration, wieder aufzubauen, nachdem eben alle Brandstifter und Schergen des Naziregimes und deren Teufelswerk beseitigt worden waren.

Für die damalige Situation in Japan ist noch ein weiterer Faktor zu erwähnen: Die Restbestände der kolonialen Vergangenheit wurden nach dem Kriege zunächst abgeschüttelt. Gleichzeitig mit der massenhaften

Rückkehr der in den Kolonien lebenden Japaner, deren Leidensgeschichten auf der Flucht gleichsam zu Gründungsepen des »Neugeborenen Japan« (Shinsei Nippon) wurden, hat sich relativ schnell ein Prozess vollendet, in dem versucht wurde, alles noch in Japan vorhandene Fremdländische zurückzuweisen, zu marginalisieren und somit die Nation auf das »Homogene«, das »Genuin-Japanische« zu reduzieren; dadurch wollte man aus dem Schatten der imperialen Vergangenheit heraustreten. Gleichzeitig wurde damit für die Nachkriegszeit ein neues soziales Kollektiv gestiftet. Die Verschleppten aus Korea und anderen Gebieten des japanischen Kolonialreiches mussten möglichst schnell nach Hause zurückkehren. Die ehemaligen Inhaber japanischer Pässe, die aus den Kolonien stammten, waren plötzlich keine Japaner mehr. Der Staat brauchte sich um sie weder wegen ihrer Renten noch wegen Rückzahlung ihrer Spareinlagen zu kümmern. Eine Folge davon war, dass im Atombomben-Gedächtnispark in Hiroshima der Gedenkstein für jene Koreaner, die damals in dieser Stadt der Zwangsarbeit unterworfen waren, erst viel später und nur außerhalb des Gedenkareals aufgestellt werden konnte.

Der Universalismus der Nachkriegszeit, bei uns oft Nachkriegsaufklärung genannt, hatte so im Gedenken eine Blickverengung auf die eigenen Opfer und ein simples Ost-West-Schema zur Folge. Es trifft zu, wenn neuerdings die feministische Soziologin Ogoshi Aiko schreibt: »Die Neigung, die Verantwortung für den Krieg nicht im Hinblick auf die Völker Asiens, sondern einzig und allein als innerjapanische Angelegenheit zu diskutieren, bildete lange Zeit den Diskussionsrahmen in Japan.«[3] Dieser Diskussionsrahmen umspannte die gesamte politische Parteienlandschaft einschließlich der Kommunisten. Ein Slogan, den die Kommunisten lange Zeit wie ihr Vaterunser wiederholten, lautete: »Für das Vaterland und das Volk«.

Dementsprechend war die öffentliche Erinnerungskultur auch den eigenen Toten gewidmet: Die Atombombengedenkfeier, die immer am jeweiligen Jahrestag in Hiroshima (6. August) und Nagasaki (9. August) stattfindet, dient als Plattform für Friedensbewegte aller Couleur. Sie waren oft politisch gespalten, vor allem hinsichtlich der Einschätzung der Atombomben in den Ostblockländern. Von der Regierung wurden sie oft stiefmütterlich behandelt, weil sie als linkslastig und kommunistisch unterwandert galten. Trotzdem hatten die Atombombenopfer, derer man gedachte, eine symbolische Funktion als »Krönung« der nationalen Leiden, die der Krieg verursacht hatte. Eine andere Ausprägung der Innenorientierung war und ist der Yasukuni-Kult. Viele Politiker der konservativen »Liberal-Demokratischen Partei« (LDP), die seit 1955 mit einer kurzen Unterbrechung stets an der Macht bleiben sollte, statten dem Schrein am Tag der Kapitulation (15. August) einen Besuch ab. Das taten sogar einige Ministerpräsidenten. Meinungsumfragen zeigen, dass in den Generationen, die den Krieg bewusst erlebt haben, die Mehrheit gerne diese politische Favorisierung des Yasukuni-Schreins unterstützt und sie weiterhin pflegen möchte.

Die offizielle Gedenkfeier ist aber der Staatsakt, der jährlich am 15. August in Anwesenheit des Kaiserpaars stattfindet. Zwar kommen seit ein paar Jahren in der Ansprache des Kaisers Opfer nicht-japanischer Nationen teils offen, teils verklausuliert vor. Es geht aber hauptsächlich darum, die eigenen Opfer zu betrauern. Ansonsten findet man in Japan überall Gedenksteine, privat gespendete, aber auch offizielle, zum Beispiel von einer Präfektur finanzierte. Meistens gedenkt man damit der gefallenen Kameraden.

Gegenüber dieser noch sehr verbreiteten Mentalität hat sich in den letzten zwei Dekaden ein anderer Diskussionskontext etabliert. Allmählich öffnete sich nämlich der Blick für die Opfer außerhalb der eigenen Nation; es setzte sich die Erkenntnis durch, dass das früher nur als Opfer gesehene japanische Volk auch auf der Seite der Täter stand. Wichtig war in diesem Zusammenhang, dass in den frühen 90er Jahren einige Koreanerinnen, die seinerzeit als Zwangsprostituierte für das japanische Militär missbraucht wurden und die physischen und psychischen Leiden überlebt hatten, sich nun zu Wort meldeten und ihre erschütternden Geschichten erzählten. Wesentlich zu dieser neuen Ansicht beigetragen haben auch feministische Diskussionen. Der Zusammenhang von Geschlecht (*gender*), Krieg, Männerherrschaft und modernem Nationalstaat wurde aus einer bisher ungewohnten Perspektive und mit einer Schonungslosigkeit thematisiert, wie sie sonst nur der radikalmarxistischen Kritik in den späten 60er Jahren zu Eigen war. Dies hatte zur Folge, dass viele männliche Intellektuelle, die bisher in der Öffentlichkeit auf ihre moralische Integrität stolz waren, nun fassungslos reagierten und den Kopf schüttelten. Es war deshalb kein Wunder, dass sich viele liberale Modernisten diesen neuen Erkenntnissen gegenüber verschlossen zeigten.

Zu erwähnen ist hier auch die neue Erinnerungskultur, mit der man zwar das Geschehene nicht mehr ungeschehen machen kann, aber um die Opfer nicht wegen der eigenen Seelenruhe, sondern um ihrer selbst willen trauern will. Die anamnetische Vernunft, die bereits Walter Benjamin bewegte, kam somit allmählich zum Tragen. Es handelt sich um eine linke Version innerhalb des breiten Spektrums der so genannten Postmoderne, nämlich die Auffassung der kulturellen Linken. In diesem Diskussionskontext, in dem ein Teil der postmodernen Theorien über kulturelle Differenz einerseits und die Auffassung universalistischer Menschenrechte andererseits konkurrieren und partiell konvergieren, wurde im Themenkomplex von Verantwortung, Schuld und Haftbarkeit der Schwerpunkt von zwischenstaatlichen Beziehungen radikal auf das Verhältnis von leidenden *Individuen* und *Staat* verlagert.

Mit diesem politisch radikalisierenden Wechsel der Perspektive wird die Vergangenheit des Großjapanischen Reichs in einem größeren Rahmen diskutiert, nämlich in jenem West und Ost umfassenden Kontext der Geschichte des Kolonialismus. Dem Japanischen Imperium kommt ein neuer Stellenwert zu: Der japanische Imperialismus wurde nun als Fortsetzung und Intensivierung der Expansionspolitik der europäischen Industrieländer verstanden. Mit dem Impuls, der von der Orientalismus-Kritik Edward Saids ausging, und mit Hilfe eines feministischen Begriffsapparats wird eine neue Agenda begründet, nämlich die japanische Version des Orientalismus. Japanische Wissenschaften haben – so die These der wichtigen Vertreter dieser Cultural Studies – mit ihrer Asienforschung eine Art von diskursivem Zusammenhang hergestellt, in dem über asiatische Länder, vor allem über Korea und China, bestimmte Repräsentationsbilder vorherrschten, die zur Legitimation der Kolonialpolitik dienten. Kritisiert wird dabei das früher oft benutzte Argument, wonach das fortgeschrittene Japan als »helfender Mann« dem rückständigen Korea, oft als »schlummernde, unschuldige Frau« vorgestellt, das Licht der Zivilisation bringen sollte. Die Geschichte der Kolonialherrschaft wird dabei anhand einzelner Themen neu studiert, wobei etwa der Japanisch- und Musikunterricht in Taiwan oder die Pflicht zur Kaiserverehrung in Korea zur Sprache kommen.

Aus dieser neuen Perspektive stellen koreanische Zwangsprostituierte und das Massaker der japanischen Truppen in Nanking die Kulmination kolonialer Mentalität dar. Dabei wird von der Brutalität der spanischen Conquistadoren über die Ausmerzung der Indianer in Amerika und den Holocaust sowie über die französischen Massaker gegen die Algerier bis zur japanischen Invasion in China ein großer Bogen gespannt. In diesem

Zusammenhang werden auch gegenüber dem selektiven Gedenken der Europäer kritische Töne angeschlagen, was die Rechten seit langem tun: Man gedenke in Europa der Juden, aber kaum derjenigen, die in den europäischen Kolonien niedergemetzelt wurden.[4]
Über die ethnozentristischen Implikationen in diesem Diskurs, über den Vergleich von Judenvernichtung und kolonialem Massaker, ließe sich wohl diskutieren. Eines ist aber sicher: Mit diesem radikalisierenden Wechsel, mit dieser Quasi-Globalisierung von Anspruch auf Restitution hat die These von der Rückständigkeit Japans an Überzeugungskraft eingebüßt. Sie war ein Pendant zum »deutschen Sonderweg« und hatte bei uns in Japan gleichzeitig zivilisationskomparatistisch zur Pointierung des Ost-West-Gegensatzes beigetragen. Mit dieser Sonderwegs- beziehungsweise Rückständigkeitsthese der *Modernisten* konnte sich Japan außerhalb der welthistorischen Mitte im hegelianischen Sinne befinden. Das Ziel war die Annäherung an diese Mitte. Der Denkfehler ist jedem ersichtlich: Gerade in einer der »weltgeschichtlichen Nationen« (Hegel), nämlich in Deutschland, geschah doch die Katastrophe des 20. Jahrhunderts. Unter dem Einfluss des Dekonstruktivismus und der postkolonialen Diskussion, und nicht zuletzt infolge der feministischen Kritik, hat die radikale Modernitätskritik über die Modernisten die Oberhand gewonnen. Wenigstens geben die Verfechter dieser neuen Richtung in den Feuilletons nun den Ton an.
Es gibt aber hier mindestens zwei Probleme, die ich im Folgenden andeuten möchte. 1. Das Misstrauen gegen das linksliberale Modell der Vergangenheitsbewältigung könnte der rechten Kritik an ihm bis zum Verwechseln ähnlich werden. 2. Die historische Konstruktion der Gleichzeitigkeit der Entwicklung Japans mit der der anderen Weltmächte beinhaltet auch die These der Kontinuität des Vorkriegsjapans mit dem Japan ab 1945. Diese These widerspricht jedoch den Evidenzen im Alltag.
Zum ersten Problem: Das mit dieser Blickverschiebung virulent gewordene Misstrauen gegen das linksliberale Modell lässt sich am besten an der veränderten Einschätzung der deutschen Leistung bei der so genannten Vergangenheitsbewältigung verdeutlichen. Im *modernistischen* Lager, wo der aus dem 19. Jahrhundert stammende kulturessentialistische Ost-West-Gegensatz zusammen mit der Ungleichzeitigkeitsthese an sich noch plausibel klingt, wurde und wird die deutsche Leistung immer als Modell über den grünen Klee gelobt und als nachahmenswert propagiert. Dabei wird die Ost-West-Dichotomie auf eine Japan-Deutschland-Pola-

rität reduziert. Richard von Weizsäcker galt eine Zeit lang aufgrund seiner berühmten Rede als ein Idol, quasi als ein Heiliger oder ein Messias aus dem Westen. Dass er noch vor seiner Präsidialzeit im Umkreis der Herren von Brauchitsch und Flick agierte und dabei »jahrelanger Nutznießer der Parteienfinanzierung« war,[5] wusste in Japan kaum ein Mensch. In Kreisen der von Weizsäcker-Anhänger konnte man sich des Eindrucks kaum erwehren, als wäre für sie die alte Bundesrepublik fast ein Paradies der Humanität, wo alle reumütig geworden seien und wo lauter gute Menschen lebten, alle mit der Fähigkeit des rationalen Argumentierens begabt.

Im radikal *modernitätskritischen* Lager ist dagegen die deutsche Leistung intellektuell kaum interessant. Hier interessiert aus dem deutschen Kontext nur noch die Diskussion über die Auschwitz-Lüge. Sie wird als Gegenstück zur Position der japanischen Regierung verstanden, die sich immer noch nicht zu den Untaten in Nanking bekennen will. Es gibt in diesem Lager sogar Stimmen, die Ausrichtung des Altbundespräsidenten als nationalistisch beziehungsweise deutschnational zu denunzieren. Nishikawa Nagao beispielsweise unterstellte der berühmten Bundestagsrede zum 40. Jahrestag des Kriegsendes einen durchkalkulierten Kniefall, eine Inszenierung des Gedenkens, eine Gestik mit gewisser Erwartung, in einem Wort: einen verkappten Egoismus, den »größte[n] Betrug des Jahrhunderts«.[6]

Es ist leicht, in dieser Denunziation eine kategoriale Verwischung beziehungsweise eine Verwechselung von Normativität und Erfolg nachzuweisen. Auch ist Nishikawa der Fehler unterlaufen, den ethnischen Begriff vom Volk und die universalistische Interpretation von Nation im Sinne der Staatsbürgernation zu verwischen. Hinter dem politischen Universalismus eine Art von Machtinstinkt aufzuspüren, gehört ja zu den beliebten Alltagspraktiken der kulturellen Linken, die damit ungewollt in die Nähe der Denunziation von Liberalität überhaupt rückt, ganz in der Tradition Carl Schmitts stehend.

Tatsächlich tut sich damit auch Nishikawa, dieser Oberpriester der kulturellen Linken, in seinem Versuch zur Entlarvung mit dem radikalrechten Flügel ungewollt zusammen. Einige rechte Intellektuelle, darunter auch Nishio Kanji, ein halbwegs berühmter Germanist, bezichtigen Richard von Weizsäcker seit langem der Scheinheiligkeit. Für sie ist überhaupt das ganze bundesrepublikanische Bekenntnis zu den Untaten der Vergangenheit »eine kalkulierte Strategie für das Überleben der germanischen Rasse«, wie es dieser Germanist so wortwörtlich formuliert hat.[7] Der beschriebene Perspektivenwechsel, mit dem eine durchaus radikalisierende Kritik an den bisherigen linksliberalen Diskursen verbunden ist, kann paradoxerweise dazu führen, mit den konservativen Meinungsführern die seit langem glimmende Ranküne gegen Europa zu schüren. Ersichtlich liegt hier ein Dilemma dieser *modernitätskritischen* Diskussionsstränge.

Zum zweiten Problem: Wenn früher in den Kreisen der Modernisten dem Vorkriegsjapan kritisch eine absolute Rückständigkeit zugeschrieben wurde, wird nun das Japanische Kaiserreich, so wie es bis 1945 existierte, plötzlich wegen seiner Modernität, wegen seines »modernitätsspezifischen« Gewaltpotentials und Expansionswillens, wegen seiner nationalstaatlichen Integration an den Pranger gestellt. Nationalstaatlichkeit scheint für diese Perspektive als Instanz der Exklusion der schlimmste Teufel zu sein.[8] Damit zeigt das alte Vorkriegsjapan, dessen vormoderne repressive Strukturen man früher überwinden wollte, plötzlich ein anderes Gesicht: das Gesicht der modernen, nationalstaatlich verfassten und deswegen imperialistisch gewordenen Volksgemeinschaft. Daran hat sich für diese postmoderne Kritik auch im Japan seit 1945 nichts geändert. Die von den meisten Zeitgenossen geteilte Erfahrung, im Jahr 1945 eine Zäsur zu sehen, wird in Frage gestellt; die so genannten feudalen Überreste sind offensichtlich kein Problem mehr. Es gilt nun nicht mehr die Rückständigkeit zu überwinden, sondern die Modernität und deren Brutalität.

Wenn sich alle diese Diskussionen und Arbeiten, ob sie nun aus *modernistischer* oder *modernitätskritischer* Feder stammen, durchgesetzt hätten, würde heute bei uns vieles anders aussehen. Zumindest würde man in der Regierung, im Parlament, auch in der Justiz auf mehr Bereitschaft stoßen, sich erstens zu damaligen Schandtaten, darunter vor allem zum Massaker in Nanking und zur de-facto-staatlichen Verschleppung von Zwangsprostituierten, zu bekennen, zweitens über die verschiedenen Möglichkeiten der Wiedergutmachung nachzudenken und schließlich drittens dies alles in notwendige gesetzliche Maßnahmen umzusetzen. Überhaupt würden das öffentliche Klima und die herrschende Mentalität anders aussehen. Die politische Kultur des Sich-Absperrens, so wie wir sie tagtäglich erfahren, würde nicht existieren.

Offensichtlich ist nicht nur der Staat, sondern auch die Mehrheit der Nation starrköpfig. Sie sperren sich gegenüber der Vergangenheit ab. Die

Mehrheit, ja die absolute Mehrheit ist dafür – darüber dürfen wir uns keineswegs täuschen – abzuwarten, bis der Zahn der Zeit diesen Teil der Geschichte zernagt hat und sich die in den Opfernationen angestauten Ressentiments verflüchtigt haben. Zwischen dieser Mehrheit und der kritischen Öffentlichkeit, wie sie sich in den Medien präsentiert, verläuft ein tiefer Graben. Kommunikation findet hier kaum statt.

Man kann viele historische Gründe nennen, weshalb es zu dieser Mehrheitsmeinung so kommen musste, wie es gekommen ist: Dazu zählen vor allem die mit amerikanischer Zustimmung erfolgte Bewahrung des Tennô-Systems, die schnelle Einbindung Japans in die von den USA dominierte Welt des Kalten Krieges, das lange Ausbleiben diplomatischer Beziehungen zu China und anderes mehr. Ich beschränke mich auf die Argumentationsstrategien, die die von der Mehrheit gestützten Politiker und Wissenschaftler anführen.

Die wichtigste und meistverbreitete Strategie ist die der Aufrechnung. Man versucht, die japanische Expansion vor 1945 in die Reihe der kolonialen Eroberung des Westens einzuordnen. In Deutschland haben sich einige Historiker darum bemüht, Auschwitz gegen den Archipel Gulag, gegen die Exekutierungen in der Ukraine oder gegen das Pol-Pot-Regime in Kambodscha aufzurechnen, bisweilen mit einer neu aufgelegten Totalitarismus-Theorie. Bei unseren Revisionisten, die es von Anfang an gegeben hat, wird der Spieß der Kolonialismuskritik, statt gegen Japan selbst, gegen die klassischen Kolonialnationen gewendet, während die kulturelle Linke, wie erwähnt, die eigene und die euroamerikanische Vergangenheit gleichermaßen aburteilt.

In antiwestlichen Kreisen weist man gerne auf die Brutalität und Niederträchtigkeit der früheren europäischen Kolonialherren hin, die manchmal ganze Landstriche entvölkert haben. Man redet bedeutungsvoll vom früheren Sklavenhandel und von den aus den Kolonien rekrutierten Frontsoldaten Englands und Frankreichs. Die Tatsache, dass auf dem Tôkyôter Militärtribunal die partielle Zwangsverschleppung ausländischer, vornehmlich koreanischer Arbeitskräfte nicht zur Anklage gebracht wurde, wird oft auf die Angst zurückgeführt, die die Alliierten davor hatten, eventuell den Spieß gegen sich selbst gekehrt zu bekommen. Man stellt offen die Frage: »Warum sollen sich die Japaner allein dafür entschuldigen, dass sie an der vom Westen begonnenen kolonialen Aufteilung der Welt teilnehmen wollten?« Unüberhörbar ist auch die Kritik am westlichen Rassismus. Erwähnt wird bis zum Überdruss, dass auf der

Versailler Friedenskonferenz der japanische Entwurf eines Rassendiskriminierungsverbots wegen des massiven Widerstands der Amerikaner gescheitert ist, – als hätten die Japaner damals in Korea und in der Mandschurei nicht selbst eine Politik der ethnischen Diskriminierung betrieben. Man weist auch gerne auf die amerikanische Absperrung gegen die Einwanderung aus Japan hin, die in mehreren Etappen eskalierte, bis 1924 auch den bereits eingebürgerten Amerikanern japanischer Herkunft Grundstücksbesitz verboten wurde, was letztlich die Expansion auf dem asiatischen Kontinent gesteigert haben soll. Mit Hinweis auf die »Verlogenheit« der Alliierten wird die Legitimität der Siegerjustiz bezweifelt und der westliche Universalismus als Deckmantel eines verkappten Imperialismus belächelt.

Sicherlich ist das Erbe des Kolonialismus heute weltweit ein großes Problem. Aber der Glaube, die eigene Schuld und Haftbarkeit durch Einordnung in eine Reihe schlechter Beispiele der anderen relativieren zu können, geht in die Irre. Denn die eigenen Taten wurden von zurechnungsfähigen Personen begangen und belasten seitdem das Gewissen der Nation. Die Aufrechnungstrategie kann man mit einer einfachen Frage entkräften: Ist der Staat, ist die Regierung und damit auch die Nation wirklich bereit, sich zu den Gräueltaten zu bekennen, wenn die klassischen Kolonialnationen in ihren früheren Kolonien um Versöhnung bitten und gewaltige Summen als Entschädigung zahlen würden? Wenn Tony Blair vor den Toren Hongkongs auf die Knie fallen würde, würde unser Ministerpräsident, nein: unser Tennô vor den Toren Nankings auf gleiche Weise Abbitte leisten? Ich glaube dies nicht! Vielmehr würden sich die staatstragenden Kräfte in Japan nach einem Kniefall des britischen Premiers nur noch in ihrer Sichtweise bestätigt fühlen.

Auch die anderen Argumentationsstrategien, die man zur Entlastung der eigenen Schuld benutzt, sind bekannt: der Krieg als wirtschaftliche Notwehr gegen das westliche Embargo, als stellvertretender Selbstbehauptungsakt der Nicht-Weißen gegenüber den Weißen, als flankierende Hilfe zur Befreiung der asiatischen Nationen von der westlichen Hegemonie, als Umsetzung der antirassistischen Selbstbehauptung und nicht zuletzt als Abwehr gegen den Kommunismus.

Erwähnt werden muss noch die nach innen gerichtete Argumentationsstrategie, die spätestens seit den frühen 70er Jahren systematisch praktiziert wird und die ich die Strategie der *sanften Integration* nennen will. Mit dem Abschütteln der kolonialen Vergangenheit glaubten nämlich einige Meinungsführer in der Nachkriegszeit, wieder an jene vermeintlich unbefleckte Phase der Geschichte anknüpfen zu können, wo alles friedlich war und es wirtschaftlich kräftig aufwärts ging, nämlich an die ersten Jahre nach der Meiji-Restauration, als die Nation noch homogen und geschlossen war (Der wichtigste Wortführer hier war Shiba Ryûtarô). Mit der Entmilitarisierung glaubte man, nun auch wieder an die alten ästhetischen Traditionen anknüpfen zu können. Seitdem wird in unzähligen populärwissenschaftlichen Essays und Büchern über »Japan« und »Japanertum« geschrieben. Dieser Diskurs über das Eigene, der sogenannte *Nihonjinron*, ist inzwischen ein fester Bestandteil unserer Kulturindustrie.[9] Hier werden sämtliche kulturalistischen Muster durchgespielt: die jahrtausendalte Kontinuität, die »rassische« Homogenität, die einzigartige ästhetische Tradition, die unvergleichliche Feinheit im menschlichen Umgang und Sprachgefühl, die Bedeutung der Reziprozität, die Liebe zum Ephemeren, schließlich die einzigartige erfolgreiche Mischung von Tradition und Moderne. Es wird sogar in sozialwissenschaftlichen Kategorien suggeriert, Japan sei – welthistorisch einmalig – eine klassenlose Gesellschaft. Dieser kulturelle Hintergrund sei der Grund für den ökonomischen Erfolg.[10]

Es wird kaum danach gefragt, warum nun von diesem Land der feinen Ästhetik so ein Eroberungskrieg mit all den schrecklichen Folgen ausgehen konnte. Der Diskurs über das »Japanertum« führte im Gegenteil dazu, dass im Jahre 1987 auf Initiative des damaligen Ministerpräsidenten Nakasone das »International Research Center for Japan Studies« in Kyôto gegründet wurde. Das ist ein großes Forschungsinstitut, dessen Zweck die Selbstbehauptung und -bestätigung der japanischen Kultur ist. Nakasone ironisierte einmal ausdrücklich die von ihm so genannte Geschichtsauffassung des Tôkyôter Militätribunals. Dabei sagte er: »Der Staat ist, was er ist, ob er den Krieg gewonnen oder verloren hat. Die Nation ist etwas, was Glorie und Schande gleichzeitig auf sich nimmt. Der Staat und seine Untertanen müssen aber die Schande abschütteln und sich auf den Weg zu Ruhm und Ehre machen.«[11] Denjenigen, die die Auffassungen des Militärtribunals teilten, unterstellte er eine Sucht nach »Selbstzerfleischung«.

Dieses Wort von der »Selbstzerfleischung« ist seit einigen Jahren wieder ein wichtiges Stichwort geworden. Ein Erziehungswissenschaftler an der Universität Tôkyô namens Fujioka Nobukatsu (ein ehemaliger Kommunist, der inzwischen die Seiten gewechselt hat) hat ein Buch mit dem Titel »Geschichten, von denen die Schulbücher schweigen« herausgegeben, und zwar als Gegenzug gegen die Linksliberalen, die nach seiner neurotischen Einschätzung die Geschichtsdebatten beherrschen, und gegen die Regierung, die damals gegenüber der vielerorts vorgetragenen Forderung nach einem japanischen Schuldbekenntnis ein wenig nachgegeben hat. In den Bänden sind Geschichten über die Heldentaten einzelner Japaner, über deren Loyalität und ihr Engagement für den Staat gesammelt: ein japanisches Walhalla! Das Erstaunliche dabei ist, dass von diesen Bänden viele hunderttausend Exemplare verkauft wurden. Mit dieser *anderen* Vergangenheit will Fujioka junge Japaner von den dunklen Schatten des Krieges entlasten und ihnen stattdessen eine positive Sicht auf die Geschichte der Nation vermitteln, auf die jene wieder stolz sein können.

Die Bände sind an Plumpheit nicht mehr zu übertreffen und sind sachlich indiskutabel. Sie liefern ein Musterbeispiel für einen weltoffenen Ethnozentrismus. Aber man sieht, wo das Herz der Mehrheit schlägt. Die Position des Staates, die ich vorhin als starrköpfig bezeichnet habe, ist durch die Mehrheit gedeckt. Die kritische Öffentlichkeit hingegen ist in ihrer Einstellung zur Hypothek der Vergangenheit in zwei große Blöcke geteilt, in den Block der *Modernisten* und den der radikalen *Modernitätskritiker*. Zwischen ihnen findet wenig Austausch statt; es herrscht jeweils ein anderer Code, eine andere Sprache, eine andere Gestik. Im großen Ozean der Mehrheitsmeinung in der Bevölkerung ist die in sich selbst zersplitterte intellektuelle Opposition in Japan nur noch eine kleine Insel. Der von der Mehrheit unterstützte Staat ist gegenüber der kritischen Öffentlichkeit immun. Zwischen ihr und der Politik findet so gut wie kaum ein Austausch statt. Hier sehe ich die größte Schwierigkeit; denn durch internationalen Druck allein kann man die Menschen bei uns nicht zur Einsicht bringen. Ohne diese aber ist kein angemessener Umgang mit der Vergangenheit möglich.

Anmerkungen

1 Jetzt nachzulesen in: Maruyama Masao, Chosakushû (Gesammelte Schriften), Tôkyô 1995, Bd. 3, S. 17–36. Die Zitate stammen aus diesem Band. Die hier vorgebrachte kritische Bemerkung zu einem »Denkfehler« von Maruyama schmälert keineswegs die große Bedeutung, die Maruyama in der gesamten Nachkriegsdiskussion über die Kriegsvergangenheit zukommt.

2 Gegen diesen Anklagepunkt haben sich die japanischen Verteidiger mit allen möglichen Argumenten vehement gewehrt. Es wurde sogar gesagt, dass in Japan sehr unklare Machtverhältnisse bestanden hätten, dass einzelne Ministerpräsidenten als »Zufallsprodukte« an die Macht gekommen seien und dass sie infolgedessen kein klares Programm von ihren Vorgängern übernehmen konnten. Hier liegt eine merkwürdige Übereinstimmung mit Maruyamas These über das »System der Verantwortungslosigkeit« und schlecht und unklar verteilter Kompetenzen vor. Vgl. die Verteidigungsschrift von einem wichtigen japanischen Verteidiger, Kiyose Ichirô. Jetzt nachzulesen in: Kobori Keiichirô (Hg.), Tôkyô saiban, Nihon no benmei (Tôkyôter Militärtribunal, japanische Verteidigung), Tôkyô 1995, S. 66–125, vor allem S. 82 ff.

3 Ogoshi Aiko, Zange no neuchi mo nai (Nicht der Reue wert), in: Komori Yôichi/Takahashi Tetsuya (Hg.), National History o koete (Über die nationale Geschichtsschreibung hinaus), Tôkyô 1998, S. 123–140. Die zitierte Stelle befindet sich auf S. 136.

4 Siehe Takahashi Tetsuya/Sô Kyo Shouk, Danzetsu no seiki, shôgen no jidai (Jahrhundert der Brüche, Zeit der Zeugen), Tôkyô 2000, S. 46.

5 Der Spiegel, Nr. 33, 1999, S. 43.

6 Ich beziehe mich vor allem auf den Artikel von Nishikawa Nagao, »Kokkarisei« ni kan suru ichi kôsatsu (Eine Überlegung über »Staatsräson«). In: Edo no shisô 4 (1999), Tôkyô 1999, S. 98–105.

7 Nishio Kanji, Kotonaru Higeki – Nihon to Doitsu (Unterschiedliche Tragödie – Japan und Deutschland), Tôkyô 1994, Kap. 2, zur »Scheinheiligkeit« der Reden des Altbundespräsidenten von Weizsäcker vor allem S. 76, oder ders., Zentaishugi no noroi (Fluch des Totalitarismus), Tôkyô 1994, Kap. 6, vor allem S. 149 u. 160. Nishio spürt in dem Schuldbekenntnis ein neues Interesse im Nachkriegsdeutschland, mit den westeuropäischen Nationen wirtschaftlich zusammenzuarbeiten. Sowohl Nishikawa als auch Nishio sehen in den Untaten der Neonazis das »wahre« Gesicht des »deutschen Volkes«, das unverändert geblieben sei.

8 Habermas vertritt dagegen die These, dass die Nationalstaatlichkeit zwar eine Exklusion zur Folge haben kann, aber als Institution einer potentiellen Inklusion auch in der Geschichte der Realisierung der Menschenrechte für einen rekonstruierenden Rückblick eine evolutionistische Funktion hatte. Diese These würde in den oben beschriebenen Kreisen auf eine vehemente Kritik stoßen; siehe Jürgen Habermas, Inklusion – Einbeziehen oder Einschließen? Zum Verhältnis von Nation, Rechtsstaat und Demokratie, in: ders., Die Einbeziehung des Anderen, Studien zur politischen Theorie, Frankfurt am Main 1997, S. 154–184. Mit der zunehmenden Hegemonie der kulturellen Linken scheint für die linke akademische Jugend die Kritische Theorie weniger attraktiv geworden zu sein.

9 Zum Unterhaltungscharakter dieser Diskurse siehe Harumi Befu, Ideologi toshite no nihon bunka ron (Diskurse über die japanische Kultur als Ideologie), ergänzte Ausgabe, Tôkyô 1997.

10 So schrieb in den 80er Jahren wiederholt z. B. Umesao Tadao wie in: Nihon to wa nani ka (Was ist Japan?), Tôkyô 1986, S. 60–65.

11 Die Zusammenfassung dieser Rede, in der neben anderen auch die angeführten Sätze wiedergegeben sind, ist nachzulesen in der Asahi-Shinbun vom 10. 8. 1985.

Danksagungen

Die vorliegende Aufsatzsammlung geht zurück auf eine internationale und interdisziplinäre Tagung, die von den Herausgebern im März 2000 in den Räumen der Werner-Reimers Stiftung in Bad Homburg veranstaltet wurde. Die großzügige Unterstützung der Werner-Reimers-Stiftung förderte einen produktiven Gedankenaustausch unter den Teilnehmerinnen und Teilnehmern aus vier Nationen. Verschiedene Beiträge aus diesem Band wurden außerdem auf einer Tagung des Goethe-Instituts, Turin, im Januar 2001 vorgestellt. Dass die Tagung überhaupt zustande kommen konnte, verdankte sich vor allem der finanziellen Förderung durch die Volkswagen-Stiftung. Sie übernahm die Finanzierung der Reisekosten, und zusätzlich machte sie durch eine Beihilfe die Übersetzung der ausländischen Beiträge ins Deutsche möglich. Für die Drucklegung steuerten die Gerda Henkel Stiftung, Düsseldorf, und der Förderverein japanisch-deutscher Kulturbeziehungen e. V. (JaDe), Köln, weitere Mittel bei. Die Herausgeber fühlen sich allen genannten Stiftungen zu großem Dank verpflichtet.
Auch bei der Vorbereitung der Druckfassung der Aufsatzsammlung ist uns Hilfe von mehreren Seiten zuteil geworden. Christiane Bruch, Anke Hoffstadt, Nina Jakobs, Kathrin Leppla und Christian Neuhaus vom Historischen Seminar der Heinrich-Heine-Universität sowie Susanne Wesely, Rom, übernahmen zahlreiche Korrekturarbeiten. Außerdem sorgten sie für die Vorbereitung eines druckfertigen Manuskripts. Danken möchten die Herausgeber vor allem Dr. Walter Pehle vom Fischer Taschenbuch Verlag, der sich zur verlegerischen Betreuung dieser Aufsatzsammlung bereit erklärte.

Düsseldorf – Rom – Ôsaka, im Mai 2003   Die Herausgeber

Die Autorinnen und Autoren

BRANDT, Susanne, geboren 1962, Dr. phil., wissenschaftliche Mitarbeiterin am Historischen Seminar, Heinrich-Heine-Universität, Düsseldorf.
Veröffentlichungen (u. a.): Vom Kriegsschauplatz zum Gedächtnisraum. Die Westfront 1914–1940, Baden-Baden 2000.

BUCHHOLZ, Petra, geboren 1951, Dipl.-Pädagogin, Dr. phil., freiberufliche Japanologin.
Veröffentlichungen (u. a.): Demokratisierung der Erinnerung. Populare Erinnerungskultur in Japan, in: Periplus. Jahrbuch für außereuropäische Geschichte 2001; Schreiben und Erinnern. Über Selbstzeugnisse japanischer Kriegsteilnehmer, München 2003.

CAJANI, Luigi, geboren 1949, Dr. phil., Dozent für Geschichte der Frühen Neuzeit und Geschichtsdidaktik an der Universität Rom »La Sapienza«.
Veröffentlichungen (u. a.): Das Bild Europas in italienischen Schulbüchern für die Fächer Geschichte, Geographie und Staatsbürgerkunde, in Falk Pingel (Hg.), Macht Europa Schule? Die Darstellung Europas in Schulbüchern der Europäischen Gemeinschaft, Frankfurt am Main, 1995, S. 123–192; (als Hg.), Una certa Europa. Il collaborazionismo con le potenze dell'Asse 1939–1945, Brescia 1992.

CAMPI, Alessandro, geboren 1961, Dr. phil., Professore Associato für Politische Theorie an der Universität Perugia.
Veröffentlichungen (u. a.): Mussolini, Bologna 2001; (in Zusammenarbeit mit A. Santambrogio); Destra/Sinistra. Storia e fenomenologia di una dicotomia politica, Roma, 1997; (als Hg.) Che cos'è il fascismo? Teorie, interpretazioni e prospettive di ricerca, Ideazione, Roma 2002.

COHEN, David, geboren 1949, Dr. phil., Professor im Department of Classics and Rhetoric, Direktor des War Crimes Studies Center, University of California, Berkeley.
Veröffentlichungen (u. a.): Law, Violence, and Community in Classical Athens, Cambridge 1995; Law, Society, and Sexuality: The Enforcement of Morals at Classical Athens, Cambridge University Press, 1991, The Athenian Law of Theft, München 1983.

Die Autorinnen und Autoren 361

CONRAD, Sebastian, geboren 1966, Dr. phil., Wissenschaftlicher Assistent am Friedrich-Meinecke-Institut, FU Berlin.
Veröffentlichungen (u. a.): Auf der Suche nach der verlorenen Nation. Geschichtsschreibung in Westdeutschland und Japan, 1945–1960, Göttingen 1999; (als Hg., zus. mit Shalini Randeria), Jenseits des Eurozentrismus. Postkoloniale Perspektiven in den Geschichts- und Kulturwissenschaften, Frankfurt am Main 2002; (als Hg., zus. mit Christoph Conrad), Die Nation schreiben: Geschichtswissenschaft im internationalen Vergleich, Göttingen 2002.

CORNELIßEN, Christoph, geboren 1958, Dr. phil., Privatdozent an der Heinrich-Heine-Universität Düsseldorf und Gastprofessor an der Karls-Universität, Prag.
Veröffentlichungen (u. a.): Das »Innere Kabinett«. Die höhere Beamtenschaft und der Aufbau des Wohlfahrtsstaates in Großbritannien 1893–1919, Husum 1996; (als Hg.) Geschichtswissenschaften. Eine Einführung, 2. Aufl., Frankfurt am Main 2000; Gerhard Ritter. Geschichtswissenschaft und Politik, Düsseldorf 2001.

FOCARDI, Filippo, geboren 1965, Dr. phil., Promotion an der Universität Turin.
Veröffentlichungen (u. a.): Zahlreiche Aufsätze zu Themen der gegenseitigen Wahrnehmung von Italien und Deutschland nach 1945. Arbeitet zusammen mit Lutz Klinkhammer an einer Studie zur Geschichte der Kriegsverbrecherprozesse in Italien nach 1945.

HERF, Jeffrey, geboren 1947, Dr. phil., Professor am Department of History, University of Maryland.
Veröffentlichungen (u. a.): Divided Memory: The Nazi Past in the Two Germanys, Cambridge, MA 1997 (deutsch: Zweierlei Erinnerung: Die NS Vergangenheit im Geteilten Deutschland, Berlin 1998. War By Other Means: Soviet Power, West German Resistance and the Battle of the Euromissiles, New York 1991; Reactionary Modernism: Technology, Culture and Politics in Weimar and the Third Reich, New York 1984; (in Vorbereitung) Narrating the Nazi Era: Goebbels, World War II and the Jews.

ISHIDA Yuji, geboren 1957, Dr. phil., Associate Professor für deutsche Zeitgeschichte an der Universität Tôkyô.
Veröffentlichungen (u. a.): Jungkonservative in der Weimarer Republik. Der Ring-Kreis 1928–1933, Frankfurt am Main 1988; Der »totale Krieg« und die Verbrechen des japanischen Militärs, 1931–1945, in: Zeitschrift für Geschichtswissenschaft 47 (1999), S. 430–444. Kako no Kokufuku (Vergangenheitsbewältigung. Deutschland nach Hitler), Tôkyô 2002.

KLINKHAMMER, Lutz, geboren 1960, Dr. phil., wissenschaftlicher Angestellter am Deutschen Historischen Institut in Rom, Vertragsprofessuren an italienischen Universitäten.
Veröffentlichungen (u. a.): Zwischen Bündnis und Besatzung. Das nationalsozialistische Deutschland und die Republik von Salò 1943–1945, Tübingen 1993; Stragi na-

ziste in Italia, Roma 1997; (Zusammen mit Enzo Collotti), Il fascismo e l'Italia in guerra. Conversazione tra storia e storiografia, Roma 1996.

MANTELLI, Brunello, geboren 1948, Dr. phil., Professore Associato für Zeitgeschichte an der Universität Turin.
Veröffentlichungen (u. a.): »Camerati del lavoro«. I lavoratori italiani emigrati nel Terzo Reich nel periodo dell'Asse 1938–1943, Firenze 1992; Kurze Geschichte des italienischen Faschismus, Berlin 1998; Germania rossa, Torino 2001.

MISHIMA Ken'ichi, geboren 1942, Professor für Vergleichende Kulturwissenschaften an der Universität Ôsaka.
Veröffentlichungen (u. a.): Nîche (Nietzsche), Tôkyô 1987; Sengo doitsu. Sono chiteki rekishi (Geschichte der Intellektuellen in Deutschland seit dem Kriegsende), Tôkyô 1991; W. Benjamin – Destruktion, Sammlung und Erinnerung, Tôkyô 1998.

MOMMSEN, Hans, geboren 1930, Dr. phil., Professor (em.), Universität Bochum
Veröffentlichungen (u. a.): Beamtentum im Dritten Reich, Stuttgart 1966; Aufstieg und Untergang der Republik von Weimar. 1918–1933, 2. Aufl., München 2001; Von Weimar nach Auschwitz. Zur Geschichte Deutschlands in der Weltkriegsepoche, Berlin 2001; Auschwitz, 17. Juli 1942, Der Weg zur europäischen »Endlösung der Judenfrage«, München 2002.

PETERSEN, Susanne, geboren 1971, MA, von 1992 bis 2000 Studium der Japanologie, Politischen Wissenschaft und Geschichte an der Ruprecht-Karls-Universität Heidelberg und der Staatlichen Universität Chiba, Japan.
Veröffentlichungen (u. a.): Die Schulbuchprozesse. Geschichtspolitik in japanischen Schulbüchern, in: Periplus 2001, S. 59–82.

SABROW, Martin, geboren 1954, Dr. phil., Privatdozent an der Freien Universität Berlin und Projektbereichsleiter am Zentrum für Zeithistorische Forschung, Potsdam.
Veröffentlichungen (u. a.): Die verdrängte Verschwörung. Der Rathenau-Mord und die deutsche Gegenrevolution, Frankfurt am Main 1999; Das Diktat des Konsenses. Geschichtswissenschaft in der DDR 1949–1969, München 2001; Herr und Hanswurst. Das tragische Schicksal des Hofgelehrten Jacob Paul von Grundling, Stuttgart 2001.

SCHIEDER, Wolfgang, geboren 1935, Dr. phil., Professor (em.), Universität zu Köln.
Veröffentlichungen (u. a.): Anfänge der deutschen Arbeiterbewegung. Die Auslandsvereine im Jahrzehnt nach der Revolution von 1830, Stuttgart 1963; (Hg., zus. mit Christof Dipper), Der spanische Bürgerkrieg in der internationalen Politik 1936–1939, München 1976; (als Hg.) Faschismus als soziale Bewegung, Göttingen 1983; Karl Marx als Politiker, München 1991.

SCHILDT, Axel, geboren 1951, Dr. phil., Direktor der Forschungsstelle für Zeitgeschichte und Professor für Neuere Geschichte an der Universität Hamburg.
Veröffentlichungen (u. a.): Moderne Zeiten. Freizeit, Massenmedien und »Zeitgeist« in der Bundesrepublik der 50er Jahre, Hamburg 1995; Ankunft im Westen. Ein Essay zur Erfolgsgeschichte der Bundesrepublik, Frankfurt am Main 1999; (als Hg., zus. mit Detlef Siegfried und Karl C. Lammers), Dynamische Zeiten. Die 60er Jahre in den beiden deutschen Gesellschaften, Hamburg 2000.

SCHWENTKER, Wolfgang, geboren 1953, Dr. phil., Associate Professor für Vergleichende Kulturwissenschaften an der Universität Ôsaka.
Veröffentlichungen (u. a.): Max Weber in Japan. Eine Untersuchung zur Wirkungsgeschichte, 1905–1995, Tübingen 1998; (als Mithg.), Max Weber und das moderne Japan, Göttingen 1999; (als Mithg.), Die vormoderne Stadt. Asien und Europa im Vergleich, Wien 2002; Die Samurai, München 2003.

SERAPHIM, Franziska, geboren 1965, Assistant Professor für japanische Geschichte, Boston College.
Veröffentlichungen (u. a.): Der Zweite Weltkrieg im öffentlichen Gedächtnis Japans. Die Debatte zum fünfzigsten Jahrestag der Kapitulation, Frankfurt am Main 1996, S. 25–56; Im Dialog mit den Kriegstoten: Erinnerungspolitik zwischen Nationalismus und Pazifismus, in: Periplus 2001.

WOLFRUM, Edgar, geboren 1960, Dr. phil., Privatdozent an der TU Darmstadt.
Veröffentlichungen (u. a.): Französische Besatzungspolitik und deutsche Sozialdemokratie. Politische Neuansätze in der »vergessenen Zone« bis zur Bildung des Südweststaates 1945–1952, Düsseldorf 1991; Geschichtspolitik in der Bundesrepublik Deutschland. Der Weg zur bundesrepublikanischen Erinnerung, 1948–1990, Darmstadt 1999; Geschichte als Waffe. Vom Kaiserreich bis zur Wiedervereinigung, Göttingen 2001.

WOLLER, Hans, geboren 1952, Dr. phil, wissenschaftlicher Mitarbeiter am Institut für Zeitgeschichte in München.
Veröffentlichungen (u. a.): Gesellschaft und Politik in der amerikanischen Besatzungszone. Die Region Ansbach und Fürth, München 1986; Die Abrechnung mit dem Faschismus in Italien 1943–1948, München 1996 (ital. Übersetzung Bologna 1997); Rom, 28. Oktober 1922. Die faschistische Herausforderung, München 1999; (Hg. zus. mit M. Broszat und K.-D. Henke), Von Stalingrad zur Währungsreform. Zur Sozialgeschichte des Umbruchs in Deutschland, München 1988; (Hg. zus. mit K.-D. Henke), Politische Säuberung in Europa. Die Abrechnung mit Faschismus und Kollaboration nach dem Zweiten Weltkrieg, München 1991.

YAGYÛ Kunichika, geboren 1946, Prof. für Geschichte der politischen Ideen an der Tôhoku Universität Sendai.
Veröffentlichungen (u. a.): Wêbâ to Toreruchi. Shûkyô to shihai ni kan suru shiron

(Weber und Troeltsch. Ein Versuch über die Beziehung zwischen Religion und Herrschaft), Tôkyô 1983; Etosu to Kuratosu. Seiji shisôshi ni okeru shûkyô no mondai (Ethos und Kratos. Das Problem der Religion in der politischen Ideengeschichte), Tôkyô 1992; (als Mithg.), Nachi Doitsu no seiji shisô (Politisches Denken im Nazi-Deutschland), Tôkyô 2002.

Personenregister

Adenauer, Konrad 15, 159, 188
Adorno, Theodor W. 15, 324, 327
Akihito (Kronprinz) 131, 133
Almirante, Giorgio 222
Amato, Giuliano 281
Amicucci, Ermanno 70
Anrich, Ernst 141
Antoni, Klaus 128
Asakanomiya 234
Asano 58
Ashida Hitoshi 127
Aubin, Hermann 141, 145
Axen, Hermann 163

Baba Masao 61
Badoglio, Pietro 219, 337, 343
Barck, Simone 161
Barkan, Elazar 79
Bartel, Walter 156
Barzel, Rainer 188
Bass, Gary 79
Bellah, Robert N. 252f.
Benigni, Roberto 219
Benjamin, Walter 350
Berlinguer, Enrico 277f.
Berlusconi, Silvio 226, 232, 278
Bertoldi, Silvio 335
Biagi, Enzo 335
Bismarck, Otto von 104, 143, 184
Bitô Masahide 292

Blair, Tony 355
Bleiber, Helmut 167
Bloch, Marc 13
Blomberg, Werner von 39
Blücher, Viggo Graf 319, 323
Bobbio, Norberto 335
Bocca, Giorgio 334f.
Bocchini, Arturo 31, 46
Böll, Heinrich 317
Bormann, Martin 98, 100
Bosco, Giacinto 273
Bracher, Karl Dietrich 30, 97, 105, 174
Brandt, Willy 185, 189
Brauchitsch, Walther von 352
Breker, Arnold 39
Breschnew, Leonid 183
Broszat, Martin 43, 104f., 267
Buchheim, Hans 95
Bude, Heinz 320, 329
Bullock, Allan 103ff.

Cadorna, Raffaele 336
Camera, Augusto 280
Cantimori, Delio 272
Chamberlain, Neville 97
Chang, Iris 61f., 235f.
Chiang Kai-schek 233
Ciampi, Carlo Azeglio 219, 281
Ciano, Galeazzo 32
Conze, Werner 144, 146f.
Craxi, Bettino 217, 226

Croce, Benedetto 112f., 270, 272
Cusin, Fabio 113

D'Hondt, Victor 225
Dahlem, Franz 161
De Felice, Renzo 30, 114, 117, 121, 218, 221, 229ff., 278
De Gasperi, Alcide 70, 214
Dehio, Ludwig 141
Del Boca, Angelo 342
Deuerlein, Ernst 105
Diederichs, Eugen 329
Dönitz, Karl 102
Dower, John W. 77, 129
Drexler, Anton 95
Dülffer, Jost 343
Dutschke, Rudi 327

Eggebrecht, Axel 317
Eichmann, Karl Adolf 194, 324
Elisabeth Petrowna (Zarin) 99
Endrich, Enrico 223
Engelberg, Ernst 156
Ensslin, Gudrun 317
Enzensberger, Hans Magnus 326
Erhard, Ludwig 185
Ernst, Tilmann 267

Fabietti, Renato 280
Falcucci, Franca 277
Fanfani, Amintore 273

Personenregister

Ferrara, Giuliano 221
Ferreri, Alberti 273
Fest, Joachim C. 105
Fimiani, Raffaele 273
Fini, Gianfranco 120, 218, 221, 279
Fischer, Fritz 189
Flick, Friedrich 352
Foà, Vittorio 335
Frank, Hans 55
Freyer, Hans 141
Frick, Wilhelm 99
Friedeburg, Ludwig von 321
Friedrich Wilhelm, der Große 99, 104
Fritsch, Werner Freiherr von 39
Fuhrt, Volker 239
Fujioka Nobukatsu 240f., 284, 356f.
Fujiwara Akira 240
Fukazawa Shichirô 132
Fukazawa Yukichi 244
Furet, François 278

Gadda, Carlo Emilio 113f.
Galli della Loggia, Ernesto 218f., 335
Gaulle, Charles de 184
Gaus, Günter 319
Gentile, Giovanni 217, 270
Giolitti, Giovanni 270
Giordano, Ralph 89
Gisevius, Hans Bernd 105
Goebbels, Joseph 96, 98f.
Goethe, Johann Wolfgang von 173
Goetz, Helmut 145f.
Gomulka, Wladyslaw 183
Göring, Hermann 55, 98, 100, 346
Görlitz, Walter 105
Gossweiler, Kurt 166

Graziani, Rodolfo 36, 336
Gronchi, Giovanni 215
Grotewohl, Otto 207
Guareschi, Giovanni 214f.

Habermas, Jürgen 327, 358
Halbwachs, Maurice 13
Hare 58
Harris, Sheldon 55
Hashimoto Ryûtarô 246
Hattori Takushirô 175
Hayashi Fusao 175
Hegel, Georg Wilhelm Friedrich 201, 204, 351
Heimpel, Hermann 148
Herf, Jeffrey 264
Herzfeld, Hans 141
Higashikuni Naruhiko 125
Hillgruber, Andreas 278
Himmler, Heinrich 31, 46, 98, 100
Hindenburg, Paul von 33f.
Hirohito 18f., 21, 34, 65, 82ff., 89, 123–135, 177, 179, 247, 250, 303f.
Hirota Kôki 59
Hitler, Adolf 16, 21, 28, 31–34, 39f., 42ff., 48, 95–107, 123, 142f., 154, 183, 186, 189ff., 200
Hochhuth, Rolf 194
Hölzle, Erwin 141
Honda Katsuichi 238
Hora Tomio 238
Hosokawa Morihiro 246
Hoßbach, Friedrich 39
Hübner, Heinz Werner 259f.

Ienaga Saburô 238ff., 288, 290–294

Igarashi Yoshikuni 125
Ikeda Hayato 288
Illy, Riccardo 219
Irokawa Daikichi 300, 303
Ishida Kazuto 251
Ishii Shirô 83
Isogai 59
Iwanami 57

Jackson, Robert 55
Jaide, Walter 321f.
Jujioka Nobukatsu 176

Kaehler, Siegfried 139, 141f., 145
Kaes, Anton 265
Kamei 32
Katayama Tetsu 127
Kawai Kazuo 128
Keitel, Wilhelm 55
Kelsen, Hans 222
Kershaw, Ian 101f., 104
Kiesinger, Kurt Georg 326
Kimura Gorô 85
Kinoshita Junji 87
Kirk, Alexander 76
Kirk-McDonald, Gabrielle 78
Kiyose Ichirô 358
Klarsfeld, Beate 326
Klein, Fritz 166
Kobayashi 58
Kohl, Helmut 190, 319
Kohlstruck, Michael 319
Konoe Fumimaro 33f., 45, 126, 233, 290
Koselleck, Reinhart 149
Kurusu Saburô 126

Lammers, Wilhelm 98
Leiser, Erwin 268
Longo, Luigi 336
Loy, Nanni 338
Loy, Rosetta 219
Lu, David 128
Lubbe, Marinus van der 105

Personenregister

Lübke, Heinrich 186, 325
Luther, Martin 143

MacArthur, Douglas 64, 85, 127 ff., 131, 345
Mann, Golo 104
Mannheim, Karl 318 f.
Mao Tse-Tung 83
Marcuse, Herbert 327
Märthesheimer, Peter 259
Maruyama Masao 30, 82, 170–173, 177, 179, 345 ff., 357 f.
Marx, Karl 169
Matsui Iwane 42, 233, 236, 249
Matsuoka (jap. Außenmin.) 33
Meinecke, Friedrich 104, 173 f.
Mende, Erich 186
Merker, Paul 202
Merzagora, Cesare 215
Mieli, Paolo 335
Mikhoels, Solomon 202
Minear, Richard 87
Miyabara Takeo 292
Miyazawa Kiichi 239
Mola, Aldo 279
Mondolfo, Udo Guido 272
Montanelli, Indro 115 ff., 122, 277, 334 f.
Montgomery, Bernard Law 214
Monti, Antonio 273
Morghen, Raffaello 273 f.
Moro, Aldo 216 f.
Murayama Tomiichi 246
Mussolini, Benito 9, 21, 31–34, 36, 39–44, 74, 100, 108–123, 210–213, 222 f., 225, 229 ff., 337
Mussolini, Edda 111

Nakamoto 58
Nakano 32

Nakasone Yasuhiro 239, 251, 356
Negt, Oskar 326
Nenni, Pietro 215 f.
Nishikawa Nagao 352
Nishikawa 358
Nishio Kanji 176, 285, 352, 358
Nishioka Toranosuke 289
Nolte, Ernst 278
Nonaka Hiromu 252
Novotny, Antonín 183

Ôe Kenzaburô 286, 301
Ogawa Heiji 293
Ogoshi Aiko 348
Ohnesorg, Enno 317
Osiel, Mark 79 f., 89

Padover, Saul 102
Pagnini, Cesare 222
Parri, Ferruccio 70
Paterna, Erich 156
Pavone, Claudio 231, 335, 340
Pelinka, Anton 191
Pennavaria, Filippo 223
Perry, Matthew Calbraith 175
Pertini, Sandro 217
Petri, Franz 147
Pettazzoni, Raffaele 272
Petzold, Joachim 155
Pfeffer von Salomon, Franz 97
Piccioni, Attilio 213 f.
Picotti, Giovanni 275 f.
Pieck, Wilhelm 159, 199, 203
Pieri, Piero 272 f.
Pius XII. 340
Plesse, Carl 163
Plesse, Werner 161 f.
Preuss, Hugo 222

Quazza, Guido 276

Ragioneri, Ernesto 272
Randeria, Shalini 180

Ranke, Leopold von 169
Rau, Johannes 261
Raumer, Kurt von 145
Reagan, Ronald 190
Rein, Gustav Adolf 141
Reinecke, Stefan 265 f.
Reisberg, Arnold 156
Reitz, Edgar 268
Revelli, Nuto 335, 341
Ribbentrop, Joachim von 32, 55
Ritter, Gerhard 141 ff., 149
Rohrbach, Günter 259
Romeo 278
Roosevelt, Franklin D. 99
Rörig, Fritz 141
Rossellini, Renzo 338
Rossi Sabatini, Giuseppe G. 275 f.
Rössler, Hellmuth 145 f.
Rothfels, Hans 142 f., 155, 195
Ruge, Wolfgang 156

Said, Edward 350
Saitta, Armando 275 f.
Salvatorelli, Luigi 272
Salvatores, Gabriele 342
Santhià, Battista 75
Sauer, Wolfgang 105
Scalfaro, Oscar Luigi 218
Scelba, Mario 227
Schacht, Hjalmar 97
Schelsky, Helmut 319, 329
Schieder, Theodor 145 ff.
Schieder, Wolfgang 147, 343
Schiller, Friedrich 173
Schlink, Bernhard 257
Schmid, Carlo 323 f.
Schmidt, Walter 164, 167
Schmitt, Carl 346, 352
Schnabel, Franz 141
Schollwer, Wolfgang 189
Schreiner, Albert 156–159
Schulin, Ernst 143, 169

Schulz, Gerhard 105
Segni, Antonio 216
Sell, Friedrich Wilhelm von 265
Sestan, Ernesto 272
Shalini Randeria 180
Shiba Ryûtarô 356
Shigemitsu Mamoru 127
Shimanaka Hôji 132
Shôda Michiko 131
Silva, Pietro 273 f.
Spini, Giorgio 272
Springer, Axel 327
Stalin, Jossif Wissarionowitsch 154, 202
Stern, Leo 156
Stern, Mario Rigoni 335
Sternburger, Dolf 146
Sternhell, Zeev 278
Storace, Francesco 279
Strasser, Gregor 96 ff.
Strasser, Otto 96
Strecker, Reinhard 324
Sugimoto Ryôkichi 238
Syberberg, Hans-Jürgen 268

Tanaka Kakuei 238
Taviani 214, 216

Taylor, Telford 64
Thälmann, Ernst 159, 205 f.
Thälmann, Rosa 207
Togliatti, Palmiro 70
Tojo Hideki 66, 248
Tokugawa Ieyasu 243
Tokutake Toshio 291
Toshio (ehem. Jap. Botschafter in Rom) 33
Trizzino, Antonino 214
Tsurumi Kazuko 83
Tsurumi Shunsuke 292

Ueyama Shumpei 175
Ulbricht, Walter 155 f., 159, 162 ff., 183 f., 188, 199 ff., 203 f., 206 f.

Valeri, Nino 272
Valiani, Leo 336
Veneziani, Marcello 277 ff.
Vesper, Bernward 317
Vesper, Will 317
Viktor Emanuel II. 270
Vilsmaier, Joseph 192
Violante, Luciano 221

Vittorio Emanuele III. 73 f., 223
Vivono, Nicoló 274
Vovarelli, Roberto 335

Wagener, Otto 97
Wakabayashi 58
Washburne, Carleton 271
Watanabe Kiyoshi 128
Web, Sir William 53, 56
Weber, Max 22, 169 ff.
Weißleder, Manfred 325
Weizsäcker, Richard von 19, 351 ff.
Wenke, Hans 326
Westphal, Otto 146
Wittram, Reinhard 139

Yaki Yoshio 60
Yamashita Tomoyuki 59, 63 ff., 80
Yokota Kisaburô 84
Yonai Mitsumasa 290
Yoshida Seiji 310 ff.
Yoshida Shigeru 85, 123, 126, 130 f.

Zuckerman, Leo 202